東洋古典譯註叢書 15

譯註 禮記集說大全 2

吳圭根 咸賢贊 鄭秉燮 譯註

傳統文化研究會

東洋古典譯註叢書를 발간하면서

우리의 古典國譯事業은 민족문화 진흥의 기초사업으로 1960년대부터 政府 支援으로 古文獻 現代化 작업을 추진하여 많은 成果를 거두었다. 당시 이 사업 추진의 先行課題로 東洋古典이라 일컬어지는 중국의 基本古典을 먼저 飜譯하여야 한다는 學界의 주장이 있었음에도 불구하고 우리 고전이 아니라는 일부의 偏狹한 視角과 財政 事情 등으로 인하여 배제되어 왔다.

전통적으로 중국의 기본고전은 우리 歷史와 함께 숨쉬며 각종 교육기관의 教科書로 활용됨은 물론이고 지식인들의 必讀書가 되어 왔으며, 우리 文化의 基底에 자리잡고 거의 모든 방면의 體系와 根幹을 형성하여 왔다. 그래서 학문연구의 기본서 역할을 해 왔을 뿐만 아니라 오늘날에도 우리의 國學徒 및 東洋學 研究者들에게 같은 역할을 하고 있음은 주지의 사실이다. 그럼에도 불구하고 中國古典은 우리 것이 아니라 하여 專門機關의 飜譯對象에 포함하지 않음으로써, 대부분 原典에서의 직접 번역이 아닌 重譯이나 拔萃譯의 방식이 주를 이루면서 教養水準으로 出版되어 왔다.

오늘날 東洋 三國 중에서 우리의 東洋學 연구가 가장 부진한 이유는, 東洋基本古典에 대한 폭넓은 이해의 부족과 漢文古典 讀解力의 저하에 기인함을 우리는 솔직히 인정하여야 한다. 따라서 이들 중국고전에 대한 신뢰할 만한 國譯이 이루어지는 것이 한국학 연구를 촉진시키는 시급한 先行課題라 할 수 있다.

이에 韓國學 및 東洋學의 연구와 古典現代化의 基盤構築을 위해서는, 전문기관으로 하여금 동양고전을 단기간에 각 분야의 專門 研究者와 漢學者가 상호 협동하여 연구번역하여 飜譯의 傳統性과 效率性, 研究의 專門性을 높일 수 있도록 政策的 配慮가 있어야 한다.

　　이에 本會에서는 元老 및 中堅 漢學者와 斯界의 專攻者로 하여금 協同研究飜譯하여 공부하는 사람들이 믿고 引用하거나 깊이 있는 註釋 등을 활용할 수 있게 하고, 知識人들의 教養을 증진시켜 줄 수 있는 東洋古典의 國譯書 간행을 지속적으로 추진해 왔다. 근래에 다행히 이 사업에 대하여 각계 지도층의 폭넓은 이해와 지원에 힘입어 2001년도부터 國庫補助를 받아 東洋古典譯註叢書를 간행하게 되었다. 이를 계기로 우리 先學의 註釋과 見解를 반영하는 등 국역사업의 內實을 기하게 되었음을 이 자리를 빌려 衷心으로 감사드리며, 아울러 國譯에 參與하신 관계자 여러분의 勞苦에 깊은 謝意를 표한다.

　　끝으로 우리의 이러한 작업은 오랜 역사 위에 축적된 先賢들의 業績과 現代學問을 이어주는 튼튼한 架橋와 礎石이 되어 진정한 韓國學과 東洋學 발전에 기여할 것을 굳게 믿으며, 21세기를 우리 文化의 世紀로 열어 가는 밑거름이 되도록 우리의 力量을 本 事業에 경주하고자 한다. 江湖諸賢의 부단한 관심과 지원을 기대해 마지않는다.

　　　　　　　　　　　　　　　　　　社團法人 傳統文化研究會 理事長 李啓晃

凡 例

1. 본서는 ≪譯註 禮記集說大全≫의 제2책이다.
2. 본서의 底本은 純祖 20년(1820)에 木版으로 간행된 ≪禮記集說大全≫으로서, 이른바 內閣版이라고 통칭되는 本이다.
3. 본서는 원전의 傳統性과 번역의 現代化를 구현하기 위해 노력하였다.
4. 原文에는 우리나라 전통방식의 懸吐를 하였다.
5. 원문의 分節은 저본에 의거하였다. 아울러 각 문단 및 구절은 일련번호를 다음과 같이 부여하였다.
    ex) 010109 → 권1의 첫 번째 문단이고 문단 내에서 9번째로 나오는 句節
6. 飜譯은 原義에 충실하게 하되, 이해가 어려운 부분은 意譯 또는 補充譯을 하였다.
7. 飜譯文은 한글과 漢字를 混用하였으며, 맞춤법과 띄어쓰기는 한글 맞춤법과 표준어 규정을 따르는 것을 원칙으로 하였다.
8. 譯註는 校勘, 異說, 인용문의 出典, 故事, 역사적 사건, 전문용어, 難解語, 難解文, 人物, 制度, 官職 등에 관한 사항을 밝혔다.
9. 校勘은 원문의 誤字, 脫字, 衍字, 倒文 등을 대상으로 하였다.
10. 圖版은 地圖, 人物, 故事, 器物 등을 수록하였다. ≪三才圖會≫, ≪三禮圖≫, ≪欽定書經圖說≫, ≪欽定周官義疏≫ 등을 참고하였으며, 도판목록은 부록에 첨부하였다.
11. 본서의 校勘에 사용된 符號는 다음과 같다.
    ( )〔 〕: (저본의 誤字)〔교감한 正字〕
    〔 〕: 저본의 脫字 보충
    ( ): 저본의 衍字 삭제
12. 본서에 사용된 주요 符號는 다음과 같다.
    " ": 對話, 각종 引用
    ' ': " " 안에서 再引用, 强調
    「 」: ' ' 안에서 再引用, 强調
    ( ): 원문에서는 讀音이 특수한 글자나 僻字의 音, 번역문에서는 간단한 譯註
    〔 〕: 번역문의 이해를 돕기 위한 原文의 漢字나 句節, 譯註에서 인용한 原文, 疏에서 설명 대상으로 제시한 經이나 傳의 단어나 구절
    ≪ ≫: 書名이나 典據
    〈 〉: 篇章名, 作品名, 補充譯

6

目 次

東洋古典譯註叢書를 발간하면서

凡　例

〔附錄〕

譯註 禮記集說大全 2

禮記集說大全 卷之三

檀弓 上 第3

≪集說≫

030000 劉氏曰 檀弓篇首에 言子游하고 及篇內多言之하니 疑是其門人所記로다

劉氏 : 〈檀弓〉의 篇 머리에 子游를 말하고 篇 안에도 그를 언급한 것이 많으니, 아마도 그의 門人이 기록한 것인 듯싶다.

030101 公儀仲子之喪에 檀弓이 免(문)[1]焉이러니 仲子舍其孫而立其子한대 檀弓曰 何居(기)[2]오 我未之前聞也로다하고 趨而就子服伯子於門右하야

公儀仲子의 喪에 檀弓이 袒免을 하였다. 仲子가 適孫子를 버려두고 庶子를 후계자로 세우자, 檀弓이 말하기를 "무슨 까닭인가? 나는 아직까지 그런 일을 듣지 못했다."라 하고, 종종걸음으로 문 오른쪽에 있는 子服伯子에게로 나아가서

≪集說≫

公儀는 氏요 仲子는 字니 魯之同姓也라 檀弓은 魯人之知禮者라 袒免은 本五世之服[3]이로대

---

1) 免(문) : 袒免을 가리킨다. 웃통을 벗어 왼쪽 어깨를 드러내고, 冠을 벗고 머리끈으로 머리를 묶는 것이니, 五服親 이외의 친족 喪事에 애도의 뜻을 표하는 방법이다.(≪漢韓大辭典≫)
2) 居(기) : ≪禮記大文諺讀≫에서 해당 글자를 '姫'로 附記하였다. 姫자가 어기조사로 사용될 경우에는 '기'로 읽으며, 글귀 끝에 쓰여 의문을 나타낸다.
3) 袒免 本五世之服 : 四代祖가 같은 자는 緦麻服을 입으니 이는 복이 다한 것이고, 五代祖

而朋友之死於他邦而無主者도 亦爲之免하니 其制以布廣一寸으로 從項中而前交於額하고 又却向後而繞於髻也라 適子死에 立適孫爲後는 禮也니 弓以仲子舍孫而立庶子라 故爲過禮之免하야 以弔而譏之라 何居는 怪之之辭니 猶言何故也라 此時未小斂[4]하야 主人未居阼階下하고 猶在西階下하야 受其弔라 故弓弔畢而就子服伯子於門右而問之也라

公儀는 氏이고 仲子는 字인데 魯나라와 同姓이다. 檀弓은 魯나라 사람으로서 禮를 안 사람이다. 袒免은 본래 자신과의 관계가 5대가 지난 親族에 대한 喪服인데, 타국에서 죽은 친구로서 그 喪을 주관할 사람이 없는 경우에도 또한 그를 위해서 袒免을 하니, 그 제도는 너비 한 치되는 베로 목덜미 중앙으로부터 앞으로 하여 이마에서 교차하고 또 뒤쪽으로 틀어서 상투에 감아놓는다.

適子가 죽었을 때 適孫을 세워서 後嗣를 삼는 것이 禮이니, 단궁은 중자가 적손을 버려두고 庶子를 세웠기 때문에 禮에 지나친 袒免을 하고 조문하여 그를 기롱하였다. 何居는 괴이하게 여기는 말이니 무슨 까닭이냐고 말한 것과 같다. 이때는 아직 小斂을 하지 않아 主人이 아직 동쪽 섬돌 아래에 있지 않고 여전히 서쪽 섬돌 아래에 있으면서 조문을 받았다. 그렇기 때문에 단궁이 조문을 마치고 문의 오른쪽으로 子服伯子에게로 나아가서 그 이유를 물어본 것이다.

≪大全≫

嚴陵方氏曰 免之爲服은 特施於五世之親爾로되 而朋友死於他邦者도 亦服之라 仲子之於檀弓에 旣非五世之親이고 而其喪又非死於他邦者니 檀弓爲之免焉은 蓋非所服而服之也니 服非所服之服은 所以譏立非所立之意爾라

嚴陵方氏 : 袒免의 服은 자신과의 관계가 5대가 지난 親族에게만 특별히 행할 뿐이지만, 他國에서 죽은 친구에게도 단문을 한다. 仲子는 檀弓에 대해서 5대의 친족이

가 같은 자는 袒免을 하니 이는 同姓으로 강등된 것이다.〔四世而緦 服之窮也 五世袒免 殺同姓也〕(≪禮記≫〈大傳〉)

4) 小斂 : 喪禮 절차 중 하나이다. 시신을 목욕시키고 의복을 착용시키며, 그 위를 이불 등으로 감싸는 절차이다.

아니고, 그의 喪은 또 타국에서 죽은 것도 아니니, 단궁이 단문을 한 것은 복을 입을 관계가 아닌데 복을 입은 것이다. 복을 입을 관계가 아닌데 복을 입은 것은 후계자로 세우지 않아야 할 사람을 후계자로 세운 것을 비난하려는 의도이다.

030102曰 仲子舍其孫而立其子는 何也오 伯子曰 仲子亦猶行古之道也로다 昔者에 文王이 舍伯邑考而立武王하시며 微子舍其孫腯(돈)而立衍也하니 夫仲子亦猶行古之道也로다 子游問諸孔子한대 孔子曰 否라 立孫이니라

묻기를 "仲子가 그 適孫을 버려두고 그 庶子를 후계자로 세운 것은 어째서인가?"라고 하자, 伯子가 대답하였다. "중자는 아마도 옛 도를 행하려고 했나보다. 옛날에 文王은 장자인 伯邑考를 버려두고 武王을 세웠으며 微子는 적손인 腯을 버려두고 아우 衍을 세웠으니, 중자는 그래도 옛 도를 행하려고 했나보다."

子游가 〈의심하여〉 공자께 묻자 공자께서 "아니다. 적손을 세워야 한다."라고 하셨다.

《集說》

曰은 弓之問也라 猶는 尙也니 亦猶는 擬議未定之辭라 伯邑考는 文王長子라 微子舍孫立衍은 或是殷禮라 文王之立武王은 先儒以爲權이라하고 或亦以爲遵殷制라하니 皆未可知라 否則以德不以長이니 亦如大王이 傳位季歷之意歟인저

曰은 檀弓이 질문한 것이다. 猶는 '아마도〔尙〕'라는 뜻이니, 亦猶는 헤아려보고 의논은 했지만 아직 결정하지 못한 말이다. 伯邑考는 文王의 長子이다. 微子가 嫡孫을 버려두고 동생인 衍을 세운 것은 아마도 殷나라의 禮인 듯하다. 文王께서 武王을 후계자로 세운 것에 대해서는 先儒가 權道라고 말하기도 하고, 혹은 또한 殷나라의 제도에 따른 것이라고도 하는데, 모두 알 수 없다. 그렇지 않다면 〈후계자를 세우는 것은〉 德을 기준으로 세우는 것이지 나이를 기준으로 세우는 것이 아니니, 또한 太王이 季歷에게 왕위를 전해준 뜻과 같을 것이다.

○ 應氏曰 檀弓이 默而不復(부)言한대 子游疑而復求正이니 非夫子明辨以示之면 孰知舍孫立子之爲非乎아

○ 應氏：檀弓이 잠자코 다시 말하지 않자 子游가 의심하여 孔子께 다시 시정해주기를 구하였으니, 공자께서 분명하게 분별해서 보여주지 않았다면 누가 嫡孫을 버려두고 庶子를 세운 것이 잘못이 된다는 것을 알겠는가.

≪大全≫

長樂陳氏曰 木之正出爲本이요 旁出爲枝니 子之正出爲嫡이요 旁出爲庶라 故伐枝不足以傷木이나 伐其本則木弊矣요 廢庶不足以傷宗이나 廢其嫡則其宗絶矣라 本固而枝必茂하고 嫡正而庶必寧하니 此天地自然之理也라 先王이 知其然이라 於是貴嫡而賤庶하야 使名分正而不亂하고 爭奪息而不爭이라 故子生에 冢子는 接以太牢하고 庶子는 少牢[5]하며 冢子는 未食而見하고 庶子는 已食而見[6]하며 冠則嫡子於阼[7]하고 庶子於房外[8]하며 死則嫡子斬하고 庶子期하니 其禮之重輕隆殺(쇄)如此라 豈有他哉리오 以其傳重與不傳重之故也라 禮曰 庶子不祭祖는 明其宗也라하고 又曰 庶子不祭禰(녜)는 明其宗也라 史曰 父不祭於支庶之宅이라하니 此嫡庶之分을 不可不辨也일새니라 昔公儀仲子舍孫立子한대 而檀弓弔以免하고 司寇惠子舍嫡立庶한대 而子游弔以麻衰(최)[9]하니 皆

---

5) 冢子……少牢 : 무릇 자식을 접견하되 날짜를 고르니, 총자이면 太牢를 쓰고 서인은 特豚을 쓰고 士는 特豕를 쓰고 대부는 少牢를 쓰고 國君의 세자는 태뢰를 쓰니, 총자가 아닌 경우는 모두 한 등급을 낮춘다.〔凡接子擇日 冢子則大牢 庶人特豚 士特豕 大夫少牢 國君世子大牢 其非冢子 則皆降一等〕(≪禮記≫ 〈內則〉) 太牢는 소·양·돼지 등 3가지 희생물을 갖춘 것을 뜻하고, 少牢는 양·돼지 등 2가지 희생물을 갖춘 것을 뜻한다.

6) 冢子……已食而見 : 총자를 낳으면 부인과 밥을 먹기 전에 먼저 보되 반드시 아기의 오른손을 잡으며, 적자나 서자를 낳으면 부인과 밥을 먹은 뒤에 보되 반드시 머리를 쓰다듬는다.〔冢子未食而見 必執其右手 嫡子庶子已食而見 必循其首〕(≪禮記≫ 〈內則〉)

7) 嫡子於阼 : 適子가 堂 위의 동쪽 섬돌 위쪽에서 관례를 행하는 것은 주인을 대신함을 드러낸 것이다.〔適子冠於阼 以著代也〕(≪儀禮≫ 〈士冠禮〉)

8) 庶子於房外 : 만약 庶子일 경우에는 방 밖에서 남향하여 그대로 醮禮한다.〔若庶子 則冠于房外 南面 遂醮焉〕(≪儀禮≫ 〈士冠禮〉)

重其服以譏之하야 欲其辨嫡庶之分而已라 春秋之時에 宋宣公이 舍子與夷立弟하고 穆公이 又舍子馮立與夷라가 而與夷卒見殺[10]하고 莒紀公은 黜太子僕하고 愛季佗라가 而卒於召禍[11]하고 晉獻公은 殺世子申生하고 立奚齊라가 而卒至於亂晉[12]하고 齊靈公은 廢太子光하고 立公子牙라가 而卒以亂齊[13]라 蓋嫡一而已니 立之足以尊正統而一人之情이로대 庶則衆矣니 立之則亂正統而啓覬覦之心이라 宋莒齊晉之君은 不察乎此하야 每每趨禍하니 良可悼也라

長樂陳氏 : 나무의 몸통에서 바르게 뻗어나온 것이 줄기가 되고, 곁으로 나온 것이 가지가 되니, 正室로부터 나온 자식이 嫡子가 되고 傍系에서 나온 자식이 庶子가 된다. 그러므로 가지를 자르더라도 나무를 해치기에는 부족하지만 줄기를 자르면 나무는 죽게 될 것이고, 서자를 폐함이 宗統을 해치기에는 부족하지만 적자를 폐하면 종통이 끊어질 것이다. 줄기가 굳건하면 가지가 반드시 무성하고 적자를 바로 세우면 서자가 반드시 편안한 법이니, 이것이 바로 天地自然의 이치이다.

先王이 그러함을 아는지라 이에 적자를 귀하게 여기고 서자를 천하게 여겨서 名分을 바로잡아 어지럽지 않도록 하고, 다투고 빼앗음이 종식되어 싸우지 않도록 한 것이다. 그러므로 자식이 태어났을 때 冢子는 太牢를 써서 접견하고 서자는 少牢를 써서 접견하며, 총자는 부인과 밥을 먹기 전에 먼저 보고 서자는 부인과 밥을 먹고 나서 천천히 보며, 冠禮를 할 때 적자는 阼階에서 치르고 서자는 방 밖에서 치르며, 죽었을 때 적자에게는 斬衰服을 입고 서자에게는 期年服을 입으니, 禮의 重輕과 隆殺가 이와

---

9) 司寇惠子舍嫡立庶 而子游弔以麻衰(최) : ≪禮記≫ 〈檀弓 上〉 035701 참조. 麻衰는 가는 삼으로 짠 포를 사용하여 만든 喪服이다. 본래 가는 삼으로 짠 포는 吉服에 사용하는 것이다. 따라서 麻衰를 弔服으로 착용할 경우 정상적인 조복과는 거리가 먼 것이다. 牡麻経은 수삼으로 만든 首経과 腰経이다.

10) 宋宣公……而與夷卒見殺 : 宋 宣公과 穆公이 후계를 세운 것은 ≪春秋左氏傳≫ 隱公 3년에 보이고, 與夷가 시해당한 것은 桓公 2년에 보인다.

11) 莒紀公……而卒於召禍 : 일이 ≪春秋左氏傳≫ 文公 18년에 보인다.

12) 晉獻公……而卒至於亂晉 : 晉 獻公이 申生을 살해하고 奚齊를 세운 일은 ≪春秋左氏傳≫ 僖公 4~5년에 보이며, 晉나라가 어지러워진 것은 僖公 9년에 보인다.

13) 齊靈公……而卒以亂齊 : 일이 ≪春秋左氏傳≫ 襄公 19년에 보인다.

같은 것이다. 어찌 다른 이유가 있겠는가? 傳重(종묘의 제사를 물려줌)과 不傳重의 차이 때문이다.

《禮記》〈喪服小記〉에 이르길 "서자가 할아버지에게 제사 지내지 못하는 것은 종통이 따로 있음을 밝힌 것이다."라고 하고, 또 이르길 "서자가 아버지에게 제사 지내지 못하는 것은 종통이 따로 있음을 밝힌 것이다."라고 하며, 《漢書》〈韋賢列傳〉에 이르길 "아버지는 支子나 서자의 집에서 제사 지내지 않는다."라고 하니, 이것은 적자와 서자의 구분을 분별하지 않을 수 없기 때문이다. 옛날에 公儀仲子가 嫡孫을 버려두고 서자를 후계자로 세우자 檀弓이 祖免을 하고서 조문하고, 司寇 惠子가 적자를 버려두고 서자를 후계자로 세우자 子游가 麻衰를 입고서 조문하였으니, 모두 喪服을 〈정해진 禮式보다〉 과하게 함으로써 그 사실을 기롱하여, 적자와 서자의 구분을 분별하려고 했던 것일 뿐이다.

春秋時代에 宋 宣公이 적자인 與夷를 버려두고 동생인 穆公을 후계자로 세웠고, 목공이 또 적자인 馮을 버려두고 여이를 후계자로 세웠는데 여이는 결국 시해를 당했다. 莒 紀公은 太子 僕을 내치고 季佗를 총애하였다가 결국 화를 초래하였고, 晉 獻公은 世子 申生을 죽이고 奚齊를 후계자로 세웠는데 끝내는 晉나라를 혼란스럽게 만들었으며, 齊 靈公은 太子 光을 폐위시키고 公子 牙를 후계자로 세웠는데 끝내 齊나라를 혼란스럽게 만들었다. 무릇 적자는 한 사람일 따름이니 그를 후계자로 세우면 正統을 높이고 사람의 마음을 하나로 모으기에 충분하되, 서자는 여럿이니 그를 후계자로 세우면 정통을 어지럽혀 정통을 넘보려는 마음을 열게 된다. 宋·莒·齊·晉나라의 군주들은 이러한 점을 살피지 않아서 늘 재앙을 초래했으니, 참으로 서글퍼할 만한 일이다.

030201 事親호대 有隱而無犯하며 左右就養이 無方하며 服勤至死하며 致喪三年이니라 事君호대 有犯而無隱하며 左右就養이 有方하며 服勤至死하며 方喪三年이니라 事師호대 無犯無隱하며 左右就養이 無方하며 服勤至死하며 心喪三年이니라

어버이를 섬기되 은미하게 간함은 있지만 면전에서 直諫하는 일은 없으

며, 좌우로 나아가 봉양하되 일정한 方所가 없으며, 부지런히 일하여 죽을 정도에 이르며, 삼년 동안 상을 지극히 한다.

임금을 섬기되 면전에서 직간함은 있지만 은미하게 간하는 일은 없으며, 좌우로 나아가 봉양하되 일정한 방소가 있으며, 부지런히 일하여 죽을 정도에 이르며, 부모님에 견주어 삼년상을 치른다.

스승을 섬기되 면전에서 직간하는 일도 없고 은미하게 간하는 일도 없으며, 좌우로 나아가 봉양하되 일정한 방소가 없으며, 부지런히 일하여 죽을 정도에 이르며, 心喪 삼년을 치른다.

≪集說≫

饒氏曰 左右를 音佐佑非也니 左右는 卽是方이라 養은 不止飮食之養이니 言或左或右하야 無一定之方이라 子之於親에 不分職守하야 事事가 皆當理會요 無可推托이라 事師如事父라 故로 皆無方이라 有方은 言左不得越右하고 右不得越左하야 有一定之方이라 臣之事君이 當各盡職守라 故曰有方이라하니라

饒氏 : 左右를 '돕다〔佐佑〕'로 발음하는 것은 잘못이니, 左右는 바로 方所라는 뜻이다. 養은 음식으로 봉양하는 것에만 그치는 것이 아니니, 혹은 왼쪽에서 모시고 혹은 오른쪽에서 모셔 어디서나 모시고 일정한 방소가 없다는 말이다. 자식은 부모에 대해서 직분을 구분하지 않고, 일마다 모두 관심을 두어야 하고 남에게 미루거나 핑계대서는 안 된다. 스승을 섬기되 부모를 섬기듯이 하기 때문에 모두 일정한 방소가 없는 것이다. '일정한 방소가 있다〔有方〕'는 것은 왼쪽이 오른쪽으로 넘어갈 수 없고 오른쪽이 왼쪽으로 넘어갈 수가 없어 일정한 방소가 있다는 말이다. 신하는 임금을 섬김에 있어서 각각 직분을 다해야 하기 때문에 일정한 방소가 있다고 말한 것이다.

○ 朱氏曰 親者는 仁之所在라 故有隱而無犯하고 君者는 義之所在라 故有犯而無隱하고 師者는 道之所在라 故無犯無隱也니라

○ 朱氏 : 어버이는 仁이 있는 대상이기 때문에 은미하게 간함은 있지만 면전에서 직간하는 경우는 없고, 임금은 義가 있는 대상이기 때문에 면전에서 직간함은 있으나

은미하게 간함은 없으며, 스승은 道가 있는 대상이기 때문에 면전에서 직간함도 없고
은미하게 간함도 없다.

○ 劉氏曰 隱은 皆以諫言이니 父子는 主恩하니 犯則爲責善而傷恩[14]이라 故幾諫而不
可以犯顔[15]이요 君臣은 主義하니 隱則是畏威阿容而害義라 故匡救其惡[16]하야 勿欺也
而犯之[17]요 師生은 處恩義之間이나 而師者는 道之所在라 諫必不見拒니 不必犯也요
過則當疑問이니 不必隱也라 隱非掩惡之謂니 若掩惡而不可揚於人則三者皆當然也니
惟秉史筆者는 不在此限이라 就養은 近就而奉養之也요 致喪은 極其哀毁之節也요 方
喪은 比方於親喪而以義竝恩也요 心喪은 身無衰(최)麻之服而心有哀戚之情이니 所謂
若喪父而無服也[18]라

○ 劉氏 : 隱은 모두 諫하는 것을 가지고 말한 것이다. 부모와 자식은 은혜를 위주로
하니, 면전에서 직간하면 〈부모에게〉善을 하도록 요구해서 은혜를 해치게 된다. 그
러므로 은미하게 간하고 면전에서 직간해서는 안 되는 것이다. 임금과 신하는 의리를
위주로 하니, 은미하게 간하면 이는 위엄을 두려워하여 아첨하고 구차하게 행동해서
의리를 해치게 된다. 그러므로 〈임금의〉잘못된 점〔惡〕을 바로잡아 구제하여, 속이지
말고 면전에서 직간해야 한다. 스승과 제자는 은혜와 의리의 중간에 처하였으나 스승
은 道가 존재하는 대상이니, 諫言을 하더라도 반드시 거절을 당하지 않을 것이니 굳

---

14) 父子……犯則爲責善而傷恩 : 선을 하도록 요구하는 것은 친구 간의 도리이니, 부자간에
　　선을 하도록 요구하는 것은 은혜를 크게 해치는 일이다.〔責善 朋友之道也 父子責善 賊恩之
　　大者〕(≪孟子≫ 〈離婁 下〉)
15) 幾諫而不可以犯顔 : 부모를 섬기되 은미하게 간언해야 하니, 부모의 뜻이 내 말을 따르
　　지 않음을 보아도 더욱 공경하여 어기지 않으며 수고로워도 원망하지 않아야 한다.〔事
　　父母幾諫 見志不從 又敬不違 勞而不怨〕(≪論語≫ 〈里仁〉)
16) 匡救其惡 : 군자가 임금을 섬김에, 나아가서는 충성을 다할 것을 생각하고 물러나서는
　　허물을 보완할 것을 생각하여, 임금의 아름다운 점은 받들어 따르고 임금의 잘못된 점
　　은 바로잡아 구제해야 한다.〔君子之事上也 進思盡忠 退思補過 將順其美 匡救其惡〕(≪孝經≫
　　〈事君章〉)
17) 勿欺也以犯之 : 子路가 군주 섬기는 것을 묻자 孔子께서 말씀하시길 "속이지 말고 대놓
　　고 諫해야 한다."고 하셨다.〔子路問事君 子曰勿欺也 而犯之〕(≪論語≫ 〈憲問〉)
18) 若喪父而無服 : ≪禮記≫ 〈檀弓 上〉 034803 참조.

이 면전에서 직간할 필요가 없고, 〈스승에게〉 허물이 있으면 의심해서 질문해야 하니 굳이 은미하게 간할 필요가 없다.

隱은 잘못을 숨겨준다는 말이 아니니, 隱이 만약 잘못을 숨겨주고 사람들에게 드러내지 않는 것이라면 父子・君臣・師生 세 경우가 모두 당연히 숨겨야 하니, 오직 역사를 기록하는 史官만이 이러한 제한에 포함되지 않는다. 就養은 가까이 나가서 奉養한다는 뜻이고, 致喪은 슬퍼서 야위는 예절을 극진히 하는 것이며, 方喪은 어버이의 喪事에 견주어 의리를 가지고 은혜를 아우르는 것이고, 心喪은 자신의 몸에 衰麻의 喪服은 없지만 마음에 슬퍼하는 情이 있는 것이니, 이른바 어버이를 여읜 것처럼 하면서 상복은 없이 한다는 것이다.

《大全》

長樂陳氏曰 親育我하실새 報之以仁이니 有隱至致喪이 皆仁也라 君覆我하실새 報之以義니 有犯至方喪이 皆義也라 師之成我는 同乎仁而不全乎仁하고 同乎義而不全乎義라 故無犯與親同호대 無隱則與親異하며 無隱與君同호대 無犯則與君異하며 喪三年與君親同호대 無服則與君親異니라

長樂陳氏 : 어버이는 나를 길러주셨으므로 仁으로 보답하는 것이니 '은미하게 간함이 있음〔有隱〕'부터 '극진히 상을 치름〔致喪〕'까지가 모두 仁이다. 임금은 나를 감싸주시기 때문에 의리〔義〕로 보답하는 것이니 '면전에서 직간함이 있음〔有犯〕'부터 '어버이의 상에 견줌〔方喪〕'까지가 모두 의리이다. 스승이 나를 완성시켜주심은 仁과 같지만 온전히 仁만은 아니고, 의리와 같지만 온전히 의리만은 아니다. 그러므로 면전에서 직간함이 없는 것은 어버이와 같지만 은미하게 간함이 없는 것은 어버이와 다르며, 은미하게 간함이 없는 것은 임금과 같지만 면전에서 직간함이 없는 것은 임금과 다르며, 삼년상을 치르는 것은 임금・어버이와 같지만 喪服이 없는 것은 임금・어버이와 다른 것이다.

○ 張子曰 古不制師服이니 師服은 無定體也라 見彼之善而已效之면 亦師也일새니라 故有得其一言一義而如朋友者하고 有親炙如兄弟者하며 有成就己身而恩如天地父母者하니 此豈可一槪服之리오 故聖人不制其服하니 心喪之可也라 孔子死에 門人一時心

喪이로대 又豈可責其一槪리오 以傳道久近하야 而各盡其哀之隆殺(쇄)하니 如子貢獨居
三年而後歸라

○ 張子 : 옛날에는 스승에 대한 喪服을 제정하지 않았으니, 스승의 상복에는 정해
진 體가 없다. 저 사람의 좋은 점을 보고 자기가 그것을 본받으면 또한 그 사람이 나
의 스승인 것이다. 그러므로 스승 중에는 친구와 같이 한마디 말과 한 가지 의리를 얻
는 경우도 있고, 형제와 같이 직접 가르침을 받는 경우도 있으며, 자신을 성취시켜 주
어서 은혜가 천지나 부모와 같은 경우도 있으니, 어찌 일괄적으로 상복을 입을 수 있
겠는가. 그러므로 聖人이 스승의 상복을 제정하지 않은 것이니, 마음으로 喪을 치르
는 것이 옳다. 孔子가 죽었을 때 門人들이 一時에 心喪을 하였지만, 또 어찌 일괄적으
로 服喪하기를 요구할 수 있겠는가. 〈문인마다〉道를 전수한 것에 오래되고 가까운
차이가 있어서 각각 그 애통함의 후함과 박함을 다하였으니, 子貢이 홀로 삼년을 더
居喪한 뒤에 돌아간 것과 같은 경우이다.

030301 季武子成寢하니 杜氏之葬이 在西階之下러니 請合葬焉이어늘 許
之한대 入宮而不敢哭이어늘 武子曰 合葬이 非古也나 自周公以來로 未之
有改也니 吾許其大而不許其細면 何居(기)오하고 命之哭하다

季武子가 正寢을 지었는데, 杜氏의 무덤이 〈정침의〉 서쪽 계단 아래에 있
었다. 두씨의 후손들이 合葬할 것을 청하자 계무자가 허락하였지만, 〈두씨
의 후손들이 합장하기 위해〉 계무자의 집에 들어와서 감히 哭하지 못하였
다. 계무자가 말하기를 "합장이 옛날의 제도가 아니지만 周公으로부터 합장
하기 시작한 이래로 아직 바꾼 적이 없었으니, 내가 큰 것(合葬)을 허락하
고, 작은 것(哭)을 허락하지 않는다면 어찌 도리이겠느냐?"라고 하고 곡하
도록 명하였다.

≪集說≫

劉氏曰 成寢而夷人之墓가 不仁也요 不改葬而又請合焉이 亦非孝也요 許其合而又命

之哭焉은 矯僞以文過也라 且寢者는 所以安其家니 乃處其家於人之冢上이 於汝安乎아
墓者는 所以安其先이니 乃處其先於人之階下가 其能安乎아 皆不近人情하니 非禮明矣로다

劉氏 : 正寢을 지으면서 남의 묘소를 평평하게 만드는 것은 不仁이고, 改葬하지 않
고 또 合葬을 청하는 것도 孝가 아니며, 합장을 허락하고 또 그에게 哭하도록 명령한
것은 기만과 거짓으로써 자기의 과오를 미화한 것이다. 더구나 정침이라는 것은 그
집에 편안히 거처하기 위한 것인데, 도리어 남의 무덤 위에 있는 집에서 거처하는 것
이 네 마음에 편안하겠는가? 墓라는 것은 先祖를 편안히 거처하게 하기 위한 것인데,
도리어 선조를 남의 계단 아래에 거처토록 하는 것이 어찌 편안할 수 있겠는가. 모두
人情에 가깝지 않으니 禮가 아닌 것이 분명하다.

≪大全≫

嚴陵方氏曰 周官墓大夫之職에 凡爭墓地者는 聽其獄訟[19]이라하니 當是時하야 豈有夷
人之墓以成寢者哉리오 而季子乃有是事者는 由周官之法壞故也라

嚴陵方氏 : ≪周禮≫〈春官宗伯〉에 墓大夫의 직무에 "무릇 墓地를 다투는 자가 있으
면 그 獄事와 訟事를 듣고 처리한다."고 했는데, 이때를 당하여 어찌 남의 무덤을 평
평하게 만들고서 正寢을 짓는 일이 있었는가? 季武子가 결국 이러한 일을 한 것은
≪周禮≫의 법도가 무너졌기 때문이다.

030401 子上之母死而不喪한대 門人이 問諸子思曰 昔者에 子之先君子
喪出母乎잇가 曰 然하니라 子之不使白也喪之는 何也잇고 子思曰 昔者에
吾先君子는 無所失道하사 道隆則從而隆하고 道汚則從而汚하시니 伋則
安能이리오 爲伋也妻者는 是爲白也母어니와 不爲伋也妻者는 是不爲白

---

19) 周官墓大夫之職……聽其獄訟 : 무릇 墓地 때문에 다투는 자가 있으면 그 獄事와 訟事를
듣고 처리한다. 그 휘하의 관리들을 인솔해서 묘역 일대를 순시하며, 묘지 안에 집을
두어서 〈상주하며〉 그곳을 지킨다.〔凡爭墓地者 聽其獄訟 帥其屬而巡墓厲 居其中之室以守
之〕(≪周禮≫〈春官 墓大夫〉)

也母라하시니 **故孔氏之不喪出母**가 **自子思始也**니라

　子上(子白)의 어머니가 죽었는데 〈자상이〉 喪服을 입지 않자, 門人이 子思에게 묻기를 "옛날 선생님의 先君子(孔子)께서는 〈伯魚로 하여금〉 쫓겨난 어머니〔出母〕를 위해 상복을 입게 하였습니까?"라고 하자, 자사가 대답하기를 "그러하였다."라고 하였다. 門人이 묻기를 "그렇다면 선생님께서 자백으로 하여금 그 어머니를 위하여 상복을 입게 하지 않으신 것은 무슨 까닭입니까?"라고 하자, 자사가 대답하기를 "옛날에 내 선군자께서는 도리를 잃어버린 것이 없으시어 도리상 높여야 할 것이라면 따라서 높이셨고 도리상 낮추어야 할 것이라면 따라서 낮추셨으니, 내가 어찌 그렇게 할 수 있겠느냐? 나의 아내 되는 사람은 자백의 어머니가 되지만, 나의 아내가 되지 않는 사람은 자백의 어머니가 되지 않는다."라고 하였다. 그러므로 孔氏 집에서 출모를 위하여 상복을 입지 않는 것은 자사로부터 시작되었다.

　　≪集說≫

子上之母는 子思出妻也라 禮에 爲出母齊衰(자최)杖期[20]호대 而爲父後者는 無服하고 心喪而已라 伯魚子上이 皆爲父後하니 禮當不服者어늘 而伯魚乃期而猶哭하니 夫子聞之曰甚이라하신대 而後除之[21]하니 此賢者過之之事也라 子思不使白으로 喪出母는 正欲用禮耳어늘 而門人이 以先君子之事爲問하니 則子思難乎言伯魚之過禮也라 故以聖人無所失道爲對하니 謂聖人之聽伯魚喪出母者는 以道揆禮而爲之隆殺(쇄)也니 惟聖人이라야 能於道之所當加隆者則從而隆之하고 於道之所當降殺者則從而殺之시니라 汚는 猶殺也라 是於先王之禮에 有所斟酌而隨時隆殺하야 以從於中道也니 我則安能如是哉리오 但爲我妻인댄 則白當爲母服이어니와 今旣不爲我妻인댄 則白爲父後而不當服矣라하니

────────────

20) 齊衰(자최)杖期 : 齊衰는 거친 베를 재료로 써서 아랫단을 좁게 접어 꿰맨 喪服이고, 杖期는 喪杖을 짚고 1년간 居喪하는 喪制이다.
21) 伯魚乃期而猶哭……而後除之 : ≪禮記≫ 〈檀弓 上〉 032801 참조.

子思是欲守常禮하야 而不欲使如伯魚之加隆也라

子上(子白)의 어머니는 子思의 쫓겨난 아내이다. ≪儀禮≫ 〈喪服〉에 의하면 出母를 위해서는 齊衰杖期服을 입지만 아버지의 後嗣가 된 사람은 服이 없고 心喪할 뿐이다. 伯魚와 자상이 모두 아버지의 후계자가 되었으니 禮에 있어서 마땅히 服을 입지 않아야 하는데, 백어가 도리어 期年이 지나서도 哭을 하였다. 夫子(孔子)께서 그 곡소리를 들으시고 "너무 지나치다."고 하자, 그 말을 들은 뒤에 服을 벗었으니, 이것은 현자로서 〈中道에〉 지나친 일이다. 자사께서 자백으로 하여금 출모를 위해 服을 입지 못하게 한 것은 바로 예를 準用하려고 한 것일 뿐이었는데, 門人들이 先君子(孔子)의 일을 가지고 질문하자 자사께서 백어가 예에 지나쳤다고 말하기가 곤란하였다. 그러므로 聖人께서 도리를 잃어버린 것 없다

齊衰

는 것으로 대답을 하셨으니, 이는 성인께서 백어에게 출모를 위하여 상복을 입도록 허락하신 것은 도리로써 예를 헤아려 높이고 낮춘 것인데, 오직 성인이라야 능히 도리상 보태서 높여야 할 것은 따라서 높여주고, 도리상 강등하여 낮추어야 할 것은 따라서 낮출 수 있음을 이른 것이다.

汚는 낮춤〔殺〕과 같다. 이는 先王의 예에 있어서 斟酌하는 바가 있어 때에 따라서 높이고 낮추어 中道에 따른 것인데, 내가 어떻게 이와 같이 할 수 있겠는가? 다만 나의 아내가 되었다면 자백이 어머니를 위한 상복을 입는 것이 당연하겠지만, 지금 이미 나의 아내가 아니니 그렇다면 자백은 아버지의 後嗣로서 마땅히 상복을 입어서는 안 된다고 한 것이다. 자사는 떳떳한 예를 지키려고 하여 백어가 예를 더 높인 것처럼 하기를 바라지 않은 것이다.

≪大全≫

張子曰 道隆則從而隆하고 道汚則從而汚는 亦就其出母以定汚隆이라 聖人則處情하고 子思則守禮하니 出妻엔 不當使子喪之가 禮也라 子於母則不可忘이나 若父不使之喪이면 子固不可違父니 當默持心喪이 亦禮也라 若父使之喪인댄 而喪之가 亦禮也라 子思以爲

我不至於聖人하야 不敢不循禮요 而孔子使喪出母는 乃聖人處權이라 子思自以爲不敢處權하야 惟循禮而已는 不敢學孔子也라 故曰 道隆則從而隆하고 道汚則從而汚라하니라

張子 : "도리상 높여야 할 것이라면 따라서 높이셨고 도리상 낮추어야 할 것이라면 따라서 낮추셨다."라는 것은 또한 出母의 입장에 따라 낮추고 높이는 것을 정한다는 뜻이다. 聖人(孔子)께서는 實情을 따라 처리한 것이고 子思는 禮를 지킨 것이니, 아내를 축출했을 경우에는 자식으로 하여금 服을 입지 않도록 하는 것이 예이다. 자식은 어머니에 대해 잊을 수가 없으나 만약 아버지가 자식으로 하여금 상복을 입도록 하지 않으면 자식은 진실로 아버지를 어길 수 없으니, 묵묵히 心喪을 하는 것이 또한 예이다. 아버지가 자식으로 하여금 상복을 입게 했다면 상복을 입는 것이 또한 예이다. 자사는 자신이 성인의 경지에 이르지 못해서 감히 예를 따르지 않을 수 없다고 여긴 것이고, 공자가 출모를 위해 〈伯魚에게〉 상복을 입게 한 것은 바로 성인이 權道에 따라 처리한 것이다. 자사가 스스로 감히 권도에 따라 처리할 수 없다고 여겨서 오직 예만을 따른 것은 감히 공자를 흉내낼 수 없었기 때문이다. 그러므로 "도리상 높여야 할 것이라면 따라서 높이셨고 도리상 낮추어야 할 것이라면 따라서 낮추셨다."라고 한 것이다.

030501 孔子曰 拜而后稽顙(상)은 頹乎其順也요 稽顙而后拜는 頎(간)乎其至也니 三年之喪으란 吾從其至者호리라

孔子께서 말씀하시기를 "절한 뒤에 머리를 조아리는 것은 그 순서를 따르는 것이고, 머리를 조아린 뒤에 절하는 것은 슬퍼하면서 공경을 극진히 하는 것이니, 三年의 喪禮에는 나는 공경을 극진히 하는 것을 따르겠다."라고 하셨다.

≪集說≫

此는 言喪拜之次序也라 拜는 拜賓也라 稽顙者는 以頭觸地니 哀痛之至也라 拜以禮賓하야 稽顙以自致를 謂之順者는 以其先加敬於人而后盡哀於己가 爲得其序也라 頎

者는 惻隱之發也니 謂之至者는 以其哀常在於親하야 而敬暫施於人이 爲極自盡之道
也라 夫子從其至者는 亦與其易(이)也론 寧戚[22]之意라

이는 喪中에 절하는 次序를 말하였다. 拜는 손님에게 절하는 것이다. 稽顙은 머리
가 땅에 닿는 것이니, 애통함이 지극한 것이다. 절을 하고서 손님에게 禮를 표하여 머
리를 조아리면서 스스로 공경을 극진히 함을 '순서에 따른 것〔順〕'이라고 이른 것은 먼
저 남에게 공경을 더하고 난 다음에 자기의 슬픔을 극진히 하는 것이 순서에 맞기 때
문이다. 顙이란 슬픔이 發露된 것이니, 그것을 '지극히 함〔至〕'이라고 이른 것은 그 슬
픔은 항상 어버이에게 있으면서 공경은 잠시 남에게 베푸는 것이 스스로 정성을 다하
는 도리를 극진히 함이 되기 때문이다. 夫子께서 그 극진히 함을 따르신 것은 또한 喪
事에 겉치레보다는 차라리 슬퍼하는 것이 더 낫다는 뜻이다.

○ 朱子曰 拜而后稽顙은 先以兩手로 伏地如常하고 然後引首向前扣地也요 稽顙而后
拜者는 開兩手而先以首扣地하고 却交手如常也라

○ 朱子 : "절한 뒤에 머리를 조아리는 것"은 먼저 양손을 땅에 대고 엎드려 평상시
와 같이하고 그런 뒤에 목을 길게 빼고 앞으로 향하여 땅에 닿도록 하는 것이요, "머
리를 조아린 뒤에 절하는 것"은 양손을 벌려 먼저 머리가 땅에 닿도록 하고 손을 맞잡
기를 평상시와 같이하는 것이다.

≪大全≫

長樂陳氏曰 拜而后稽顙은 先致敬也요 稽顙而後拜는 先致哀也라 禮廢滋久에 天下不
知先稽顙之爲重하고 而或以輕爲重하니 是猶不知拜下之爲禮요 拜上之爲泰라 故孔子
救拜之弊則曰 吾從其至하고 救泰之弊則曰 吾從下[23]也라

---

22) 與其易(이)也 寧戚 : 林放이 예의 근본에 대해 묻자, 孔子께서 말씀하시길 "훌륭하구나,
　　질문이여. 禮는 사치하기보다는 차라리 검소해야 하고, 喪은 겉치레하는 것보다는 차
　　라리 슬퍼해야 한다."고 하셨다.〔林放問禮之本 子曰 大哉 問 禮與其奢也 寧儉 喪與其易也 寧
　　戚〕(≪論語≫ 〈八佾〉)

23) 拜下之爲禮……吾從下 : 堂 아래에서 절하는 것이 禮이거늘 지금은 堂 위에서 절을 하
　　니 교만하다. 비록 사람들과 어긋난다 하더라도 나는 당 아래에서 절하는 것을 따르겠

　長樂陳氏 : '절한 뒤에 머리를 조아리는 것'은 먼저 공경을 지극히 하는 것이며, '머리를 조아린 뒤에 절하는 것'은 먼저 슬픔을 지극히 하는 것이다. 禮가 폐지됨이 더욱 오래됨에 천하가 먼저 머리를 조아리는 예가 중한 것임을 알지 못하고 간혹 가벼운 것을 중한 것으로 여기니, 이는 오히려 堂 아래에서 절하는 것이 예가 되고, 堂 위에서 절하는 것이 교만함이 됨을 알지 못하는 것이다. 그러므로 孔子께서는 절하는 예의 폐단을 바로잡으시어 말씀하시길 "나는 〈슬퍼하면서〉 공경을 극진히 하는 것을 따르겠다."라고 하였고, 교만함의 폐단을 바로잡으시어 말씀하시길 "나는 堂 아래에서 절하는 禮를 따르겠다."라고 하였다.

030601孔子旣得合葬於防하시고 曰 吾聞之호니 古也엔 墓而不墳하더니 今에 丘也는 東西南北之人也라 不可以弗識(지)也라하시고 於是에 封之하시니 崇이 四尺이러라

　孔子께서 防山에서 合葬을 마치고 나서 말씀하시기를 "내 들으니 옛날에는 埋葬만 하고 封墳을 만들지 않았다고 하는데, 지금 나는 동·서·남·북으로 돌아다니는 사람인지라 〈이곳을〉 標識해두지 않을 수 없다."라고 하시고, 이에 봉분을 만드셨는데 높이가 넉 자쯤 되었다.

　　《集說》

孔子父墓在防이라 故奉母喪以合葬하시니라 墓는 塋域也니 封土爲壟曰墳이라 東西南北之人은 言其宦遊無定居也라 識는 記也라 爲壟은 所以爲記識니 一則恐人不知而誤犯이요 一則恐己或忘而難尋이라 故封之하시니 高四尺也라

　孔子의 아버지 묘소가 防山에 있었다. 그러므로 어머니의 喪을 받들어 合葬한 것이다. 墓는 무덤〔塋域〕이니, 흙을 쌓아서 언덕을 만드는 것을 封墳이라고 한다. 東西南北之人은 벼슬을 구해서 떠돌아다녀 일정한 거처가 없음을 말한 것이다. 識는 기억해둠이다. 봉분을 만든 것은 기억해두기 위한 것이니, 한편으로는 남이 모르고서 잘못

　　다.〔拜下禮也 今拜乎上 泰也 雖違衆 吾從下〕(《論語》〈子罕〉)

침범할까 두렵기 때문이고, 또 한편으로는 자기가 혹시라도 장소를 잊어버려 찾기 어려울까 두렵기 때문이다. 그러므로 봉분을 만드셨으니 높이가 넉 자쯤 되었다.

030602 **孔子先反**하시고 **門人**이 **後**러니 **雨甚**이라 **至**커늘 **孔子問焉曰 爾來何遲也**오 **曰 防墓崩**일새니이다 **孔子不應**이어시늘 **三**한대 **孔子泫然流涕曰 吾聞之**호니 **古不脩墓**라하니라

孔子께서 먼저 돌아오시고 門人들은 뒤에 남아 있었는데, 비가 심하게 내렸다. 문인들이 이르자 공자께서 묻기를 "너희들은 어찌 늦게 도착하였느냐?"라고 하니, 문인들이 대답하기를 "防山의 묘소가 무너졌기 때문입니다."라고 하였다. 공자께서 〈이야기를 듣고〉 응답하지 않으시자 문인들이 세 번 말씀드리니 공자께서 줄줄 눈물을 흘리며 말씀하시기를 "내 들으니 옛날에는 墳墓를 修築하지 않았다고 하더라."라고 하셨다.

≪集說≫

兩甚而墓崩이어늘 **門人修築而後反**하니 **孔子流涕者**는 **自傷其不能謹之於封築之時**하야 **以致崩圮**하시고 **且言古人**이 **所以不修墓者**는 **敬謹之至**에 **無事於修也**니라

비가 심하게 내려 무덤이 무너지자 문인들이 修築하고서 돌아왔는데, 공자께서 줄줄 눈물을 흘리신 까닭은 스스로 封墳을 쌓을 때 삼가지 못해서 무너지게 된 것을 상심하신 것이고, 또 옛날 사람이 무덤을 수축하지 않은 까닭은 〈봉분을 쌓을 때〉 공경하고 삼감이 지극해서 수축할 일이 없었음을 말한 것이다.

≪大全≫

盧陵胡氏曰 作墓時에 **當爲堅久之計**니 **不可令崩壞而加治**라

盧陵胡氏 : 封墳을 만들 때 마땅히 견고하고 오래갈 수 있는 계획을 세워야 하니, 봉분의 흙이 무너져 내려 수리하게 해서는 안 된다.

030701孔子哭子路於中庭이어시늘 有人弔者而夫子拜之하시다 旣哭하시고 進使者而問故하신대 使者曰 醢(해)之矣라하야늘 遂命覆(복)醢하시다

孔子께서 뜰 가운데에서 子路의 죽음을 哭하고 계셨는데, 어떤 사람이 조문을 오자 공자께서 그에게 답배를 하셨다. 공자께서 곡을 마치시고 使者를 앞으로 나오게 하여 〈자로가〉 죽은 상황을 물으니 사자가 대답하기를 "자로가 젓 담겨졌습니다."라고 하였다. 이에 공자가 마침내 당신 집안의 肉醬을 엎어버리도록 하셨다.

《集說》

子路死於孔悝之難하야 遂爲衛人所醢어늘 孔子哭之中庭하시니 師友之禮也라 聞使者之言하시고 而覆棄家醢는 蓋痛子路之禍하야 而不忍食其似也라

子路가 衛나라 孔悝의 난에서 죽어 마침내 위나라 사람에 의해 肉醬으로 담겨지자 孔子께서 뜰 가운데에서 哭하셨으니, 이는 師友間의 禮이다. 使者의 말을 들으시고 집안의 육장을 엎어버리도록 하신 것은 아마도 자로의 禍를 애통스럽게 여겨 비슷한 것을 차마 드실 수 없으셨기 때문이었던 듯싶다.

○ 朱子曰 子路仕衛之失은 前輩論之多矣라 然子路却是見不到요 非知其非義而苟爲也니라

○ 朱子 : 子路가 衛나라에서 벼슬한 잘못은 前輩들이 논한 것이 많다. 그러나 자로는 다만 識見이 지극하지 못했던 것이지, 그것이 義가 아님을 알면서도 구차스럽게 벼슬을 했던 것은 아니다.

《大全》

山陰陸氏曰 哭以師友之間進之也라

山陰陸氏 : 哭을 師友間의 禮로 한 것이다.

○ 臨川吳氏曰 哭師於寢이요 哭朋友於寢門外라 中庭은 在寢之外寢門外之內일새 故로
陸氏謂之師友之間이라

　○ 臨川吳氏 : 스승을 위해서는 路寢에서 哭하고, 친구를 위해서는 寢門 밖에서 곡
한다. 中庭은 노침의 밖과 침문 밖의 안쪽에 있기 때문에 陸氏가 師友間의 禮라고 말
한 것이다.

○ 長樂陳氏曰 遂命覆醢者는 非特不忍食之요 又不忍見之也라

　○ 長樂陳氏 : "마침내 肉醬을 엎어버리도록 하셨다."는 것은 단지 그것을 차마 먹을
수가 없어서일 뿐만이 아니라 또한 차마 그것을 볼 수가 없었기 때문이다.

030801 曾子曰 朋友之墓에 有宿草而不哭焉이니라

　曾子가 말하기를 "친구의 묘소에 묵은 풀이 있으면 哭을 하지 않는다."라
고 하였다.

　　《集說》

草根陳宿이 是期年之外니 可無哭矣라

　풀뿌리가 묵은 것은 喪을 치른 지 1년이 지난 것이니, 哭을 하지 않아도 괜찮다.

　　《大全》

嚴陵方氏曰 師猶父하고 朋友相視를 猶兄弟하니 旣以喪父之義로 處喪師면 則以喪兄
弟之義로 處喪朋友가 不亦可乎아 墓有宿草면 則期年矣니 是以兄弟之義喪之也라 然
必以墓草爲節者는 蓋生物旣變하야 而慕心可已故也라

　嚴陵方氏 : 스승은 아버지와 같고 친구 간에는 서로 보기를 형제처럼 하니, 이미 아
버지의 喪을 치르는 의리로 스승의 상을 치렀다면 형제의 상을 치르는 의리로 친구의
상을 치르는 것이 또한 옳지 않겠는가? 묘소에 묵은 풀이 있으면 1년이 지난 것이니,
이것은 형제의 상을 치르는 의리로 친구의 상을 치른 것이다. 그러나 군이 묘소의 풀

을 절도로 삼은 것은 아마도 살아 있는 물건이 이미 변화하여 그리워하는 마음을 그칠 수 있기 때문인 듯싶다.

030901 子思曰 喪은 三日而殯호대 凡附於身者를 必誠必信하야 勿之有悔焉耳矣니라 三月而葬호대 凡附於棺者를 必誠必信하야 勿之有悔焉耳矣니라

子思가 말하기를 "喪事는 3일 만에 殯所를 차리되 屍身에 딸린 것들을 반드시 정성스럽게 하고 반드시 신실하게 해서 후회하는 일이 없도록 해야 한다. 그리고 3달 만에 葬事를 지내되 棺에 딸린 것들을 반드시 정성스럽게 하고 반드시 신실하게 해서 후회하는 일이 없도록 해야 한다.

≪集說≫

附於身者는 襲斂衣衾之具요 附於棺者는 明器用器[24)]之屬也라

'屍身에 딸린 것들'은 시신을 襲하고 斂할 때 쓰는 襚衣와 이불의 도구이고, '棺에 딸리는 것들'은 神明에게 사용하는 그릇[明器]과 亡者가 살았을 적에 사용하던 그릇[用器] 등속이다.

○ 方氏曰 必誠은 謂於死者에 無所欺요 必信은 謂於生者에 無所疑니라

○ 方氏 : "반드시 정성스럽게 함"은 죽은 자에 대해서 속이는 것이 없음을 말하고, "반드시 신실하게 함"은 산 사람에게 의심받는 것이 없음을 말한다.

≪大全≫

金華應氏曰 附於棺者는 若卜其宅兆하야 丘封壞樹之事니 不獨明器之屬也라

---

24) 明器用器 : 明器와 用器는 모두 시신과 함께 매장하는 殉葬品이다. 金長生(朝鮮)의 ≪經書辨疑≫ 〈禮記〉에 "明器는 神明이 사용하는 그릇이요, 用器는 〈망자가〉 살았을 적에 사용하던 그릇이다.[明器 神明之器也 用器 生時所用之器也]"라고 하였다.

金華應氏 : ‘棺에 딸리는 것들’은 좋은 墓地를 잡아 봉분을 만들고 흙을 북돋우고 나무를 심는 일 같은 것이니, 다만 明器 등속뿐만이 아니다.

030902 喪은 三年以爲極이니 亡이라도 則弗之忘矣니라 故君子는 有終身之憂하고 而無一朝之患이니 故忌日에 不樂(악)하나니라

喪은 3년을 기한으로 삼으니, 장례하여 시신을 땅에 묻더라도 잊지 못한다. 그러므로 군자는 終身의 근심은 있되 하루아침의 근심은 없으므로 忌日에 풍악을 울리지 않는 것이다.”라고 하였다.

《集說》

喪莫重於三年이라 旣葬曰亡이니 中庸曰 事亡如事存[25]이라하니라 雖已葬而不忘其親이니 所以爲終身之憂而忌日不樂也라 祭義曰 君子有終身之喪하니 忌日之謂也[26]라하니라 家宅崩毀가 出於不意하니 所謂一朝之患이니 惟其必誠必信이라 故無一朝之患也니라 或曰 殯葬이 皆一時事라 於此一時而不謹이면 則有悔하니 惟其誠信이라 故無此一時不謹之患이라

喪의 〈기한은〉 3년보다 더 중요한 것이 없다. 이미 葬事를 마친 것을 亡이라고 이르니, 《中庸》에 말하기를 “이미 돌아간 이를 제사 지내기를 생존한 이를 섬기듯이 해야 한다.”고 하였다. 이미 장사를 지냈어도 그 어버이를 잊지 못하니, 그 때문에 종

─────────────

25) 中庸曰 事亡如事存 : 그 자리를 밟아 그 예를 행하고 그 音樂을 연주하며, 그가 존경하시던 바를 존경하고 그가 親愛하시던 바를 사랑하며, 죽은 이의 초상 치르기를 산 이를 섬기듯이 하고 이미 돌아간 이 제사지내기를 생존한 이를 섬기듯이 하는 것이 孝의 지극함이다.〔踐其位 行其禮 奏其樂 敬其所尊 愛其所親 事死如事生 事亡如事存 孝之至也〕(《中庸》 19章)

26) 君子有終身之喪 忌日之謂也 : 君子에게는 終身토록 지내는 喪이 있으니, 부모의 忌日을 뜻한다. 부모의 기일에는 다른 일을 하지 않으니, 그것은 부모가 돌아가신 날을 상서롭지 않다고 여겨서가 아니다. 그 날에는 마음이 부모에 대한 생각으로 가득하여, 감히 사적인 일에 마음을 쏟을 수 없기 때문이다.〔君子有終身之喪 忌日之謂也 忌日不用 非不祥也 言夫日志有所至 而不敢盡其私也〕(《禮記》〈祭義〉)

신의 근심이 있어서 忌日에는 풍악을 연주하지 않는 것이다. ≪禮記≫〈祭義〉에 이르기를 "君子에게는 終身토록 지내는 喪事가 있으니 기일을 이른 것이다."라고 하였다. 무덤이 무너지는 일은 불의에 생겨나는 것이므로, 이른바 하루아침의 걱정이라고 하니, 오직 반드시 정성스럽게 하고 반드시 신실하게 하였기 때문에 하루아침의 걱정거리가 없는 것이다.

어떤 사람은 말하기를 "빈소를 차리고 장사를 지내는 것이 모두 한 때의 일이므로 이 한 때의 일에 삼가지 않는다면 후회가 있게 되니, 오직 그 정성스럽게 하고 신실하게 하였기 때문에 이 한 때의 일에 삼가지 않아서 생기는 걱정이 없는 것이다."라고 하였다.

≪大全≫

馬氏曰 君子之事親에 無所不用誠信호대 而至於明器하야는 則備物而不可用者[27]를 亦可以爲誠信乎아 蓋之死而致死之는 不仁而不可爲也요 之死而致生之면 不知而不可爲也[28]라 明器之用과 仁知之道는 誠信之至者也니 知此則可以無悔也라

馬氏 : 君子가 어버이를 섬길 때 정성과 신실함을 다하지 않음이 없지만, 明器에 있어서는 물건을 갖추기만 하고 사용할 수 없게 하는 것을 또한 정성스럽고 신실하다고 할 수 있겠는가? 죽은 자를 보내면서 죽은 자에 대한 예로만 극진히 대하는 것은 어질지 못한 일이니 그렇게 해서는 안 되고, 죽은 자를 보내면서 산 자에 대한 예로만 극진히 대하는 것은 지혜롭지 못한 일이니 그렇게 해서는 안 된다. 명기의 사용과 仁과 知의 道理는 정성과 신실함이 극진한 것이니, 이것을 알면 후회가 없을 수 있다.

○ 長樂陳氏曰 君子之於親에 有終制之喪하고 有終身之喪하니 終制之喪은 三年是也요 終身之喪은 忌日是也라 文王之於親에 忌日必哀而不樂[29]하니 豈非能全終身

---

27) 至於明器 則備物而不可用者 : ≪禮記≫〈檀弓 下〉 043201 참조.
28) 蓋之死而致死之……不知而不可爲也 : ≪禮記≫〈檀弓 上〉 037401 참조. 이는 어버이의 상을 치를 때, 어버이를 온전히 죽은 사람으로도 온전히 산 사람으로도 대우하지 않고 그 가운데를 취하여 대우하고자 한 것이다.
29) 文王之於親 忌日必哀而不樂 : 文王이 제사를 지낼 때에는 돌아가신 부모를 섬길 때 마치 살아계셨을 때 섬기는 것처럼 하였고, 돌아가신 부모를 끊임없이 생각하여 마치 부

之憂乎아 有終身之憂는 仁也요 無一朝之患은 義也라

○ 長樂陳氏 : 君子는 어버이에 대해서 終制의 喪이 있고, 終身의 상이 있으니, 종제의 상은 三年喪이 그것이고, 종신의 상은 忌日의 제사가 그것이다. 文王은 어버이에 대하여 기일에는 반드시 슬퍼하여 음악을 연주하지 않았으니, 종신의 근심을 온전히한 것이 아니겠는가? 종신의 근심을 갖는 것은 仁이며, 하루아침의 근심이 없도록 하는 것은 義이다.

031001 孔子少孤하사 不知其墓하사 殯於五父(보)之衢어시늘 人之見之者皆以爲葬也라하더니 其慎(인)[30]也는 蓋殯也러라 問於郰曼父(추만보)之母오사 然後得合葬於防하시니라

孔子께서 어려서 아버지를 여의었으므로 그 묘소가 있는 곳를 알지 못하여 〈어머니의 시신을〉 五父의 거리에 殯(가매장)을 하자, 사람들 중에 이 광경을 본 자들은 모두 葬事를 지내는 것이라고 여겼는데, 그 상여줄을 보니 빈소에서 발인하는 줄이었다. 郰曼父의 어머니에게 물은 뒤에야 防山에 合葬할 수가 있었다.

≪集說≫

不知其墓者는 不知父墓所在也라 殯於五父之衢者는 殯母喪也니 禮無殯於外者어늘 今乃在衢하니 先儒謂欲致人疑問하야 或有知者告之也라 人見柩行於路하고 皆以爲葬이나 然以引觀之하니 殯引은 飾棺以輤(천)[31]하고 葬引은 飾棺以柳翣(삽)[32]하니 此則

모를 따라 죽고 싶어 하는 것처럼 하였으며, 부모의 忌日에는 반드시 슬퍼하였고, 부모의 諱(이름)를 입에 담을 때에는 마치 부모를 직접 뵙는 것처럼 하였으니, 이것은 문왕이 제사를 지낼 때 나타났던 한결같은 마음이다.〔文王之祭也 事死者如事生 思死者如不欲生 忌日必哀 稱諱如見親 祀之忠也〕(≪禮記≫〈祭義〉)

30) 慎(인) : 저본의 小註에 '讀爲引'으로 되어 있으니, 靈柩를 끌어당기는 밧줄을 가리키는 '引'과 통용한다.

31) 輤(천) : 喪輿의 덮개를 뜻한다.

殯引耳라 按家語에 孔子生三歲而叔梁紇死[33]라하니 是少孤也라 然顏氏之死에 夫子成立久矣라 聖人은 人倫之至니 豈有終母之世히 不尋求父葬之地하며 至母殯而猶不知父墓乎아 且母死而殯於衢路는 必無室廬而死於道路者不得已之爲耳니 聖人은 禮法之宗主어늘 而忍爲之乎아 馬遷爲野合之誣하야 謂顏氏諱而不告[34]라하야늘 鄭註에 因之하야 以滋後世之惑[35]하고 且如堯舜瞽瞍之事로 世俗不勝異論하니 非孟子辭而闢之시면 後世謂何오 此經이 雜出諸子所記하니 其間에 不可據以爲實者多矣라 孟子曰 主癰疽與侍人瘠環이시면 何以爲孔子[36]리오하시니 愚亦謂終身不知父墓면 何以爲孔子乎아 其不然이 審矣니 此非細故라 不得不辨하노라

'그 묘소를 알지 못했다'는 것은 아버지의 묘가 있는 곳을 알지 못한 것이다. '五父

---

32) 柳翣(삽) : 柳는 喪輿의 윗면과 옆면을 가리는 휘장이다. 翣은 부채모양으로 된 기구로, 이것을 든 사람은 상여의 앞뒤에 서서 상여를 가린다. 후대에는 柳翣을 상여 위에 있는 棺을 장식하는 기구들을 범칭하는 용어로 사용되었다.

33) 孔子生三歲而叔梁紇死 : 尼丘山에서 祈를 통해 기도하여 孔子를 낳았기 때문에 이름은 丘이고 자는 仲尼이다. 孔子가 3세가 되었을 때 叔梁紇이 죽어서 防에 葬禮를 치렀다. 〔私禱尼丘之山以祈焉 生孔子 故名丘 字仲尼 孔子三歲而叔梁紇卒 葬於防〕(《孔子家語》 〈本姓解〉)

34) 馬遷爲野合之誣 謂顏氏諱而不告 : 叔梁紇이 顏氏의 여식과 野合하여 孔子를 낳았는데, 尼丘山에서 기도를 드리고 공자를 얻었다.……丘(공자)가 태어나자 숙량흘이 죽어서 防山에 장사 지냈는데, 防山은 魯나라 동쪽에 있었다. 이런 연유로 공자가 아버지의 墓가 있는 장소를 궁금해 했지만 어머니는 알려주기를 원치 않았다.〔紇與顏氏女野合而生孔子……丘生而叔梁紇死 葬於防山 防山在魯東 由是孔子疑其父墓處 母諱之也〕(《史記》 〈孔子世家〉)

35) 鄭註……以滋後世之惑 : 《禮記正義》 鄭玄 注에 "孔子의 아버지는 郰땅의 叔梁紇이니 顏氏의 여식인 徵在와 野合을 하여 공자를 낳았는데, 징재는 이것을 부끄럽게 여겨서 〈공자에게〉 부친의 墓를 알려주지 않았다.〔孔子之父郰叔梁紇 與顏氏之女徵在野合 而生孔子 徵在恥焉 不告〕"라고 하였다.

36) 孟子曰……何以爲孔子 : 내 들으니 조정에 있는 신하를 관찰할 때에는 자기 집에 누구를 묵게 하는가를 가지고 관찰하고, 먼 지방에서 와서 벼슬하는 신하를 관찰할 때에는 누구의 집에 묵는가를 가지고 관찰한다 하였으니, 만일 공자께서 임금의 총애를 받는 의원과 내시인 瘠環의 집에서 묵으셨다면, 어떻게 공자라고 할 수 있겠는가?"〔吾聞觀近臣 以其所爲主 觀遠臣 以其所主 若孔子主癰疽與侍人瘠環 何以爲孔子〕(《孟子》 〈萬章 上〉)

의 거리에 殯을 하였다'는 것은 어머니의 시신을 殯(가매장)한 것이다. 禮에 따르면 집 밖에 빈을 하는 경우가 없는데 지금 빈을 마침내 거리에서 하였으니, 이에 대해 先儒들이 "사람들이 의문을 갖도록 하여 혹 아는 자가 일러주기를 바란 것이다."라고 하였다. 사람들은 상여가 길에 가는 것을 보고는 모두 葬事를 지내는 것이라고 여겼다. 그러나 상여줄을 보니 초빈의 상여줄[殯引]은 상여뚜껑[輤]으로 棺을 장식하고, 葬事의 상여줄은 관 덮개와 운삽[柳翣]으로 관을 장식하니, 여기의 상여줄은 초빈의 상여줄이었다.

《孔子家語》를 살펴보니 "孔子가 태어나 3살이 되었을 때 叔梁紇이 죽었다."고 했으니, 이는 어려서 아버지를 여읜 것이다. 그러나 어머니 顔氏가 죽었을 때는 공자가 성장하여 자립한 지 오래였다. 聖人은 人倫의 극치이니, 어찌 어머니가 세상을 마치도록 아버지를 장사 지낸 묘지를 찾지 않아서 어머니를 빈함에 이르기까지 아버지 묘소를 모를 리가 있겠는가. 그리고 어머니가 죽자 거리에 빈한 것은 반드시 집이 없어서 도로에서 客死한 사람이 부득이해서 하는 것이니, 성인은 禮法의 宗主인데 차마 그런 짓을 하셨겠는가. 司馬遷이 〈《史記》〈孔子世家〉에서〉 숙량흘이 안씨와 野合했다는 거짓말을 해서 "안씨가 〈아버지의 묘를〉 숨기고 공자에게 말해주지 않았다."고 하였는데, 鄭玄의 註에서 이것을 인습하여 후세의 의혹을 더욱 불어나게 하였다. 그리고 堯・舜과 瞽瞍의 일처럼 세속에 이루 다 말할 수 없는 異論이 생겨나게 하였으니, 孟子께서 말씀하여 물리치지 않으셨다면 후세에 뭐라고 하였겠는가.

이 經(《禮記》)은 여러 사람들이 기록한 것에서 뒤섞여 나왔으므로 그 사이에 근거하여 사실로 여길 수 없는 것이 많다. 孟子가 말하기를 "癰疽와 侍人 瘠環을 주인으로 삼았다면, 어떻게 공자라고 할 수 있겠는가?"라고 하였는데, 내 생각에도 그렇다. 終身토록 아버지의 墓를 몰랐다면, 어떻게 공자라고 할 수 있겠는가? 그렇지 않았음이 분명하니, 이것은 사소한 문제가 아니므로 변론하지 않을 수 없다.

031101 隣有喪이어든 舂不相하며 里有殯이어든 不巷歌니라

이웃에 初喪이 났으면 방아 찧을 때 방아타령을 부르지 않으며, 마을에 빈소가 있으면 거리에서 노래를 부르지 않는다.

≪集說≫

說見(현)曲禮³⁷⁾하니라

설명이 〈曲禮〉에 보인다.

031201 喪冠은 不綾(유)니라

喪中의 冠은 갓끈을 늘어뜨리지 않는다.

≪集說≫

冠必有笄以貫之하니 以紘繫笄하야 順頤而下結之 曰纓이요 垂其餘於前者를 謂之綾라 喪冠不綾하니 蓋去飾也니라

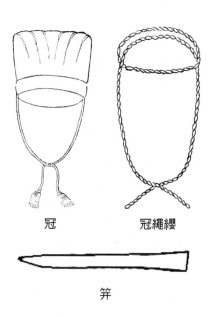

冠   冠繩纓

笄

冠은 반드시 비녀로 꿰야 하니, 갓끈을 비녀에 매고 턱을 따라서 내려와 묶은 것은 纓이라 이르고, 묶고 난 나머지 부분을 앞에 드리우는 것을 綾라 이른다. 喪中의 冠은 갓끈을 늘어뜨리지 않으니 장식을 제거한 것이다.

031301 有虞氏는 瓦棺하고 夏后氏는 堲(직)周하고 殷人은 棺槨하고 周人은 牆置翣하니라

有虞氏는 〈옹기로 만든〉 瓦棺을 사용하였고, 夏后氏는 〈벽돌로 棺의 壙中을 둘러쌓은〉 堲周를 사용하였고, 殷나라 사람은 內棺과 外槨을 사용하였고, 周나라 사람은 牆을 두르고 운삽을 두었다.

---

37) 說見曲禮 : ≪禮記集說大全≫ 〈曲禮 上〉 015605 참조.

≪集說≫

瓦棺은 始不衣薪也라 聖周는 或謂之土周니 聖者는 火之餘燼이니 蓋治土爲甎(전)而四
周於棺之坎也라 殷世에 始爲棺槨하고 周人이 又爲飾棺之具하니 蓋彌文矣라 牆은 柳衣
也라 柳者는 聚也니 諸飾之所聚也라 以此障柩를 猶垣墻之障家라 故謂之牆이라 翣은
如扇之狀하니 有畫爲黼[38]者하고 有畫爲黻[39]者하고 有畫雲氣者하니 多寡之數는 隨貴
賤之等이라

　　瓦棺은 처음으로 시신에 섶을 입히지 않은 것
이다. 聖周는 더러 土周라고도 하는데, 聖은 불
에 타고 남은 것이니, 직주는 흙을 구워 벽돌을
만들어서 관을 안치할 구덩이의 사방을 두른 것
이다. 殷나라 때 처음으로 內棺과 外槨을 만들었
고, 周나라 사람이 또 관을 꾸미는 도구를 만들
었으니 문식을 더한 것이다. 牆은 관을 덮는 휘
장이다. 柳는 모은다는 뜻이니, 여러 장식을 모
은 것이다. 이것으로 널을 가려서 막기를 마치
담장으로 집을 가려놓은 것처럼 하기 때문에 그
것을 牆이라고 이른 것이다. 翣은 부채 모양과
같은데, 黼가 되게 그린 것도 있고, 黻이 되게
그린 것도 있으며, 구름을 그린 것도 있다. 그
많고 적음의 수효는 貴賤의 등급을 따른다.

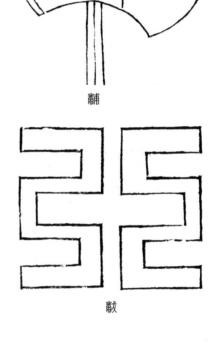

黼

黻

≪大全≫

馬氏曰 自虞氏瓦棺으로 而至夏后氏聖周는 周有槨之象이라 商人은 以瓦棺聖周하니 皆
陶冶之器요 而陶冶는 出於土하니 及其久也하야는 必復於土하야 不能無使土親膚일새 遂

---

38) 黼 : 백색과 흑색의 실로 무늬를 수놓은 것으로, 도끼 모양을 새긴다.
39) 黻 : 흑색과 청색의 실로 무늬를 수놓은 것으로, 亞자 모양을 새긴다.

以木易之라 木足以勝土일새 而仁人孝子가 所以深慮長思者하야 未有易此라 聖人之法은 相待而後備라 故周人則緣商人之棺槨호되 飾之以牆置翣하야 棺槨以比化하고 牆置翣以爲觀美하니 皆所以盡孝子之心하야 無使之惡於死而已라

馬氏 : 有虞氏로부터 瓦棺을 사용했고 夏后氏에 이르러 墍周를 사용했으니, 周나라에는 外槨의 모양이 있었다. 商나라 사람들은 瓦棺과 墍周를 사용했는데 모두 흙을 구운 옹기이고, 옹기는 흙에서 나온 것이니 오래되면 반드시 흙으로 되돌아가서, 흙이 피부에 직접 닿지 않게 할 수 없기 때문에 마침내 목재로 그것을 바꾼 것이다. 나무는 충분히 흙을 이겨내기 때문에 仁人과 孝子가 그런 이유로 깊이 염려하고 길게 생각해서 아직 이것을 바꾸지 않은 것이다. 聖人의 法은 서로 기다린 뒤에 구비된다. 그러므로 주나라 사람은 상나라 사람의 내관과 외곽을 따르면서도 牆을 두르고 운삽을 두어, 내관과 외곽으로써 죽은 사람을 위하고, 牆을 두르고 운삽을 둠으로써 보기에 아름답게 하였으니, 이것은 모두 효자의 마음을 다하여 그로 하여금 죽은 자를 싫어함이 없도록 하고자 한 것일 뿐이다.

031302 周人은 以殷人之棺槨으로 葬長殤하고 以夏后氏之墍周로 葬中殤下殤하고 以有虞氏之瓦棺으로 葬無服之殤하니라

周나라 사람은 殷나라 사람의 內棺과 外槨으로써 長殤을 葬事지냈고, 夏后氏의 墍周로써 中殤과 下殤을 장사지냈고, 有虞氏의 瓦棺으로 服이 없이 일찍 죽은 사람을 장사지냈다.

≪集說≫

十六至十九가 爲長殤이요 十二至十五가 爲中殤이요 八歲至十一이 爲下殤이요 七歲以下가 爲無服之殤이요 生未三月은 不爲殤이니라

16살부터 19살까지가 長殤이 되고, 12살부터 15살까지가 中殤이 되며, 8살부터 11살까지가 下殤이 되고, 7살 이하는 服이 없는 殤이 되며, 태어난 지 3달이 채 못된 것은 殤으로 여기지 않는다.

《大全》

嚴陵方氏曰 槨之於棺은 如城之有郭也라 牆以帷柩하야 而周圍如牆하고 翣以飾柩하야
而翼蔽如羽하니 蓋世愈久而禮愈備故也라 長殤而下死者는 愈少則禮愈殺(쇄)也라

　嚴陵方氏 : 外槨은 內棺에 대해서 마치 內城에 外郭이 있는 것과 같다. 牆으로 널을
씌워 담장처럼 둘러싸고, 운삽으로 널을 장식하여 마치 새의 깃처럼 감싸니, 아마도
세대가 오래 될수록 禮가 더욱 구비되기 때문인 듯싶다. 長殤인 자로부터 그 이하의
요절한 자에 대해서는 나이가 어릴수록 禮가 더욱 감쇄된다.

031303夏后氏는 尚黑하야 大事에 斂用昏하며 戎事에 乘驪하며 牲用玄하고
殷人은 尚白하야 大事에 斂用日中하며 戎事에 乘翰하며 牲用白하고 周人은
尚赤하야 大事에 斂用日出하며 戎事에 乘騵(원)하며 牲用騂(성)하니라

　夏后氏는 검은색을 숭상하여 喪事
에 大斂과 小斂을 어두울 때 하였으
며, 전쟁에 검은색 말을 타고 犧牲은
검은색 짐승을 사용하였고, 殷나라
사람은 흰색을 숭상하여 상사에 대렴
과 소렴을 한낮일 때 하였으며, 전쟁
에 흰색 말을 타고 희생으로 흰색 짐
승을 사용하였고, 周나라 사람은 붉
은색을 숭상하여 상사에 대렴과 소렴
을 해가 솟아오를 때 하였으며, 전쟁
에 붉은색 말을 타고 희생으로 붉은
색 짐승을 사용하였다.

大禹圖

≪集說≫

禹以治水之功으로 得天下라 故尙水之色하고 湯以征伐로 得天下라 故尙金之色하고 周之尙赤은 取火之勝金也라 大事는 喪事也라 驪는 黑色이요 翰은 白色이니 易曰 白馬翰如[40]라하니라 騵은 赤馬而黑鬣(렵)尾也라

禹임금은 治水의 功으로 천하를 얻었기 때문에 水의 색깔인 검은색을 숭상하였고, 湯임금은 정벌로 천하를 얻었기 때문에 金의 색깔인 흰색을 숭상하였으며, 周나라가 적색을 숭상한 것은 火가 金을 이기는 〈五行의 속성을〉 취한 것이다. 大事는 喪事이다. 驪는 검은색 말이고, 翰은 흰색 말이니, ≪周易≫에서 이르기를 "백마가 날아가는 듯이 달린다."라고 하였다. 騵은 붉은 말로서 갈기와 꼬리가 검은 것이다.

031401 穆公之母卒커늘 使人問於曾子曰 如之何오 對曰 申也는 聞諸申之父호니 曰 哭泣之哀와 齊(자)斬之情과 饘粥之食은 自天子達이니 布幕은 衛也요 繆(소)幕은 魯也라하시니라

魯 穆公의 어머니가 죽자, 〈목공이〉 사람을 시켜서 〈曾子의 아들〉 曾申에게 묻기를 "어떻게 葬事를 지내야 하겠는가?"라고 하니, 증신이 대답하였다. "제가 아버지에게 들으니, '哭하고 우는 슬픔과 齊衰服·斬衰服을 입고서 슬퍼하는 情과 상중에 된죽·묽은 죽을 먹는 것은 天子로부터 庶人에 이르기까지 똑같으니, 〈제후의 예인〉 삼베로 장막을 만드는 것은 衛나라의 제도이고, 〈천자의 예인〉 흰 명주로 장막을 만드는 것은 魯나라의 제도이다.'라고 하셨습니다."

斬衰

---

40) 易曰 白馬翰如 : ≪周易≫ 賁卦의 爻辭에 "六四는 꾸민 것이 희고 백마가 날아가는 듯이 달려가니, 도둑이 아니면 혼인하려는 것이다.〔六四 賁如皤如 白馬翰如 匪寇婚媾〕"라고 하였다.

《集說》

穆公은 魯君이요 申은 參之子也라 厚曰饘이요 稀曰粥이라 幕은 所以覆於殯棺之上이라 衛는 以布爲幕하니 諸侯之禮也요 魯는 以綃爲幕하니 蓋僭天子之禮矣라

穆公은 魯나라 임금이고, 申은 曾參의 아들이다. 된죽을 饘이라 하고, 묽은 죽을 粥이라 한다. 장막은 빈소의 棺 위를 덮는 것이다. 衛나라는 삼베로 장막을 만들었으니 諸侯의 禮이고, 魯나라는 흰 명주로 장막을 만들었으니 아마도 天子의 禮를 僭用한 듯싶다.

《大全》

廣安游氏曰 父母之喪은 貴賤不殊하니 此所以自天子達也라 若幕則天子以綃요 諸侯以布니 穆公이 苟欲行禮인댄 所謂貴賤一者에 固當一也요 所謂天子諸侯異者는 固當異也니 此二言喪禮盡矣라 且禮文之制에 曾申獨擧幕하고 而不擧其他하니 則其他推是而可知矣라

廣安游氏 : 부모의 喪은 貴賤에 차이가 없으니, 이것이 天子로부터 〈庶人에 이르기까지〉 공통된 이유이다. 장막으로 말할 것 같으면 천자는 흰 명주를 사용하고, 諸侯는 삼베를 사용하니, 穆公이 진실로 禮를 행하고자 했다면 이른바 '貴賤이 똑같은 경우'에는 진실로 똑같이 하는 것이 마땅하고, 이른바 '천자와 제후가 다른 경우'에는 진실로 달리 하는 것이 마땅하니, 이 두 마디로 喪禮를 다 말한 것이다. 또 禮文의 제도에 대하여 曾申이 유독 장막만을 거론하고 그 외의 것은 거론하지 않았으니, 나머지는 이것을 미루어 알 수 있다.

031501 晉獻公이 將殺其世子申生이어늘 公子重耳謂之曰 子蓋(합)言子之志於公乎아 世子曰 不可하니라 君이 安驪姬하시니 是我傷公之心也니라

晉 獻公이 世子 申生을 죽이려고 하자, 公子 重耳가 신생에게 일러 말하기를 "세자께서는 어찌 세자의 뜻을 임금에게 말씀드리지 않습니까?"라고

하자, 세자가 말하였다. "불가하다. 임금께서 驪姬를 편히 여기고 계시니, 〈내가 진실을 말하면〉 이는 내가 아버지의 마음을 상하게 하는 것이다."

≪集說≫

此事는 詳見左傳[41]하다 重耳는 申生異母弟[42]니 卽文公也라 蓋은 何不也라 明其讒則姬必誅하리니 是使君失所安而傷其心也라

이 일은 ≪春秋左氏傳≫에 자세히 보인다. 重耳는 申生의 이복형제인데, 바로 晉文公이다. 蓋은 어찌 아니함이다. 〈자신에 대한〉 참소에 진실을 밝히면 驪姬가 반드시 처형당하게 될 것이니, 이는 임금으로 하여금 편안히 여기는 것을 잃어버려 그 마음을 상하도록 하는 것이다.

031502曰 然則蓋行乎아 世子曰 不可하니라 君謂我欲弑君也라하시니 天下에 豈有無父之國哉리오 吾何行如之리오

重耳가 말하기를 "그렇다면 어찌 떠나가지 않습니까?"라고 하자, 世子가 말하였다. "불가하다. 임금께서 내가 임금을 시해하려 했다고 여기시니, 천하에 어찌 아버지 없는 나라가 있겠는가? 내가 떠나간다 한들 어디로 갈 수가 있겠는가?"

≪集說≫

重耳又勸其奔他國호대 而申生不從也라 何行如之는 言行將何往也라

重耳가 또 다른 나라로 달아날 것을 권유하였지만 申生이 따르지 않았다. '何行如之'는 "떠나가더라도 어디로 가겠느냐?"라는 말이다.

---

41) 詳見左傳 : ≪春秋左氏傳≫ 僖公 4년에 보인다.
42) 重耳 申生異母弟 : 晉 獻公은 齊姜과 간통하여 太子인 申生을 낳았다. 또 戎에서 맞이한 두 명의 여자 중 큰 딸 狐姬를 통해서는 公子 重耳를 낳았다.

031503 使人辭於狐突曰 申生有罪하니 不念伯氏之言也하야 以至于死니이다 申生不敢愛其死어니와 雖然吾君老矣며 子少하고 國家多難이어늘 伯氏不出而圖吾君하니 伯氏苟出而圖吾君이면 申生受賜而死라하고 再拜稽首하고 乃卒하니 是以爲恭世子也라하니라

〈申生이〉사람을 시켜 狐突에게 작별 인사를 하면서 말하였다. "저는 죄가 있으니, 伯氏(狐突)의 말을 유념하지 않아서 죽음에 이르게 되었습니다. 제가 죽는 것은 애석하지 않습니다. 비록 그렇지만 우리 임금께서 늙으셨으며 아들(奚齊)이 어리고 국가가 어려움이 많은데 백씨께서 出仕하여 우리 임금을 위해 도모해주지 않으시니, 백씨께서 만약 출사하여 우리 임금을 위해 도모해주신다면 저는 은혜를 받고 죽겠습니다." 그러고는 두 번 절하고 머리를 조아리면서 마침내 죽으니, 이 때문에 그를 恭世子라고 하였다.

《集說》

狐突은 申生之傅라 辭는 猶將去而告違니 蓋與之永訣也라 申生이 自經而死하야 陷父於不義하니 不得爲孝요 但得諡恭而已니라

狐突은 申生의 사부이다. 辭는 장차 떠나려 할 때 떠남을 알리는 것과 같으니, 아마도 그와 영원히 작별하는 것인 듯싶다. 신생이 스스로 목매어 죽어 아버지를 不義에 빠뜨렸으니 효도가 될 수가 없고, 단지 恭이라는 諡號를 얻었을 뿐이다.

○ 疏曰 註云 伯氏는 狐突이니 別氏者는 狐是總氏라 伯仲은 是兄弟之字니 字伯者謂之伯氏요 字仲者謂之仲氏라 故傳云 叔氏其忘諸乎[43]아하고 又此下文云 叔氏專以禮許人[44]이라하니 是一人之身이 字則別爲氏也니라

---

43) 叔氏其忘諸乎 : 《春秋左氏傳》 昭公 15년에 "周王이 말하기를 '叔氏여! 그대는 잊었는가? 叔父 唐叔은 成王의 同母弟였는데, 어찌 도리어 分賜한 것이 없었겠는가?'라고 하였다.〔王曰叔氏 而忘諸乎 叔父唐叔 成王之母弟也 其反無分乎〕"라고 하였다.

○ 疏 : 鄭玄의 註에 "伯氏는 狐突이니, 氏를 별도로 伯이라고 한 것은 狐가 狐突 가문을 총괄하는 성씨이기 때문에 〈구별한〉 것이다. 伯과 仲은 바로 형제의 字이니, 字가 伯인 사람을 伯氏라 부르고, 字가 仲인 자를 仲氏라 부르는 것이다. 그렇기 때문에 ≪春秋左氏傳≫에서 "叔氏여, 잊었는가?"라고 하였고, 또 이 아래 글에서 이르기를 "叔氏여, 멋대로 禮를 남에게 허락하는구나."라고 하였으니, 이것은 한 사람에게 있어서 字가 별도로 氏가 됨을 나타낸다.

≪大全≫

長樂陳氏曰 君子之於親에 有言以明己하고 有諫以明事라 諫則以幾爲順하고 以孰爲勤이니 幾而不入則至於孰하고 孰而不入則至於號하며 號而將至於見殺則亦有義以逃之하니 是雖於親有所不從이나 而於義無所不順이요 於親或不我愛나 而於鄕閭無所得罪니 此古之所謂孝子也라 彼不善事親者는 以小愛賊恩하고 姑息賊德하야 於己可以言이로대 而不言하고 於事可以諫이로대 而不諫하야 依違隱忍하고 惟意是從이라가 以至殞身於其親之命하고 而陷親於不義之名하니 是將以安親而反危之요 將以悅親而反辱之하니 此君子之所不取也라 晉獻公將殺其世子申生에 申生於親에 可言而不言이로되 而且懼傷公之心하고 於義에 可逃而不逃로되 而且謂天下豈有無父之國하고 以至忘其躬之不閱이로되 而且卹國家之多難하고 不顧死生之大節이로되 而且謹再拜之末儀하니 是恭而已요 非孝也라 春秋에 書晉侯殺其世子申生[45]이라한대 蓋書晉侯는 以明晉侯之無道요 書申生은 以明申生之罪也라 雖然이나 春秋之時에 臣弑其君하고 子弑其父하니 如衛輒拒父而爭國하고 楚商臣弑君而簒位하니 則申生之行은 蓋可哀而恕之也라 孔子曰 苟志於仁이면 無惡也[46]라하시니 故禮不以申生爲不孝而以之爲恭하니 猶詩不以伋壽爲不孝而以之爲不瑕也[47]라 然以春秋禮義之法繩之면 則申生不足以爲孝也라

---

44) 叔氏專以禮許人 : ≪禮記≫〈檀弓 上〉038901 참조.

45) 春秋 書晉侯殺其世子申生 : ≪春秋≫ 僖公 5년에 "봄에 晉나라 후작이 그의 世子 申生을 죽였다.〔春 晉侯殺其世子申生〕"라고 하였다.

46) 孔子曰……無惡也 : ≪論語≫〈里仁〉에 "진실로 仁에 뜻을 두면 惡이 없다.〔苟志於仁矣無惡也〕"라고 하였다.

長樂陳氏 : 君子는 어버이에게 말로써 자신의 뜻을 밝히는 경우가 있고, 간함으로 사리를 밝히는 경우가 있다. 간함은 은미하게 하는 것을 순리로 삼고, 익숙하게 하는 것을 삼감으로 삼는다. 은미하게 간하되 받아들여지지 않으면 익숙하게 간하는 데 이르고, 익숙하게 간했는데도 받아들여지지 않으면 호소하는 데 이르게 되며, 호소하다가 죽임을 당하는 지경에 이르게 되면 또한 義理상 도망을 해야 하니, 이는 비록 어버이에게는 순종하지 않는 것이지만 의리에 있어서는 순종하지 않음이 없는 것이고, 어버이가 혹 나를 사랑해주시지 않더라도 鄕閭에서 죄를 얻음이 없게 하는 것이니, 이것이 옛날의 이른바 孝子인 것이다.

저 어버이를 잘 섬기지 못하는 자는 작은 사랑에 끌려 은혜를 해치고, 고식적인 방법을 쓰다가 德을 해쳐서, 자기의 입장에서 말할 수 있는데도 말하지 않고, 일에 있어서 간할 수 있는데도 간하지 않아서, 망설이며 속마음을 드러내지 않고 오직 어버이의 뜻을 따르기만 하다가 어버이의 명령에 의해 목숨을 잃고 어버이를 의롭지 못하다는 오명에 빠뜨리는 지경에 이르게 한다. 이는 장차 어버이를 편안케 하려다가 도리어 위태롭게 하고, 어버이를 기쁘게 해드리려다가 도리어 욕되게 하는 것이니, 이는 군자가 취하지 않는다.

晉 獻公이 世子 申生을 죽이려 할 때, 신생은 어버이에게 말할 수 있었는데도 말하지 않으면서 또 임금의 마음을 상하게 할까 두려워하고, 의리상 도망갈 수 있었음에도 도망가지 않으면서 또 天下에 어찌 아버지 없는 나라가 있겠느냐고 하며, 심지어 자신의 몸을 주체하지 못하는 것도 잊고서 나라에 환란이 많은 것을 근심하고, 죽고 사는 큰 법칙도 돌아보지 않으면서 또 再拜하는 하찮은 의식은 삼갔으니, 이는 공손함일 뿐 효도는 아니다.

《春秋》에 "晉侯가 그 世子 申生을 죽였다."라고 기록하였는데, 대개 晉侯라고 기

---

47) 詩不以伋壽爲不孝而以之爲不瑕也 : 二子는 衛 宣公의 아들 伋과 壽를 뜻한다. 위 선공은 아들 伋의 아내인 宣姜을 첩으로 삼아 壽와 朔을 낳았다. 朔이 선강과 함께 선공에게 伋을 참소하여, 그를 齊나라로 보내 죽이고자 하였는데, 壽가 이 사실을 미리 알고 伋에게 알렸지만 군주의 명령이라 하며 도망가지 않았다. 그러자 壽가 伋의 깃발을 달고 먼저 가서 伋 대신 죽었고, 뒤늦게 도착한 伋 또한 적에게 죽임을 당했다.(《詩經》〈邶風 二子乘舟〉)

록한 것은 〈작위를 기록함으로써〉 진후의 無道함을 밝힌 것이고, 申生이라고 기록한 것은 〈이름을 기록함으로써〉 신생의 죄를 밝힌 것이다. 비록 그렇지만 春秋時代에는 신하가 그 임금을 시해하고, 자식이 그 아버지를 시해하였는데, 예를 들어 衛나라의 輒은 〈나라를 점거하고〉 아버지를 막아서 나라를 다투고, 楚나라 商臣은 임금을 시해하고 왕위를 찬탈하였으니, 신생의 행실은 어쩌면 애처롭게 여겨서 용서해줄 수도 있을 듯싶다. 孔子께서 말씀하시길 "진실로 仁에 뜻을 둔다면, 惡함이 없게 된다."고 하셨으므로 ≪禮記≫에서 신생을 不孝라 여기지 않고 그를 恭이라고 했으니, 마치 ≪詩經≫에서 伋과 壽를 不孝라고 여기지 않고, 그들에게 잘못이 없다고 한 것과 같다. 그러나 ≪춘추≫에서 禮義를 기록하는 필법을 가지고 평가한다면, 신생을 孝라고 하기에는 부족하다.

031601 魯人이 有朝祥而莫(모)歌者어늘 子路笑之한대 夫子曰 由아 爾責於人이 終無已夫아 三年之喪이 亦已久矣夫니라 子路出커늘 夫子曰 又多乎哉아 踰月則其善也니라

魯나라의 어떤 사람이 아침에 大祥[48]을 지내고 그날 저녁에 노래를 부르자 子路가 그를 비웃으니, 孔子께서 말씀하셨다. "由야! 네가 남을 責望하는 것이 마침내 너무 심하지 않느냐? 요즘 세상에 삼년상을 행하였으니, 이미 오랜 세월이 지났다고 할 것이다."

자로가 밖으로 나가자, 공자께서 말씀하셨다. "또 시일이 많지 않느냐? 한 달만 더 넘기고 나서 노래했더라면 좋았을 것을."

≪集說≫

朝祥은 旦行祥祭[49]之禮也라 朝祥莫歌는 固爲非禮나 特以禮敎衰廢之時에 而此人이

---

48) 大祥 : 三年喪에서 만 2년 째에 지내는 제사를 뜻한다.
49) 祥祭 : 大祥과 小祥 때의 제사를 뜻하니, 여기에서는 大祥 때 지내는 제사에 해당한다. 小祥은 부모가 죽은 뒤 1년 만에 지내는 제사이다.

獨能行三年之喪이라 故夫子抑子路之笑라 然終非正禮니 恐學者致疑라 故俟子路出하야 乃正言之하시니 其意若曰 名爲三年之喪이나 實則二十五月이니 今已至二十四月矣라 此去可歌之月이 又豈多有日月乎哉아 但更踰月而歌則爲善矣라하시니 蓋聖人於此에 雖不責之以備禮나 亦未嘗許之以變禮也시니라

朝祥은 아침에 祥祭의 예를 행한 것이다. 아침에 大祥을 지내고 저녁에 노래부르는 것은 진실로 禮가 아니다. 다만 禮의 敎化가 쇠퇴하고 피폐해진 시대에 이 사람은 홀로 三年喪을 거행하였기 때문에 夫子께서 子路의 비웃음을 억제하셨으나, 결국 바른 예는 아니었다. 배우는 자들이 의심을 일으킬까 염려되었기 때문에 자로가 밖으로 나가기를 기다렸다가 곧 바르게 말씀해주셨으니, 그 뜻은 마치 "명칭은 삼년상이라고 하지만 실제로는 25개월이니, 지금 이미 24개월이 지났다. 지금 노래 부를 수 있는 달과의 거리가 또한 어찌 많은 시일이 남았겠는가? 다만 다시 한 달만 넘기고서 노래를 불렀더라면 좋았을 것이다."라고 하셨으니, 대개 聖人이 여기에서 비록 禮를 갖출 것을 책망하지도 않으셨지만, 또한 일찍이 變禮로써 허용해주지도 않으신 것이다.

《大全》

長樂陳氏曰 喪은 凶禮也요 祭는 吉禮也라 畢凶禮之喪에 猶爲吉祭之禫하니 未全乎吉也라 吉事는 兆見於此矣니 得不謂之祥乎아 祥歌同日은 失之太速이요 子路笑之는 失之太嚴이니 此孔子所以恕魯人하고 而抑子路之責人無已也라 記曰 祥之日에 鼓素琴[50]이라하니 不爲非나 而歌則爲未善者는 琴自外作이나 歌由中出故也라

長樂陳氏 : 喪은 凶禮이고, 祭祀는 吉禮이다. 흉례인 喪禮를 마치고 나서 오히려 吉祭인 禫祭를 지내니, 아직 완전히 吉하지는 않다. 그러나 吉事는 그 조짐이 여기에서

---

50) 記曰……鼓素琴 : 사흘 만에 먹으며, 석 달 만에 목욕하며, 期年에 練服을 입으며, 슬퍼서 수척해지되 생명을 손상시키지 않음은 죽은 사람 때문에 산 사람을 상하게 하지 않기 위함이다. 喪期가 3년을 넘지 않으며, 苴衰를 깁지 않으며, 무덤에 흙을 더하지 않으며, 大祥을 지내는 날에 素琴을 연주함은 백성에게 끝이 있음을 고함이니, 節度로써 만든 것이다.〔三日而食 三月而沐 期而練 毀不滅性 不以死傷生也 喪不過三年 苴衰不補 墳墓不培 祥之日鼓素琴 告民有終也 以節制者也〕(《禮記》〈喪服四制〉)

나타났으니, 〈그 제사를〉祥이라 부르지 못하겠는가? 같은 날에 大祥을 지내고 노래를 부른 것은 지나치게 성급한 데 잘못이 있는 것이고, 子路가 비웃은 것은 지나치게 엄격하다는 데 잘못이 있는 것이니, 이것이 孔子께서 魯나라 사람을 용서하고 자로에게 남을 책망하기를 너무 심하게 하지 말라고 억제하신 까닭이다. ≪禮記≫에 "大祥을 치른 날에 素琴을 연주한다."라고 하였으니 노래한 것이 잘못은 아니지만, 노래를 부르는 것이 좋지 않은 이유는 素琴은 외면에서 연주하지만 노래는 내면에서 나오기 때문이다.

琴

031701 魯莊公이 及宋人으로 戰于乘丘할새 縣賁父御하고 卜國爲右러니 馬驚敗績하야 公隊(추)어늘 佐車授綏한대 公曰 末之라 卜也여 縣賁父曰 他日에 不敗績而今敗績하니 是는 無勇也라하고 遂死之하다 圉人이 浴馬하니 有流矢在白肉이어늘 公曰 非其罪也라하시고 遂誄[51]之하시니 士之有誄自此始也니라

魯 莊公이 宋나라와 乘丘에서 전쟁을 할 때 縣賁父가 장공의 수레를 몰고 卜國이 車右가 되었는데, 말이 놀라는 바람에 수레가 전복되어 장공이 수레에서 떨어졌다. 예비 수레〔佐車〕를 몰던 자가 장공에게 수레의 손잡이 끈을 주니, 장공이 말하기를 "형편없구나. 복국이여!"라고 하자, 縣賁父가 말하기를 "이전에는 전쟁에서 수레가 전복된 적이 없었는데 오늘은 수레가 전복되었으니, 이는 용맹이 없는 것이다."라고 하고, 마침내 〈두 사람이〉 전쟁에서 싸우다가 죽었다. 그런데 圉人이 말을 씻기다가 빗나간 화살이 넓적다리의 안쪽에 박혀 있는 것을 발견하였다. 장공이 말하기를 "〈수레가 전복된

---

51) 誄 : 죽은 자를 애도하여 명복을 빌거나 덕행을 기술하는 데 사용하는 문체로, 諡號를 짓는 데 참고하기도 하였다.

것이〉그의 죄가 아니었다." 하고는 마침내 이들을 위해 뇌문〔誄〕을 지어주
었다. 士에게 뇌문을 지어주는 것이 이때부터 시작되었다.

≪集說≫

乘丘는 魯地니 戰在莊公十年[52]하다 縣卜은 皆氏也니 凡車右는 以勇力者爲之니라 大崩
曰敗績이라 公이 墮車而佐車授之綏以登하니 是登佐車也라 佐車는 副車也라 綏는 挽以
升車之索也라 末之卜者는 言卜國이 微末無勇也니 二人이 遂赴鬪而死하니라 圉人은 掌
馬者라 及浴馬에 方見流矢中馬股間之肉하고 則知非二子之罪矣라 生無爵則死無
諡하니 殷은 大夫以上爲爵이요 士雖周爵이나 卑不應諡어늘 莊公이 以義起하야 遂誄
其赴敵之功하야 以爲諡焉하니라

乘丘는 魯나라 땅이니, 〈宋나라와의〉 전쟁이 莊公 10년에 있었다. 縣과 卜은 모두
氏이니, 무릇 수레 오른쪽에 타는 병사〔車右〕는 勇力이 있는 사람을 그 자리에 타게
한다. 크게 전복되는 것을 敗績이라 한다. 장공이 수레에서 떨어지자, 예비 수레〔佐
車〕를 몰던 자가 그에게 수레의 손잡이 끈을 주어 올라오게 하였으니 이는 장공이 예
비 수레에 올라탄 것이다. 佐車는 예비 수레이다. 綏는 더위잡아 수레에 올라가는 새
끼줄이다. "형편없구나, 卜國이여.〔末之卜〕"라는 말은 복국이 형편없어서 용기가 없다
는 말이니, 〈이 말을 듣고〉 두 사람이 마침내 전쟁터로 달려나가서 전사하였다. 圉人
은 말을 관리하는 자이다. 말을 목욕시킬 때 빗나간 화살이 말 넓적다리 사이의 살에
박혀 있는 것을 보고, 〈수레가 전복된 것이〉 두 사람의 죄가 아님을 알게 되었다. 살
아서 官爵이 없으면 죽어서도 諡號를 받는 일이 없으니, 殷나라 때에는 大夫 이상을

---

52) 乘丘……戰在莊公十年:≪春秋左氏傳≫ 莊公 11년에 "여름 6월에 齊軍과 宋軍이 〈魯
나라를 치기 위해〉 郞에 주둔하였다. 公子 偃이 말하기를 '송군은 陳容이 嚴整하지 않
으니, 패배시킬 수 있습니다. 송나라가 패전하면 제나라도 반드시 돌아갈 것이니 공격
하소서.'라고 하였으나, 莊公이 허락하지 않았다. 그러자 공자 언은 雩門으로 몰래 나
가 말에 皐比를 씌우고 먼저 송나라를 공격하였다. 그러자 장공도 군대를 거느리고 그
뒤를 따라 진격하여 乘丘에서 송나라를 대패시키니 제나라가 마침내 돌아갔다.〔夏六月
齊師宋師次于郞 公子偃曰 宋師不整 可敗也 宋敗 齊必還 請擊之 公弗許 自雩門竊出 蒙皐比而先犯
之 公從之 大敗宋師于乘丘 齊師乃還〕"라고 하였다.

官爵이라 하였고, 士는 비록 周나라의 관작이지만 지위가 낮아서 시호를 받을 수가 없는데, 장공이 의리를 일으켜서 마침내 그 적에 달려들어 죽은 功을 기리는 誄文을 지어서 시호를 내렸다.

○ 方氏曰 誄之爲義는 達善之實而不欲飾者也요 諡則因誄之言而別之니 有誄則有諡 矣니라

　○ 方氏 : 誄文의 의미는 善의 실상을 나타내어 덮어두려고 하지 않는 것이고, 시호는 뇌문의 말을 따라서 별도로 지으니, 뇌문이 있으면 시호도 있다.

　　≪大全≫

長樂陳氏曰 春秋에 無義戰[53]이라하니 則莊公乘丘之戰도 非義也라 流矢中馬而敗績하니 非御與佐之罪而罪之는 非智也요 以成德之誄而加之未成德之士하야 使與士喪同은 非 禮也라 非義與智則貽害於一時나 非禮則亂法於萬世하니 貽害於一時는 其罪小로대 亂 法於萬世는 其罪大라 記人이 卽其罪大者記之라 故曰 士之有誄自此始也라

　　長樂陳氏 : "≪春秋≫에 의로운 전쟁이 없다."고 했으니, 莊公이 乘丘에서 벌인 전쟁도 의로운 것이 아니다. 빗나간 화살이 말의 넓적다리에 박혀서 수레가 전복되었으니, 수레를 모는 자와 佐車의 죄가 아닌데도 그들에게 죄를 준 것은 지혜롭지 못한 것이요, 德을 이룬 자에게 주는 誄文을 아직 덕을 이루지 못한 士에게 더해주어서 士의 喪과 똑같이 치르도록 허락한 것은 禮가 아니다. 의롭지 못하고 지혜롭지 못한 것은 한 때에 해를 끼치지만 예가 아닌 것은 만세에 법을 어지럽히니, 한 때에 해를 끼치는 것은 그 죄가 작지만 만세에 법을 어지럽히는 것은 그 죄가 크다. ≪禮記≫를 기록한 자가 곧 그 죄가 큰 것을 기록하였다. 그러므로 "士에게 뇌문을 지어주는 것이 이때부터 시작되었다."고 한 것이다.

031801 曾子寢疾病이어시늘 樂正子春은 坐於牀下하고 曾元曾申은 坐於

---

53) 春秋 無義戰 : ≪春秋≫에는 의로운 전쟁이 없었으니, 그중에 저것이 이것보다 나은 것은 있다.〔春秋 無義戰 彼善於此 則有之矣〕(≪孟子≫〈盡心 下〉)

足하고 童子는 隅坐而執燭이러니

曾子께서 병으로 몸져누웠을 때 樂正子春은 침상 아래에 앉았고, 曾元과 曾申은 발끝에 앉았으며, 童子는 자리 모퉁이에 앉아 촛불을 잡고 있었는데

《集說》

病者는 疾之甚也라 子春은 曾子弟子요 元與申은 曾子子也라

病이라는 것은 병이 위독한 것이다. 子春은 曾子의 弟子이고, 曾元과 曾申은 증자의 아들이다.

031802 童子曰 華而睆(환)하니 大夫之簀(책)與인저 子春曰 止하라 曾子聞之하시고 瞿然曰 呼(우)[54]라 曰 華而睆하니 大夫之簀與인저 曾子曰 然하다 斯는 季孫之賜也니 我未之能易也로소니 元은 起하야 易簀하라 曾元曰 夫子之病이 革(극)矣라 不可以變이니 幸而至於旦이어시든 請敬易之호리이다 曾子曰 爾之愛我也不如彼로다 君子之愛人也는 以德하고 細人之愛人也는 以姑息하나니 吾何求哉리오 吾得正而斃焉이면 斯已矣니라 擧扶而易之하야늘 反席未安而沒하시다

童子가 말하였다. "화려하고 고우니 大夫의 대자리일 것입니다." 樂正子春이 말하였다. "말하지 말라." 〈曾子가 듣고〉 놀라시며 "아!" 하고 탄식하

---

54) 呼(우) : '呼'에는 '우'라는 음이 없으나, 저본과 《禮記大文諺讀》에 '吁'라고 음이 附記되어 있는 것에 의거하여 '우'로 독음하였다. 그러나 朝鮮 英祖 8년(1732) 해당 독음에 대한 논의를 하던 經筵官 李德壽(1673~1744)에게, 영조는 "'呼'자를 비록 탄식하여 숨을 내쉬는 소리로 풀이하더라도 굳이 '吁'자로 바꿀 것은 없다. '嗚呼'의 '呼'자로 읽으면 무방할 듯하다.[呼字 雖以噓氣聲訓之 不必變作吁字 以嗚呼之呼字讀之 似無妨矣]"라고 하며 음을 바꿀 필요가 없다고 말하기도 하였다. 이에 대한 자세한 내용은 《承政院日記》 영조 8년 1월 22일 기록에 보인다.

였다. 동자가 〈재차〉 말하였다. "화려하고 고우니 대부의 대자리일 것입니다." 증자가 말하였다. "그러하다. 이는 季孫氏가 준 것인데 내가 바꾸지 못하였으니, 曾元은 일어나서 대자리를 바꾸거라." 증원이 대답하였다. "아버님의 병이 심하여 바꿀 수가 없으니, 바라건대 내일 아침에 공경히 바꾸겠습니다." 증자가 말하였다. "네가 나를 사랑하는 것이 저 동자만도 못하구나. 군자가 사람을 사랑함은 덕으로 하고 소인이 사람을 사랑함은 임시방편〔姑息〕으로 하니, 내 무엇을 바라겠느냐? 내 바름을 얻고 죽으면 그만이다." 이에 〈증자를〉 부축하여 자리를 바꾸었는데, 자리로 돌아와 편안해지기도 전에 운명하였다.

≪集說≫

華者는 畫飾之美好요 睆者는 節目之平瑩이라 簣은 簟也라 止는 使童子勿言也라 瞿然은 如有所驚也라 呼者는 嘆而噓氣之聲이라 曰은 童子再言也라 革은 急也요 變은 動也라 彼는 謂童子也라 童子知禮하야 以爲曾子未嘗爲大夫하시니 豈可臥大夫之簣이리오하니 曾子識其意라 故然之하시고 且言此魯大夫季孫之賜耳라하시고 於是에 必欲易之하사 易之而沒하시니 可謂斃於正矣로다

華라는 것은 그림으로 장식한 것이 아름답고 좋은 것이고, 睆이라는 것은 대자리의 마디가 매끈하고 광택이 나는 것이다. 簣은 대자리이다. 止는 童子로 하여금 말하지 말도록 한 것이다. 瞿然은 놀라는 듯한 것이다. 呼는 탄식하며 숨을 내쉬는 소리이다. 曰은 동자가 재차 말한 것이다. 革은 위급함이고, 變은 변동함이다. 彼는 동자를 이른다. 동자가 禮를 알고서 曾子께서 일찍이 大夫가 된 적이 없는데, 어찌 대부의 대자리에 누워계실 수 있겠느냐고 하니, 증자는 그의 뜻을 알아차렸다. 그렇기 때문에 그 말을 옳게 여기고, 또 말하시기를 "이 대자리는 魯나라 대부 季孫氏가 준 것이다."라고 하고, 이에 반드시 그것을 바꾸고자 하여 대자리를 바꾸고서 운명하였으니 바른 데에서 돌아가셨다고 이를 수 있다.

○朱子曰 易簣結纓[55)]이 未須論優劣이요 但看古人謹於禮法하야 不以死生之變으로

易其所守如此면 便使人有行一不義하며 殺一不辜而得天下라도 不爲之心⁵⁶⁾이니 此是
緊要處니라 又曰 季孫之賜와 曾子之受가 皆爲非禮어늘 或者因仍習俗하야 嘗有是事로대
而未能正耳라 但及其疾病하야 不可以變之時하야 一聞人言而必擧扶以易之하시니 則非
大賢이면 不能矣라 此事切要處가 正在此毫釐頃刻之間이니라

○ 朱子:〈曾子가〉 대자리를 바꾼 것과 〈子路가〉 갓끈을 묶은 일에 대해서는 우열
을 논할 수가 없다. 다만 옛날 사람들이 禮法에 대해 삼가서 죽고 사는 變故 때문에
지키는 바를 바꾸지 않음이 이와 같았던 것을 본다면, 곧 사람들로 하여금 한 가지라
도 의롭지 않은 것을 행하며, 한 사람이라도 죄없는 사람을 죽이고서 천하를 얻는다
하더라고 하지 않을 마음을 갖도록 하니, 이것이 바로 긴요한 부분이다.

朱子又曰:季孫이 준 것이나 曾子가 받은 것은 모두 禮가 아니지만, 아마도 習俗대
로 답습하여 일찍이 이런 일이 있었는데 바로잡지 못한 것일 뿐이다. 다만 그 병환이
위중하여 바꿀 수 없을 때에 이르러서야 한 번 남의 말을 들으시고 필히 부축해서라
도 그것을 바꾸도록 하였으니, 大賢이 아니라면 할 수가 없는 것이다. 이 일의 切實하
고 緊要한 부분은 바로 이 털끝만한 차이와 잠깐 사이에 있다.

《大全》

程子曰 人苟有朝聞道夕死可矣⁵⁷⁾之志면 則不肯一日安於所不安也라 何止一日이리오
須臾不能이니 如曾子易簀이 須要如此라야 乃安이라 人不能若此者는 只爲不見實理니
實理者는 實見得是하고 實見得非라 凡實理를 得之於心이면 自別이니 若耳聞口道者는

---

55) 易簀結纓:《春秋左氏傳》 哀公 15년에 "石乞과 孟黶을 내려보내어 子路를 對敵하게
    하니, 이들이 창으로 자로를 쳐서 갓끈을 자르자 자로가 말하기를 '君子는 죽어도 갓을
    벗지 않는다.'고 하고서 갓끈을 매면서 죽었다.〔下石乞孟黶敵子路 以戈擊之 斷纓 子路曰 君
    子死 冠不免 結纓而死〕"고 하였다.
56) 行一不義……不爲之心:孟子가 伯夷·伊尹·孔子의 공통점을 묻는 질문에 답하기를
    "한 가지의 의롭지 않은 일을 하거나 한 사람의 죄 없는 자를 죽여서 천하를 얻을 수 있
    다 하더라도 모두 하시지 않을 것이다.〔行一不義 殺一不辜 而得天下 皆不爲也〕"라고 하였
    다.(《孟子》〈公孫丑 上〉)
57) 朝聞道夕死可矣:자세한 내용은 《論語》〈里仁〉에 보인다.

心實不見이니 若見得이면 必不肯安於此라

程子 : 사람들이 진실로 '아침에 道를 들으면 저녁에 죽어도 좋다'는 뜻을 가지면 단 하루도 편안하지 않은 바에는 편안하지 못할 것이다. 어찌 다만 하루뿐이겠는가? 잠시도 편안하지 못할 것이니, 曾子가 대자리를 바꾼 것과 같은 것은 이와 같이 해야 편했던 것이다. 사람들이 이와 같이 하지 못하는 것은 다만 진실한 이치를 알지 못하기 때문이니, 진실한 이치라는 것은 옳음을 실제로 알고 그름을 실제로 아는 것이다. 무릇 진실한 이치를 마음에 얻으면 스스로 달라진다. 귀로 듣고 입으로 말하기만 하는 자는 마음으로 실제 보지 못한 것이니, 만일 보았다면 반드시 여기(편안하지 못한 자리)에 편안하지 못할 것이다.

○ 龍泉葉氏曰 曾子之學이 堅定明篤하야 雖神已離形이나 而不變異하야 死生若一致然이요 且改過甚勇하야 以正爲終하니 是後學이 鑑照準程處也라

○ 龍泉葉氏 : 曾子의 학문이 견고하고 안정되며 밝고 돈독하여 비록 정신은 이미 형체를 떠났으나 변하거나 달라지지 않아서 죽음과 삶이 일치하는 듯하였고, 또 자신의 잘못을 고치는 데 매우 용감하여 바름으로 일생을 마쳤으니, 이는 후학들이 거울삼고 표준으로 삼아야 할 곳이다.

031901 始死에 充充如有窮하며 旣殯에 瞿瞿如有求而弗得하며 旣葬에 皇皇如有望而弗至하고 練而慨然하며 祥而廓然이니라

부모님이 막 돌아가셨을 때는 마음이 꽉 막혀 막다른 곳에 다다른 것 같고, 빈소를 차리고 나서는 눈을 두리번거리면서 찾는 것이 있는데 찾지 못한 듯하며, 葬事를 지내고 나면 허둥거려 오시기를 기다리고 있는데도 오시지 않는 것 같고, 小祥을 지내면 〈세월이 빨리 흘러감을〉 개탄하며 大祥을 지내면 〈마음이〉 허전하다.

≪集說≫

疏曰 事盡理屈이 爲窮이라 親始死에 孝子匍匐而哭之호대 心形充屈하야 如急行道

極하야 無所復(부)去니 窮急之容也라 瞿瞿는 眼目速瞻之貌니 如有所失하야 而求覓之
不得然也라 皇皇은 猶栖栖也라 親歸草土하니 孝子心無所依託하야 如有望彼來호대
而彼不至也라 至小祥하야는 但慨歎日月若馳之速也하고 至大祥하야는 則情意가 寥廓
不樂而已라

疏 : 할 일을 다 했는데 이치가 막히는 것을 窮이라 한다. 부모가 막 돌아가셨을 때
효자는 땅에 넘어져 구르며 통곡하는데, 마음과 몸이 절도를 잃어 마치 급히 가야 하
는데 막다른 곳에 다다라 다시 더 갈 수가 없으니 곤궁하고 급박한 모습과 같다. 瞿瞿
는 눈동자를 빨리 움직이면서 보는 모양이니, 마치 잃어버린 것이 있어서 찾아보았으
나 찾을 수 없는 것과 같다. 皇皇은 허둥지둥이란 뜻과 같다. 어버이의 〈육신이〉草土
로 돌아가셨으므로 효자의 마음이 의탁할 곳이 없어서, 부모가 돌아오시기를 바라는 데
도 부모가 오시지 않는 것과 같다. 小祥에 이르면 다만 세월이 말 달리듯이 빠름을 개탄
하고, 大祥에 이르면 마음이 쓸쓸하고 허전하여 즐겁지 않을 뿐이다.

○ 方氏曰 下篇에 述顔丁之居喪[58]하야 則言皇皇於始死하고 言慨焉於旣葬하며 問喪
則言皇皇於反哭[59]하니 所言不同者는 蓋君子有終身之喪이니 思親之心이 豈有隆殺
哉리오 先王制禮에 略爲之節而已라 故其所言이 不必同이니라

○ 方氏 : 아래 편에 顔丁이 喪을 치르던 일을 기록함에 있어서는 부모님이 막 돌아
가셨을 때에는 '허둥지둥한다〔皇皇〕'고 하였고, 葬事를 지내고 나서는 '개탄한다〔慨焉〕'
고 하였으며, 〈問喪〉에서는 反哭에 대해서 '허둥지둥한다'라고 하였다. 말한 것들이
동일하지 않은 것은 아마도 君子에게는 종신토록 지내야 하는 喪이 있기 때문일 것이

---

58) 顔丁之居喪 : ≪禮記≫〈檀弓 下〉 044201 참조.
59) 問喪則言皇皇於反哭 : ≪禮記≫〈問喪〉에 "가서 葬送할 적에는 아득한 듯 급급한 듯하
여 마치 쫓는 바가 있는데 미치지 못하는 것처럼 하며, 反哭할 적에는 허둥지둥하면서
찾는 것이 있는 데도 찾지 못하는 듯이 한다. 그러므로 장송할 때에는 〈부모를〉 사모하
는 듯하고, 반곡할 때에는 〈부모의 귀신이 오셨는지〉 의심하는 듯이 한다.〔其往送也 望
望然 汲汲然 如有追而弗及也 其反哭也 皇皇然 若求而不得也 故其往送也如慕 其反也如疑〕"라
고 하였다. 反哭은 葬地에 시신을 안치한 이후 喪主가 神主를 받들고 되돌아와서 哭하
는 것을 뜻한다.

니, 어버이를 생각하는 마음이 어찌 더하고 덜함이 있겠는가. 先王이 禮制를 마련하심에 대략 그것을 조절하실 뿐인 것이다. 그러므로 그 말한 것들이 꼭 동일하지 않은 것이다.

032001 邾婁(루)가 復之以矢는 蓋自戰於升陘(형)始也니라

邾婁國이 화살을 사용하여 皐復(招魂)한 것은 아마도 升陘의 전쟁에서 비롯된 듯하다.

≪集說≫

魯僖公二十(一)〔二〕[60]年에 與邾人戰于升陘하니 魯地也라 邾師雖勝이나 而死傷者多하야 軍中無衣하니 復者用矢하니라 釋云邾人이 呼邾聲曰婁라 故曰邾婁라하니라 夫以盡愛之道와 禱祠之心으로 孝子不能自已하야 冀其復生也하니 疾而死엔 行之可也어니와 兵刃之下에 肝腦塗地하니 豈有再生之理리오 復之用矢는 不亦誣乎아

魯 僖公 22년에 邾나라와 升陘에서 전쟁을 벌였으니, 升陘은 노나라 땅이다. 주나라 군대가 비록 승전하였지만 사상자가 많아서 軍中에 의복이 없었으니 皐復하는 사람들이 화살을 사용하였다. 唐나라 陸德明의 ≪經典釋文≫에 이르길 "주나라 사람이 '邾'를 발음하여 '婁(루)'라고 하기 때문에 邾婁라고 한 것이다."라고 하였다. 대저 사랑을 다하는 도리와 기도하고 제사 지내는 마음에서 효자가 스스로 그만둘 수 없어 죽은 자가 다시 소생하기를 바라는데, 병에 걸려 〈육체를 보존하여〉 죽었을 때에는 고복을 행하는 것이 가능하지만, 〈이들은〉 병장기 밑에서 죽어 肝과 腦가 땅바닥에 뿌려졌는데 어찌 다시 소생할 리가 있겠는가. 고복을 하면서 화살을 사용하는 것은 또한 속이는 짓이 아니겠는가.

---

60) (一)〔二〕: 저본에는 '一'로 되어 있으나, ≪春秋左氏傳≫ 僖公 22년에 "가을 8월 丁未日에 魯人이 邾나라와 升陘에서 戰爭하였다.〔秋八月丁未 及邾人戰于升陘.〕"라는 내용에 의거하여 '二'로 바로잡았다. 희공 21년에는 "겨울에 公이 邾나라를 토벌하였다.〔冬 公伐邾〕"라고만 되어 있다.

032101 魯婦人之髽(좌)而弔也는 自敗於臺鮐(호태)[61]始也니라

魯나라 부녀자들이 북상투를 하고 조문하는 것은 臺鮐의 패전에서 비롯
되었다.

《集說》

吉時에 以纚(사)韜髮하고 凶則去纚而露其髺라 故謂之髽라 狐鮐之戰은 在魯襄公四
年[62]하니 蓋爲邾人所敗也라 髽不以弔로데 時에 家家有喪이라 故髽而相弔也라

纚

吉할 때에는 머리싸개〔纚〕로 머리를 싸매고, 凶할 때에는 머리싸개를
제거하고 상투를 드러내므로 북상투〔髽〕라 이른 것이다. 狐鮐의 전투는
魯 襄公 4년에 있었으니, 魯나라가 邾나라에게 패전하였다. 〈禮에 따르
면〉 북상투를 하고 조문하지 않아야 하는데, 이때 집집마다 喪이 있었기
때문에 북상투를 하고 서로 조문한 것이다.

○ 方氏曰 矢는 所以施於射요 非所以施於復이며 髽는 所以施於喪이요
非所以施於弔니 因之而弗改則非矣니라

○ 方氏 : 화살은 쏘는데 사용하는 것이지 皐復하는 데 사용하는 것이 아니며, 북상
투는 喪禮에 시행하는 것이지 弔問에 시행하는 것이 아니니, 因習하고 고치지 않은
것은 잘못이다.

《大全》

廣安游氏曰 先王之世에 雖用兵臨軍之際라도 未有不用禮者也요 且禮者는 行乎其所

---

61) 臺鮐(호태) : '臺'에는 '호'의 독음이 없으나, 저본과 《禮記大文諺讀》에 '狐'라고 음이
  附記되어 있다. 이에 대해 鄭玄은 "'臺'는 '壺'자의 誤字이다."라고 하였다. 《春秋左氏傳》
  襄公 4년에는 '狐駘'로 되어 있고, 《集說》에는 '狐鮐'로 되어 있다.
62) 狐鮐之戰 在魯襄公四年 : 《春秋左氏傳》 襄公 4년에 "겨울 10월, 邾人과 莒人이 鄶나
  라를 토벌하였다. 臧紇이 鄶나라를 구원하기 위해 邾나라를 침공하였다가 狐駘에서 敗
  北하였다.〔冬十月 邾人莒人伐鄶 臧紇救鄶侵邾 敗於狐駘〕"라고 하였다.

可行者也라 孔子曰 殺人之中에 又有禮焉이라하시니 此古道也라 惟其以禮相與면 則兩軍交戰에 人要有所止하니 未有若後世極兵力所至하야 至於僵尸百萬流血千里而後已者也라 故古者에 雖身膏草野之人과 與夫死者之家라도 所謂喪弔之禮를 猶得行乎其間이라 升陘以前에 未嘗無戰이니 死者得復以衣而不復以矢요 臺鮐以前에 未嘗無戰이니 死而相弔者得弔以衰而不髽하니 則是殺人之甚이 必自升陘臺鮐二者始요 自是而遂以爲常則再失之矣라 嗚呼라 自先王之禮廢로 而兵禍之烈이 至於六國秦漢之際하야 殺人至以數十萬計하니 天下塗炭하고 肝腦塗地하야 失國之禍가 至於如此하니 是可嘆也라 大率先王之世엔 治出於一而禮樂達乎天下하니 凡所謂禮者는 行之廟堂하야 至乎州巷하고 達乎蒐狩하며 用乎軍旅하니 造次顚沛라도 無非禮者라 生乎由是하고 死乎由是하야 上下小大가 相與習乎此而安乎此라 於兩軍之戰而殺有所止하니 禮使然也라 後世不然하야 其從容無事之時엔 固已廢禮하고 任其智力이라가 及夫軍旅死生之際엔 苟可以自利而害人者를 豈復恤哉리오 故로 古人殺有所止가 與後世異는 蓋禮之存亡故也라 於復以矢弔以髽에 則知兵禍之甚烈하니 記禮者記其失禮之甚也라

廣安游氏 : 先王의 시대에는 비록 병장기를 사용하거나 군대가 출정했을 때라도 禮를 쓰지 않은 적이 없었다. 또 예란 행할 수 있는 것을 행하는 것이다. 孔子께서 말씀하시길 "사람을 죽이는 데에도 예가 있다."라고 하셨으니, 이것은 옛날의 道이다. 오직 예로써 서로 함께한다면 두 나라의 군대가 서로 교전을 하는 중에도 사람들이 요컨대 전쟁을 멈추는 바가 있었으니, 후세처럼 병력을 힘닿는 데까지 총동원하여 나뒹구는 시체가 수백만에 이르고 피가 수천 리까지 흐른 뒤에야 그치는 경우는 없었다. 그러므로 옛날에는 죽어서 시신이 초야에서 썩어 초목의 기름이 된 사람과 죽은 자가 있는 집이라 할지라도 이른바 初喪에 조문을 하는 禮를 그래도 그 와중에 행할 수 있었다. 升陘의 전쟁 이전에도 일찍이 전쟁이 없었던 것은 아니지만, 죽은 자는 옷으로 皐復했지 화살로 고복하지는 않았고, 臺鮐의 전쟁 이전에도 일찍이 전쟁이 없었던 것은 아니지만, 죽어서 서로 조문을 할 때에는 喪服을 입고서 조문했지 髽를 틀고서 조문하지는 않았으니, 그렇다면 이처럼 심하게 사람을 죽인 것은 필시 升陘과 臺鮐 두 전쟁으로부터 시작되었고, 이로부터 마침내 이러한 일을 일상적인 것으로 여기게 되었으니, 이는 거듭 잘못된 것이다.

아! 선왕의 예가 폐지됨으로부터 전란과 재앙이 더욱 극심해져 六國의 혼란기와 秦·漢의 교체기에 이르러서는 사람을 죽인 것이 수십만을 헤아리는 지경에 이르러서, 天下가 도탄에 빠지고 肝과 腦가 땅바닥에 뿌려져 나라를 잃는 화가 이러한 지경에 이르게 되었으니, 진실로 한탄할 만하다. 대체로 선왕의 시대에는 정치가 한 곳에서 나와서 禮樂이 천하에 두루 통하였으니, 예라고 하는 것은 廟堂에서 시행되어 州巷에까지 이르고, 사냥에도 통하며 군대에도 적용되는 것이니, 경황이 없거나 위급한 상황이라 하더라도 예가 아닌 것이 없다. 살아서도 예를 따르고 죽어서도 예를 따라 上下와 小大가 서로 더불어 예를 익혀야 예를 편히 여기게 된다. 양국의 군대가 전쟁을 하더라도 사람을 죽임에 멈추는 바가 있으니, 이는 예가 그렇게 하도록 한 것이다. 후세에는 그렇지 아니하여 조용하고 無事한 때에 진실로 이미 예를 폐지하고 꾀와 무력에만 맡겨두다가, 군대에 끌려가 생사가 갈리는 즈음에 미쳐서 구차하게 자신만을 이롭게 하고 남을 해치니, 이런 자를 어찌 다시 구휼하겠는가? 그러므로 옛사람이 사람을 죽일 때에 그치는 바가 있는 것이 후세와 달랐던 것은 아마도 예의 존망 때문인 듯싶다. 화살을 가지고 고복을 했던 것이나, 북상투를 하고 조문을 했던 것에서 전란의 화가 매우 극렬했음을 알 수 있으니, 예를 기록한 자가 심하게 잘못된 예를 기록한 것이다.

032201 南宮紹之妻之姑之喪에 夫子誨之髽曰 爾毋從從(총)爾하며 爾毋扈扈爾하라 蓋榛以爲笄호대 長尺이요 而總八寸이니라

南宮紹의 아내가 시어머니의 喪을 당하자, 孔子께서 姪女에게 북상투를 하라고 가르치시기를 "너는 북상투를 높게 틀지도 말며 넓게 틀지도 말거라. 개암나무로 비녀를 만들되 길이는 한 자〔尺〕로 하고, 머리를 묶는 끈은 〈늘어뜨린 부분의 길이를〉 여덟 치〔寸〕로 하거라."라고 하셨다.

《集說》

紹妻는 夫子의 兄女也라 姑死에 夫子教之爲髽하시니라 從從은 高也요 扈扈는 廣也니 言爾髽를 不可太高며 不可太廣이라 又教以笄總之法하시니 笄는 卽簪也라 吉笄는 尺二寸이요

喪笄는 一尺이라 斬衰(최)之笄는 用箭竹하니 竹之小者也라 婦爲舅姑하야 皆齊衰不杖期니 當用榛木爲笄也라 束髮을 謂之總이니 以布爲之라 旣束其本末而總之하고 餘者를 垂於髻後하니 其長八寸也라

　南宮縚의 아내는 孔子 형님의 딸이다. 시어머니가 죽자 공자께서 그녀에게 북상투 하는 것을 가르치신 것이다. 從從은 높다는 뜻이고 扈扈는 넓다는 뜻이니, "너의 북상 투를 너무 높게 해서도 안 되고 너무 넓게 해서도 안 된다."라고 말씀하신 것이다. 또 비녀하고 상투하는 법을 가르치셨으니, 笄는 바로 비녀이다. 吉할 때 사용하는 비녀 는 길이가 한 자 두 치이고, 喪中에 사용하는 비녀는 길이가 한 자이다. 斬衰服에 사 용하는 비녀는 살대를 쓰니, 살대는 대나무 중에서 작은 것이다. 며느리는 시부모를 위하여 모두 不杖期의 자최복을 입으니, 마땅히 개암나무로 비녀를 만들어야 한다. 머리를 묶는 것을 總이라 이르니, 삼베로 만든다. 이미 그 머리의 처음과 끝을 묶어 상투를 틀고 남은 부분을 상투 뒤에 드리우니, 그 길이가 여덟 치이다.

032301 孟獻子禫[63]에 縣而不樂하며 比御而不入한대 夫子曰 獻子는 加於人一等矣라하시다

　孟獻子가 禫祭를 지낸 뒤에 악기를 걸어놓기만 하고 연주하지 않았으며, 부인을 거느릴 때가 되었는데도 침소로 들어가지 않으니, 孔子께서 말씀하 셨다. "맹헌자는 보통 사람보다 한 등급이 높은 사람이다."

　　≪集說≫

孟獻子는 魯大夫仲孫蔑也라 禫은 祭名이니 禫者는 澹澹然平安之意라 大祥後間一月 而禫이라 故云中月而禫[64]이라하니 或云祥月之中者非라 小記云中一以上而祔[65]라하니

---

63) 禫 : 喪服을 벗을 때 지내는 제사인 禫祭를 이른다.
64) 中月而禫 : ≪儀禮≫〈士虞禮〉에 "1년이 지나 小祥이 되면 '이 常事에 제물을 올립니다.' 라고 하고, 다시 1년이 지나 大祥이 되면 '이 祥事에 제물을 올립니다.'라고 하며, 한 달을 중간에 띄우고서 禫祭를 지낸다.〔朞而小祥 曰薦此常事 又朞而大祥 曰薦此祥事 中月而 禫〕"라고 했다. 常事는 小祥을 말하고, 祥事는 大祥을 말한다.

亦謂間一世也라 禮에 大夫判縣하니 縣而不樂者는 但縣之而不作也라 比御而不入者는 雖比次婦人之當御者나 而猶不復寢也라 一說에 比는 及也라 親喪外除[66]라 故夫子美之하시니라

　孟獻子는 魯나라 大夫 仲孫蔑이다. 禫은 제사 이름이니, 禫의 〈字義는〉 담담하여 평안하다는 뜻이다. 大祥을 지낸 뒤에 한 달을 띄워서 禫祭를 지내기 때문에 "한 달을 중간에 띄우고서 禫祭를 지낸다."라고 한 것이니, 혹자가 "大祥을 지내는 달 중에 지낸다."라고 한 것은 잘못이다. 〈喪服小記〉에 "一代 이상을 띄워 合祔한다."라고 하였으니, 또한 一世를 띄운 것을 이른다. ≪周禮≫에 "大夫는 악기를 양면에 나누어 매단다."라고 하였으니, "악기를 매달아놓기만 하고 연주하지 않았다."는 것은 다만 악기를 매달아놓기만 하고 풍악을 울리지 않은 것이다. "부인을 거느릴 때가 되었는데도 침소로 들어가지 않았다."라는 것은 비록 모시는 부인이 늘어서 있었지만 침소로 돌아가 부인과 동침하지 않는 것이다. 일설에 比는 미침〔及〕이라고 하였다. 어버이의 喪에 겉으로만 상복을 벗고 〈여전히 슬퍼하는 마음을 가졌기 때문에〉 孔子께서 그것을 아름답게 여기셨다.

　　≪大全≫

長樂陳氏曰 蓋三年之喪則久矣라 故祥月而禫者는 以義斷恩也요 期之喪則近矣라 故間月而禫者는 以恩伸義也라 記曰 禫而內無哭者는 樂作矣[67]라하고 又曰 禫而從御하고

---

65) 小記云中一以上而祔 : 祔는 새로 죽은 자가 있으면 先祖에게 祔祭를 올리면서 神主를 合祀하는 것을 말한다. ≪禮記≫ 〈喪服小記〉에 "公子와 公孫인 士와 大夫는 諸侯의 廟에 합사를 할 수 없고, 조부의 형제들 중 사나 대부의 신분이었던 자의 묘에 합사를 한다. 그의 처도 조부의 형제들 중 〈사나 대부의 신분이었던 자의〉 처에게 합사를 하고 첩은 조부의 첩에게 합사를 하지만, 조부의 첩이 없다면 한 대를 걸러서 그 이상의 대상에게 합사를 하니, 합사를 할 때에는 반드시 昭穆의 순서를 따르기 때문이다.〔士大夫不得祔於諸侯 祔於諸祖父之爲士大夫者 其妻祔於諸祖姑 妾祔於妾祖姑 亡則中一以上而祔 祔必以其昭穆〕"라고 보인다.
66) 親喪外除 : 부모의 喪을 치를 때 喪服은 점진적으로 제거하더라도, 마음에는 여전히 슬퍼하는 마음이 있다는 것을 뜻한다.
67) 記曰……樂作矣 : 練祭를 지낸 후에는 堊室에 거처하여 다른 사람과 함께 기거하지 않

吉祭而復寢⁶⁸⁾이라하니 由此觀之면 孟獻子禫縣而不樂하고 比御而不入은 則過乎此
矣라 故孔子稱之하시다 今夫先王制禮에 以中爲界하니 子夏子張이 援琴於除喪之際나
孔子皆以爲君子⁶⁹⁾라하시고 伯魚子路가 過哀於母姊之喪이어늘 孔子皆非之⁷⁰⁾하시니 然
則孟獻子過於禮로대 孔子反稱之者는 非以爲得禮也요 特稱其加諸人一等而已니라

長樂陳氏: 무릇 3년의 喪을 치렀다면 오래된 것이므로 大祥을 지낸 달에 禫祭를 지
내는 것은 義로써 은혜를 끊은 것이고, 1년 상은 喪期가 짧은 것이므로 한 달을 띄우
고 담제를 지내는 것은 은혜를 가지고 義를 확장시킨 것이다. ≪禮記≫에 "禫祭를 지
내면 中門 안에서도 곡하지 않으니, 음악을 연주하기 때문이다."라고 하였고, 또 "담
제를 지내고 나서는 부인을 거느리고, 길제를 지내고 나서는 평상시의 침실로 돌아간
다."라고 하였으니, 이를 따라서 살펴보면 孟獻子가 담제를 지내고 악기를 매달아놓
기만 하고 연주를 하지 않았고, 부인을 거느릴 때가 되었는데도 침실에 들어가지 않
은 것은 이보다 지나친 것이다. 그렇기 때문에 孔子께서 그를 칭찬하신 것이다.

지금 先王이 禮를 제정함에 中道를 한계로 정했으므로, 子夏와 子張이 상을 끝냈을
때 거문고를 탔지만 공자께서는 모두 君子라 하셨고, 伯魚와 子路가 어머니와 누님의
상에 지나치게 슬퍼하자 공자께서는 모두 비난하셨으니, 그렇다면 맹헌자가 예에 지
나쳤는데도 공자께서 도리어 그를 칭찬하신 것은 예에 맞게 했다고 여겨서가 아니라,
단지 그가 일반 사람보다 한 등급이 높은 사람임을 칭찬하신 것일 뿐이다.

032401 孔子旣祥하시고 五日에 彈琴而不成聲하시고 十日而成笙歌러시니
有子는 蓋旣祥而絲屨組纓이러라

는다. 임금은 國政을 모의하고, 大夫와 士는 家事를 모의한다. 大祥을 지낸 후에는 堊
堊(유악)에 거처하고, 祥祭를 지내면 中門 밖에서 곡하지 않고, 禫祭를 지내면 중문 안
에서도 곡하지 않으니, 음악을 연주하기 때문이다.〔旣練 居堊室 不與人居 君謀國政 大夫士
謀家事 旣祥 黝堊 祥而外無哭者 禫而內無哭者 樂作矣故也〕(≪禮記≫ 〈喪大記〉)
68) 復寢: 삼년상을 마친 뒤에 평소에 거처하던 침소로 돌아가 부인과 동침하는 것을 이른다.
69) 子夏子張……孔子皆以爲君子: ≪禮記≫ 〈檀弓 上〉 035601 참조.
70) 伯魚子路……孔子皆非之: 伯魚에 대한 일은 ≪禮記≫ 〈檀弓 上〉 032801 참조. 子路에
    대한 일은 ≪禮記≫ 〈檀弓 上〉 032601 참조.

孔子께서는 大祥을 마친 지 5일 만에 거문고를 탔으나 〈남은 슬픔이 잊히지 않아〉 소리를 제대로 이루지 못하셨고 10일 만에 笙簧에 맞추어 노래가 이루어 지셨는데, 有子는 아마도 대상을 지내고 나서 곧바로 명주로 코를 장식한 신을 신고 오색실로 꼬은 채색끈으로 갓끈을 매었던 듯하다.

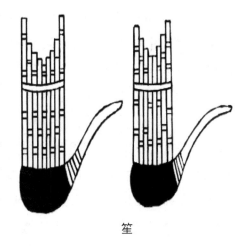

笙

≪集說≫

有子는 孔子弟子有若也라 禮에 旣祥에 白屨無絇하고 縞冠素紕요 組之文이 五采니 今方祥에 卽以絲爲屨之飾하고 以組爲冠之纓하니 服之吉者也라 此二者는 皆譏其變吉之速이라 然蓋者는 疑辭니 恐記者亦是得於傳聞이라 故疑其辭也라 引孔子之事者는 以見餘哀未忘也라

有子는 孔子의 제자 有若이다. 禮에 이미 大祥을 마치고 나면 흰 신에 신코 장식이 없는 것을 신고, 흰 명주로 관을 만들어 흰 실로 가선을 두르며, 갓끈의 무늬는 다섯 가지 채색이 있다. 그런데 유자는 지금 막 대상을 마치자마자 곧바로 명주로 신에 장식을 하고 오색 끈으로 갓끈을 만들었으니, 이것은 吉服에 해당하는 것들이다. 이 두 가지는 모두 그 길복으로의 변함이 빠른 것을 기롱한 것이다. 그러나 '아마〔蓋〕'라는 말은 疑問詞이니, 아마도 기록한 사람도 역시 전해 들은 것이기 때문에 그 말을 의심한 것이다. 공자의 일을 인용한 것은 남은 슬픔이 잊혀지지 않음을 나타낸 것이다.

≪大全≫

李氏曰 設而不樂과 比御而不入은 加于人者也요 絲屨組纓은 不及于人者也니 同于人可也나 加于人은 則非中道矣요 及人可也나 不及人은 非禮矣라 孔子篤于仁하시고 克之以禮하시니 五日彈琴而不成聲은 仁也요 十日而成笙歌는 禮也라 有過不及然後에 知其中이라 故言孟獻子有若而言孔子于其中이라

李氏 : 악기를 설치하기만 하고 연주하지 않고, 부인을 거느릴 때가 되었는데도 침실로 들어가지 않은 것은 남보다 등급이 높은 것이고, 명주로 신코를 장식한 신을 신고 오색실로 꼬은 채색끈으로 갓끈을 맨 것은 남에게 미치지 못한 것이니, 남과 동등한 것은 괜찮지만 남보다 등급이 높은 것은 中道가 아니며, 남에게 미치는 것은 괜찮지만 남에게 미치지 못한 것은 禮가 아니다. 孔子께서는 仁에 돈독하셨고 예로써 私慾을 극복하셨으니, 〈大祥을 마친지〉 5일 만에 거문고를 탔으나 소리를 제대로 이루지 못하신 것은 仁이고, 10일 만에 笙簧에 맞추어 노래가 이루어지신 것은 예이다. 지나치거나 미치지 못함이 있은 뒤에야 그 중도를 알 수 있으므로 孟獻子와 有若을 말하면서 그 중간에 공자를 말한 것이다.

032501 死而不弔者三이니 畏厭(압)溺이니라

사람이 죽었어도 조문하지 않는 경우가 세 가지이니, 두려움 때문에 죽은 경우와 깔려 죽은 경우와 물에 빠져 죽은 경우이다.

≪集說≫

方氏曰 戰陳無勇이 非孝也[71]니 其有畏而死者乎아 君子不立巖牆之下[72]하니 其有厭而死者乎아 孝子舟而不游[73]하니 其有溺而死者乎아 三者皆非正命이라 故先王制禮에

---

71) 戰陳無勇 非孝也 : 거처함에 장중하게 하지 않는 것은 孝가 아니며, 임금을 섬김에 충성하지 않는 것은 효가 아니며, 관직에 나아가 신중하지 않는 것은 효가 아니며, 붕우 사이에 신의를 지키지 않는 것은 효가 아니며, 싸움터에 나아가 용맹하지 않는 것은 효가 아니다.〔居處不莊 非孝也 事君不忠 非孝也 涖官不敬 非孝也 朋友不信 非孝也 戰陳無勇 非孝也〕(≪禮記≫〈祭義〉)

72) 君子不立巖牆之下 : 이런 까닭에 正命을 아는 자는 위험한 담장 아래에 서지 않는다.〔是故知命者 不立乎巖墻之下〕(≪孟子≫〈盡心 上〉)

73) 孝子舟而不游 : 한 발자국을 옮길 적에도 감히 부모를 잊지 못하고, 한 마디 말을 할 때라도 감히 부모를 잊지 못한다. 한 걸음을 뗄 때라도 감히 부모를 잊지 못하기 때문에 큰길로 가고 지름길로 가지 않으며, 배를 타되 헤엄치지 않으니, 감히 부모가 물려주신 몸으로 위험한 일을 시행할 수 없기 때문이다.〔壹擧足而不敢忘父母 壹出言而不敢忘父母 壹擧足而不敢忘父母 是故道而不徑 舟而不游 不敢以先父母之遺體行殆〕(≪禮記≫〈祭義〉)

在所不弔니라

方氏 : 전쟁터에서 용기가 없는 것은 孝가 아니니, 어찌 두려워하여 죽는 경우가 있 겠는가. 君子는 위험한 담장 아래에 서 있지 않으니, 어찌 壓死 당해서 죽는 경우가 있겠는가. 孝子는 배로 건너고 헤엄쳐 건너지 않으니, 어찌 물에 빠져서 죽는 경우가 있겠는가. 세 가지 경우는 모두 正命이 아니므로 先王이 禮를 제정함에 있어서 조문 하지 않는 경우를 둔 것이다.

○ 應氏曰 情之厚者를 豈容不弔리오 但其辭未易(이)致耳라 若爲國而死於兵이면 亦無 不弔之理니 若齊莊公이 於杞梁之妻에 未嘗不弔也[74]니라

○ 應氏 : 情이 두터운 사람을 어찌 조문하지 않을 수 있겠는가. 〈조문을 하되〉 다만 위로하는 말을 지극히 하지 않을 뿐이다. 만약 나라를 위해 전쟁터에서 죽었다면 또 한 조문을 하지 않을 이치가 없으니, 예컨대 齊 莊公이 杞梁의 아내에 대하여 일찍이 조문하지 않은 적이 없는 것과 같은 것이다.

○ 愚는 聞先儒言호니 明理可以治懼라하니 見理不明者는 畏懼而不知所出하야 多自經 於溝瀆[75]하니 此眞爲死於畏矣라 似難專指戰陳無勇也라 或謂鬪狠亡命曰畏라하니라

○ 愚(陳澔) : 先儒의 말을 들으니 "이치에 밝으면 두려움을 다스릴 수 있다."고 하 니, 이치를 보는 것이 밝지 못한 자는 두려워하여 그곳에서 벗어날 방법을 몰라 구렁 에서 스스로 목매어 죽는 경우가 많은데, 이는 진실로 두려워서 죽은 것이니 오로지 전쟁터에서 용감함이 없는 것만을 가리킨다고 하기는 어려울 듯하다. 혹자는 "싸우다

---

74) 若齊莊公……未嘗不弔也 : 齊侯가 돌아올 때 남편의 喪柩를 맞으려고 나온 杞梁의 아 내를 郊外에서 만나 사람을 보내어 조문하자, 기량의 아내가 그 조문을 사절하며 말하 기를 "杞殖에게 죄가 있다면 어찌 감히 임금님의 조문을 받겠습니까. 만약 죄가 없다면 先人의 낡은 집이 있으니 下妾은 교외에서 조문을 받을 수 없습니다."고 하였다. 제후 가 그 집으로 가서 조문하였다.〔齊侯歸 遇杞梁之妻於郊 使弔之 辭曰殖之有罪 何辱命焉 若免 於罪 猶有先人之敝廬在 下接不得與郊弔 齊侯弔諸其室〕(≪春秋左氏傳≫ 襄公 23년)

75) 自經於溝瀆 : 어찌 匹夫와 匹婦들이 조그마한 信義를 위하여 스스로 도랑에서 목매달 아 죽어 남이 알아주는 이가 없는 것과 같이 하겠는가?〔豈若匹夫匹婦之爲諒也 自經於溝瀆 而莫之知也〕(≪論語≫ 〈憲問〉)

가 도망하는 것을 畏라 한다."고 하였다.

≪大全≫

廣安游氏曰 古之君子는 欲正人之過失에 不專恃乎刑罰而已요 使生者有所愧하고 死者有所憾하니 皆所以誅罰之也라 生有所愧는 若異其衣冠之類요 死有所憾은 若死而不弔之類是也라 蓋禮樂行於天下에 使人有所勸勉愧恥而不麗(리)於過惡하니 此其爲道尊而不迫이니 亦後世所不能及也라

廣安游氏 : 옛날의 군자는 사람의 과실을 바로잡고자 할 적에 오로지 형벌에만 의존하지 않고, 산 자에게는 부끄러워함이 있고 죽은 자에게는 서운함이 있게 하였으니, 모두 그들을 誅罰하기 위한 것이었다. 산 자에게 부끄러워함이 있게 한다는 것은 그 의관을 달리하는 것과 같은 따위이며, 죽은 자에게 서운함이 있게 한다는 것은 죽음을 조문하지 않는 것과 같은 따위가 이것이다. 禮樂이 천하에 시행됨에 사람들로 하여금 권면하고 부끄러워하는 바가 있게 하여 허물과 악행에 걸리지 않도록 하였으니, 이는 道가 높으면서 핍박하지 않는 것이니, 또한 후세 사람들이 미칠 수 없는 점이다.

032601 子路有姊之喪이러니 可以除之矣而弗除也어늘 孔子曰 何弗除也오 子路曰 吾寡兄弟而弗忍也로이다 孔子曰 先王制禮는 行道之人[76]이 皆弗忍也니라 子路聞之하고 遂除之하니라

子路에게 누님의 상이 있었는데, 喪服을 벗을 만한데도 벗지 않았다. 孔子께서 묻기를 "어찌하여 상복을 벗지 않는가?"라고 하자, 자로가 대답하기를 "저는 형제가 적어〈누님에 대한 상복을〉차마 벗지 못하고 있습니다."라고 하였다. 공자께서 말하기를 "先王께서 제정한 禮는〈감히 어길 수가 없다.〉길 가는 사람도 모두〈친족에게〉차마 하지 못하는 마음이 있다."라고 하자, 자로가 그 말씀을 듣고 마침내 상복을 벗었다.

---

76) 行道之人 : ≪集說≫에서는 '길 가던 사람'으로 풀이하였는데, ≪大全≫에서는 이와 다르게 '道를 행하는 사람'으로 풀이하였다.

≪集說≫

行道之人도 皆有不忍於親之心이나 然而遂除之者는 以先王之制를 不敢違也니라

길 가던 사람도 모두 어버이에게 차마 하지 못하는 마음이 있지만, 그러나 마침내 상복을 벗는 것은 先王의 제도를 감히 어길 수가 없기 때문이다.

≪大全≫

吳氏莘曰 聖人以中道抑人之情은 非惡(오)其過厚요 懼其不可繼而已라

吳莘 : 聖人이 中道로 사람의 情을 억제하는 것은 지나치게 두터움을 싫어해서가 아니라 계속하지 못할까 염려해서일 따름이다.

○ 臨川吳氏曰 行道는 謂稍知率性之道而行之者니 其情必過厚라 故以禮制其情이면 則皆有所不忍也라 伯魚於出母之喪에 期後當不哭矣어늘 而猶哭하고 子路於嫁姊之喪에 大功服滿當除矣어늘 而猶不除하니 皆情之過厚而於禮不可라 故夫子皆抑其過라 伯魚遂除之는 除其哭也요 子路遂除之는 除其服也라

○ 臨川吳氏 : 道를 행한다는 것은 性을 따르는 道를 조금씩 알아서 행하는 것이니, 그의 情이 반드시 지나치게 두텁기 때문에 禮로써 그 情을 절제하면 모두 차마 하지 못하는 마음을 갖게 된다. 伯魚는 出母의 喪에 期年이 지난 뒤에는 哭하지 않는 것이 마땅한데 여전히 곡을 했고, 子路는 시집간 누이의 상에 大功服의 기간을 다 채웠으면 상복을 벗는 것이 마땅한데 여전히 벗지 않았으니, 모두 情이 지나치게 두터운 것으로 禮에 있어서는 불가한 것이다. 그러므로 공자께서 모두 그 지나침을 억제한 것이다. 백어가 마침내 제거했다는 것은 곡을 그쳤다는 뜻이고, 자로가 마침내 제거했다는 것은 상복을 벗었다는 뜻이다.

032701 太公封於營丘하야늘 比及五世히 皆反葬於周한대 君子曰 樂(악)은 樂(락)其所自生이요 禮는 不忘其本이니 古之人有言曰 狐死正丘首는 仁也라하니라

太公이 營丘에 봉해졌지만 〈周나라에 머물러 벼슬하다가 죽었기 때문에〉 그 후 5代에 이르기까지 〈그 자손들이〉 주나라로 돌아가서 葬事를 지냈다. 군자가 말하였다. "樂은 말미암아 태어난 바를 즐거워하는 것이고, 禮는 그 근본을 잊지 않는 것이다. 옛사람이 말하기를 '여우가 죽을 때 머리를 바르게 해서 고향 언덕을 향하는 것은 仁이다.'라고 하였다."

≪集說≫

太公雖封於齊나 而留周爲太師라 故死而遂葬於周하니 子孫不敢忘其本이라 故亦自齊而反葬於周하야 以從先人之兆하야 五世親盡而後止也니라 樂生而敦本은 禮樂之道也라 生而樂於此니 豈可死而倍於此哉아 狐雖微獸나 丘其所窟藏之地니 是亦生而樂於此矣라 故及死而猶正其首以向丘하니 不忘其本也니라 倍本忘初는 非仁者之用心이라 故以仁目之하니라

太公이 비록 齊나라에 봉해졌지만 周나라에 머물면서 太師가 되었다. 그러므로 그가 죽자 마침내 주나라에서 葬事를 지냈으니, 子孫들이 감히 그 근본을 잊을 수 없었기 때문에 또한 제나라로부터 주나라로 돌아와 장사를 지내어 선조의 묘역을 따르다가 5代가 지나 친족의 代數가 다한 뒤에야 멈추었다. 태어남을 즐거워하고 근본을 돈독히 함은 禮樂의 道이다. 태어나 이곳에서 즐거워하였는데, 어찌 죽는다고 이 근본을 배반할 수 있겠는가? 여우가 비록 하찮은 짐승이지만 언덕은 자기가 굴을 파 은신하던 땅이니, 이 여우 또한 태어나 이곳에서 즐거워했기 때문에 죽음에 이르러서도 오히려 그 머리를 바르게 해서 언덕을 향한 것이니, 근본을 잊지 않은 것이다. 근본을 배반하고 처음을 잊어버리는 것은 仁한 사람의 마음씀이 아니기 때문에 仁을 가지고 그것을 지목한 것이다.

○ 疏曰 周公封魯에 其子孫이 不反葬於周者는 以有次子在周하야 世守其采地니 春秋周公이 是也라

○ 疏(孔穎達) : 周公이 魯나라에 봉해졌는데 그 자손들이 周나라로 돌아가 장사지내지 않았던 것은 둘째 아들 君陳이 주나라에 있으면서 대대로 그 采地를 지켰기 때

문이니, 春秋時代 때 주공이 바로 이러한 경우에 해당한다.

≪大全≫

長樂陳氏曰 禮樂은 同出於人心하고 而仁者는 人也니 亦出於人心而已라 故人而不仁이면 如禮何며 人而不仁이면 如樂何[77]리오하니 則禮樂之道는 不過章德報情而反始也라 太公封於營丘하야 比及五世히 皆反葬於周하니 夫豈僞爲之哉리오 行吾仁以全禮樂之道而已라 狐死猶正丘首어늘 況仁人孝子乎아

長樂陳氏 : 禮와 樂은 똑같이 사람의 마음에서 나오고, 仁이란 사람다움이라는 뜻이니 역시 사람의 마음에서 나올 뿐이다. 그러므로 "사람으로서 仁하지 못하면 禮를 어떻게 하겠으며, 사람으로서 仁하지 못하면 樂을 어떻게 할 수 있겠는가?"라고 하였으니, 禮樂의 道는 德을 드러내고 情에 보답해서 처음(조상)에 보답하는 것에 불과하다. 太公이 營丘에 봉해져서 그 뒤 5代에 이르기까지 〈자손들이〉 모두 周나라로 돌아와 장사지냈으니, 어찌 거짓으로 한 것이겠는가? 나의 仁을 행하여 禮樂의 道를 온전히 한 것일 뿐이다. 여우가 죽을 때에도 오히려 머리를 바르게 해서 언덕을 향하는데, 하물며 仁한 자와 孝子에게 있어서이겠는가?

032801 伯魚之母死커늘 期而猶哭한대 夫子聞之하시고 曰誰與오 哭者여 門人曰 鯉也로소이다 夫子曰 嘻라 其甚也로다 伯魚聞之하고 遂除之하니라

伯魚의 어머니가 죽고나서 期年이 지났는데도 오히려 그때까지 〈백어가〉 哭을 하였다. 孔子께서 곡소리를 들으시고 말씀하시길 "누구냐, 곡하는 자가?"라고 하시자, 門人이 대답하기를 "鯉입니다."라고 하였다. 공자께서 말씀하시기를 "아! 심하구나."라고 하시자, 백어가 그 말씀을 듣고 마침내 곡을 그만두었다.

---

77) 人而不仁……如樂何 : ≪論語≫〈八佾〉에 "사람으로서 仁하지 못하면 禮를 어떻게 하겠으며, 사람으로서 仁하지 못하면 음악을 어떻게 할 수 있겠는가?〔人而不仁 如禮何 人而不仁 如樂何〕"라고 하였다.

≪集說≫

伯魚之母出而死하니 父在에 爲母期而有禫이로대 出母則無禫이라 伯魚乃夫子爲後之 子일새 則於禮無服하니 期可無哭矣로대 猶哭이라 夫子所以歎其甚하시니라

伯魚의 어머니는 쫓겨나고서 죽었으니, 아버지가 살아 계실 때에는 어머니를 위하여 期年喪을 하고 禫祭를 지내지만, 쫓겨난 어머니에 대해서는 담제를 지내지 않는다. 백어는 바로 孔子의 後嗣가 될 아들이므로 禮에 따르면 〈出母를 위해 입는 喪服이〉 없으니, 期年이면 哭을 하지 않아도 되는데 여전히 곡을 했기 때문에 공자께서 그것이 심하다고 탄식하신 것이다.

≪大全≫

廣安游氏曰 天下之禮를 苟循其情而爲禮면 則子路伯魚不知其所終이요 約其不及之 情而爲禮면 則原壤宰予不可以爲訓이라 故禮者通乎賢不肖而爲之하니 不可以過요 不 可以不及也라

廣安游氏 : 天下에 〈두루 통용되는〉 禮에 있어서 그 情을 구차하게 따라 禮를 행한다면 子路와 伯魚는 그 마쳐야 할 바를 알지 못한 것이고, 미치지 못하는 情을 요약해서 예를 행한다면 原壤과 宰予는 가르침으로 삼을 수 없다. 따라서 예란 현명한 자와 불초한 자에게까지 통용되어야 하는 것이니, 지나쳐서도 안 되고 미치지 못해서도 안 되는 것이다.

032901舜葬於蒼梧之野할새 蓋三妃未之從也라 季武子曰 周公이 蓋 祔라하니라

舜임금을 蒼梧의 들판에서 葬事지낼 때, 아마도 순임금의 세 왕비를 祔葬하지 않은 듯하다. 季武子가 말하기를 "周公이 아마도 〈처음으로〉 祔葬한 듯싶다."라고 하였다.

《集說》

天子以四海爲家하니 南巡[78]而崩이라 故遂葬蒼梧之野하니라 疏云 舜長妃娥皇이니 無子하고 次妃女英이니 生商均하고 次妃癸比니 生二女한대 宵明燭光이라 三妃後皆不從舜之葬하니 此記者言合葬之事古人未有하고 因引季武子之言하야 謂自周公以來로 始祔葬也하니라 書에 陟方乃死[79]라하야늘 蔡氏曰 史記에 舜崩於蒼梧之野라하고 孟子言卒於鳴條라하시니 未知孰是로대 今零陵九嶷에 有舜冢云하니라

　天子는 四海로써 집을 삼으니, 舜임금이 남쪽으로 순행하다가 崩御하였기 때문에 마침내 蒼梧의 들판에 葬事를 지낸 것이다. 疏에 이르기를 "순임금의 큰 왕비는 娥皇이니 아들이 없었고, 둘째 왕비는 女英이니 商均을 낳았고, 셋째 왕비는 癸比이니 두 딸을 낳았는데 宵明과 燭光이다. 세 왕비는 뒤에 모두 순임금의 葬地에 祔葬되지 않았으니 이는 기록한 사람이 合葬하는 일이 옛사람에게는 없었음을 말하고, 이어서 季武子의 말을 인용하여 周公 이후에 처음으로 부장을 했다고 말한 것이다."라고 하였다. 《書經》에 "승하하여 이에 돌아가셨다."라고 했는데, 蔡氏가 말하기를

巡守南岳圖

---

78) 巡 : 巡狩를 가리키니, 天子가 수도를 벗어나 諸侯의 나라를 시찰하는 것을 뜻한다. 巡자는 그곳으로 행차를 한다는 뜻이고, 守(狩)자는 제후가 지키는 영토를 뜻한다. 제후는 천자가 하사해준 영토를 대신 맡아서 수호하는 것이기 때문에, 천자가 그곳에 방문하여 자신의 영토를 어떻게 관리하고 있는지를 시찰하는 것이다.

79) 陟方乃死 : 《書經》〈虞書 舜典〉에 "舜임금이 30세에 등용되었고 등용된 지 30년 만에 즉위하였으며, 즉위한 지 50년 만에 승하하였다.〔舜生三十徵庸 三十在位 五十載 陟方乃死〕"라고 하였다.

"≪史記≫〈五帝本紀〉에 '순임금께서 蒼梧의 들판에서 붕어하셨다.'라고 하였고, ≪孟子≫〈離婁 下〉에 '鳴條 땅에서 승하하셨다.'라고 하였으니, 누가 옳은지 알 수 없다. 지금 零陵 九嶷에 순임금의 무덤이 있다."라고 하였다.

033001 曾子之喪에 浴於爨室하니라

曾子의 喪에 부엌에서 시신을 목욕시켰다.

≪集說≫

士喪禮에 浴於適室[80]이요 無浴爨室之文이라 舊說에 曾子以曾元辭易簀으로 矯之以謙儉이라 然反席未安而沒하시니 未必有言及此요 使果曾子之命이라도 爲人子者亦豈忍從非禮하야 而賤其親乎아 此難以臆說斷之니 當闕之하야 以俟知者니라

〈士喪禮〉에 "適室(正寢의 방)에서 시신을 목욕시킨다."라고 했고, 부엌에서 목욕시킨다는 글은 없다. 舊說(鄭玄의 注)에 "曾子께서는 曾元이 대자리 바꾸는 것을 만류했기 때문에 그를 겸양과 검소함으로써 바로잡은 것이다."라고 하였다. 그러나 증자는 자리에 돌아와 미처 안정되기도 전에 죽었으니 반드시 이것을 언급하지는 못했을 것이고, 만일 과연 증자가 명했다 하더라도 자식이 된 자가 또한 어찌 차마 예가 아닌 것을 따라서 그 어버이를 가벼이 대할 수 있겠는가? 이는 억측으로 단정하기 어려우니, 마땅히 제쳐두어 아는 사람을 기다려야 한다.

033101 大功엔 廢業이니 或曰 大功엔 誦可也니라

大功服〈을 입고 喪을 치를〉 때에는 학업을 중지해야 하니, 어떤 사람은 말하기를 "大功엔 입으로 외우는 정도는 괜찮다."라고 하였다.

---

80) 浴於適室: ≪儀禮≫〈士喪禮〉에 適室에서 목욕을 시킨다는 직접적인 기록은 나오지 않지만 "士喪禮이다. 適室에서 죽으면, 大斂 때 쓸 이불로 시신을 덮는다.〔士喪禮 死于適室 幠用斂衾〕"라고 하고, 이후 별도의 장소를 표시하지 않고 목욕을 시킨다는 등의 喪禮 절차들이 나열되고 있다. 이러한 기록들에 의거하여 적실에서 목욕을 시킨다고 말한 것이다.

≪集說≫

業者는 身所習이니 如學舞學射學琴瑟之類라 廢之者는
恐其忘哀也라 誦者는 口所習이니 稍暫爲之亦可나 然稱
或曰은 亦未定之辭也라

業이라는 것은 몸으로 익히는 것이니, 예를 들면 춤을 배
우고 활쏘기를 배우며 거문고와 비파를 배우는 것과 같은
따위이다. 그것을 중지하는 것은 그 슬픔을 잊어버릴까 두
려워해서이다. 誦은 입으로 익히는 것이니 잠시동안 그렇
게 하는 것도 괜찮지만, 그러나 '或曰'이라고 일컬은 것은
또한 확정되지는 않았다는 말이다.

大功服

≪大全≫

長樂陳氏曰 業者는 弦歌羽籥之事요 誦者는 詩書禮樂之文이라 大功廢業而誦可니 則
大功而上엔 不特廢業而誦亦不可요 大功而下는 不特誦可而業亦不廢也라 康誥에 於
父子則不戒之以弗念天顯하고 於弟則戒之以其天性之厚者[81]하니 無事於戒天性之
將薄者는 不可以不戒也일새라 禮不曰衰期廢業하고 而曰大功廢業하니 其意如此而已라

長樂陳氏 : 業은 현악기를 타고 詩歌를 읊으며, 깃털을 잡고 피리를 불면서 文舞를
추는 일이요, 誦은 ≪詩經≫과 ≪書經≫, 禮와 樂의 글을 외우는 것이다. 大功服〈을
입고 喪을 치를〉 때에는 학업을 중지하지만 글을 외우는 것은 괜찮으니, 대공복 이상
은 단지 학업을 중지할 뿐만 아니라 글을 외우는 것도 안 되고, 대공복 이하는 단지

---

81) 康誥……其天性之厚者 : ≪書經≫〈周書 康誥〉에 "封아! 큰 죄악은 크게 미워하니, 하
물며 不孝하고 不友함에 있어서이겠느냐? 자식이 그 아버지의 일을 공경히 하지 아니
하여 아버지의 마음을 크게 상하게 하면 아버지는 그 자식을 사랑하지 아니하여 자식
을 미워할 것이다. 그리고 아우가 하늘의 드러난 이치를 생각하지 아니하여 능히 그 형
을 공경하지 않으면 형 또한 부모가 자식을 기른 수고로움을 생각하지 아니하여 크게
아우에게 우애하지 않을 것이다.〔封 元惡大憝 矧惟不孝不友 子弗祗服厥父事 大傷厥考心 于
父不能字厥子 乃疾厥子 于弟弗念天顯 乃弗克恭厥兄 兄亦不念鞠子哀 大不友于弟〕"라고 하였다.

글을 외우는 것이 괜찮을 뿐만 아니라 학업도 중지하지 않는다. ≪書經≫〈康誥〉에 부모와 자식에 대해서는 "하늘의 드러난 이치를 생각하지 않는다."는 것으로써 경계하지 않았고, 아우에 대해서는 "天性의 두터움"을 가지고 경계하였으니, 천성이 장차 엷어지는 것을 경계함에 있어 아무런 노력도 하지 않는 자를 경계시키지 않을 수 없기 때문이다. 禮에 "斬衰服이나 期年服에는 학업을 중지한다."고 말하지 않고, "대공복에는 학업을 중지한다."고 하였으니, 그 뜻이 이와 같을 따름이다.

033201 子張이 病하야 召申祥而語之曰 君子曰終이요 小人曰死니 吾今日에 其庶幾乎인저

子張이 병이 위중하여 아들 申祥을 불러서 말하였다. "君子의 죽음을 終이라 하고 小人의 죽음을 死라고 하니, 나는 오늘에서야 거의 군자에 가까워진 것 같구나!"

≪集說≫

申祥은 子張子也라 終者는 對始而言이요 死는 則澌盡無餘之謂也라 君子는 行成德立하야 有始有卒이라 故曰終이요 小人은 與群物同朽腐라 故曰死라 疾沒世而名不稱[82]은 爲是也라 子張이 至此에 亦自信其近於君子也라

申祥은 子張의 아들이다. 終은 시작〔始〕을 상대해서 말한 것이고, 死는 완전히 소멸되어 남는 것이 없다는 말이다. 君子는 행실이 완성되고 德이 확립되어, 시작도 있고 마침도 있기 때문에 終이라 이르고, 小人은 온갖 물건과 더불어 함께 썩어버리기 때문에 死라고 말하는 것이다. 세상을 마치도록 명성이 일컬어지지 않음을 싫어하는 것은 바로 이러한 이유 때문이다. 子張이 죽음에 이르러서야 또한 스스로 자기가 君子와 가까워졌다고 믿었던 것이다.

---

82) 疾沒世而名不稱 : ≪論語≫〈衛靈公〉에 "孔子께서 말씀하시기를 '君子는 종신토록 이름이 일컬어지지 못함을 싫어한다.' 하셨다.〔子曰 君子疾沒世而名不稱焉〕"라고 하였다.

《大全》

長樂黃氏曰 君子小人에 曰終曰死之別은 蓋言人生斯世에 當盡人道라 君子之人은 人道旣盡하니 則其死也가 爲能終其事라 故以終稱之요 若小人則無可盡之道하고 只是形氣消盡이라 故稱之曰死니 終은 以道言이요 死는 以形言이라 子張이 言庶幾者는 蓋以生平持身에 唯恐有不盡之道라가 今至將沒에 幸其得以盡道而終이라 故以爲言하니 亦猶曾子知免之意[83]라 觀其將死喜幸之言하면 足以見其平生恐懼之意니 正學者가 所當用力也라

長樂黃氏 : 군자의 죽음을 終이라 하고 소인의 죽음을 死라 하여 구별하는 것은 사람이 이 세상을 살아감에 있어서 마땅히 人道를 다해야 하는데, 군자는 이미 人道를 다하였으니 그 죽음은 그 일을 잘 끝마치는 것이 되므로 終이라 일컫고, 소인의 경우에는 다할 수 있는 방도가 없고 다만 形氣가 소진된 것이기 때문에 그의 죽음을 일컬어 死라 한 것이니, 終은 도로써 말한 것이고 死는 형체로써 말한 것이다.

子張이 "거의 군자에 가깝구나!"라고 말한 것은 평소 몸가짐에 행여 미진한 도가 있지나 않을까 두려워하였는데, 이제 장차 죽음에 이르러서 다행히 도를 다하고 죽을 수 있게 되었기 때문에 그렇게 말한 것이니, 또한 曾子가 "〈죽음이 임박한 지금에 와서야 어버이에게서 받은 몸이 상할까 하는〉 근심에서 면한 줄을 알겠다."고 말씀한 뜻과 같다. 자장이 죽으려 할 때 기뻐하고 다행으로 여긴 말을 살펴보면 그가 평소에 두려워한 뜻을 충분히 볼 수 있으니, 바로 배우는 자가 마땅히 힘써야 할 바인 것이다.

033301 曾子曰 始死之奠은 其餘閣也與인저

曾子가 말하였다. "사람이 막 죽었을 때 올리는 奠은 그 찬장〔閣〕에 남아

---

83) 曾子知免之意 : 《論語》〈泰伯〉에 "曾子가 병이 위중해지자 弟子들을 불러놓고 말하기를 '이불을 걷고 나의 발과 손을 보아라. 《詩經》에 이르기를 두려워하고 조심하여 깊은 못에 임한 듯이, 얇은 얼음판을 밟는 듯이 한다. 라고 하였으니, 지금에야 나는 이러한 근심을 면하게 되었음을 알겠구나. 제자들아!'〔曾子有疾 召門弟子曰 啓予足 啓予手 詩云 戰戰兢兢 如臨深淵 如履薄氷 而今而後 吾知免夫 小子〕라고 하였다.

있는 음식으로 해야 할 듯싶다."

≪集說≫

始死에 以脯醢醴酒로 就尸牀而奠于尸東하야 當死者之肩하야 使神有所依也라 閣은 所以庋(기)置飲食이니 蓋以生時庋閣上所餘脯醢爲奠也라

사람이 막 죽었을 때 건포·육장·단술을 가지고 시신이 놓여 있는 침상에 나아가서 시신의 동쪽에 차려놓아 죽은 자의 어깨 부위에 해당하게 해서, 神靈으로 하여금 의지할 곳이 있게 해야 한다. 찬장〔閣〕은 음식을 보관해두는 곳이니, 살아 있을 때 찬장 위에 남아 있던 건포와 육장을 가지고 奠(제물)을 삼는다.

≪大全≫

嚴陵方氏曰 人之始死에 以禮則未暇從其新이요 以情則未忍易其舊라 故以閣上所餘脯醢로 以爲奠也라

嚴陵方氏 : 사람이 막 죽었을 때, 禮로써 보면 새로운 음식을 차릴 겨를이 없고, 情으로써 보면 차마 옛것을 바꿀 수 없는 까닭에 찬장 위에 남아 있던 건포와 육장을 가지고 奠으로 삼는 것이다.

033401 曾子曰 小功에 不爲位也者는 是委巷之禮也라 子思之哭嫂也에 爲位하야 婦人이 倡踊[84]하야늘 申祥之哭言思也에도 亦然하니라

曾子가 말하였다. "小功服에 哭하는 자리를 만들지 않는 것은 누추한 시골의 禮이다. 子思께서 형수를 위하여 곡할 때 곡하는 자리를 만들어 부인이 먼저 뛰어 애통해 하였는데, 申祥이 言思를 위하여 곡을 함에 있어서도 또한 그렇게 하였다."

---

84) 踊 : 喪을 치르며 발을 구르는 것을 이른다. 몹시 애통해 하는 모양을 형용한다.

≪集說≫

委는 曲也니 曲巷은 猶言陋巷이라 細民居於陋巷하야 不見禮
儀而鄙朴無節文이라 故譏小功不爲位는 是曲巷中之禮也라
言思는 子游之子요 申祥妻之昆弟也라

小功服

委는 굽었다는 뜻이니, 曲巷은 누추한 시골 마을이라는
말과 같다. 평민들은 누추한 시골 마을에 거주해서 禮儀를
보지 못하여 비루하고 질박해서 절도와 문채가 없기 때문
에, 小功에서 哭하는 자리를 마련하지 않는 것을 누추한 시
골 마을의 禮라고 기록한 것이다. 言思는 子游의 아들이고,
申祥의 처남이다.

○ 馬氏曰 凡哭必爲位者는 所以敍親疏恩紀之差니 嫂叔이 疑於無服而不爲位라 故曰
無服而爲位者는 惟嫂叔[85]이니 蓋無服者는 所以遠男女近似之嫌이요 而爲位者는 所
以篤兄弟內喪[86]之親이라 子思哭嫂爲位하고 婦人倡踊은 以婦人有相爲娣姒之義하야
而不敢以己之無服先之也라 至於申祥之哭言思에도 亦如子思하니 蓋非禮矣라 妻之昆
弟는 外喪[87]也而旣無服이니 則不得爲哭位之主矣라 記曰 妻之昆弟爲父後者死커든
哭之適室호대 子爲主하야 袒免(문)哭踊이어든 夫入門右[88]라하니 由是言之컨대 哭妻之昆
弟에 以子爲主는 異於嫂叔之喪也라 以子爲主면 則婦人不當倡踊矣라

○ 馬氏 : 무릇 哭할 때 반드시 位次를 만드는 것은 친함과 소원함, 은혜와 기강의

---

85) 嫂叔……惟嫂叔 : ≪禮記≫ 〈奔喪〉에 "복이 없는데도 자리를 만드는 경우는 오직 형수
　와 시아주버니 사이 및 부인으로서 강등하여 복이 없는 자에게 加麻를 하는 경우이다.
　〔無服而爲位者 唯嫂叔 及婦人降而無服者麻〕"라고 하였다.
86) 內喪 : 大門 안에서 발생한 喪이니, 즉 집안에서 발생한 상을 뜻한다. 外喪과 대비되는
　말이다.
87) 外喪 : 大門 밖에서 발생한 喪이니, 즉 자신과 같은 집에서 살고 있지 않은 친인척에 대
　한 상을 뜻한다.
88) 記曰……夫入門右 : ≪禮記≫ 〈檀弓 下〉 040701 참조.

차등을 매기기 위해서이니, 형수와 시아주버니 사이에는 상복이 없으므로 곡하는 자리도 만들지 않는다고 의심하였다. 그러므로 〈≪禮記≫〈奔喪〉〉에 "상복이 없어도 곡하는 자리를 만드는 것은 오직 형수와 시아주버니 간의 경우이다."라고 한 것이니, 형수와 시아주버니 간에 상복이 없는 것은 남녀가 가까이 하는 혐의를 멀리하기 위한 것이고, 곡하는 자리를 만드는 것은 형제의 內喪의 친분을 돈독히 하려는 것이다. 자사가 형수를 위해 곡할 때 자리를 만들어 부인이 먼저 뛰어 애통해 하였으니, 부인은 서로 손아래 동서와 손윗 동서가 된 의리가 있어서, 감히 상복이 없는 자신이 〈부인보다〉 먼저 할 수가 없었기 때문이다. 그러나 申祥이 言思를 위해 곡할 때 이르러서도 또한 자사와 똑같이 하였으니, 아마도 禮가 아닌 듯싶다. 아내의 형제는 外喪인지라 이미 상복이 없으니, 곡하는 자리의 주체가 될 수 없는 것이다. ≪禮記≫〈檀弓下〉에 "아내의 형제 중에 장인의 후계자가 된 자가 죽으면 適室에서 곡하되, 아들(甥姪)이 상주가 되어서 袒免하고 곡하면서 뛰면, 남편이 문 오른쪽으로 들어간다."라고 하였으니, 이를 근거로 하여 말한다면 아내의 형제를 위해 곡할 때에 아들을 상주로 삼는 것은 형수와 시아주버니 간의 喪과는 경우가 다르기 때문이다. 아들을 상주로 삼는다면 부인이 먼저 뛰어서는 안 되는 것이다.

≪大全≫

嚴陵方氏曰 位者는 哭泣之位也니 親有遠近하고 服有輕重하니 不可以無辨이라 故哭泣之際에 各爲之位焉이라 迨乎周室之衰하야 典籍多失하고 而一時之禮가 或有小功不爲位者하니 此曾子所以譏之라 子思之哭嫂也에 爲位는 以言無服之喪에도 猶且爲位니 則知小功不爲位尤爲非矣라

嚴陵方氏 : 位는 哭하고 우는 자리인데 친척 중에는 멀고 가까운 친척이 있고, 喪服에도 가볍고 무거운 차이가 있어서 구별하지 않을 수 없다. 그러므로 곡하고 울 때에 각각 거기에 맞는 자리를 만드는 것이다. 周나라 왕실이 쇠함에 이르러서 典籍이 대부분 일실되었고 한때의 禮가 더러 小功服을 입되 곡하는 자리를 만들지 않는 경우가 있었는데, 이것이 曾子께서 기롱하신 까닭이다. "子思께서 형수를 위해 곡할 때 곡하는 자리를 만들었다."고 한 것은, 상복이 없는 喪에서도 오히려 곡하는 자리를 만들었음을 말한 것이니, 소공복에서 곡하는 자리를 만들지 않은 것은 더욱 잘못이라는 것을 알 수 있다.

033501 古者엔 冠을 縮縫이러니 今也엔 衡(횡)縫하나니 故喪冠之反吉이 非古也니라

옛날에는 冠을 세로로 꿰맸었는데 지금은 가로로 꿰맨다. 따라서 喪禮 때의 관이 吉禮 때의 관과 상반되는 것은 옛날의 禮가 아니다.

≪集說≫

疏曰 縮은 直也라 殷尙質하야 吉凶冠을 皆直縫하니 直縫者는 辟積襵少라 故一一前後直縫之라 衡은 橫也라 周尙文하야 冠多辟積하야 不一一直縫하고 但多作襵而并橫縫之라 若喪冠質이라 猶疎辟而直縫하니 是與吉冠相反이라 時人因言古喪冠이 與吉冠反이라 故記者釋之云 非古也라하니 止是周世如此耳라 古則吉凶冠을 同直縫也니라

疏 : 縮은 곧음(세로)이다. 殷나라는 질박함을 숭상하여 吉冠과 凶冠을 모두 곧게 꿰맸으니, "세로로 꿰맨다"는 것은 冠에 주름을 잡은 것이 적기 때문에 하나하나 앞뒤로 곧게 꿰매는 것이다. 衡은 가로[橫]이다. 周나라는 문채를 숭상하여 관에 주름을 잡은 것이 많아, 하나하나 곧게 꿰매지 않고 단지 주름을 많이 잡아서 한꺼번에 가로로 꿰맨다. '喪禮 때의 관'과 같은 경우는 질박하여 오히려 성글게 주름을 잡아 곧게 꿰매니, 이는 '吉禮 때의 관'과 서로 반대가 된다. 당시 사람들은 이러한 이유로 "옛날에 喪冠이 吉冠과 반대가 된다."고 하였다. 그러므로 기록하는 사람이 이 말을 해석해서 "〈상관과 길관이 다른 것은〉 옛날의 禮가 아니다."라고 했으니, 단지 주나라 시대에만 이와 같이 했을 뿐이다. 옛날에는 길관과 흉관을 모두 세로로 꿰맸다.

033601 曾子謂子思曰 伋아 吾執親之喪也에 水漿을 不入於口者七日호라 子思曰 先王之制禮也에 過之者는 俯而就之하며 不至焉者는 跂而及之케하니 故君子之執親之喪也에 水漿을 不入於口者三日하야 杖而后能起하나니라

曾子가 子思에게 일러 말하였다. "伋아, 내가 어버이의 喪禮를 집행할 때

물과 미음을 입에 한 모금도 넣지 않은 것이 7일이나 되느니라." 자사가 말하였다. "先王이 禮를 제정함에 지나친 자에게는 굽혀서 나아가도록 하였고, 이르지 못하는 자에게는 발돋움해서 미치게 하였습니다. 그러므로 君子가 어버이의 상례를 집행하면서 물과 미음을 입에 한 모금도 넣지 않기를 사흘 동안 해서 지팡이를 짚은 뒤에야 일어날 수 있었습니다."

≪集說≫

三日은 中制也니 七日則幾於滅性矣라 有扶而起者하고 有杖而起者하고 有面垢而已者[89]라

3일은 알맞은 제도이니, 7일 동안 하면 거의 생명을 잃을 수도 있다. 부축을 받고 일어난 사람도 있고, 지팡이를 짚고서 일어난 사람도 있으며, 얼굴에 때가 낄 뿐인 사람도 있다.

≪大全≫

長樂陳氏曰 先王이 制爲喪親之禮에 其服衰(최)止於三年하고 其哭泣止於三月하며 其水漿不入於口는 止于三日하니 蓋三日可以怠而食하고 三月可以解而沐하며 三年可以祥而除는 使過者俯而就之하고 不至者跂而及之也라 若夫以親之恩爲罔極하고 吾之情爲無窮하야 徇其無窮之情하고 而不節之以禮면 則在己者不可傳하고 在人者不可繼니

---

89) 有扶而起者……有面垢而已 : 喪杖은 어째서 있는가? 관작이 있는 사람을 위해서 있는 것이다. 군주가 죽으면 3일 만에 태자에게 상장을 주고 5일 만에 대부에게 상장을 주고 7일 만에 사에게 상장을 준다. 혹은 상주를 붙들어주기 위해서이고, 혹은 병든 사람을 보좌하기 위해서이다. 나이어린 부인(여인)과 동자가 상장을 짚지 않는 것은 슬픔 때문에 병이 날 리 없기 때문이다. 백관이 구비되고 온갖 물건이 갖추어져서 말하지 않아도 일이 행해지는 자(군주)는 부축을 받아 일어나고, 말한 뒤에야 일이 행해지는 자(사와 대부)는 상장을 짚고 일어나고, 몸소 직접 일을 집행한 뒤에 일이 행해지는 자(서인)는 얼굴에 때가 낄 뿐이다.〔杖者 何也 爵也 三日授子杖 五日授大夫杖 七日授士杖 或曰擔主 或曰輔病 婦人童子不杖 不能病也 百官備 百物具 不言而事行者 扶而起 言而后事行者 杖而起 身自執事而后行者 面垢而已〕(≪禮記≫〈喪服四制〉)

是戕賊天下之人而禍於孝也라 此曾子所以不爲子思取也라 樂正子春之母死에 五日
而不食이라가 旣而悔之[90]어든 況七日乎아

長樂陳氏 : 先王이 어버이 喪을 치르는 禮를 제정함에 그 喪服을 입는 기간은 3년에
그치고, 哭하고 우는 기간은 3개월에 그치며, 물과 미음을 입에 대지 않는 기간은 3
일에 그쳤으니, 대체로 3일이면 쇠약해져서 음식을 먹을 수 있고, 3개월이면 근심이
풀려 먹을 감을 수 있으며, 3년이면 大祥을 지내고 상복을 벗을 수 있게 한 것은 지나
친 자로 하여금 굽혀서 나아가도록 한 것이고 미치지 못하는 자로 하여금 발돋움해서
미치도록 한 것이다. 어버이의 은혜는 망극하고 나의 정은 한이 없으니 나의 한없는
정대로 따르하고 예로써 절제하지 않으면 자신에게 있어서는 예를 전할 수가 없고,
남에게 있어서는 계속할 수 없으니, 이것은 천하의 모든 사람들을 해치고 孝에 禍를
끼치는 것이다. 이것이 曾子께서 행하신 예를 子思께서 취하지 않은 이유이다. 樂正
子春의 어머니가 죽었을 때 악정자춘은 5일 동안 먹지 않다가 이윽고 후회를 했는데,
하물며 7일 동안에 있어서이겠는가.

033701 曾子曰 小功에 不稅(태)면 則是遠兄弟는 終無服也니 而可乎아

曾子가 말하였다. "小功에 稅服(追服)을 입지 않는다면 이는 멀리 있는 再
從 兄弟를 위해서는 마침내 服이 없게 될 것이니 옳겠는가?"

≪集說≫

稅者는 日月已過에 始聞其死하고 追而爲之服也니 大功以上則然이요 小功輕이라 故不
稅어늘 曾子據禮而言하사 謂若是小功之服을 不稅면 則再從兄弟之死에 在遠地者聞之
恒後時하니 則終無服矣니 其可乎아하시니라

稅(태)는 세월이 이미 지나간 뒤에 비로소 그 죽음을 듣고서 追後에 그를 위해 服을
입어주는 것이니, 大功服 이상은 그렇게 하고 小功服은 가볍기 때문에 追服을 입지
않는다. 그런데 曾子께서 禮에 근거하여 말씀하시기를 "만약 이 小功의 服을 추후에

---

90) 樂正子春之母死……旣而悔之 : ≪禮記≫ 〈檀弓 下〉 048201 참조.

服을 입어주지 않는다면 再從 兄弟가 죽었을 때 먼 지역에 살고 있는 사람은 사망 소식을 항상 뒤늦게 들으니, 그렇다면 끝내 상복이 없어지게 될 것이다. 그것이 옳겠는가?"라고 한 것이다.

○ 疏曰 此는 據正服小功也라 小記曰 降而在緦小功者則稅之라하니 其餘則否니라

　○ 疏 : 이것은 正服이 小功服일 경우에 근거한 것이다. ≪禮記≫〈喪服小記〉에 "〈정복이 大功服 이상인 자가〉 복을 낮추어 소공복이나 緦麻服을 입는 경우에는 追服을 입는다."라고 했으니, 나머지는 그렇게 하지 않는다.

　　≪大全≫

馬氏曰 曾子於喪에 有過乎哀라 是以疑於此라 然小功之服은 雖不必稅나 而稅之者는 蓋亦禮之所不禁也라 昔齊王子가 請欲爲其母之喪한대 孟子曰 雖加一日이라도 愈於已[91]라하시니 推此컨대 則不稅而欲稅之者는 固可矣라

　馬氏 : 曾子께서 初喪을 치를 때 지나치게 슬퍼하였기 때문에 追服을 입지 않는 것에 대해 의심한 것이다. 그러나 小功服에는 비록 추복을 입을 필요가 없는데도 추복을 입어주는 것은 아마도 禮에서 금하지 않기 때문인 듯싶다. 옛날에 齊나라의 王子가 자기 生母의 초상을 치르고자 청하였는데, 孟子께서 말씀하시길 "비록 하루를 더 하더라도 그만두는 것보다 낫다."라고 하셨으니, 이를 미루어 보건대 추복을 입지 않아도 되는데 추복을 입어주고자 하는 것은 진실로 괜찮다.

033801 伯高之喪에 孔子之使者未至어늘 冉子攝束帛乘馬而將之한대 孔子曰 異哉라 徒使我不誠於伯高로다

　伯高의 喪에 孔子의 賻儀를 전달하는 使者가 아직 당도하지 않자, 冉子가 한 束帛(5필의 비단)과 4필의 말을 빌려 그걸 보내었는데, 공자께서 말

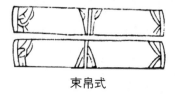

束帛式

---

91) 孟子曰……愈於已 : ≪孟子≫〈盡心 上〉 39장 참조.

씀하셨다. "이상하게 되었구나. 공연히 나로 하여금 백고에게 성실하지 못하게 하였구나!"

≪集說≫

攝은 (貨)〔貸〕92)也라 十箇爲束이니 每束五兩이라 蓋以四十尺帛으로 從兩頭各卷至中이면 則每卷二丈이 爲一箇라 束帛은 是十箇二丈이니 今之五匹也라 乘馬는 四馬也라 徒는 空也라 伯高는 不知何人이나 意必與孔子厚者라 冉子知以財而行禮요 不知聖人之心則于其誠이요 不于其物也라 雖若自責之言이나 而實則深責冉子矣시니라

攝은 빌린다는 뜻이다. 10箇가 한 묶음〔束〕이 되니 매 묶음마다 5兩이다. 40척의 비단을 가지고 양쪽 끝으로부터 각각 말아 중간에 이르면 매 말이마다 두 길〔丈〕이 1箇가 된다. 束帛은 두 길〔丈〕이 10개이니, 지금의 5필이다. 乘馬는 네 필의 말이다. 徒는 공연히〔空〕라는 뜻이다. 伯高는 어떤 사람인지는 알 수 없지만 아마도 반드시 공자와 친분이 두터운 사람인 듯싶다. 冉子는 재물을 가지고 예를 행할 줄만 알았지, 성인의 마음은 정성으로써 하지 물건으로써 하지 않는다는 것을 몰랐다. 비록 공자께서 자책하신 말씀인 것 같지만, 실제로는 염자를 깊이 나무라신 것이다.

≪大全≫

長樂陳氏曰 禮는 以誠爲本이요 誠은 以禮爲文이니 無本不立하고 無文不行이라 冉求足於藝나 而不足於禮하니 足於藝則知文이로되 不足於禮則不知本이니 此所以攝束帛乘馬而擅行之也라 觀其益子華之粟93)과 謀顓臾之伐94)하면 則其所擅行者가 豈特此哉리오

---

92) (貨)〔貸〕: 저본에는 '貨'자로 되어 있는데 '貨'자에는 '攝'자의 뜻이 없고, ≪禮記正義≫에서 鄭玄이 "攝은 貸자와 같다.〔攝猶貸也〕"라고 풀이하여 글자를 풀이한 것에 의거하여 '貸'로 바로잡았다.

93) 益子華之粟: 子華가 齊나라에 심부름을 가자 冉子가 그의 어머니를 위해 곡식을 줄 것을 요청하니, 孔子께서 "여섯 말 넉 되〔釜〕를 주어라." 하셨다. 더 줄 것을 요청하자 孔子께서 "열 여섯 말〔庾〕을 주어라." 하셨는데, 冉子가 열 여섯 섬〔秉〕을 주었다.〔子華使於齊 冉子爲其母請粟 子曰 與之釜 請益 曰 與之庾 冉子與之粟五秉〕(≪論語≫ 〈雍也〉)

94) 謀顓臾之伐: 季氏가 장차 顓臾를 공격하려 하자, 冉有와 季路가 공자를 뵙고 말하였

是皆不足於禮之過也라 孔子曰 冉求之藝에 文之以禮樂이면 亦可以爲成人矣[95]라하시다

長樂陳氏 : 禮는 정성을 근본으로 삼고, 정성은 예를 형식으로 삼으니, 근본이 없으면 성립하지 못하고, 형식이 없으면 행해지지 않는다. 冉求는 才藝에는 충분했지만 예에는 부족했으니, 재예에 충분하면 형식을 알지만, 예에 부족하면 근본을 알지 못한다. 이것이 束帛과 네 필의 말을 빌려 제멋대로 조문을 간 까닭이다. 그가 子華에게 곡식을 더 줄 것을 청했던 일과 顓臾의 정벌을 도모했던 일을 살펴보면, 그가 행실을 제멋대로 한 것이 어찌 다만 이것뿐이겠는가? 이는 모두 예가 부족해서 생긴 허물이다. 孔子께서 말씀하시길 "염구의 재예에 禮樂으로 문채를 내면 또한 成人이라 할 수 있다."고 하셨다.

033802 伯高死於衛하야 赴於孔子어늘 孔子曰 吾惡(오)乎哭諸오 兄弟란 吾哭諸廟하고 父之友란 吾哭諸廟門之外하고 師란 吾哭諸寢하고 朋友란 吾哭諸寢門之外하고 所知란 吾哭諸野하노니 於野則已疏하고 於寢則已重하니 夫由賜也하야 見我하니 吾는 哭諸賜氏라하시고 遂命子貢하사 爲之主曰 爲爾哭也來者란 拜之하고 知伯高而來者란 勿拜也하라하시다

伯高가 衛나라에서 사망하여 孔子에게 訃告가 오자 공자께서 말씀하시기를 "내가 어디에서 그를 哭해야 하겠는가? 兄弟의 喪에는 내가 사당에서 곡하였고, 아버지 친구의 상에는 내가 사당 문 밖에서 곡하였으며, 스승의 상에는 내가 正寢에서 곡하였고, 친구의 상에는 내가 정침 문 밖에서 곡하였고, 그냥 알고 지내는 사람의 상에는 내가 들에서 곡하였는데, 〈백고를 위

다. "계씨가 전유국을 치려 합니다." 공자께서 말씀하셨다. "求야, 이것은 너의 잘못이 아니냐. 저 전유국은 옛날 先王께서 東蒙山의 祭主로 봉하셨을 뿐만 아니라 우리나라 영역 안에 있으니, 이는 社稷을 지켜주는 신하이다. 어떻게 정벌할 수 있겠는가."[季氏 將伐顓臾 冉有季路見於孔子曰 季氏將有事於顓臾 孔子曰 求 無乃爾是過與 夫顓臾 昔者先王以爲 東蒙主 且在邦域之中矣 是社稷之臣也 何以伐爲〕(《論語》〈季氏〉)

95) 孔子曰……亦可以爲成人矣 : 《論語》〈憲問〉12장 참조.

하여〉들에서 곡하면 너무 소원하게 대하는 것이고 정침에서 곡하면 너무 중하게 대하는 것이다. 저 백고는 賜를 통하여 나를 만나보았으니, 나는 賜氏의 집에서 곡하겠다."라고 하시고는, 마침내 子貢에게 명하여 喪主가 되게 하고 말씀하시기를 "너는 곡하기 위해 조문온 사람에게는 절을 하고, 백고를 알아서 조문온 사람에게는 절하지 말라."고 하셨다.

≪集說≫

告死曰赴니 與訃同이라 已는 太也라

　죽음을 알리는 것을 赴라고 하니, 訃告와 같다. 已는 너무함이다.

○ 馬氏曰 兄弟는 出於祖而內所親者라 故哭之廟하고 父友는 聯於父而外所親者라 故哭之廟門外하고 師는 以成己之德而其親視父라 故哭諸寢하고 友는 以輔己之仁而其親이 視兄弟라 故哭諸寢門之外어니와 至於所知는 又非朋友之比라 有相趨者하며 有相揖者하며 有相問者하며 有相見者[96]하니 皆泛交之者也라 孔子 哭伯高에 以野爲太疏而以子貢爲主하시니 君子行禮에 其審詳於哭泣之位如此者라 是其所以表微者歟인저

　○ 馬氏 : 형제간은 한 할아버지에게서 나와 안으로 친한 자이기 때문에 사당에서 哭하고, 아버지의 친구는 아버지와 연결되어 밖으로 친한 자이기 때문에 사당 문 밖에서 곡하며, 스승은 자기의 德을 이루어주어 그 친함이 아버지와 비견되므로 正寢에서 곡하고, 벗은 자기의 仁을 도와 그 친함이 형제에 비견되므로 정침의 문 밖에서 곡한다. 그러나 그냥 알고 지내는 사람의 경우는 또 친구에 견줄 바가 아니다. 서로 따라다니는 사람도 있고, 서로 揖하는 사람도 있으며, 서로 안부를 묻는 사람도 있고, 서로 만나보는 사람도 있으니, 모두 범범하게 사귀는 사람들이다. 공자께서 伯高를

───────────────

96) 有相趨者……有相見者 : 서로 경의를 표하여 종종걸음 치는 사이에는 靈柩가 사당을 나가면 물러나오고, 서로 읍하는 사이에는 영구가 哀次(상주가 있는 자리)에 이르면 물러나오고, 서로 안부를 묻고 선물하는 사이에는 봉분을 하고서 물러나오고, 폐백을 잡고 상견례를 한 경우에는 반곡하고서 물러나오고, 붕우간에는 虞祭와 祔祭를 하고서 물러나온다.〔相趨也 出宮而退 相揖也 哀次而退 相問也 旣封而退 相見也 反哭而退 朋友 虞附而退〕 (≪禮記≫〈雜記 下〉)

곡함에 있어서 들에서 하는 것을 너무 소원하다고 여겨 子貢을 상주로 삼으셨으니, 君子가 禮를 행함에 있어서 곡하고 우는 자리를 자세히 살핌이 이와 같은 것은 미세한 것을 분명하게 나타내기 위해서일 것이다.

○ 方氏曰 伯高之於孔子에 非特所知而已요 由子貢而見이라 故哭於子貢之家하시고 且使之爲主하사 以明恩之有所由也하시니 爲子貢而來면 則弔生之禮在子貢이요 知伯高而來면 則傷死之禮在伯高니 或拜或不拜를 凡以稱其情耳라 故夫子誨之如此하시니라

○ 方氏 : 伯高는 孔子에게 있어 단지 아는 자일뿐만이 아니고, 子貢을 통해서 만났기 때문에 자공의 집에서 곡하였고, 또 자공으로 하여금 상주가 되게 해서 은혜에 연유한 바가 있음을 밝히신 것이다. 자공을 위해서 조문왔다면 산 사람을 위로하는 禮가 자공에게 해당하고, 백고를 알고서 조문왔다면 죽은 사람을 애도하는 禮가 백고에게 해당하니, 혹은 절하기도 하고 혹은 절하지 않기도 하는 것을 모두 그 情에 알맞게 할 뿐이다. 그렇기 때문에 공자께서 이처럼 깨우쳐주신 것이다.

○ 石梁王氏曰 爲爾哭也來者 一句라

○ 石梁王氏 : '爲爾哭也來者'가 한 구절이다.

《大全》

長樂陳氏曰 禮生於人情之所安하고 義起於人情所未有라 君子制義以稱情하고 隆禮以循義하니 則先王之禮에 所未有者는 皆可適於人情而制之也라 伯高之死에 孔子疑其所哭이라 故謂兄弟者는 父祖之遺體니 則哭於廟하고 父之同志는 則於廟門之外하며 師는 成我者也라 故於寢하고 朋友는 輔我者也라 故於寢門之外하고 所知는 知我者也라 故於野라 伯高之於我에 以情則非所知요 以分則非師友요 其見我也由賜而已라 故哭諸賜氏하시니 蓋爲子貢而來면 知生者也요 爲伯高而來면 知死者也라 知生者는 弔而不傷則來者禮也라 故拜之하고 知死者는 傷而不弔則來者非禮也라 故勿拜之라 哭於賜氏는 義也요 敎子貢之拜不拜는 禮也라

長樂陳氏 : 禮는 人情이 편안하게 여기는 곳에서 생겨나고, 義는 인정을 아직 가지고 있지 않은 곳에서 일어난다. 君子는 義를 제정하여 情에 맞추고, 禮를 높여 義를

따르니, 先王의 禮에 아직 있지 않은 것은 모두 인정에 맞게 제정할 수 있다. 伯高가 죽음에 孔子께서 哭할 장소에 대해 의심하였기 때문에 "兄弟는 아버지와 할아버지가 남겨주신 몸이니 사당에서 곡하고, 아버지의 뜻을 같이하는 친구는 사당 문 밖에서 곡하며, 스승은 나를 완성시켜주는 사람이기 때문에 正寢에서 곡하고, 친구는 나의 仁을 돕는 사람이기 때문에 寢門 밖에서 곡하며, 그냥 알고 지내는 사람은 나를 아는 사람이기 때문에 들에서 곡하는 것이다. 백고는 나에게 있어 情으로 따지자면 그냥 아는 사람도 아니고, 친분으로 따지면 한 스승에게서 배운 친구도 아니며, 그가 나를 만나보게 된 것은 賜를 통해서일 뿐이기 때문에 賜氏의 집에서 곡을 하겠다."고 말씀하신 것이다.

대체로 子貢을 위해서 찾아온 사람이라면 산 사람을 아는 것이고, 백고를 위해서 찾아온 사람이라면 죽은 사람을 아는 것이다. 산 사람을 아는 경우에는 조문은 하되 애도하지 않으니 찾아오는 것이 禮이기 때문에 절을 하는 것이고, 죽은 사람을 아는 경우에는 애도는 하되 조문하지 않으니 찾아오는 것이 禮가 아니기 때문에 절하지 말라고 한 것이다. 사씨의 집에서 곡한 것은 義이고, 자공으로 하여금 절을 하고 절을 하지 않도록 하신 것은 禮이다.

033901 曾子曰 喪에 有疾하야 食肉飮酒호대 必有草木之滋焉이라하시니 以爲薑桂之謂也니라

曾子께서 말씀하시기를 "居喪 중에 병이 있으면 고기를 먹고 술을 마시되 반드시 草木에서 취한 양념〔滋〕을 가미해야 한다."고 하셨는데, 〈초목의 양념은〉 생강과 계피를 이른 것으로 여겨진다.

≪集說≫

喪有疾은 居喪而遇疾也라 以其不嗜라 故加草木之味니 以爲薑桂之謂一句는 乃記者釋草木之滋라 亦或曾子稱禮書之言而自釋之歟인저

喪有疾은 居喪 중에 病에 걸린 것이다. 〈병 때문에 식욕이 없어〉 음식을 즐기지 않기 때문에 草木의 맛을 가미하는 것이니, "생강과 계피를 이른 것으로 여겨진다."는

한 구절은 기록한 사람이 '草木之滋'를 풀이한 것이다. 또는 어쩌면 曾子께서 禮書의 말을 일컬어 스스로 그 말을 해석하신 것인 듯싶다.

《大全》

嚴陵方氏曰 薑者는 草之滋요 桂者는 木之滋니 酒肉之外에 又有草木之滋者는 亦慮其不勝喪而已라

嚴陵方氏 : 생강은 풀 종류의 양념이요, 계피는 나무 종류의 양념이니, 술과 고기 이외에 또 풀이나 나무 종류의 양념을 가미하는 것은 또한 상주 노릇을 이루 다 감당하지 못할까 염려해서일 뿐이다.

034001 子夏喪其子而喪其明이어늘 曾子弔之曰 吾는 聞之也호니 朋友喪明則哭之라하시고 曾子哭하신대 子夏亦哭曰 天乎아 予之無罪也니라 曾子怒曰 商아 女何無罪也리오 吾與女로 事夫子於洙泗之間이라가 退而老於西河之上하야 使西河之民으로 疑女於夫子하니 爾罪一也요 喪爾親에 使民未有聞焉하니 爾罪二也요 喪爾子에 喪爾明하니 爾罪三也어늘 而曰爾何無罪與리오 子夏投其杖而拜曰 吾過矣로다 吾過矣로다 吾離群而索(삭)居가 亦已久矣로다

子夏가 그 아들을 잃고 〈哭을 심하게 하여〉 시력을 잃자, 曾子가 그를 조문하고 말하였다. "내 들으니 '친구가 시력을 잃으면 그를 위해 哭한다'고 하더라." 그러고는 증자가 곡을 하니, 자하 또한 곡하면서 말하였다. "天命인가? 나는 죄가 없네." 증자가 화를 내면서 말하였다. "商이여! 네가 어찌 죄가 없단 말인가? 내 너와 함께 선생님을 洙水와 泗水의 사이에서 섬겼는데, 너는 물러나서 西河의 물가에서 노년을 보내면서 서하의 사람들로 하여금 너를 선생님으로 의심하게 하였으니 이것이 너의 첫 번째 죄이고, 너의 어버이를 여의었을 때 사람들로 하여금 너의 효행에 대해 들은 것이 없게

하였으니 이것이 너의 두 번째 죄이며, 너의 아들을 잃었을 때는 너의 시력을 잃었으니 이것이 너의 세 번째 죄이다. 그런데 너가 어찌 죄가 없단 말인가?" 자하가 그 喪杖을 던지고 절하며 말하였다. "내가 잘못하였네, 내가 잘못하였어! 내가 여러 벗들을 떠나 홀로 거처한 지가 또한 이미 오래되었기 때문이라네."

≪集說≫

以哭甚이라 故喪明也라 洙泗는 魯二水名이요 西河는 子夏所居라 索은 散也라 久不親友라 故有罪而不自知라

哭을 심하게 했기 때문에 시력을 잃은 것이다. 洙水와 泗水는 魯나라에 있는 두 물의 이름이다. 西河는 子夏가 거주한 곳이다. 索은 홀로 떨어져 있다는 뜻이다. 오래도록 벗들과 친근하게 지내지 않았기 때문에, 죄가 있으면서도 스스로 알지 못한 것이다.

○ 張子曰 子夏喪明이 必是親喪之時엔 尙强壯이라가 其子之喪에 氣漸衰라 故喪明이라 然而曾子之責을 安得辭也리오 疑女於夫子者는 子夏不推尊夫子하야 使人疑夫子無以異於子夏하니 非如曾子推尊夫子하야 使人知尊聖人也니라

○ 張子 : 子夏가 시력을 잃은 것은 분명 어버이의 喪을 당했을 때에는 아직까지 기력이 건강하고 씩씩하다가, 아들이 죽었을 때에는 기력이 점점 노쇠하였기 때문에 시력을 잃게 된 것이다. 그러나 曾子의 꾸짖음을 어찌 회피할 수 있겠는가. "너를 선생님으로 의심하게 했다"는 것은 자하가 孔子를 推尊하지 않아서, 사람들로 하여금 공자가 자하와 다를 것이 없다고 의심하게 했다는 말이니, 증자가 공자를 추존하여 사람들로 하여금 聖人을 존경할 줄 알게 한 것과는 같지 않다.

○ 方氏曰 子夏不尊於師而尊於己하고 不隆於親而隆於子요 猶以爲無罪하니 此曾子所以怒之也라 然君子以友輔仁하니 子夏之至於三罪者는 亦由離朋友之群하야 而散居之久耳니 以離群이라 故散居也니라

○ 方氏 : 子夏가 스승을 높이지 않고 자기를 높이고, 어버이의 喪을 隆崇하게 하지

않고 자식의 상을 융숭하게 하였으되, 오히려 죄가 없다고 하였으니, 이것이 曾子께서 그에게 화를 내신 까닭이다. 그러나 君子는 벗으로써 仁을 도우니, 자하가 세 가지 죄가 있음에 이르게 된 것은 또한 여러 벗들을 떠나서 홀로 떨어져 산 지가 오래되었기 때문일 뿐이니, 여러 벗들을 떠났기 때문에 홀로 떨어져 산 것이다.

≪大全≫

廣安游氏曰 古之人所以多君子者는 以教法之備而內外交修之也라 其居室則父兄教之하고 其居學則師教之하고 而平居則朋友教之하니 惟其教之備也라 故其寡過而德易以成이라 曾子之責子夏에 稱其名하시고 女其人하사 若父師焉이어늘 曾子不以爲嫌하시고 子夏安受其責하니 蓋曾子正己以律人하고 愛人以德而不以姑息하니 君子之道가 固如此也라 後世處父兄師長之位하야 己不能教其子弟하고 朋友之間에 相諛以色辭하며 相安以姑息하니 非復古人之道矣라

廣安游氏 : 옛사람 가운데 君子가 많은 까닭은 가르치는 법이 구비되어 안과 밖을 함께 수양했기 때문이다. 집에 있을 때에는 부모와 형이 가르치고, 학교에 있을 때에는 스승이 가르치며, 평소 거처할 때에는 벗들이 가르치니, 오직 그 가르침이 갖추어졌기 때문에 허물을 적게 하여 德을 쉽게 성취할 수 있었다. 曾子가 子夏를 꾸짖을 때 자하의 이름을 일컫고, 또 그 사람을 너라고 불러서 마치 아버지나 스승이 타일러주는 것 같았으나 증자는 혐의하지 않고, 자하 또한 그 꾸짖음을 편안하게 받아들였다. 대개 증자는 자신을 바르게 하여 다른 사람을 바로잡고, 德으로 사람을 사랑하지 姑息的으로 사랑하지 않았으니, 君子의 道는 진실로 이와 같은 것이다. 후세에 아버지·형·스승·어른의 위치에 있으면서 자기 스스로 자제를 가르치지 못하고, 친구 사이에는 겉으로 드러난 얼굴빛이나 말로 서로 아첨하며, 고식적으로 서로를 편하게 하니 古人의 道를 회복한 것이 아니다.

034101 夫晝居於內어든 問其疾이 可也며 夜居於外어든 弔之可也니 是故로 君子非有大故어든 不宿於外하며 非致齊(재)[97]也며 非疾病也어든

---

97) 致齊(재) : 제사를 지내기 전 3일 동안 몸과 마음을 정숙하게 재계하는 의식이다.

不晝夜居於內니라

　낮에 正寢 안에 있으면 병이 났는지 물어도 되고, 밤에 中門 밖에 있으면 弔問해도 된다. 이런 까닭에 君子는 큰 變故가 있는 것이 아니라면 중문 밖에서 자지 않으며, 致齋하는 경우나 병에 걸린 경우가 아니면 밤낮으로 정침 안에 거처하지 않는다.

　　≪集說≫

　內者는 正寢[98]之中이요 外는 謂中門[99]外也라 晝而居內면 似有疾이요 夜而居外면 似有喪이라

　　內라는 것은 正寢의 안이고, 外라는 것은 中門 밖을 이른다. 낮에 정침 안에 있으면 병이 있는 것 같고, 밤에 중문 밖에 있으면 喪事가 있는 것 같다.

　○ 應氏曰 致齊居內는 非在房闥之中이니 蓋亦端居深處於突奧之內耳라

　　○ 應氏 : '致齋할 때 正寢 안에 있다.'는 것은 閨房 안에 있는 것이 아니다. 아마도 방 깊숙한 곳 안에 단정히 있으면서 깊이 거처할 뿐인 것이다

　　≪大全≫

　廣安游氏曰 古之君子未有不從事乎其常者라 車服有常數하고 作止有常度하며 出處有常所하니 苟變乎其常則必有故요 不然則不安乎流俗하야 而爲異者也라 故古之人見其服飾而長少可知요 見其步武而尊卑可知라 察其人之居면 則人之得失可知니 皆由乎常而觀之라

　　廣安游氏 : 옛날의 君子는 일정한 것에 종사하지 않음이 없었다. 수레나 의복에 일

---

98) 正寢 : 路寢과 같은 말로 또한 正殿이라고도 불린다. 군주에게 있어서는 정무를 처리하던 장소이고, 군주 이하의 계층에게 있어서는 공적인 업무를 처리하거나 일을 할 때 사용하는 공간을 뜻하기도 한다.

99) 中門 : 內門와 外門 사이에 있는 문으로 宮에 있어서는 闈門을 뜻하기도 한다. 한편 정 중앙에 있는 문을 뜻하기도 한다.

정한 치수가 있고, 행동거지에 일정한 법도가 있으며, 出處에 일정한 方所가 있으니, 만일 도리를 바꾸면 반드시 변고가 있고, 그렇지 않으면 유행하는 풍속을 불안하게 여겨 괴이한 짓을 하는 것이다. 그러므로 옛사람들은 服飾을 보면 어른과 아이를 알 수 있었고, 걸음걸이를 보면 존귀함과 천함을 알 수 있었다. 그 사람이 거처하는 태도를 살펴보면 그 사람의 잘잘못을 알 수 있으니, 모두 일정함을 따라 살펴보기 때문이다.

034201 高子皐之執親之喪也에 泣血三年하야 未嘗見(현)齒하니 君子以爲難이라하니라

高子皐가 어버이의 喪을 집행할 때, 3년 동안 소리 없이 울며 피눈물을 흘려 일찍이 이를 드러내고 웃은 적이 없으니, 君子가 그 일을 어렵다고 하였다.

《集說》

子皐는 名柴니 孔子弟子라

子皐는 이름이 柴이니, 孔子의 제자이다.

○ 疏曰 人涕淚必因悲聲而出하나니 血出則不由聲也라 子皐悲無聲호대 其涕亦出이 如血之出이라 故云泣血이라 人大笑則露齒本하고 中笑則露齒하고 微笑則不見齒니라

○ 疏：사람이 눈물을 흘리는 것은 반드시 슬픈 울음소리로 인하여 나오게 되는데, 피가 나오는 것은 소리를 연유하지 않는다. 子皐는 슬퍼하며 소리를 내지 않았지만 그 눈물이 또 나오는 것이 마치 피가 나오는 것과 같았다. 그러므로 泣血이라고 한 것이다. 사람이 크게 웃으면 잇몸이 드러나고, 중간쯤 웃으면 이가 드러나며, 가볍게 웃으면 이가 보이지 않는다.

《大全》

嚴陵方氏曰 君子於此에 固不以爲是로대 然亦不可以爲非일새 特以爲難而已라 經於喪에 有曰居하고 有曰執하며 有曰爲하니 何也오 蓋以身言之則曰居요 以禮言之則曰

執이요 以事言之則曰爲니 合而言之면 其實一也라

嚴陵方氏 : 君子는 여기에 대해서 진실로 옳다고 하지 않았지만 또한 그르다고 할 수도 없었기 때문에 단지 어렵다고만 한 것이다. 經文에서는 初喪 대해서, ‘居’라고 하는 경우가 있고, ‘執’이라고 하는 경우가 있으며, ‘爲’라고 하는 경우가 있는데, 어째서인가? 아마도 몸을 가지고 말할 땐 ‘居’라 하고, 禮를 가지고 말할 땐 ‘執’이라고 하며, 일을 가지고 말할 땐 ‘爲’라고 하는 듯한데, 합쳐서 말하면 실제로는 하나다.

034301 衰(최)與其不當物也론 寧無衰니 齊衰(자최)로 不以邊坐하며 大功으로 不以服勤이니라

衰服은 물건(포의 精麤, 長短, 幅數)의 기준에 합당하지 않은 것보다는 차라리 최복이 없는 것이 더 나으니, 齊衰服을 입고서 한쪽으로 치우치게 앉지 않으며, 大功服을 입고서 수고로운 일을 하지 않는다.

≪集說≫

疏曰 物은 謂升縷及法制長短幅數也라 邊坐는 偏倚也라 喪服宜敬하야 坐起必正이요 不可著(착)衰而偏倚也라 齊衰輕이라도 旣不倚하니 斬重이니 不言可知라 大功雖輕이나 亦不可著衰服하고 而爲勤勞之事也라

疏 : 物은 직물의 새와 올 및 法制와 長短과 幅數를 이른다. 邊坐는 한쪽으로 치우친 것이다. 상복을 입을 때는 마땅히 태도를 경건하게 해서 앉고 일어나는 것을 반드시 단정하게 해야 하고, 상복을 입고서 한쪽으로 치우치게 앉아서는 안 된다. 齊衰는 가벼운 상복인데도 이미 치우치게 앉지 않으니, 斬衰는 중한 상복이므로 〈참최복을 입고서 한쪽으로 치우치게 앉아서는 안 됨을〉 말하지 않아도 알 수 있다. 大功이 비록 가벼운 상복이지만 또한 상복을 입고서 수고로운 일을 해서는 안 된다.

○ 馬氏曰 衰不當物이면 則亂先王之制하야 而後世疑其傳이요 無衰則禮雖不行이나 而其制度定于一하야 猶可以識(지)之라 故曰與其不當物也론 寧無衰라하니라

○ 馬氏 : 衰服이 物의 기준에 합당하지 않으면 先王의 제도를 어지럽혀서 후세에 그 전해온 것을 의심하게 되고, 衰服이 없으면 禮가 비록 행해지지는 않으나 그 제도가 하나로 정해져서 오히려 기억할 수가 있다. 그러므로 "物의 기준에 합당하지 않은 것보다는 차라리 최복이 없는 것이 낫다."고 한 것이다.

≪大全≫

山陰陸氏曰 物은 若周書所謂朝服八十物七十物[100]이니 是已據此布之精粗요 非獨升數不同하고 縷數亦不同矣라 尊者服精하고 卑者服粗라 故曰與其不當物론 寧無衰라

山陰陸氏 : 物은 ≪周書≫에 이른바 "朝服이 80物과 70物이다."라고 한 것과 같으니, 이것은 이미 삼베의 새와 올이 정교하고 거친 정도에 근거한 것으로, 직물의 새와 올의 수가 같지 않을 뿐만 아니라 실오라기의 수가 또한 같지 않기 때문이다. 존귀한 사람은 직물의 새와 올이 정교한 상복을 입고, 비천한 사람은 거친 상복을 입는다. 그러므로 "物의 기준에 합당하지 않기보다는 차라리 최복이 없는 것이 낫다."고 한 것이다.

034401 孔子가 之衛하사 遇舊館人之喪하사 入而哭之哀하시고 出하사 使子貢으로 說(탈)驂而賻之하신대 子貢曰於門人之喪에도 未有所說驂이러시니 說驂於舊館이 無乃已重乎잇가 夫子曰予鄕者에 入而哭之할새 遇於一哀而出涕호니 予惡(오)夫涕之無從也리오 小子는 行之하라

孔子께서 衛나라에 가시어 옛날에 머물렀던 여관 주인의 喪을 만나 그 집에 들어가 슬프게 哭을 하시고, 나와서 子貢으로 하여금 수레의 곁말〔驂馬〕을 벗겨 賻儀하게 하셨다. 자공이 말하였다. "門人의 상에도 곁말을 벗겨주

---

100) 周書所謂朝服八十物七十物 : ≪逸周書≫〈王會解〉에 "天子는 南面하고 서 있는데, 면류관에 수술이 없고 朝服이 80物이고 笏을 꽂았다. 唐叔과 荀叔과 周公은 왼쪽에 있었고, 太公 望은 오른쪽에 있었는데, 또한 면류관에 수술이 없고, 朝服이 70物이고 笏을 꽂았다.〔天子南面立 絻無繁露 朝服八十物搢珽 唐叔荀叔周公在左 太公望在右 皆絻 亦無繁露 朝服七十物搢笏〕"라고 하였다.

신 적이 없으셨는데, 옛 여관 주인에게 곁말을 벗겨 부의하는 것은 너무 중하지 않습니까?" 공자께서 대답하셨다. "내가 조금 전에 들어가 곡할 때 매우 슬픈 상황을 만나 눈물을 흘렸으니, 내가 어찌 이유 없이 눈물을 흘렸겠느냐? 얘들아, 그대로 시행하거라."

≪集說≫

舊館人은 舊時舍館之主人也라 駕車者中兩馬爲服馬요 兩旁各一馬爲驂馬라 遇一哀而出涕는 情亦厚矣니 情厚者는 禮不可薄이라 故解脫驂馬하야 以爲之賻하시니 凡以稱情而已요 客行에 無他財貨故也라 惡夫涕之無從者從은 自也라 今若不賻면 則是於死者에 無故舊之情하야 而此涕爲無自而出矣리니 惡(오)其如此리오 所以必當行賻禮也라 舊說에 孔子遇主人一哀而出涕는 謂主人이 見孔子來而哀甚이니 是以厚恩待孔子라 故孔子爲之賻니라 然上文에 旣曰入而哭之哀면 則又何必迂其說하야 而以爲遇主人之哀乎아

舊館人은 옛날에 머물던 여관의 주인이다. 수레를 멍에할 때 가운데 두 마리 말이 服馬가 되고, 양쪽 곁에 멍에하는 각각 한 마리씩의 말이 곁말[驂馬]이 된다. 매우 슬픈 상황을 만나자 눈물을 흘렸다면 情이 또한 두터웠을 것이니, 정이 두터운 자에게는 예를 박하게 할 수가 없다. 그러므로 곁말을 벗겨내어서 그를 위하여 賻儀를 하셨으니, 무릇 人情에 걸맞게 한 것일 뿐이고, 공자께서 나그네로 떠돌아 다니셔서 다른 재화가 없었기 때문에 그렇게 하신 것이다. 惡夫涕之無從也의 '從'은 부터이다. 지금 만약 부의를 하지 않는다면 이는 죽은 자에 대해 옛 친구로서의 정이 없는 것이어서 이 눈물이 이유 없이 나온 것이 되니, 어찌 이와 같이 할 수 있겠는가? 그래서 반드시 마땅히 부의하는 예를 행하려 하신 것이다. 舊說에는 "'공자께서 주인이 매우 슬퍼하는 상황을 만나 눈물을 흘렸다'는 것은 주인이 공자께서 오신 것을 보고 슬픔이 심해졌다는 말이니, 이는 두터운 은혜로 공자를 대한 것이기 때문에 공자께서 그를 위하여 부의한 것이다."라고 한다. 그러나 윗글에서 이미 "들어가 슬프게 곡했다."고 말하였으니, 그렇다면 또 어찌 굳이 그 말을 에둘러 주인이 슬퍼하는 상황을 만났다고 할 것이 있겠는가?

≪大全≫

嚴陵方氏曰 車馬曰賵이요 貨財曰賻니 此以馬而曰賻者는 以馬代貨故也라

嚴陵方氏 : 수레나 말로 부의하는 것을 '賵'이라 하고, 재화로 부의하는 것을 '賻'라고 한다. 여기에서 말을 가지고 부조를 했는데 '賻'라고 한 것은 말로써 재화를 대신했기 때문이다.

034501 孔子在衛하실새 有送葬者어늘 而夫子觀之曰 善哉라 爲喪乎여 足以爲法矣로소니 小子는 識(지)之하라 子貢曰 夫子何善爾也시니잇고 曰 其往也에 如慕하고 其反也에 如疑로다 子貢曰 豈若速反而虞乎리잇고 子曰 小子는 識之하라 我未之能行也호라

孔子께서 衛나라에 계실 때 葬事를 지내는 자가 있었는데, 공자께서 그것을 보시고 말씀하시기를 "훌륭하구나, 喪事를 치름이여! 충분히 후세의 본보기가 될 만하니, 애들아 이것을 기억해두려무나."라고 하셨다. 이에 子貢이 "선생님께서는 어찌하여 저것을 훌륭하게 여기십니까?"라고 하자, 공자께서 말씀하시기를 "장사지내러 갈 때에는 사모하는 듯이 하였고, 돌아올 때에는 머뭇거리는 듯이 하였다."라고 하셨다. 자공이 "〈머뭇거리는 것이〉 어찌 속히 돌아가 虞祭를 지내는 것만 하겠습니까?"라고 하자, 공자께서 "애들아, 이것을 기억해두거라! 나도 이것을 제대로 행하지 못하였다."라고 하셨다.

≪集說≫

往如慕 反如疑는 此孝子不死其親之至情也라 子貢이 以爲如疑則反遲니 不若速反而行虞祭[101]之禮라하니 是知其禮之常이요 而不察其情之至矣라 夫子申言小子識之하시고

---

101) 虞祭 : 葬禮를 치른 뒤에 지내는 제사를 뜻한다. 初虞·再虞·三虞의 통칭이다.

且曰我未之能行_{이라하시니} 則此豈易言哉_아

葬事지내러 갈 때에는 사모하듯이 한 것과 돌아올 때에는 머뭇거리는 듯이 한 것은 孝子가 그 어버이를 죽은 것으로 여기지 않는 지극한 情이다. 子貢은 머뭇거리는 듯이 하면 돌아오는 것이 더디니, 속히 돌아가 虞祭의 禮를 지내는 것만 못하다고 여겼으니, 이것은 禮의 常道만 알고 그 情의 지극함은 몰랐던 것이다. 孔子께서 거듭 "애들아, 이것을 기억해두거라!"라고 말씀하시고, 또 "나도 이것을 제대로 행하지 못하였다."라고 하셨으니, 이것이 어찌 쉽게 말할 수 있는 것이겠는가.

≪大全≫

廬陵胡氏曰 小子識之_와 我未之能行也_는 善其哀慕_니 虞祭_는 雖遲不害_라

廬陵胡氏 : "애들아, 이것을 기억해두거라"라고 말한 것과 "나도 이것을 제대로 행하지 못하였다."라고 한 것은, 그의 애통해하고 사모하는 마음을 훌륭하게 여긴 것이니, 虞祭는 비록 더디게 지내더라도 해가 되지 않는다.

034601 顏淵之喪_에 饋祥肉_{한대} 孔子出受之_{하시고} 入彈琴而后食之_{하시다}

顏淵의 喪에 大祥祭를 지낸 제사 고기를 보내오자, 孔子께서 밖으로 나가서 받으시고 방으로 들어와 거문고를 탄 뒤에 잡수셨다.

≪集說≫

彈琴而後食者_는 蓋以和平之聲_{으로} 散感傷之情也_라

거문고를 탄 뒤에 잡수신 것은 아마도 和平한 소리로써 감회가 있어 傷心한 마음을 흩어버린 것인 듯싶다.

≪大全≫

嚴陵方氏曰 吉之先見(현)者[102]_를 謂之祥_{이라} 祥必有祭_{하고} 祭必有肉_{하니} 饋祥肉則所

---

102) 吉之先見(현)者 : 이 내용은 ≪周易≫ 〈繫辭 下〉에 보인다.

以獻其吉也라 受之必彈琴則所以散其哀也라

嚴陵方氏 : 吉凶이 먼저 나타나는 것을 '祥'이라 한다. 大祥에는 반드시 제사를 지내고, 제사에는 반드시 고기가 있으니, 대상을 지낸 고기를 보낸 것은 그 吉함을 바친 것이다. 그것을 받고서 반드시 거문고를 탄 것은 슬픈 마음을 흩어버리기 위해서이다.

○ 長樂陳氏曰 祥祭而饋는 則鬼事畢而人事始矣라 顔淵之喪에 饋祥肉이어늘 孔子出受之는 仁也요 必彈琴而後食之는 義也니 禮之道는 無他라 節文仁義而已矣라

○ 長樂陳氏 : 大祥祭를 지내고서 음식을 보내온 것은 귀신의 일이 끝나고 사람의 일이 시작된 것이다. 顔淵의 喪에 대상제를 지낸 제사 고기를 보내오자 孔子께서 밖으로 나가서 받으신 것은 仁이고, 반드시 거문고를 탄 뒤에 잡수신 것은 義이니, 禮의 道는 다른 것이 없다. 節文과 仁義일 따름이다.

034701 孔子與門人立하실새 拱而尚右하신대 二三子亦皆尚右어늘 孔子曰二三子之嗜學也여 我則有姊之喪故也라하신대 二三子皆尚左하니라

孔子께서 門人들과 함께 서 계실 때 拱手하면서 오른손을 위로 얹자, 제자들도 모두 오른손을 위로 얹었다. 공자께서 말씀하시길 "너희들은 배우기를 좋아하는구나. 하지만 나는 누이의 喪을 당했기 때문에 그렇게 한 것이다."라고 하시자, 제자들이 모두 왼손을 위로 얹었다.

≪集說≫

吉事는 尚左하니 陽也요 凶事는 尚右하니 陰也라 此蓋拱立而右手在上也라

吉한 일에는 왼쪽을 높이니 오른쪽이 陽이기 때문이고, 凶한 일에는 오른쪽을 높이니 왼쪽이 陰이기 때문이다. 이는 아마도 拱手하고 서 있으면서 오른손을 위에 얹고 계셨기 때문인 듯싶다.

≪大全≫

張子曰 孔子與門人立하실새 拱而尚右는 是人手以右手在上也라 以其姊之喪이어늘 必

如此者는 是俄頃不忘也니 以是知聖人之能敬이라 二三子學之者는 恐此禮非三代所
有요 直孔子自爲之耳니 如喪出母도 亦夫子自制라

張子 : "孔子께서 門人들과 함께 서 계실 때 拱手하면서 오른손을 위로 얹었다"는 것
은 사람의 손 중에서 오른손을 위에 포갠다는 것이다. 누이의 喪인데도 반드시 이와
같이 하신 것은 잠시도 잊지 않으신 것이니, 이로써 聖人이 공경에 능하셨음을 알 수
있다. 제자들이 배운 것은 아마도 이러한 禮가 三代부터 있었던 것이 아니라 단지 공
자께서 스스로 그렇게 하신 것이니, 축출당한 어머니의 喪禮 같은 경우도 공자께서
스스로 제정하신 것인 듯싶다.

○ 山陰陸氏曰 二三子纖悉務學이로대 聖人如此하니 蓋有不應學而學之者요 未有應
學而不學者也라

○ 山陰陸氏 : 제자들이 사소한 것까지도 다 배우기를 힘써야 하지만, 聖人이 이와
같이 하신 것은 아마도 응당 배우지 않아야 할 것을 배운 자가 있기 때문인 듯하고,
응당 배워야 할 것을 배우지 않은 자는 없었다.

034801 **孔子蚤作**하사 **負手曳杖**하사 **消搖於門**하사 **歌曰泰山**이 **其頹乎**인저
梁木이 **其壞乎**인저 **哲人**이 **其萎乎**인저 **既歌而入**하사 **當戶而坐**어시늘 **子貢**
聞之曰泰山其頹면 **則吾將安仰**이며 **梁木其壞**하며 **哲人其萎**(위)면 **則吾**
將安放고 **夫子殆將病也**로다하고 **遂趨而入**한대

孔子께서 일찍 일어나 뒷짐을 지고 지팡이를 끌면서 문 앞을 이리저리 거
닐면서 노래하기를 "泰山이 무너지려나 보다. 들보가 부러지려나 보다. 哲
人이 시드려나 보다."라고 하고는, 노래를 마치고 문 안으로 들어가서 방문
을 마주하고 앉아계셨는데, 子貢이 그 노래를 듣고 말하기를 "태산이 무너
지면 우리는 장차 어디를 우러러볼 것이며, 들보가 부러지고 철인이 시들면
우리는 장차 어디에 의지해야 할 것인가? 선생님께서 장차 병이 드시려나
보다."라고 하고는, 마침내 종종걸음으로 들어갔다.

≪集說≫

作은 起也라 負手曳杖은 反手郤後하야 以曳其杖也라 消搖는 寬縱自適之貌라 泰山은 爲衆山所仰이요 梁木은 亦衆木所仰而放者니 猶哲人이 爲衆人所仰望而放效也라

作은 일어난다는 뜻이다. 뒷짐을 지고 지팡이를 끌었다는 것은 손을 뒤로 젖혀서 지팡이를 끈 것이다. 消搖는 한가로이 거닐며 유유자적하는 모양이다. 泰山은 뭇 산들이 우러러보는 산이고, 들보 역시 뭇 나무들이 우러러 따르는 바이니, 마치 哲人을 뭇 사람들이 우러러 바라보면서 본받고자 하는 것과 같다.

034802夫子曰 賜아 爾來何遲也오 夏后氏는 殯於東階之上하니 則猶在阼也요 殷人은 殯於兩楹之間하니 則與賓主로 夾之也요 周人은 殯於西階之上하니 則猶賓之也라 而丘也는 殷人也니 予疇昔之夜에 夢坐奠於兩楹之間호니 夫明王이 不興이어니 而天下其孰能宗予리오 予殆將死也라하더시니 蓋寢疾七日而沒하시다

孔子께서 말씀하시기를 "賜야! 너는 어찌 이리도 더디게 왔느냐? 夏后氏는 동쪽 섬돌 위에 빈소를 차렸으니, 이는 〈죽은 자가〉 아직은 주인의 자리인 동쪽 섬돌에 있음을 표시한 것이고, 殷나라 사람은 두 기둥 사이에 빈소를 차렸으니, 이는 〈죽은 자가〉 손님의 자리와 주인의 자리 중간에 끼어 있음을 표시한 것이며, 周나라 사람은 서쪽 섬돌 위에 빈소를 차렸으니, 이는 아직은 〈죽은 사람을〉 손님으로 여긴 것이다. 나는 殷나라 사람인데, 내가 어젯밤에 두 기둥 사이에 앉아서 祭奠을 받는 꿈을 꾸었다. 대저 현명한 王이 일어나지도 않았거늘 천하에 그 누가 나를 높이겠느냐? 내가 아마도 장차 죽으려나 보다."라고 하시더니, 대략 병으로 누우신 지 7일 만에 돌아가셨다.

《集說》

猶在阼와 猶賓之者는 孝子不忍死其親하야 殯之於此하야 示猶在阼階以爲主요 猶在西階以爲賓客也라 在兩楹間은 則是主與賓夾之라 故言與而不言猶也라 孔子其先은 宋人이니 成湯之後라 故自謂殷人이라 疇는 發語之辭라 昔之夜는 猶言昨夜也라 夢坐於兩楹之間하야 而見饋奠[103]之事하시고 知是凶徵者는 以殷禮殯在兩楹間하니 孔子以殷人而享殷禮라 故知將死也하시고 又自解夢奠之占云 今日에 明王不作하니 天下誰能尊己하야 而使南面坐于尊位乎아 此必殯之兆也라하시니 自今觀之컨대 萬世王祀亦其應矣라

"아직 주인의 자리인 동쪽 섬돌에 있다."는 것과 "아직은 그를 손님으로 여긴다."는 것은 孝子가 차마 그 어버이를 돌아가신 것으로 여길 수 없어서 이곳에 빈소를 차려 아직도 동쪽 섬돌에 있으면서 주인이 되고, 아직도 서쪽 섬돌에 있으면서 손님이 됨을 표시한 것이다. "두 기둥 사이에 있다."는 것은 주인과 손님이 그를 양쪽에서 끼고 있는 것이다. 그렇기 때문에 '與'라 말하고 '猶'라고 말하지 않은 것이다.

孔子는 그 先代가 宋나라 사람이었으니, 成湯의 후예이다. 그러므로 스스로 殷나라 사람이라고 말한 것이다. 疇는 말을 꺼내는 어조사이다. 昔之夜는 어젯밤이라는 말과 같다. 꿈에 양 기둥 사이에 앉아서 祭奠을 받는 일을 보시고 이것이 흉한 징조임을 아신 것은 은나라의 禮에 빈소가 두 기둥 사이에 있었기 때문이니, 공자께서 은나라 사람으로서 은나라의 禮를 흠향하셨기 때문에 장차 돌아가시게 될 것을 아신 것이다. 또 祭奠을 받는 꿈을 꾼 점을 풀이하여 "오늘날 현명한 王이 일어나지 않았는데, 천하에 누가 나를 높여서 南面하여 높은 자리에 앉도록 하겠는가? 이는 필시 빈소를 차리는 조짐일 것이다."라고 하셨으니, 지금의 관점에서 본다면 만세토록 왕의 제사로 섬기는 것이 또한 그 꿈과 일치한다.

《大全》

長樂陳氏曰 聖人은 知夫身者天地之委形이요 生者는 天地之委和요 性命者는 天地之委順[104]이라 故視肝膽爲楚越[105]하고 以死生爲晝夜[106]하야 安其適來之時하고 處其適

---

103) 饋奠 : 喪中에 제물을 차리고 제사지내는 것을 가리킨다.

去之順¹⁰⁷⁾하며 將迎無所形於外하니 哀樂不能間於內어늘 又孰以幻滅爲累哉리오 此所以悟於將死之夢하고 全於負手之忘形과 曳杖之忘物하고 逍遙於自得之場하야 以與天爲徒也라 然安得惢然忘物而吉凶不與之同乎아 此所以有泰山梁木哲人之嗟歟인저

長樂陳氏 : 聖人은 몸이란 天地自然이 모습을 맡긴 것이며, 삶이란 천지자연이 조화로움을 맡긴 것이며, 性命은 천지자연이 순조로움을 맡긴 것임을 안다. 그러므로 간과 쓸개 보기를 楚나라와 越나라처럼 멀다고 여기고, 삶과 죽음을 보기를 낮과 밤이 교대하는 것처럼 여겨서, 때맞춰 태어날 때를 편히 여기고, 때맞춰 죽는 순서를 대처하며, 장차 밖으로 드러남이 없는 것을 맞이하듯 하니, 슬픔과 즐거움이 마음속에 끼어들 수가 없는데, 또한 누가 허깨비처럼 사라지는 것으로 누를 삼겠는가? 이것이 장차 죽을 꿈이라는 것을 깨닫고, 뒷짐을 짓고 형체를 잊으며 지팡이 끌며 외물을 잊는 데에서 온전히 하고 自得한 경지에서 逍遙하여 하늘과 한 무리가 된 까닭이다. 그러나 어떻게 무심하게 몸을 잊고서 吉凶을 함께 하지 않을 수 있는 것인가? 이것이 泰

---

104) 聖人……天地之委順 : 舜임금이 〈뒤에서 보필하는〉 丞에게 물었다. "道를 가질 수 있습니까?" 丞이 말했다. "당신의 몸뚱이도 당신의 차지가 아닌데 당신이 어떻게 도를 가질 수 있겠습니까?" 순임금이 말했다. "내 몸뚱이가 내 것이 아니라면 누구 것이란 말이오?" 승이 말했다. "그것은 천지자연이 모습을 맡긴 것입니다. 삶은 당신의 것이 아닙니다. 천지자연이 조화로움을 맡긴 것입니다."〔舜問乎丞曰 道可得而有乎 曰 汝身非汝有也 汝何得有夫道 舜曰 吾身非吾有也 孰有之哉 曰 是天地之委形也 生非汝 有是天地之委和也 性命非汝有 是天地之委順也〕(≪莊子≫〈知北遊〉)

105) 故視肝膽爲楚越 : 楚越은 초나라와 월나라처럼 거리가 먼 것을 비유하는데, ≪莊子≫〈德充符〉에 "다른 것을 기준으로 보면 간과 쓸개도 〈그 차이가〉 초나라와 월나라처럼 멀다.〔自其異者視之 肝膽楚越也〕"라고 한 데서 나왔다.

106) 以死生爲晝夜 : 죽고 사는 것은 마치 낮과 밤이 갈마드는 것처럼 당연하여 대수로울 것이 없다는 뜻이다. ≪莊子≫〈田子方〉에 "사생과 종시가 장차 낮과 밤처럼 인식되어 마음을 어지럽히지 못하는데, 더구나 득실과 화복에 마음을 두겠는가.〔死生終始 將爲晝夜 而莫之能滑 而況得喪禍福之所介乎〕"라고 하였다.

107) 安其適來之時 處其適去之順 : 適去는 자연의 수리에 따라 마침 죽을 때가 되어 죽음을 이른다. 이는 ≪莊子≫〈養生主〉에 "때마침 이 세상에 온 것은 夫子가 올 때였기 때문이고, 때마침 저 세상으로 간 것은 부자가 갈 차례였기 때문이다. 태어나는 때를 편안히 맞이하고 죽는 때를 편안히 따르면 슬픔이나 즐거움 따위의 감정이 그 사람의 마음에 들어갈 수 없다.〔適來 夫子時也 適去 夫子順也 安時而處順 哀樂不能入也〕"라고 한 데서 나왔다.

山과 들보와 哲人의 탄식이 있었던 이유일 듯싶다.

○ 嚴陵方氏曰 夏后氏殯於東階之上者는 示不忍賓之爾라 故曰則猶在阼也요 殷人殯 於兩楹之間은 若將賓之矣라 故曰則與賓主夾之也요 周人殯於西階之上者는 則若賓 之矣라 故曰則猶賓之也니 凡此皆以其世漸文하야 而殯死之所愈遠而已라 然孔子夢 坐奠於兩楹之間하고 乃知其將死者는 以殷人則宜享殷禮故也라

　○ 嚴陵方氏 : "夏后氏가 동쪽 섬돌 위에 빈소를 차렸다."는 것은 차마 손님으로 여 기지 못함을 드러낸 것이므로 "아직 주인의 자리인 동쪽 섬돌에 있다."고 말한 것이 고, "殷人은 두 기둥 사이에 빈소를 차렸다"는 것은 마치 장차 손님으로 여길 것이라 는 의미와 같기 때문에 "손님의 자리와 주인의 자리 중간에 끼어 있다."고 말한 것이 며, "周나라 사람은 서쪽 섬돌 위에 빈소를 차렸다."는 것은 마치 손님처럼 여기는 것 이기 때문에 "아직은 그를 손님으로 여긴 것이다."라고 말한 것이니, 무릇 이 모든 것 들은 그 시대에 따라 점차 문채를 내게 되어 죽은 자의 빈소를 차리는 장소가 더욱 멀 어진 것일 뿐이다. 그런데 孔子께서 두 기둥 사이에 앉아서 奠을 받는 꿈을 꾸시고 이 에 자신이 장차 죽을 것임을 아셨던 것은 殷나라 사람이라면 은나라의 禮를 흠향함이 당연했기 때문이다.

034803 孔子之喪에 門人이 疑所服하더니 子貢曰昔者에 夫子之喪顔淵에 若 喪子而無服하시며 喪子路에 亦然하시니 請喪夫子호대 若喪父而無服이니라

　孔子의 喪에 門人들이 상복을 입는 것에 대해 결정하지 못하자, 子貢이 말하기를 "옛날에 선생님께서 顔淵의 初喪을 치르실 때, 마치 아들을 잃은 것과 같이 하였으나 복이 없었고 자로의 상에도 그렇게 하셨으니, 선생님의 상례를 치르되 아버지를 여읜 것과 똑같이 하면서 상복은 없이 치르도록 합 시다."라고 하였다.

　　≪集說≫

以後章二三子經而出言之컨대 此所謂無服이니 蓋謂弔服加麻也니 疏云 士弔服은 疑

衰라하니라 麻는 謂環経也라 五服[108]経皆兩股로대 惟環経一股라 後章從母之夫는 疏云
凡弔服을 不得稱服이라

뒷장의 "제자들이 首経을 하고 나왔다."는 것
으로 말하건대, 여기에서 이른바 "복이 없다."는
것은 아마도 弔服에 삼으로 만든 環経을 쓴 것
을 말하는 것인 듯싶으니, 疏에 "士에 대한 조
복은 疑衰이다."라고 하였다. 麻는 환질을 이른
다. 五服의 수질과 腰経은 모두 두 가닥으로 만
들되 오직 환질만은 한 가닥으로 만든다. 뒷장
에 나오는 "이모[從母]의 남편"에 대해 疏에 이
르기를 "모든 조복을 喪服이라고 칭할 수는 없
다."고 하였다.

子貢廬墓圖

○ 方氏曰 若喪父而無服은 所謂心喪[109]也라

○ 方氏 : "아버지를 여읜 듯이 하면서 服이 없다"는 것은 이른바 心喪이다.

《大全》

嚴陵方氏曰 方孔子之生也에 以子之喪處門人이어시니 及其沒也에 門人以父之喪處孔
子는 報施之理也라 學記曰 師無當於五服이나 五服弗得不親[110]이라하니 則師之於人에

---

108) 五服 : 죽은 자와 친하고 소원한 관계에 따라 입게 되는 다섯 가지 喪服을 뜻한다. 斬
衰服, 齊衰服, 大功服, 小功服, 緦麻服을 가리킨다.

109) 心喪 : 죽음에 대해 애도함이 喪을 치르는 것과 같지만 실제적으로 喪服을 입지 않는
것을 뜻한다. 주로 스승이 죽었을 때 제자들이 치르는 상을 가리킨다.

110) 學記曰……五服弗得不親 : 옛날 배우는 자들은 사물의 비슷한 類를 비교하여 알았으
니, 북이 五聲에 해당되지 않지만 오성이 북을 만나지 못하면 조화롭지 않으며, 물이
五色에 해당되지 않지만 오색이 물을 만나지 않으면 빛나지 않으며, 배움이 五官에
해당되지 않지만 오관이 배움을 얻지 못하면 다스려지지 못하며, 스승이 五服의 친족
에 해당되지 않지만 오복의 친족이 스승을 얻지 못하면 화친할 수 없다.〔古之學者 比物
醜類 鼓無當於五聲 五聲弗得不和 水無當於五色 五色弗得不章 學無當於五官 五官弗得不治 師無

豈小補哉리오 故子貢於三年之外에 又築室於場하야 獨居三年然後歸하니 以恩尤所重
故也라 噫라 世衰道微하야 禮教不明乎天下하니 其執親之喪에 不能三年者가 蓋有之
矣어든 而況於師乎아

　　嚴陵方氏 : 바야흐로 孔子께서는 살아계실 때 자식의 喪禮로써 門人들의 喪을 치르
셨으니, 공자가 돌아가심에 미쳐 문인들이 아버지의 상례로써 공자의 상을 치른 것은
은혜에 보답하는 도리이다. ≪禮記≫〈學記〉에 "스승은 五服의 친족에 해당되지 않지
만, 오복의 친족이 스승을 얻지 못하면 화친할 수 없다."라고 했으니, 스승이 인륜에
있어서 어찌 작은 보탬이겠는가? 그러므로 子貢은 三年喪을 치른 이후에도 마당에 집
을 짓고 홀로 3년을 지낸 뒤에 떠나갔으니, 은혜가 더욱 중한 바이기 때문이다. 아!
세상이 쇠퇴하고 道가 미약해짐에 禮의 교화가 天下에 밝아지지 않자 어버이의 상을
치르면서 3년상을 제대로 하지 못하는 자가 있는데, 하물며 스승에 있어서이겠는가.

034804孔子之喪에 公西赤이 爲志焉호대 飾棺牆하고 置翣하며 設披하니
周也요 設崇하니 殷也요 綢(도)練設旐(조)하니 夏也라

　　孔子의 喪에 公西赤이 예를 갖추
어 표지를 하되, 棺과 牆(상여를 덮
는 장식용 휘장)을 장식하고 雲翣과
黻翣을 세우고 棺을 당기는 줄〔披〕
을 설치하였으니 이것은 周나라의
제도이고, 깃봉〔崇牙〕을 설치하였으
니 이것은 殷나라의 제도이며, 흰
비단〔練〕으로 깃대를 감싸고 거북과
뱀을 그린 기〔旐〕를 설치하였으니
이것은 夏나라의 제도이다.

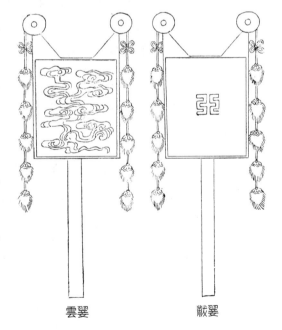

雲翣　　　　　黻翣

───────────────

當於五服 五服弗得不親〕(≪禮記≫〈學記〉)

≪集說≫

公西는 氏요 赤은 名이요 字는 子華니 孔子弟子也라

公西는 氏이고 赤은 이름이며 字는 子華인데, 孔子의 제자이다.

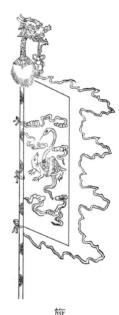

旌

○ 疏曰 孔子之喪에 公西赤이 以飾棺榮夫子라 故爲盛禮에 備三王之制하야 以章明志識(지)焉이라 於是以素爲褚하고 褚外加牆하며 車邊置翣하고 恐柩車傾虧하야 而以繩左右維持之하니 此皆周之制也라 其送葬에 乘車[111] 所建旌旗에 刻繪爲崇牙之飾하니 此則殷制요 又綢盛旌旗之竿以素錦하고 於杠首에 設長尋[112]之旐하니 此則夏禮也라

○ 疏 : 孔子의 喪에 公西赤이 棺을 장식해서 공자를 영화롭게 하였다. 그러므로 성대한 예를 행할 때에는 三王의 제도를 구비해서 밝히고 표지하였다. 이에 흰 비단으로 棺 덮개〔褚〕를 만들고, 棺 덮개 밖에 牆을 더하였으며, 상여 옆에 雲翣과 黻翣을 세우고, 상여가 기울어질까 염려스러워 끈으로 좌우를 동여매었으니, 이는 모두 周나라의 제도이다. 送葬할 때에 乘車에 세우는 깃발〔旌旗〕은 비단에 그림을 그려서〔刻〕 崇牙를 만들어 장식을 했으니 이는 殷나라의 제도이고, 또 깃발의 장대를 흰 비단으로 동여서 싸고 깃대 꼭대기에 길이가 여덟 자 되는 깃발을 설치하였으니 이는 夏나라의 禮이다.

○ 詩에 虞業維樅이라하니 疏云 懸鐘磬之處에 以采色爲大牙하야 其狀隆然하니 謂之崇牙라 練은 素錦也라 緇布는 廣終幅이요 長八尺이니 旐之制也라

○ ≪詩經≫ 〈大雅·靈臺〉에 "종틀 설주에 종을 매다는 널과 들쭉날쭉한 崇牙가 있다"고 했는데, 疏에 이르기를 "쇠북과 경쇠를 매다는 곳에 채색하여 大牙를 만들어 그

---

111) 乘車 : 葬禮 때 사용하던 수레로 魂車라고도 부른다. 죽은 자의 옷과 冠 등을 실어서 마치 죽은 자가 생전에 수레를 타던 것처럼 형상화하는 것이다.

112) 尋 : 8尺이다.

형상이 우뚝 솟아 있으니 그것을 일러 崇牙라 한다. 練은 흰 비단이다. 縿布는 넓이가 온폭(2尺)이고 길이가 여덟 자이니 깃발의 제도이다.”라고 했다.

≪大全≫

長樂陳氏曰 顔淵之死에 門人欲厚葬之한대 孔子以爲不可[113]라하시고 子疾病에 子路使門人爲臣한대 孔子以爲欺天[114]이라하시다 門人之葬孔子에 則飾牆置翣하고 以至周披殷崇夏旐하야 而二代之禮莫不兼用하니 豈孔子之心乎리오 蓋門人以孔子有所不可及之道라 故報之以人所不可行之禮하니 是雖禮兼於三代나 蓋亦稱情以爲文而已라 故子貢六年於其墓에 孟子不以爲非[115]하시고 門人三代之厚葬에 君子不以爲過라

長樂陳氏 : 顔淵이 죽었을 때 문인들은 후하게 葬禮를 치르고자 하였으나 孔子께서 안 된다고 하셨고, 공자의 병이 위독하자 子路가 문인으로 하여금 가신이 되게 하니 공자께서 하늘을 속였다고 하셨다. 문인들이 공자를 葬事지낼 때 棺 덮개 밖에 牆으로 장식하고 상여 옆에 雲翣과 黻翣을 세우고, 심지어 周나라의 제도인 棺을 당기는 줄[披]과 殷나라의 제도인 崇牙와 夏나라의 제도인 거북과 뱀을 그린 기[旐]까지도 설치하여 하나라와 은나라 2代의 禮까지도 함께 사용하지 않음이 없었으니, 어찌 공자

---

113) 顔淵之死……孔子以爲不可 : ≪論語≫〈先進〉에 “顔淵이 죽자 門人들이 후하게 장사 지내려 하니, 孔子께서 말씀하시기를 ‘불가하다.’ 하였다. 문인들이 후하게 장사를 지내 주자 공자께서 말씀하시기를 ‘回는 나 보기를 어버이같이 하였는데, 나는 아들같이 보지 못하였으니 내 탓이 아니다. 제자들의 탓이다.’ 하였다.〔顔淵死 門人欲厚葬之 子曰 不可 門人厚葬之 子曰 回也視予猶父也 予不得視猶子也 非我也 夫二三子也〕”라고 하였다.

114) 子疾病……孔子以爲欺天 : ≪論語≫〈子罕〉“孔子께서 병이 심해지자, 子路가 門人으로 家臣을 삼았다. 공자께서 병이 차도가 있고 나서 〈이 사실을 알고〉 말씀하시기를 ‘오래되었구나, 由(자로)가 거짓을 행함이여! 나는 가신이 없어야 하는데 가신을 두었으니, 내 누구를 속였는가? 하늘을 속였구나!’라고 하셨다.〔子疾病 子路使門人爲臣 病間 曰 久矣哉 由之行詐也 無臣而爲有臣 吾誰欺 欺天乎〕”라고 하였다.

115) 子貢六年於其墓 孟子不以爲非 : ≪孟子≫〈滕文公 上〉에 “옛적에 孔子께서 별세하시자, 3년이 지난 다음 門人들이 짐을 챙겨 장차 돌아갈 적에 들어가서 子貢에게 읍하고 서로 향하여 통곡하여 모두 목이 쉰 뒤에 돌아가거늘, 자공은 다시 돌아와 묘 마당에 집을 짓고서 홀로 3년을 거처한 뒤에 돌아갔다.〔昔者孔子沒 三年之外 門人治任將歸 入揖於子貢 相嚮而哭 皆失聲 然後歸 子貢反 築室於場 獨居三年 然後歸〕”라고 하였다.

의 마음이었겠는가? 아마도 문인들이 공자는 누구도 미칠 수 없는 道가 있다고 여겼기 때문에 남이 행할 수 없는 예로 보답한 것인 듯하니, 이를 보면 비록 예는 三代를 겸하더라도 또한 人情에 걸맞게 禮文을 만들면 그만인 것이다. 그러므로 子貢이 공자의 墓에서 6년 동안 廬墓를 함에 孟子께서 잘못이라고 여기지 않으셨으며, 문인들이 三代의 제도로 후하게 장사를 지냈음에도 君子가 허물로 여기지 않은 것이다.

034901 子張之喪에 公明儀爲志焉호대 褚幕丹質하고 蟻結于四隅하니 殷士也라

子張의 喪에 公明儀가 예를 갖추어 표지를 하되 棺을 덮는 막을 붉은 바탕의 베로 만들고 사방 귀퉁이에 왕개미가 서로 왕래하는 모양을 그렸으니, 殷나라의 士가 죽었을 때 행하던 葬禮이다.

≪集說≫

疏曰 褚者는 覆棺之物이니 若大夫以上은 其形似幄하고 士則無褚어늘 公明儀尊其師라 故特爲褚호대 不得爲幄하고 但似幕形이라 故云 褚幕이니 以丹質之布而爲之也라 又於褚之四角에 畫蚍蜉之形하야 交結往來라 故云 蟻結于四隅라하니 此殷禮士葬飾也라

疏 : 褚는 棺을 덮는 물건이니, 大夫 이상은 그 모양이 장막〔幄〕과 같고, 士에게는 棺 덮개가 없는데, 公明儀가 그의 스승을 높인 까닭에 특별히 棺 덮개를 만들었지만 장막은 만들지 않았고, 다만 장막의 모양과 유사했으므로 '棺을 덮는 막〔褚幕〕'이라고 한 것이니, 붉은 바탕의 베를 가지고 그것을 만든 것이다. 또 棺 덮개의 네 모서리에 왕개미의 형상을 그려서 서로 왕래하도록 했기 때문에 "사방 모퉁이에 왕개미가 서로 왕래하는 모양을 그렸다."고 하였으니, 이는 殷나라 禮에서 士의 葬禮 때 행하던 장식이다.

≪大全≫

長樂陳氏曰 子張之喪에 公明儀爲志호대 不牆不翣하고 畫者以蟻而葬之以殷士之禮는 何也오 殷禮質이요 周禮文이니 質則厚요 文則薄이라 子張之時에 旣甚文矣라 故門人從

質하야 以救其弊라 此易小過用過乎儉¹¹⁶⁾이니 孔子欲從先進之意也¹¹⁷⁾라 記曰 掘中 霤而浴하고 毁竈以綴足하며 及葬에 毁宗躐行하니 殷道也라 學者行之라하니 則喪禮從殷은 孔門之所尙也라 公西華之喪孔子에 則異於此者하니 蓋厚孔子는 所以尊道요 儉子張은 所以趣時也라

長樂陳氏 : 子張의 喪에 公明儀가 예를 갖추어 표지를 하되, 棺 덮개 밖을 판자〔牆〕로 장식하지도 않고 상여 옆에 雲翣과 黻翣을 세우지도 않고, 왕개미 형상을 그리고 殷나라 士의 禮로써 葬事를 지낸 것은 어째서인가? 은나라의 예는 질박하고, 周나라의 예는 문채가 나니, 질박하면 후하고 문채가 나면 박하다. 자장이 살던 당시에는 이미 문채가 심했기 때문에 문인들이 질박함을 따라 그 폐단을 바로잡은 것이다. 이것은 ≪周易≫ 小過卦의 "씀에 있어서 검소함을 지나치게 한다."는 것이니, 孔子께서 先進을 따르고자 했던 뜻이다.

≪禮記≫ 〈檀弓 上〉에 "사람이 죽으면 방 가운데를 파서 시신을 목욕시키고, 아궁이를 허물어서 그 벽돌로 발을 고정시키고, 장사지낼 때에 이르러 殯을 했던 사당의 담장을 허물고 壇 위로 넘어가서 〈대문으로 나가는 것은〉 은나라의 제도이니, 공자에게 배운 자들이 이 예를 행하였다."고 했으니, 喪禮에 은나라의 제도를 따르는 것은 공자의 문인들이 숭상하던 것이다. 公西華가 공자의 喪을 치를 때에는 이와 다르게 하였으니, 공자의 상을 후하게 한 것은 道를 높이기 위한 것이고, 자장의 상을 검소하게 치른 것은 시속을 따른 것이다.

035001 子夏問於孔子하야 曰居父母之仇호대 如之何잇고 夫子曰 寢苫(섬)

---

116) 此易小過用過乎儉 : ≪周易≫ 小過卦에 "〈象傳〉에 말하였다. '山 위에 우레가 있음이 小過이니, 君子가 보고서 행실은 공손함을 過하게 하며 喪事는 슬픔을 過하게 하며 씀은 검소함을 過하게 한다.〔象曰山上有雷 小過 君子以行過乎恭 喪過乎哀 用過乎儉〕"라고 하였다.

117) 孔子欲從先進之意也 : ≪論語≫ 〈先進〉에 "孔子께서 말씀하셨다. '선배들은 예악에 있어 야인처럼 소박했는데, 오늘날 후배들은 예악에 있어 군자처럼 세련되었다. 만약 하나를 선택하여 써야 한다면, 나는 옛날 선배들을 따르겠다.〔孔子曰先進於禮樂野人也 後進於禮樂君子也 如用之則吾從先進〕"라고 하였다.

枕干하고 不仕하며 弗與共天下也하며 遇諸市朝어든 不反兵而鬪니라

子夏가 孔子께 묻기를 "부모의 원수를 대하되 어떻게 해야 합니까?"라고 하자, 공자께서 말씀하시기를 "거적자리를 깔고 방패를 베개 삼아서 자고 벼슬을 하지 않으며, 그 원수와 더불어 天下를 함께하지 않으며, 그를 저자나 조정에서 만나면 무기를 가지러 집에 돌아가지 않고 항상 무기를 휴대하고 다니다가 바로 싸워야 한다."고 하셨다.

≪集說≫

不反兵者는 不反而求兵이니 言恒以兵器自隨라

不反兵이란 돌아가서 무기를 구하지 않는 것이니, 항상 무기를 휴대하고 다닌다는 말이다.

035002曰 請問居昆弟之仇호대 如之何잇고 曰 仕弗與共國하며 銜君命而使어든 雖遇之라도 不鬪니라 曰 請問居從父昆弟之仇호대 如之何잇고 曰 不爲魁요 主人能이어든 則執兵而陪其後니라

자하가 다시 말하기를 "묻겠습니다. 형제의 원수를 대하되 어떻게 해야 합니까?"라고 하자, 공자께서 말씀하시기를 "벼슬살이할 때 그와 같은 나라에서 함께하지 않으며, 군주의 명령을 받들고 사신을 가게 되면 비록 그 원수를 길에서 만나더라도 싸우지 않는다."고 하셨다.

자하가 다시 말하기를 "묻겠습니다. 從父나 從兄弟의 원수를 대하되 어떻게 해야 합니까?"라고 하니, 공자께서 말씀하시기를 "원수를 갚는 우두머리가 되지 말고, 主人이 충분히 원수를 갚을 수 있으면 무기를 잡고서 뒤에서 도와야 한다."고 하셨다.

≪集說≫

疏曰 朝在公門之內하고 閽人掌中門之禁하니 兵器但不得入中門耳요 其
大詢衆庶在皐門[118]之內則得入也라 設朝或在野外하며 或在縣鄙[119]鄕
遂[120]하니 但有公事之處를 皆謂之朝라 兵者는 亦謂佩刀以上이요 不必要是
矛戟也라

矛

　疏: 朝廷은 대궐 문 안에 있고 문지기[閽人]가 中門의 금기를 관장하고
있으니, 무기를 단지 중문 안으로 가지고 들어갈 수 없을 뿐이고, 군주가
백성들과 뭇 신하들에게 나라의 중대한 일을 자문하는 곳은 皐門 안에 있
으니, 그곳에 무기를 가지고 들어갈 수 있다. 조정을 설치하는 장소가 혹
은 야외에 있기도 하고, 혹은 縣이나 鄙나 鄕이나 遂에 있기도 한데, 다만
公事가 있는 곳을 모두 조정이라고 한다. 兵이라는 것은 또한 칼을 찬 것
이상을 말한 것이지, 반드시 자루가 긴 창[矛]이나 끝이 두 가닥으로 갈라
진 창[戟]이어야만 되는 것은 아니다.

○ 方氏曰 市朝에도 猶不反兵이면 則無所往而不執兵矣라 曲禮云 兄弟之讐는 不反
兵[121]이라하니 此言遇之不鬭者는 彼據不仕者言之耳라

---

118) 皐門 : 天子 및 諸侯의 宮에 설치된 문들 중에서 가장 바깥쪽에 설치하는 문이다. 높
　　다는 의미의 高자가 皐자와 통용되므로 붙여진 명칭이다.

119) 縣鄙 : 縣과 鄙를 합쳐 부르는 말로, 고대에 설치되었던 행정구역들이다. 5개의 家가
　　1개의 隣이 되고, 5개의 隣이 1개의 里가 되며, 4개의 里가 1개의 酇이 되고, 5개의
　　酇이 1개의 鄙가 되며, 5개의 鄙가 1개의 縣이 된다.

120) 鄕遂 : 遠郊 안팎에 설치했던 행정구역들이다. 周나라 때에는 遠郊 안에 6개의 鄕을
　　설치했고, 遠郊 밖에 6개의 遂를 설치했다. 鄕과 遂는 규모가 동일한데, 5개의 縣이
　　1개의 遂가 된다.

121) 曲禮云……不反兵 : 아버지의 원수와는 같은 하늘 아래 살지 않으며, 형제의 원수를
　　위해서는 항상 무기를 휴대하여 무기를 가지러 돌아가지 않으며, 친구의 원수와는 같
　　은 나라에 살지 않는다.〔父之讐 弗與共戴天 兄弟之讐 不反兵 交遊之讐 不同國〕(≪禮記≫
　　〈曲禮 上〉)

○ 方氏 : 저자나 조정에서도 오히려 무기를 가지러 집으로 돌아가지 않는다면, 가는 곳마다 무기를 지니고 있지 않는 경우가 없는 것이다. 〈曲禮〉에서는 "兄弟의 원수를 만나면 무기를 가지러 집으로 돌아가지 않는다."고 하였고, 여기서는 "만나더라도 싸우지 않는다."고 했으니, 저 〈곡례〉의 말은 벼슬살이를 하지 않는 사람을 근거로 말한 것이다.

《大全》

嚴陵方氏曰 寢苫則常以喪禮自處요 枕干則常以戎事自防이요 不仕則不暇事人而事事也라 弗與共天下는 則與不共戴天同義라 市朝는 非戰鬪之處어늘 遇諸市朝에 猶不反兵이라하니 則無所往而不執兵矣라 由其恩之至重이라 故其報之如此라 仕弗與共國은 則雖事人而事事나 亦恥與之相遇也라 銜君命而使어든 遇之不鬪라하니 則不敢以私讐妨公事니 由其恩殺(쇄)於父母라 曲禮言交游之讐而不及從父昆弟하고 此言從父昆弟之讐而不及交游者하니 蓋交游之讐에 猶不同國이면 則從父昆弟를 可知矣요 於從父昆弟에 且不爲魁면 則交游不爲魁를 可知矣라

嚴陵方氏 : "거적자리를 깔고 잠을 잔다."는 것은 항상 喪禮로 스스로 처신하는 것이고, "방패를 베개 삼아서 잔다."는 것은 항상 전쟁터에 있는 것처럼 자신을 방어하는 것이며, "벼슬을 하지 않는다."는 것은 남을 섬기면서 일에 종사할 겨를이 없는 것이다. "원수와 더불어 天下를 함께하지 않는다."는 것과 같은 뜻이다. 저자와 조정은 전투를 하는 곳이 아닌데도 "저자나 조정에서 만나면 무기를 가지러 집에 돌아가지 않고 항상 무기를 휴대하고 다니다가 바로 싸워야 한다."고 하였으니, 어디를 가든 무기를 지니고 있지 않음이 없어야 한다는 뜻이다. 은혜가 지극히 중하기 때문에 그에 대한 보답이 이와 같은 것이다. "벼슬살이할 때 그와 더불어 같은 나라에서 함께하지 않는다."는 것은 비록 남을 섬기면서 일에 종사하더라도 또한 원수와 더불어 서로 만나는 것을 치욕스럽게 여기는 것이다. "군주의 명령을 받들고 사신을 가게 되면 비록 그 원수를 길에서 만나더라도 싸우지 않는다."는 것은 감히 사적인 복수로 公事를 방해할 수 없기 때문이니, 그 은혜가 부모에게는 줄어들기 때문이다. 〈曲禮〉에 교유하는 벗의 원수를 말하면서 從父 및 昆弟의 원수를 말하지 않았으며, 여기에서는 종부 및

곤제의 원수를 말하면서 교유하는 벗의 원수를 언급하지 않았는데, 대체 교유하는 벗의 원수에 대해서도 오히려 나라를 함께하지 않는다면 종부 및 곤제의 원수에 대해서 알 수 있고, 종부 및 곤제의 복수에도 앞장서지 않는다면 교유하는 벗의 복수에 앞장서지 않음을 알 수 있는 것이다.

035101 孔子之喪에 二三子皆絰而出하니 群居則絰이요 出則否니라

孔子의 喪에 제자들이 모두 首絰을 하고 나오니, 붕우들이 서로를 위해 服을 입어주는 경우, 집에 거처할 때에는 緦麻服의 絰帶를 하고 외출할 때에는 그렇게 하지 않는다.

緦麻服

《集說》

弔服加麻者出則變之어늘 今出外而不免絰은 所以隆師也라 群者는 諸弟子相爲朋友之服也라 儀禮註云 朋友雖無親이나 有同道之恩하야 相爲服緦之絰帶[122]라하니 亦弔服也라 故出則免之라

弔服에 삼베로 만든 首絰을 한 사람이 외출하게 되면 그것을 바꾸는데, 지금 외출하면서 수질을 벗지 않은 것은 스승을 높이기 위한 것이다. 群이란 여러 제자들이 서로 친구를 위해 服을 입어주는 것이다. 《儀禮》〈喪服〉의 註에 이르길 "친구는 비록 친족간의 情誼는 없지만 道를 같이하는 은혜가 있으므로 서로 緦麻服에 삼베로 만든 수질을 하고, 띠〔帶〕를 두른다."고 했는데, 이 또한 조복이다. 그렇기 때문에 밖으로 나갈 때에는 수질을 벗는 것이다.

斬衰首絰

---

122) 儀禮註云……相爲服緦之絰帶 : 이 내용은 《儀禮》〈喪服〉의 "벗을 위해서는 麻를 한다.〔朋友麻〕"고 한 것에 대한 鄭玄의 註이다.

≪大全≫

山陰陸氏曰 二三子는 蓋謂七十子知師之深者也라

山陰陸氏 : 二三子는 아마도 70여 명의 제자들 중에서 스승을 깊이 아는 자들인 듯 싶다.

035201 易(이)墓가 非古也니라

墓域에 벌초하는 것은 옛 풍속이 아니다.

≪集說≫

疏曰 易는 謂芟治草木하야 不使荒穢라 古者는 殷以前이니 墓而不墳하야 不易治也라

疏 : 易는 草木을 베고 손질하여 무덤이 우거져 더럽지 않도록 함을 이른다. 옛날이란 殷나라 이전이니 무덤만 쓰고 봉분을 만들지 않아서 벌초하여 무덤을 치장하지 않았다.

035301 子路曰 吾聞諸夫子호니 喪禮는 與其哀不足而禮有餘也론 不若禮不足而哀有餘也며 祭禮는 與其敬不足而禮有餘也론 不若禮不足而敬有餘也라하시다

子路가 말하였다. "내가 선생님께 들으니, '喪禮는 그 슬픔이 부족하면서 禮가 여유있기보다는 차라리 예는 부족하더라도 슬픔이 여유있는 것만 못하며, 祭禮는 그 경건함이 부족하면서 예가 여유있기보다는 예는 부족하더라도 경건함이 여유있는 것만 못하다.'고 하셨다."

≪集說≫

有其禮而無其財면 則禮或有所不足이나 哀敬則可自盡也니라 此夫子反本之論이요 亦寧儉寧戚[123]之意니라

그 예법은 있어도 재물이 없으면 禮에는 혹 부족함이 있겠지만 슬픔과 경건함은 스스로 극진히 할 수 있다. 이것이 夫子께서 근본으로 돌아가는 議論이며, 또한 차라리 검소해야 되고 차라리 슬퍼해야 된다는 뜻이다.

≪大全≫

臨川吳氏曰 哀敬은 言其心禮之本也요 禮는 言其物禮之文也라 禮有本有文하니 本固爲重이나 然謂之與其謂之不若하니 此矯世救弊之辭라 蓋本與文兩相稱者가 爲盡善也라

臨川吳氏 : '슬퍼함'과 '경건함'은 마음이 禮의 근본임을 말한 것이고, '禮'는 물품이 예의 형식임을 말한 것이다. 예에는 근본이 있고 형식이 있는데, 근본이 진실로 중하지만 與其라고 하고, 또 不若이라고 말했으니, 이것은 세상을 바로잡고 폐단을 구제하는 말이다. 대개 근본과 형식 두 가지가 서로 걸맞는 것이 더할 나위 없이 좋음이 된다.

035401 曾子弔於負夏어시늘 主人이 旣祖라가 塡池(철)하고 推柩而反之하야 降婦人而后行禮한대 從者曰 禮與잇가 曾子曰 夫祖者는 且也니 且胡爲其不可以反宿也리오

曾子께서 負夏땅으로 弔問을 가셨는데, 주인이 이미 祖奠을 하였다가 제수를 거두었고, 棺을 물리어 원래 위치로 되돌려놓은 뒤에 증자의 조문을 받고, 다음날 당에 다시 올라갔던 부인을 내려오게 한 뒤에 遣奠의 禮를 행하였다. 증자를 陪從한 사람이 말하기를 "이것이 예입니까?"라고 하자, 증자께서 대답하였다. "'祖'는 장차〔且〕라는 뜻이다. 장차 하려는 것이니, 되돌아가서 하룻밤을 묵는 것이 어찌 불가하겠는가?"

---

123) 寧儉寧戚 : ≪論語≫ 〈八佾〉에 "林放이 예의 근본에 대해 묻자 공자께서 말씀하셨다. '훌륭하구나, 질문이여! 禮는 사치하기보다는 차라리 검소한 것이 더 낫고, 喪은 잘 치르기보다는 차라리 슬퍼하는 것이 더 낫다.'〔林放問禮之本 子曰 大哉問 禮 與其奢也 寧儉 喪 與其易也 寧戚〕"라고 하였다.

≪集說≫

劉氏曰 負夏는 衛地也라 葬之前一日에 曾子往弔하실새 時主人已祖奠[124]하고 而婦人이 降在兩階之間矣러니 曾子至하시니 主人榮之하야 遂徹奠推柩하야 而反向內以受弔하니 示死者將出行에 遇賓至而爲之暫反也라 亦事死如事生之意나 然非禮矣라 柩旣反則 婦人復升堂以避柩라가 至明日에 乃復還柩向外하고 降婦人於階間而後行遣奠[125]之 禮라 故從者見柩初已遷이라가 而復推反之하며 婦人已降이라가 而又升堂이 皆非禮라 故 問之한대 而曾子答之云祖者는 且也니 是且遷柩하야 爲將行之始요 未是實行이니 又何 爲不可復反越宿하야 至明日하야 乃還柩遣奠而遂行乎아하시니라 疏謂其見主人榮己하고 不欲指其錯失하야 而給說答從者라하니 此以衆人之心으로 窺大賢也라 事之有無를 不 可知요 其義를 亦難强解니 或記者有遺誤也라 所以徹奠者는 奠在柩西하니 欲推柩 反之라 故必先徹而後可旋轉也라 婦人降階間도 亦以奠在車西라 故立車後라가 今 柩反이라 故亦升避也라

劉氏 : 負夏는 衛나라 땅이다. 葬事지내기 하루 전에 曾子께서 가서 弔問하실 때 당시에 喪主는 이미 祖奠을 마쳤고, 부인들은 양쪽 계단 사이로 내려가 있었는데, 증자께서 도착하시니 상주가 증자께서 찾아온 것을 영광으로 여겨서, 마침내 조전을 거두고 널을 물리어 원래 위치로 되돌려서 안을 향하게 하고 들어가 조문을 받았으니, 죽은 자가 장차 葬地로 떠나려다가 조문객이 찾아오게 되어 그를 위해 잠깐 되돌림을 보인 것이다. 이것은 또한 죽은 이를 섬기기를 산 이를 섬기듯이 해야 한다는 뜻이지만, 禮는 아니다. 널을 이미 되돌려놓았으니 부인은 다시 마루로 올라가서 널을 피했다가, 다음날에 이르러 다시 棺을 되돌려 밖을 향하게 하고, 부인을 섬돌 사이로 내려오게 한 뒤에 遣奠의 禮를 거행한다. 따라서 증자를 陪從한 사람이 널을 처음에 이미 옮겼다가 다시 물려 되돌려놓으며 부인이 이미 내려갔다가 다시 마루로 올라가는 것을 보았으니, 이것은 모두 禮가 아니기 때문에 질문한 것인데, 증자께서 대답하시길 "祖는 장차〔且〕라는 뜻이니, 이는 장차 널을 옮겨서 장차 葬地로 떠나려는 시작이 되

---

124) 祖奠 : 발인 하루 전에 올리는 奠祭를 뜻한다.
125) 遣奠 : 葬禮를 치르고자 할 때 지내게 되는 奠祭를 뜻한다.

고 아직 실제로 떠나간 것은 아니니, 또한 어찌 다시 되돌아가서 하룻밤을 넘기고 이튿날에 이르러서야 이에 棺을 되돌려 遣奠禮를 지내고 마침내 떠나갈 수가 없겠는가?"라고 하셨다.

疏에 "증자께서 상주가 자신이 조문온 것을 영광스럽게 여기는 것을 보시고, 그의 잘못한 실수를 지적하고 싶지 않으셔서 둘러대는 말로 陪從한 사람에게 대답하였다."고 하였으니, 이는 보통 사람의 마음을 가지고 大賢을 엿본 것이다. 그 일이 있었는지 없었는지를 알 수가 없고, 그 뜻을 또한 억지로 해석하기가 어려우니, 아마도 기록한 사람이 빠트렸거나 잘못 기록한 것이 있는 듯하다. 奠을 옮겨둔 것은 奠이 널 서쪽에 있으니, 널을 물려서 되돌려놓고자 했기 때문에 반드시 먼저 거둔 뒤에 널의 방향을 틀어서 되돌려놓은 것이다. 부인이 섬돌 사이에 내려간 것 또한 奠이 상여의 서쪽에 있기 때문에 상여 뒤에 섰다가, 지금 널이 되돌아왔기 때문에 또 堂으로 올라가서 자리를 피한 것이다.

035402 從者又問諸子游曰 禮與아 子游曰 飯於牖下하고 小斂於戶內하고 大斂於阼하고 殯於客位하고 祖於庭하고 葬於墓는 所以卽遠也라 故喪事는 有進而無退하니라 曾子聞之하시고 曰 多矣乎予出祖者로다

陪從한 사람이 또 子游에게 질문하기를 "이렇게 하는 것이 禮입니까?"라고 하자, 자유가 말하기를 "남쪽 들창문 밑에서 飯含하고, 문 안에서 小斂하고, 동쪽 섬돌에서 大斂하고, 손님의 자리인 서쪽 섬돌에 빈소를 차리고, 뜰에서 祖奠을 지내고, 墓域에서 葬事를 지내는 것은 점점 멀어져 가는 것이다. 그러므로 喪事에는 나아감만 있고 물러남이 없는 것이다."라고 하였다. 曾子께서 그 말을 들으시고 말씀하셨다. "자유의 말이 내가 '나가서 조전을 지낸다'고 한 말보다 낫구나."

≪集說≫

從者疑曾子之言이라 故又請問於子游也라 飯於牖下者는 尸沐浴之後에 以米及貝로

實尸之口中也니 時尸在西室牖下南首也라 士喪禮에 小斂은 衣十九稱이요 大斂은 三
十稱이라하니 斂者는 包裹斂藏之也라 小斂은 在戶之內하고 大斂은 出在東階하니 未忍
離其爲主之位也라 主人이 奉尸斂于棺則在西階矣니 掘肂(사)於西階之上이라 肂는 陳
也니 謂陳尸於坎也라 置棺于肂中而塗之를 謂之殯이니 及啓[126)]而將葬則設祖奠於
祖廟之中庭而後行하니 自牖下而戶內而阼而客位而庭而墓에 皆一節遠於一節하니
此謂有進而往하고 無退而還也라 豈可推柩而反之乎아 多矣乎予出祖者多는 猶勝也라 曾
子聞之하시고 方悟己說之非하사 乃言子游所說出祖之事勝於我之所說出祖也라하시니라

　배종한 사람이 曾子의 말을 의심하였으므로 또 子游에게 질문한 것이다. "남쪽 창
문 아래에서 飯含한다."는 것은 시신을 목욕시킨 뒤에 쌀과 화폐를 시신의 입속에 채
우는 것인데, 이때 시신은 방의 남쪽 들창문 밑에 있고, 남쪽으로 머리를 둔다. ≪儀
禮≫〈士喪禮〉에 "小斂에는 옷이 19벌이고 大斂에는 30벌이다."라고 했는데, 斂이란
싸서 거두어 감춘다는 뜻이다. 소렴할 때는 문 안에 있고 대렴할 때는 나가 동쪽 섬돌
에 있으니, 아직은 그 주인된 자리를 차마 떠나지 못하는 것이다. 喪主가 시신을 받들
어 널에 거두면 빈소는 서쪽 섬돌에 있게 되니, 서쪽 섬돌 위에 구덩이를 파고 안치한
다. 肂는 안치한다는 뜻이니, 시신을 구덩이에 안치함을 이른다. 구덩이 안에 널을 안
치하고서 거기에 흙을 바르는 것을 빈소라고 이르니 빈소를 열고서 장차 葬事지내게
되면 祖廟의 뜰 가운데에 祖奠을 진설한 뒤에 가니, 남쪽 창문 밑으로부터 문 안으로,
동쪽 섬돌로, 손님의 위치로, 그리고 뜰로, 묘소까지 가는 이 과정 모두는 하나의 절
차가 그 이전 하나의 절차보다 멀어지니, 이것이 바로 "나아가 가는 것만 있고 물러나
되돌아옴이 없다."는 것이니, 어찌 널을 물려서 원래의 위치로 되돌려놓을 수 있겠는
가? 多矣乎予出祖의 '多'는 낫다〔勝〕는 뜻과 같다. 증자께서 그 말을 들으시고 바로 자
기의 말이 그릇됨을 깨닫고서, 이에 말씀하시기를 "子游가 말한 出祖의 일이 내가 말
한 출조보다 낫다."고 하신 것이다.

---

126) 啓：啓殯으로 葬禮를 치르기 위하여 빈소에 임시로 가매장했던 靈柩를 꺼내는 절차를
　　　뜻한다.

《大全》

嚴陵方氏曰 飯은 卽含也니 以用米라 故謂之飯이라 含은 亦兼用珠玉이로대 而此不言者는 止據士禮也라 斂은 以收斂其尸爲義니 其禮見喪大記라 以衣衾之數有多少라 故有小大之名也라 殯以攢於外하고 祖以祭於行하며 葬以藏於野하니 自飯至葬히 其所愈遠하야 以義斷恩이라 故有進而無退라 然負夏之喪에 旣祖而塡池矣어늘 以曾子之弔로 遂推柩而反之하고 降婦人而後行禮하니 此從者所以疑其非禮也라 夫祖固有且意하니 以祭於行에 始方來하야 有繼故爾나 而曾子遂以爲可以反宿則非也라 降婦人而後行遣奠之禮는 固禮之常이나 以其反柩而後降이라 故爲非라 自飯於牖下로 至葬於墓는 與坊記所言皆同이라

嚴陵方氏 : 飯은 바로 飯含이니 쌀을 사용했기 때문에 飯이라 이른다. 반함은 또 珠玉을 겸해서 사용하기도 하는데, 여기에서 언급하지 않은 것은 다만 士의 禮만 들었을 뿐이기 때문이다. 斂은 시신을 거두어 감싼다는 뜻이니, 그 禮가 〈喪大記〉에 보인다. 의복이나 이불의 수량에 많고 적은 차이가 있기 때문에, 小斂과 大斂이라는 명칭이 있는 것이다. 밖에서 빈소를 차려 모이고, 장지로 떠날 때 祖奠으로 제사를 지내며, 들에서 葬事를 지내어 매장하니, 반함으로부터 장사지냄에 이르기까지 그 장소가 더욱 멀어져서 義로써 은혜를 끊기 때문에 나아가 가는 것만 있고 물러나 되돌아옴이 없는 것이다. 그러나 負夏 땅의 喪에는 이미 조전을 마치고 제수를 거두었는데, 曾子께서 弔問오신 까닭에 마침내 棺을 물리어 원래 위치로 되돌려놓은 뒤에 조문을 받고, 다음날 당에 다시 올라갔던 부인을 내려오게 한 뒤에 조문하는 禮를 행했으니, 이것이 陪從한 사람이 禮가 아니라고 의심한 까닭이다. 무릇 祖에는 진실로 장차〔且〕라는 뜻이 있으니, 장지로 떠나려고 조전으로 제사를 지낼 때 증자가 막 찾아와 조문을 했기 때문에, 이어서 해야 할 까닭이 있어서 그런 것이지만 증자께서 마침내 棺을 물리어 원래 위치로 되돌려놓고 하루를 더 묵힐 수 있다고 생각하신 것은 잘못이다. 그리고 당에 다시 올라갔던 부인을 내려오게 한 뒤에 遣奠하는 禮를 행한 것은 진실로 일반적인 禮이지만, 棺을 물리어 원래 위치로 되돌려놓은 뒤에 내려오게 했기 때문에 잘못이 되는 것이다. "남쪽 들창문 밑에서 飯含하는 것"에서부터 "墓域에 葬事를 지내는 것"까지는 〈坊記〉에서 말한 것과 모두 같다.

035501曾子襲裘而弔하고 子游裼裘而弔하더니 曾子指子游而示人曰 夫夫也爲習於禮者어늘 如之何其裼裘而弔也오 主人이 旣小斂하고 袒括髮이어늘 子游趨而出하야 襲裘帶絰而入한대 曾子曰 我過矣로다 我過矣로다 夫夫是也로다하시다

曾子께서는 검은 갖옷 위에 겉옷을 껴입고 조문하셨고, 子游는 검은 갖옷을 드러낸 차림으로 조문하였는데, 증자께서 자유를 가리켜 사람들에게 보여주면서 말하기를 "대저 저 사람은 禮에 익숙한 사람인데 어찌 그 검은 갖옷을 드러낸 차림으로 조문을 하는가?"라고 하셨다. 喪主가 이미 小斂을 마치고 어깨를 드러내놓고 머리를 묶자 자유가 종종걸음으로 나가서 검은 갖옷에 띠와 環絰을 두르고 들어가니, 증자께서 말씀하시기를 "내가 잘못했구나, 내가 잘못했어! 대저 저 사람이 옳다."고 하셨다.

≪集說≫

疏曰 凡弔喪之禮는 主人未變服之前에 弔者吉服이니 吉服者는 羔裘玄冠하고 緇衣素裳이라 又袒去上服하야 以露裼衣하니 此裼裘而弔是也라 主人旣變服之後에 弔者雖著朝服而加武以絰하니 武는 吉冠之卷也라 又掩其上服하고 若是朋友면 又加帶하니 此襲裘帶絰而入이 是也라

疏 : 무릇 喪事에 조문하는 禮는 喪主가 아직 옷을 바꿔 입기 전에는 조문하는 자는 吉服을 입는 것이니, 길복은 검은 갖옷에 검은 冠을 쓰고, 검은 윗도리에 흰 아랫도리를 입는다. 또 겉옷을 벗어서 裼衣를 드러나게 하니, 여기 經文의 "검은 갖옷을 드러낸 차림으로 조문하셨다."는 것이 이것이다. 상주가 이미 옷을 바꿔 입은 뒤에는 조문 간 사람이 비록 朝服을 입었더라도 武에 環絰을 두르니, 武는 吉冠의 테이다. 또한 웃옷을 입어 가리고 만약 그 대상이 친구라면 또 띠를 두르니, 여기 經文의 "검은 갖옷에 띠와 環絰을 두르고 들어갔다."는 것이 이것이다.

○ 方氏曰 曾子徒知喪事爲凶而不知始死之時에 尙從吉하시니 此所以始非子游而終善之也시니라

  ○ 方氏 : 曾子께서는 다만 喪事가 凶禮인 줄만 아시고 막 사망하였을 때에는 아직 吉禮를 따른다는 것을 모르셨으니, 이것이 처음에 子游를 비난했다가 마침내는 잘한다고 하신 까닭이다.

035601 子夏旣除喪而見(현)이어늘 予之琴하신대 和之而不和하고 彈之而不成聲이러니 作而曰 哀未忘也나 先王制禮라 而弗敢過也로이다 子張이 旣除喪而見이어늘 予之琴하신대 和之而和하고 彈之而成聲이러니 作而曰 先王制禮라 不敢不至焉이러이다

  子夏가 이미 상복을 벗고 孔子를 뵙자 공자께서 거문고를 주셨는데, 거문고 줄을 고르되 소리가 고르지 않고, 거문고를 타되 소리가 이루어지지 않았다. 자하가 일어나 말하기를 "슬픔이 아직 잊혀지지 않았습니다마는 先王이 제정한 禮이기 때문에 감히 넘을 수가 없었습니다."라고 하였다.

  子張이 이미 상복을 벗고 공자를 뵙자 공자께서 거문고를 주셨는데, 거문고 줄을 고르되 소리가 고르며 거문고를 타되 소리가 이루어졌다. 자장이 일어나 말하기를 "先王이 제정한 예인지라 감히 삼년상에 이르지 않을 수가 없었습니다."라고 하였다.

  ≪集說≫

均爲除喪而琴有和不和之異者는 蓋子夏是過之者라 俯而就之하야 出於勉强이라 故餘哀未忘하야 而不能成聲하고 子張是不至者라 跂而及之라 故哀已盡而能成聲也니라

  똑같이 喪服을 벗었는데도 거문고 줄이 고르고 고르지 않은 차이가 있는 것은 아마도 子夏는 喪禮에 과한 사람이므로, 굽혀서 그 禮에 나아가 억지로 힘쓰는 데서 나온 것이기 때문에 남은 슬픔이 아직 잊혀지지 않아 소리를 이루지 못했던 것인 듯싶고,

子張은 이르지 못한 자이므로 발돋움해서 그 禮에 도달했기 때문에 슬픔이 이미 다해서 소리를 이룰 수 있었던 것인 듯싶다.

≪大全≫

李氏曰 先王制禮에 正之以中하야 而使有餘者不敢盡하고 不及者不敢不勉하니 要之不出於聖人之大閑而已라 子夏過者也니 不敢不約之以禮라 故曰不敢過也요 子張不及者也니 不敢不引而至於禮라 故曰不敢不至焉이라하니라

李氏 : 先王이 禮를 제정함에 中庸의 도리로 바르게 해서 남음이 있는 자에게는 감히 다하지 못하게 하고, 미치지 못하는 자에게는 감히 힘쓰지 않음이 없게 하였으니, 성인이 만든 큰 예법에서 벗어나지 않게 하려고 한 것일 뿐이다. 子夏는 지나친 사람인지라 감히 禮로써 요약하지 않을 수 없었기 때문에 "감히 넘을 수 없었습니다."라고 한 것이고, 子張은 미치지 못하는 사람인지라 감히 끌어당겨서 禮에 이르지 않을 수 없었기 때문에 "감히 삼년상에 이르지 않을 수가 없었습니다."라고 한 것이다.

○ 嚴陵方氏曰 四制曰 祥之日에 皷素琴하야 示民有終也[127]라하니 蓋先王之制禮如此라 故二子之除喪而見에 所以孔子各予之琴也라

○ 嚴陵方氏 : 〈喪服四制〉에 "大祥의 날에 素琴을 타서 백성들에게 끝이 있음을 알린다."고 했으니, 先王이 禮를 제정한 것이 이와 같다. 그러므로 子夏와 子張이 喪服을 벗고 孔子를 찾아뵈었을 때, 공자께서 각각 거문고를 주신 것이다.

○ 山陰陸氏曰 師也는 過하고 商也는 不及[128]하니 今其除喪如此는 蓋學之之力也라

---

127) 四制曰……示民有終也 : ≪禮記≫〈喪服四制〉에 "부모가 돌아가신 지 사흘 만에 먹으며, 석 달 만에 목욕하며, 期年에 練服을 입으며, 슬퍼서 수척해지되 생명을 손상시키지 않음은 죽은 사람 때문에 산 사람을 상하게 하지 않기 위함이다. 상기가 3년을 넘지 않으며, 苴衰를 기워 입지 않으며, 무덤에 흙을 더 북돋우지 않으며, 大祥을 지내는 날에 素琴을 연주함은 백성에게 끝이 있음을 알림이니, 節度로써 만든 것이다.〔三日而食 三月而沐 期而練 毀不滅性 不以死傷生也 喪不過三年 苴衰不補 墳墓不培 祥之日皷素琴 告民有終也 以節制者也〕"라고 하였다.

128) 師也……不及 : ≪論語≫〈先進〉15장 참조.

○ 山陰陸氏 : 師는 지나치고 商은 미치지 못하였는데, 지금 그들이 喪服을 벗음에
이와 같았던 것은 어쩌면 배우려는 노력의 차이 때문인 듯싶다.

035701 司寇惠子之喪에 子游爲之麻衰牡麻絰한대 文子辭曰 子辱與彌
牟之弟游하시고 又辱爲之服하시니 敢辭하노이다 子游曰 禮也니라

　　司寇 惠子의 喪에 子游가 그를 위해 麻衰와 수삼으
로 만든 首絰을 두르고 조문을 하니, 文子가 사양하기
를 "그대가 분에 넘치게 저의 아우와 교유하시고, 또
분에 넘치게 그를 위해 服을 입어주시니, 감히 사양하
겠습니다."라고 하자, 자유가 말하기를 "禮입니다."라
고 하였다.

牡麻絰

　　《集說》

惠子는 衛將軍文子彌牟之弟라 惠子廢適子虎而立庶子라 故子游特爲非禮之服以譏
之하니 亦檀弓免公儀仲子之意也라 麻衰는 以吉服之布爲衰也라 牡麻絰은 以雄麻爲
絰也라 麻衰는 乃吉服十五升[129]之布니 輕於弔服이라 弔服之絰은 一股而環之니 今用
牡麻絞絰하니 與齊衰絰同矣라 鄭註云 重服[130]은 指絰而言也[131]라 文子初言辱爲之
服敢辭者는 辭其服也라

　　惠子는 衛나라 장군 文子인 彌牟의 동생이다. 혜자가 適子인 虎를 폐위하고 庶子를
세웠다. 그렇기 때문에 子游가 특별히 禮에 맞지 않는 喪服을 입고서 그를 기롱하였
으니, 이는 또한 檀弓이 公儀仲子에게 袒免을 한 것과 같은 뜻이다. 麻衰는 吉服을 만
들 때 사용하는 삼베로 상복을 만든 것이다. 牡麻絰은 수삼으로 首絰을 만든 것이다.

---

129) 升 : 옷감과 관련된 단위이다. 古代에는 布 80가닥을 1升으로 여겼다.
130) 重服 : 喪服의 단계를 뜻하는 용어 중 하나이다. 大功服 이상의 喪服을 가리킨다.
131) 鄭註云……指絰而言也 : 《禮記註》에 "惠子가 適子를 폐위시키고 庶子를 세웠기 때문
　　에 그를 위해 重服을 착용하여 기롱한 것이다.〔惠子廢適立庶 爲之重服以譏之〕"라고 했다.

麻衰는 곧 吉服 15升의 베이니, 弔服보다 가볍다. 조복의 수질은 한 가닥으로 두르는데, 지금 자유는 수삼을 이용해 수질을 꼬았으니 齊衰의 수질과 같다. 鄭玄의 注에 "重服은 수질을 가리켜 말한 것이다."라고 했다. 문자가 처음에 "분에 넘치게 그를 위해 服을 입어 주시니, 감히 사양하겠습니다."라고 한 것은 자유가 服을 입어줌을 사양한 것이다.

035702 文子退하야 反哭이어늘 子游趨而就諸臣之位한대 文子又辭曰 子辱與彌牟之弟游하시고 又辱爲之服하시고 又辱臨其喪하시니 敢辭하노이다 子游曰 固以請하노이다 文子退하야 扶適子하고 南面而立曰 子辱與彌牟之弟游하시고 又辱爲之服하시고 又辱臨其喪하시니 虎也敢不復位아한대 子游趨而就客位하니라

文子가 물러나 제자리로 돌아가 哭하자 子游가 종종걸음으로 家臣들의 자리로 나아가니, 문자가 또 사양하면서 말하기를 "그대가 분에 넘치게 저의 아우와 교유하시고, 또 분에 넘치게 그를 위해 服을 입어주시고, 또 분에 넘치게 그 喪에 왕림해주시니, 감히 사양하겠습니다."라고 하였다. 자유가 "굳이 청합니다."라고 말하자, 문자가 물러가서 〈惠子의〉適子를 부축하여 南面해서 상주의 자리에 서게 하고 말하기를 "그대가 분에 넘치게 저의 아우와 교유하시고, 또 분에 넘치게 그를 위하여 복을 입어주시고, 또 분에 넘치게 그 상에 왕림해주시니, 嫡子인 虎가 감히 제자리로 돌아오지 않을 수 있겠습니까."라고 하니, 그제서야 자유가 종종걸음으로 조문객의 자리로 나아갔다.

≪集說≫

次言敢辭者는 辭其立於臣位也라 此時에 尙未喩子游之意라가 及子游言固以請하야 則文子覺其譏矣라 於是扶適子하야 正喪主之位焉하니 而子游之志達矣라 趨就客位는 禮

之正也라

　재차 감히 사양한다고 말한 것은 子游가 家臣의 자리로 가서 섬을 사양한 것이다. 이때에도 文子가 아직 자유의 뜻을 깨닫지 못하고 있다가, 자유가 굳이 청한다고 말함에 이르러서야 문자가 그를 기롱하고 있다는 것을 깨닫게 되었다. 이에 惠子의 適子를 부축하여 喪主의 위치를 바로잡았으니, 자유의 뜻이 관철되었다. 종종걸음으로 손님의 자리로 나아간 것은 올바른 禮이다.

○ 疏曰 大夫之賓位는 在門東近北하고 家臣位는 亦在門東而南近門하니 並皆北向이니라

　○ 疏 : 大夫의 손님의 자리는 문의 동쪽에 있으면서 북쪽에 가깝고, 家臣의 자리는 또한 문의 동쪽에 있으면서 남쪽으로 문에 가까우니, 모두 북쪽을 향하는 것이다.

　　《大全》

長樂陳氏曰 司寇惠子之喪에 其廢嫡也는 無異公儀仲子之立庶요 子游之於司寇惠子에 相友也니 無異檀弓之於公儀仲子라 檀弓之譏仲子에 服免(문)而已요 趨而就門右而已어늘 子游之譏惠子엔 服不以免而麻衰牡麻絰하고 趨不就門右而就諸臣之位라 又檀弓之譏則見(현)於言하고 子游之譏는 至於無言者하니 蓋檀弓以仲子無賢兄弟하야 非可追而正之라 故服止於免하고 趨止於景伯하고 而示之以言하야 姑以正法而已라 子游는 以惠子之兄弟에 有文子者하야 可以追而正之라 故重爲之服하고 卑爲之趨하고 示之以無言하야 使之自訟而改焉하니 旣而文子果扶適子하야 南面而立하니 豈非事異則禮異哉리오 然子游之知禮는 未必不始於檀弓이라 故仲子之事에 子游惑而檀弓行之하니 檀弓所以爲賢歟아

　長樂陳氏 : 司寇 惠子의 喪에 適子를 폐한 것은 公儀仲子가 庶子를 세웠던 것과 다를 것이 없고, 子游는 사구 혜자에 대해 상호 벗이 되니, 檀弓이 공의중자에 있어서와 다를 것이 없다. 그런데 단궁이 중자를 기롱할 때에는 服을 입되 袒免을 하였을 뿐이고, 또 종종걸음으로 문의 오른쪽으로 나아갔을 뿐이었는데, 자유가 혜자를 기롱할 때에는 복을 입되 단문을 하지 않고 베로 만든 상복과 수삼으로 만든 環絰을 둘렀으며, 종종걸음으로 문의 오른쪽으로 나아가지 않고 신하의 자리로 나아갔다. 또 단궁

의 기롱은 말에서 나타나고, 자유의 기롱은 심지어 말이 없기까지 했으니, 아마도 단궁은 중자에게 현명한 형제가 없으므로, 뒤쫓아서 바르게 할 수 있는 것이 아니라고 여겼기 때문에 복이 단문에 그치고, 종종걸음으로 나아가는 것도 景伯에게 다가가는 것에서 그쳤으며, 말로써 보여주어 우선 예법을 바로잡을 뿐이었다. 반면 자유는 혜자의 형제 중에는 文子라는 자가 있어서, 뒤쫓아서 바르게 할 수 있다고 여겼다. 그러므로 중하게 복을 입고 자신을 낮추어 종종걸음으로 나아가 無言의 가르침을 보여주어 그로 하여금 스스로 따져보고 고치도록 하자, 이윽고 문자가 과연 적자를 부축하여 남쪽을 향하여 서 있게 하였으니, 어찌 사안이 다르면 禮가 다른 것이 아니겠는가. 그러나 자유가 예를 안 것은 반드시 단궁에게서 비롯되지 않은 것이 아니다. 그렇기 때문에 중자의 일에 대해서 자유는 의혹을 품었지만 단궁은 그대로 시행했던 것이니, 이것이 바로 단궁을 현명하다고 여기는 까닭일 것이다.

035703 將軍文子之喪에 旣除喪而后에 越人來弔어늘 主人이 深衣練冠으로 待於廟호대 垂涕洟(이)한대 子游觀之하고 曰 將軍文氏之子는 其庶幾乎인저 亡於禮者之禮也에 其動也가 中이로다

將軍 文子의 喪에 이미 喪服을 벗은 뒤에 越나라 사람이 와서 조문을 하자, 主人이 深衣에 練冠 차림으로 사당에서 기다리되 곡은 하지 않고 눈물과 콧물을 흘렸다. 子游가 그것을 보고 말하였다. "장군 文氏의 아들이 거의 禮에 가깝구나! 禮文에 없는 예에 있어 그 擧動이 절도에 맞는구나!"

≪集說≫

將軍文子는 卽彌牟也요 主人은 文子之子也라 禮無弔人於除喪之後者하고 亦無除喪後受人之弔者라 深衣는 吉凶可以通用이라 小祥練服之冠은 不純吉하고 亦不純凶이라 廟者는 神主之所在니 待而不迎은 受弔之禮也라 不哭而垂涕는 哭之時已過로대 而哀之情未忘也라 庶幾는 近也라 子游善其處禮之變이라 故曰 文氏之子其近於禮乎인저 雖無此禮나 而爲之禮에 其擧動이 皆中節矣라

深衣前圖 深衣後圖

　將軍 文子는 바로 彌牟이고, 主人은 문자의 아들이다. 禮에는 喪服을 벗은 뒤에 남을 조문하는 경우가 없고, 또한 상복을 벗은 뒤에 남의 조문을 받는 경우도 없다. 深衣는 吉事나 凶事에 통용할 수 있다. 小祥 練服의 冠은 순전히 吉하지도 않고 또한 순전히 凶하지도 않다. 사당은 神主가 계신 곳이니, 조문 온 사람을 기다리기만 하고 영접하지 않는 것이 조문을 받는 禮이다. 哭을 하지 않고 눈물만 흘린 것은 곡할 때가 이미 지났지만 슬픈 감정이 아직 잊혀지지 않았기 때문이다. 庶幾는 가깝다는 뜻이다. 子游는 그가 禮가 변함에 따라 맞게 대처함을 잘했다고 여긴 것이다. 그러므로 "文氏의 아들이 예에 가깝구나. 비록 이러한 예는 없지만 예를 행함에 그 거동이 모두 절도에 맞는다."라고 한 것이다.

○ 疏曰 深衣는 卽間傳所言麻衣[132]也라 制如深衣하니 緣之以布曰麻衣요 緣之以素曰長衣요 緣之以釆曰深衣라 練冠者는 祭前之冠이니 若祥祭則縞冠也라 始死至練祥來弔는 是有文之禮요 祥後來弔는 是無文之禮니 言文氏之子庶幾堪行乎無於禮文之

---

132) 間傳所言麻衣 : 《禮記》〈間傳〉에 "또 1주기가 되면 대상을 치르는데 흰색의 관을 쓰고 흰색의 마의를 입는다. 한 달을 띄워서 담제를 지내는데, 담제를 지내면 가는 명주 옷을 입고, 장신구를 착용하지 못하는 것이 없다.〔又期而大祥 素縞麻衣 中月而禫 禫而纖 無所不佩〕"라고 하였다.

禮也라 動은 擧也요 中은 當於禮之變節也라

○ 疏 : 深衣는 바로 〈間傳〉에서 말한 麻衣이다. 제도가 심의와 같은데 삼베로 가선을 두른 것을 麻衣라고 하고, 흰 베로 가선을 두른 것을 長衣라고 이르고, 채색 베로 가선을 두른 것을 심의라고 한다. 練冠이라는 것은 大祥 전에 쓰는 冠이니 만약 大祥祭라면 흰 관을 쓴다. 처음 죽었을 때부터 연제와 대상제에 이르기까지 와서 조문하는 것은 禮文에 있는 禮이고, 대상제가 지난 뒤에 와서 조문하는 것은 예문에 없는 예이니, "文氏의 아들이 거의 禮文에 없는 禮를 감당하여 행한 것에 가깝다."고 말한 것이다. 動은 거동이고 中은 절도를 변화시킨 예에 합당하다는 뜻이다.

≪大全≫

長樂陳氏曰 喪已除而弔始至는 非喪非無喪之時也요 深衣練冠은 非凶非不凶之服也요 待于廟는 非受弔非不受弔之所也라 文子於其非喪非無喪之時에 能處之以非喪非無喪之禮라 故子游曰 其庶幾乎인저 亡於禮者之禮也에 其動也中이라 中者는 猶射之有中也라 中乎有於禮者之禮는 未足以爲善이요 中乎亡於禮者之禮則善矣라

長樂陳氏 : 喪服을 이미 벗은 뒤에 조문객이 비로소 도착했다는 것은 初喪 중인 것도 아니고 초상이 아닌 것도 아닌 때이고, 深衣에 練冠은 凶服도 아니고 흉복이 아닌 것도 아닌 服이며, '사당에서 기다렸다'는 것은 조문을 받는 장소도 아니고 조문을 받지 않는 장소도 아니다. 文子의 아들이 초상인 것도 아니고 초상이 아닌 것도 아닌 때에 초상 중인 것도 아니고 초상이 아닌 것도 아닌 禮로써 거뜬히 대처했기 때문에 子游가 "거의 禮에 가깝구나! 禮文에 없는 禮에 있어 그 거동이 절도에 맞는구나!"라고 말한 것이다. 中이란 활을 쏘아맞힘에 적중함이 있다는 뜻과 같다. 예문에 있는 예에 적중한 것은 족히 잘했다고 할 수 없고, 예문에 없는 예에 적중한다면 잘하는 것이다.

035801 幼名하며 冠字하며 五十에 以伯仲하며 死謚는 周道也니라

어려서는 이름을 부르며, 冠禮를 하면 字를 부르며, 50세가 되면 伯氏와 仲氏로 부르며, 죽으면 謚號를 부르는 것은 周나라의 道이다.

《集說》

疏曰 凡此之事는 皆周道也라 又殷以上은 有生號하야 仍爲死後之稱하고 更無別諡하니 堯舜禹湯之例是也요 周則死後에 別立諡하니라

　疏 : 무릇 이런 일은 모두 周나라의 道이다. 또 殷나라 이전에는 生時의 칭호가 있어 그대로 죽은 뒤의 칭호가 되고 다시 별다른 諡號가 없었으니, 堯·舜·禹·湯의 例가 그것이고, 주나라는 죽은 뒤에 별도로 시호를 지었다.

○ 朱子曰 儀禮賈公彦疏云 少時便稱伯某甫라가 至五十에 乃去某甫而專稱伯仲[133]이라하니 此說爲是라 如今人於尊者에 不敢字之而曰幾丈之類라

　○ 朱子 : 《儀禮》 賈公彦의 疏에 "젊었을 때는 곧 '伯某甫'라고 칭하다가 50세가 되어서는 비로소 某甫를 빼고 오로지 伯氏·仲氏로 칭한다."고 하였으니, 이 말이 옳다. 예컨대 지금 사람들이 높은 분에 대하여 감히 字를 부르지 못하고 '몇 째 어른'이라고 말하는 따위와 같다.

　《大全》

石林葉(섭)氏曰 子生三月而父名之하니 非特父名之요 人亦名之也라 至冠則成人矣니 非特人不得名이요 父亦不名焉이라 故加之字而不名하니 所以尊名也라 五十爲大夫則益尊矣요 有位於廟면 非特人不字라 父與君亦不字焉이라 故但曰伯仲而不字하니 所以尊字也라 禮固自有次第하니 或言士冠禮에 旣冠而字曰伯某甫하고 仲叔季는 惟其所當이라하니 則固已稱伯仲이어늘 何待於五十이리오 疑檀弓之誤니 此不然이라 始冠而字者에 伯仲皆在上하니 此但以其序次之요 所以爲字者는 在下某甫也니 如伯牛仲弓叔肹季友之類是라 已至於五十爲大夫면 尊이니 其爲某甫者則去之라 故但言伯仲하고 而冠之以氏伯仲皆在下하니 如召伯南仲榮叔南季之類是也라 檀弓言伯仲者는 非加之

---

133) 儀禮賈公彦疏云……專稱伯仲 : 《儀禮》〈士冠禮〉에 "'마땅하게 하는 것이 중요하니, 받아서 영원토록 보존해야 할 것이다. 너의 자는 伯某甫라 짓는다.'라 한다. 관례를 치르는 자의 형제 서열이 仲·叔·季에 해당한다면 해당하는 바에 따른다.〔宜之于假 永受保之 曰伯某甫 仲叔季 唯其所當〕"라고 했는데, 賈公彦의 疏에 이와 같은 내용이 있다.

伯仲也요 去其爲某甫者而言伯仲爾라

石林葉氏 : 자식이 태어난 지 석 달 만에 부모가 이름을 짓는데, 단지 부모만 자식의 이름을 부르는 것이 아니라 남도 역시 그의 이름을 부른다. 冠禮를 치르게 되면 成人이니, 단지 남만 이름을 부를 수 없는 것이 아니라 부모 또한 이름을 부르지 않는다. 그러므로 그에게 字를 지어주고 이름을 부르지 않으니, 이는 이름을 높이기 위해서이다. 50세에 大夫가 되면 이름은 더욱 높아지고, 사당에 자리가 있으면 단지 남들만 자를 부르지 않는 것이 아니라 부모와 임금도 자를 부르지 않는다. 그러므로 단지 伯氏나 仲氏라고 하고 자를 부르지 않으니, 이는 자를 높이기 위해서이다.

禮에는 본래 차례와 순서가 있으니, 혹자는 말하길 "〈士冠禮〉에 冠禮를 마치면 '伯某甫'라고 字를 부르고, 仲·叔·季는 해당하는 바에 따른다."고 했는데, 그렇다면 진실로 이미 伯氏나 仲氏라고 불렀는데, 어째서 50세가 될 때까지 기다리는 것인가? 아마도 〈檀弓〉의 오류인 듯싶으니, 이것은 옳지 않다. 처음 관례를 하고 字를 지어줄 때에 伯이나 仲을 모두 앞에 붙이는데, 이는 단지 순서에 따라 차례를 매긴 것일 뿐이고, 자는 그 뒤의 某甫이니, 예컨대 伯牛·仲弓·叔肹·季友 따위가 이것이다. 이미 50세에 이르러 大夫가 되면 신분이 높으니 某甫라고 부르던 것은 빼버리므로 단지 伯氏나 仲氏라고 할 뿐이고, 관례를 하고 別氏로 붙였던 伯이나 仲은 모두 그 뒤에 붙이니, 예컨대 召伯·南仲·榮叔·南季 따위가 이것이다. 〈단궁〉에서 말한 伯이나 仲은 伯이나 仲을 字로 더한 것이 아니라, 某甫를 빼고 伯이나 仲을 말한 것일 뿐이다.

035901 經也者는 實也라

經이라는 것은 忠實하다는 뜻이다.

≪集說≫

麻在首在要에 皆曰絰이니 分言之則首曰絰이요 要曰帶라 絰之言實은 明孝子有忠實之心也라 首絰은 象緇布冠之缺項이요 要絰은 象大帶하고 又有絞帶하니 象革帶요 齊衰以下는 用布니라

麻가 머리에 있거나 허리에 있는 것을 絰이라고 하는데, 그것을 구분하여 말하면

머리에 있는 것은 首絰이라 하고 허리에 있는 것은 要絰이라고 한다. 絰을 實이라고 말한 것은 효자에게 忠實한 마음이 있음을 밝힌 것이다. 수질은 緇布冠의 목덜미 끈이 없는 것을 닮았고, 요질은 큰 띠를 닮았으며, 또 絞帶가 있는데 혁대를 닮았고, 齊衰 이하는 絰을 만들 때 삼베를 사용한다.

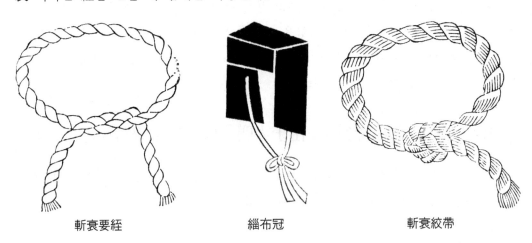

斬衰要絰   緇布冠   斬衰絞帶

○ 朱子曰 首絰은 大一搤(액)이니 是拇指與第二指一圍요 要絰은 較小하고 絞帶는 又小於要絰이라 要絰은 象大帶하니 兩頭長垂下하고 絞帶는 象革帶하니 一頭有彄子하야 以一頭串於中而束之니라

○ 朱子 : 首絰은 그 크기가 1搤이니, 이는 엄지손가락과 검지손가락을 한 번 에워싼 크기이고, 要絰은 이것보다 조금 작고, 絞帶는 또 요질보다 작다. 요질은 큰 띠를 닮았는데 양쪽 끝을 길게 늘어뜨리고, 교대는 革帶를 닮았는데 한쪽 끝에 고리가 있어서 한쪽 끝을 고리 가운데에 꿰어서 그걸 묶는다.

036001 掘中霤(류)而浴하고 毁竈以綴(졸)足이니라

〈사람이 죽으면〉 방 가운데를 파서 시신을 목욕시키고, 부엌을 헐어낸 벽돌로써 발을 고정시킨다.

≪集說≫

疏曰 中霤는 室中也라 死而掘室中之地作坎하고 以牀架坎上하고 尸於牀上浴하야 令浴

汁入坎也라 死人冷强하야 足辟戾不可著屨라 故用毁竈之甓하야 連綴死人足하야 令直可著(착)屨也라

疏 : 中霤는 방 가운데이다. 사람이 사망하면 방 가운데의 땅을 파서 구덩이를 만들고, 평상을 구덩이 위에 걸쳐놓고 시신을 평상 위에서 목욕시켜 목욕물이 구덩이 속으로 스며들어가도록 한다. 죽은 사람은 차갑고 뻣뻣해서 발이 비틀려 신을 신길 수 없기 때문에 부엌을 헐어낸 벽돌을 사용하여 죽은 사람의 발을 고정시켜 반듯하게 해서 신을 신길 수 있도록 하는 것이다.

036101 及葬하야 毁宗躐行하야 出于大門이 殷道也니 學者行之하나니라

葬禮 때에 미쳐서 사당의 담을 헐고 넘어가 大門으로 나가는 것이 殷나라의 道이니, 孔子에게 배운 자들이 이 禮를 행하였다.

≪集說≫

疏曰 毁宗은 毁廟也라 殷人이 殯於廟라가 至葬柩出하야 毁廟門西邊牆하고 而出于大門하니라 行神之位가 在廟門西邊하야 當所毁宗之外하니 生時出行則爲壇幣告行神하고 告竟에 車躐行壇上而出하야 使道中安穩이 如在壇이니 今向毁宗處出하야 仍得躐行此壇을 如生時之出也라 學於孔子者行之하니 效殷禮也라

疏 : 毁宗은 사당의 담을 허무는 것이다. 殷나라 사람은 사당에 빈소를 차렸다가 葬事 지낼 때가 되어 널이 나갈 때 사당 문의 서쪽 담장을 헐고 대문으로 나간다. 길 귀신의 위치가 사당 문의 서쪽에 있어서 담을 헐은 사당의 밖에 해당하니, 生時에 출행할 때에는 祭壇에 올리는 폐백을 만들어 길 귀신에게 告由하고, 고유를 마치면 수레가 제단 위를 넘고 나가서 道中에서 편안하기를 제단에 있을 때처럼 하는 것이니, 지금 사당의 담을 헐어낸 곳을 향하여 나가서 그대로 이 祭壇을 넘어가기를 生時에 나가듯이 하는 것이다. 공자에게 배운 자들이 이 예를 행하였으니, 이것은 殷나라 禮를 본받은 것이다.

≪大全≫

嚴陵方氏曰 經之所用은 男子重首하고 婦人重腰하야 皆用其所重이요 非徒爲虛名而

已라 古者에 復穴而居하야 開其上以取明而雨溜焉이라 故後世因以名其室이라 毁竈取
甓하야 以綴於足而欲尸之溫也라 夫中霤則生時於之以居處로대 浴必掘中霤는 以示
不復居處於此故也요 而竈則生時於之以烹飪이로대 綴足必毁竈는 以示不復烹飪於
此故也요 宗則生時於之以祭享이로대 躐行必毁宗은 以示不復祭享於此故也라 凡此는
皆殷所常行이니 殷尙質이라 故禮之所由本이요 周尙文이라 故禮之所由備라 生以文爲
尙이라 故名字之制에 學禮者行乎周道焉이요 死以質爲尙이라 故喪葬之制에 學禮者行
乎商道焉이라

嚴陵方氏 : 絰을 사용하는 것은 남자는 首絰을 중시하고, 부인은 腰絰을 중시하여 모
두 중시하는 것을 사용한 것이지, 비단 虛名일 뿐만은 아니다. 옛날에는 굴속에서 거주
하면서 위쪽으로 천장을 뚫어 빛이 들어오게 하고 빗물이 흐르도록 하였다. 그러므로
후세에는 이 室에 대한 명칭으로 삼은 것이다. 부엌을 허물어 벽돌을 취하여 이것으로
죽은 자의 발을 고정시키고 시신을 따뜻하게 하고자 하였다. 방 가운데는 生時에는 이
곳에서 거처했지만, 죽은 사람을 목욕을 시킬 때 반드시 방 가운데를 파는 것은 다시는
이곳에서 거처하지 않을 것임을 보여주기 위해서 그런 것이고, 부엌은 生時에는 이곳에
서 음식을 조리했지만, 죽은 사람의 발을 고정시킬 때 반드시 부엌을 허무는 것은 다시
는 이곳에서 음식을 조리하지 않을 것임을 보여주기 위해서 그런 것이며, 사당은 생시
에는 이곳에서 제사를 지냈지만, 상여가 넘어갈 때 반드시 사당의 담을 허무는 것은 다
시는 이곳에서 제사지내지 않을 것임을 보여주기 위해서 그러는 것이다. 이는 모두 다
殷나라 때 일반적으로 시행되던 것으로, 은나라는 바탕〔質〕을 숭상하기 때문에 禮가 말
미암는 바가 근본에 있으며, 周나라는 문채〔文〕를 숭상하기 때문에 예가 말미암는 바가
구비함에 있다. 생시에는 문채를 숭상하기 때문에 이름이나 자를 지을 때 예를 배운 사
람이 주나라의 道를 시행하는 것이고, 죽어서는 바탕을 숭상하기 때문에 喪禮와 葬禮를
제정함에 예를 배운 사람이 商나라(殷)의 道를 시행하는 것이다.

036201 子柳之母死커늘 子碩이 請具한대 子柳曰 何以哉오 子碩曰 請粥(육)
庶弟之母하노라 子柳曰 如之何其粥人之母하야 以葬其母也리오 不可하니라
旣葬에 子碩이 欲以賻布之餘로 具祭器한대 子柳曰 不可하니라 吾聞之

也호니 君子는 不家於喪이라하니 請班諸兄弟之貧者하라

子柳의 어머니가 죽자 子碩이 喪事의 기물을 마련할 것을 청하였다. 子柳가 말하기를 "〈재물이 없는데〉 무엇을 가지고 하겠느냐?"라고 하자, 자석이 말하기를 "청컨대 庶弟의 어머니를 팝시다."라고 하였다. 자류가 말하기를 "어떻게 남의 어머니를 팔아서 자기의 어머니를 葬事지낼 수 있겠느냐? 안 될 말이다."라고 하였다. 이미 장사를 지내고 나서 자석이 賻儀로 들어온 재물 중에 남은 것을 가지고 祭器를 장만하려고 하자, 자류가 말하였다. "안 된다. 내 듣자하니 군자는 喪事로 인해 생긴 재화로 집안을 이롭게 하지 않는다고 하니, 여러 형제들 중에 가난한 자에게 나누어주도록 하자."

≪集說≫

子柳는 魯叔仲皮之子니 子碩之兄也라 具는 謂喪事合用之器物也라 何以哉는 言何以爲用乎니 謂無其財也라 鄭云 粥은 謂嫁之也라 妾賤하니 取之曰買라 布는 錢也라 不家於喪은 惡(오)因死者而爲利也라 班은 猶分也니 不粥庶弟之母者는 義也요 班兄弟之貧者는 仁也라 夫以粥庶母以治葬이면 則乏於財를 可知矣로대 而不家於喪之言이 確然不易하니 古人之安貧守禮蓋如此니라

子柳는 魯나라 叔仲皮의 아들인데, 子碩의 형이다. 具는 喪事에 마땅히 사용해야 할 기물을 이른다. 何以哉는 무엇을 가지고 하겠느냐는 말이니, 재화가 없음을 이른다. 鄭玄이 말하길 "粥은 그를 改嫁시킴을 이른다. 妾은 천하니 첩을 취하는 것을 '산다〔買〕'고 하는 것이다."라고 했다. 布는 돈이다. "상사로 인해 생긴 재화로 집안을 이롭게 하지 않는다.〔不家於喪〕"는 것은 죽은 사람으로 인해 집안을 이롭게 하는 것을 싫어하는 것이다. 班은 나누어줌과 같으니, 庶弟의 어머니를 팔지 않은 것은 義이고, 형제 중 가난한 사람들에게 나누어준 것은 仁이다. 서제의 어머니를 팔아서 葬禮를 치르려고 하였을진댄 재화에 있어서 궁핍하다는 것을 알 수 있지만, 상사로 인해 생긴 재화로 집안을 이롭게 하지 않는다는 말은 확고하여 바꿀 수 없는 것이니, 옛날 사람이 가난을 편안하게 여기고 禮를 지켰던 것이 대개 이와 같다.

《大全》

嚴陵方氏曰 無財면 不可以爲悅¹³⁴⁾이나 豈宜粥人之母以葬其親乎리오 無田祿者는 不設祭器¹³⁵⁾나 豈宜以賻布之餘具之乎리오 此子柳所以不從子碩之請也라

嚴陵方氏 : 財力이 없으면 기뻐할 수 없지만, 어찌 남의 어머니를 팔아서 자기 어버이를 葬事지내는 것이 합당할 수 있겠는가. 전지와 녹봉이 없는 자는 祭器를 마련하지 않는 것이니, 어찌 賻儀로 들어온 재물 중에 남은 것을 가지고 제기를 장만하는 것이 합당할 수 있겠는가? 이것이 바로 子柳가 子碩의 요청을 따르지 않은 이유이다.

036301 君子曰 謀人之軍師라가 敗則死之하며 謀人之邦邑이라가 危則亡之니라

君子가 말하였다. "남의 軍師를 도모하다가 패전하면 죽어야 하며, 남의 나라와 고을을 위하여 도모하다가 위태로우면 그 자리에서 물러나야 한다."

《集說》

應氏曰 衆死而義不忍獨生이니 焉得而不死며 國危而身不可獨存이니 焉得而不亡이리오

應氏 : 여러 사람이 죽었는데 의리상 차마 혼자 살 수가 없으니 어찌 죽지 않을 수 있겠으며, 나라가 위태로운데 자신만 홀로 자리를 보존할 수가 없으니 어찌 물러나지

---

134) 無財 不可以爲悅 : 充虞가 청하기를 "지난날에 저의 不肖함을 알지 못하시어 저로 하여금 목수 일을 맡게 하셨는데, 하도 급하여 제가 감히 묻지 못했습니다. 지금에 저으기 묻기를 원하오니, 棺木이 너무 아름다운 듯하였습니다."라고 하였다.……〈孟子께서 말씀하시길〉"法制에 할 수 없으면 마음에 기쁠 수 없으며, 財力이 없으면 기쁠 수 없는 것이다. 법제에 할 수 있고 또 재력이 있으면 옛 사람들이 모두 썼으니, 내 어찌하여 홀로 그렇게 하지 않겠는가?……내가 들으니 '君子는 천하를 위하여 그 어버이에게 儉朴하게 하지 않는다.' 하였다."라고 하였다.〔充虞請曰 前日不知虞之不肖 使虞敦匠事 嚴 虞不敢請 今願竊有請也 木若以美然……不得 不可以爲悅 無財 不可以爲悅 得之爲有財 古之人皆用之 吾何爲獨不然……吾聞之也 君子不以天下儉其親〕(《孟子》〈公孫丑 下〉)

135) 無田祿者 不設祭器 : 《禮記》〈曲禮 下〉 021703 참조.

않을 수 있겠는가.

《大全》

長樂陳氏曰 主危臣辱하고 主辱臣死라 故謀人之軍師라가 敗則死之하고 社稷存則與存하고 社稷亡則與亡이라 故謀人之邦邑이라가 危則亡之니라 思其敗之死則無輕軍師요 思其危之亡則無輕邦邑이라 先王懼夫爲人臣者不知出此라 故禮以戒之니 凡使引慝執咎殫忠致命而已라

長樂陳氏 : 주군이 위태로우면 신하는 치욕을 당하고, 주군이 치욕을 당하면 신하는 죽는 법이기 때문에 남의 軍師를 도모하다가 패전하면 죽어야 하고, 社稷이 보존되면 함께 보존되고, 사직이 망하면 함께 망하기 때문에 남의 나라와 고을을 도모하다가 위태로우면 그 자리에서 물러나야 하는 것이다. 패하면 죽는다는 것을 생각하면 軍師를 가볍게 여김이 없을 것이고, 위태로우면 자리에서 물러나야 함을 생각하면 나라와 고을을 가볍게 여김이 없을 것이다. 先王은 남의 신하된 자들이 이런 뜻을 낼 줄 모를까 두려워했기 때문에 禮로써 경계하였으니, 무릇 사람들로 하여금 자신에게 허물을 돌리고, 자신을 탓하며 충성심을 다 발휘하여 목숨을 바치도록 한 것일 뿐이다.

036401 公叔文子升於瑕丘어늘 蘧伯玉從이러니 文子曰 樂哉라 斯丘也여 死則我欲葬焉하노라 蘧伯玉曰 吾子樂之면 則瑗請前하노라

公叔文子가 瑕丘에 올라가자 蘧伯玉이 그를 수행하였는데, 文子가 말하기를 "즐겁구나! 이 언덕이여. 죽으면 내 이 언덕에 묻히고 싶구나."라고 하니, 거백옥이 말하였다. "그대가 이곳을 즐거워한다면 나는 청컨대 앞서 떠나겠습니다."

《集說》

二子는 皆衛大夫니 文子名拔이요 伯玉名瑗이라

두 사람은 모두 衛나라 大夫인데, 文子의 이름은 拔이고, 伯玉의 이름은 瑗이다.

○ 劉氏曰 伯玉之請前은 蓋始從行於文子之後라가 及聞文子之言하고 而惡(오)其將欲奪人之地하야 自爲身後計라 遂譏之曰 吾子樂此면 則我請前行以去子矣라하니 示不欲與聞其事也니 可謂長於風喩者矣라

○ 劉氏 : 伯玉이 앞서 떠나겠다고 청한 이유는 아마도 처음에는 文子의 뒤를 따라갔다가 문자의 말을 듣고 그가 장차 남의 땅을 빼앗아 스스로 자신이 죽은 뒤의 계책을 삼으려고 한 것을 증오했으므로 마침내 그를 기롱하며 "그대가 이곳을 즐거워한다면 나는 청컨대 앞서 가서 그대를 떠나겠습니다."라고 말한 것인 듯하다. 그 일에 참여하여 듣고 싶지 않음을 보여준 것이니, 풍자하여 일깨워줌에 있어서 뛰어난 자라고 할 수 있다.

《大全》

嚴陵方氏曰 葬之爲禮는 蓋生者之所送終이요 非死者之所豫擇이니 擇之且不可어든 又況徇己之樂而忘人之害乎아 苟惟樂己害人之事可爲면 則夫人而爲之矣라 此公叔文子樂瑕丘之葬이라 故蘧伯玉有請前之譏也라

嚴陵方氏 : 葬事지내는 禮는 대개 살아 있는 사람이 죽은 사람을 葬送하는 것이지 죽는 자가 미리 선택하는 것이 아니니, 선택하는 것도 불가한데 더구나 자기의 즐거움에 따라 남에게 해가 됨을 잊는단 말인가? 만일 자기를 즐겁게 하고 남을 해치는 일을 할 수 있다면 남도 그 일을 하게 될 것이다. 이것이 바로 公叔文子가 瑕丘 땅에서 葬禮 치를 것을 즐거워한 것이다. 그러므로 蘧伯玉이 앞서 떠날 것을 청하여 기롱을 했던 것이다.

036501 弁人이 有其母死而孺子泣者어늘 孔子曰哀則哀矣나 而難爲繼也로다 夫禮爲可傳也며 爲可繼也라 故哭踊有節하니라

弁 땅의 사람 중에 그 어머니가 죽자 어린아이처럼 우는 이가 있었는데, 孔子께서 말씀하시기를 "슬프기는 슬프지만 계속하기가 어렵구나. 대체 禮라는 것은 전할 수 있어야 하며 계속할 수 있어야 한다. 그렇기 때문에 哭하며 뛰는 것이 節度가 있는 것이다."라고 하셨다.

≪集說≫

弁은 地名이라 孺子泣者는 其聲若孺子하야 無長短高下之節也라 聖人制禮에 期於使人可傳可繼라 故哭踊皆有其節하니 若無節이면 則不可傳而繼矣라

弁은 땅 이름이다. 어린아이처럼 우는 것은 그 울음소리가 어린아이와 같아 長短과 高下의 節度가 없는 것이다. 聖人이 禮를 제정함에 기필코 사람들로 하여금 전할 수 있으며 계속할 수 있도록 하였다. 그러므로 哭하고 뛰는 것이 모두 그 절도가 있는 것이니, 만약 절도가 없으면 전해주고 계속할 수가 없는 것이다.

≪大全≫

嚴陵方氏曰 傳은 言由己以傳於後요 繼는 言使人有繼於前이라 孟子曰 舜은 爲法於天下하사 可傳於後世[136]라하시고 又曰 君子創業垂統하야 爲可繼也[137]라하시니 此傳繼之辨歟인저 夫弁人之喪母에 泣若孺子는 雖爲盡哀나 然失哭踊之節而難爲繼矣라 此孔子以是言之也라

嚴陵方氏 : 傳은 자기로 말미암아 후세에 전한다는 말이고, 繼는 사람들로 하여금 앞 세대를 계승하도록 한다는 말이다. 孟子께서 말씀하시길 "舜임금께서는 천하에 모범이 되셔서 후세에 전해지실 수 있었다."고 하시고, 또 말씀하시길 "군자가 王業의 토대를 세우고 전통을 드리워서 후세로 하여금 계승할 수 있게 하였다."고 하셨으니, 이것이 바로 傳과 繼의 구별인 듯하다. 대체 弁 땅 사람이 어머니 喪에 어린아이처럼 운 것은 비록 슬픔을 다한 것이긴 하지만, 그러나 哭하고 뛰는 節度를 잃어버렸기 때문에 계승하기가 어려운 것이다. 이에 孔子께서 이것을 가지고 말씀하신 것이다.

036601 叔孫武叔之母死에 旣小斂하고 擧者出하야 尸出戶어늘 袒하고 且投其冠하고 括髮한대 子游曰 知禮라하니라

---

136) 舜……可傳於後世 : ≪孟子≫〈離婁 下〉28장 참조.
137) 君子創業垂統 爲可繼也 : ≪孟子≫〈梁惠王 下〉14장 참조.

叔孫武叔의 어머니가 죽었다. 이미 小斂을 마치고 시신을 드는 자가 문을 나와 시신이 문 밖으로 나오자 상주인 숙손무숙이 그제서야 어깨를 드러내고, 또 그 冠을 벗고 머리털을 묶자, 子游가 〈조롱하며〉 말하기를 "예를 안다."고 하였다.

《集說》

禮에 始死에 將斬衰者는 筓纚하고 將齊衰者는 素冠[138]이라하니 小斂畢而徹帷하고 主人은 括髮袒于房하며 婦人은 髽于室이라 擧者出은 擧尸以出也라 括髮이 當在小斂之後尸出堂之前이라 主人爲將奉尸라 故袒而括髮耳어늘 今武叔이 待尸出戶然後袒而去冠括髮하니 失禮節矣라 故註에 以子游知禮之言爲嗤之也니라

禮에 사람이 막 죽으면 장차 斬衰服을 입을 사람은 비녀를 꽂고 머리를 싸매고, 장차 齊衰服을 입을 사람은 흰 冠을 쓴다. 小斂이 끝나면 휘장을 걷고, 喪主는 방에서 머리를 묶고 어깨를 드러내놓으며, 婦人은 방 안에서 북상투를 튼다. 擧者出은 시신을 들고 문 밖으로 나온다는 뜻이다. 머리를 묶는 것은 마땅히 소렴을 한 뒤 시신이 堂으로 나가기 전에 해야 한다. 상주는 장차 시신을 받들어야 하기 때문에 어깨를 드러내고 머리털을 묶는 것일 뿐인데, 지금 武叔은 시신이 문 밖으로 나오기를 기다린 뒤에야 어깨를 드러내고 冠을 벗고 머리털을 묶었으니, 예절을 잃은 것이다. 그러므로 鄭玄의 註에서 子游가 禮를 안다는 말로써 그를 조롱한 것이라고 하였다.

○ 馮氏曰 經文作戶出戶[139]하니 上戶字는 乃尸字之訛也라 鄭註云 尸出戶乃變服이라하니

---

138) 將齊衰者 素冠 : 《儀禮》〈士喪禮〉에 "主人은 머리털을 묶고 어깨를 드러내고, 衆主人(죽은 자의 아들들, 즉 주인의 여러 형제들)은 방에서 免을 한다.〔主人髽髮袒 衆主人免于房〕"라고 했는데, 鄭玄의 註에 "사람이 막 죽으면 장차 斬衰服을 입을 사람은 비녀를 꽂고 머리를 싸매고, 장차 齊衰服을 입을 사람은 흰 冠을 쓰는데, 이제 小斂에 이르러서는 바꾸니, 또 初喪의 복을 입으려고 하는 것이다.〔始死 將斬衰者雞斯 將齊衰者素冠 今至小斂變 又將初喪服也〕"라고 했다.

139) 經文作戶出戶 : 經文의 '尸出戶'가 《石經》·《宋監本》·《岳本》·《嘉靖本》과 衛氏의 《集說》에는 '戶出戶'로 되어 있다.

義甚明이라 然註文尸亦訛爲戶하야 遂解不通이라

○ 馮氏 : 經文에는 '戶出戶'로 되어 있는데, 앞의 戶字는 바로 尸字의 잘못이다. 鄭玄의 註에 "시신이 문을 나오면 이에 옷을 바꿔 입는다."라고 했으니, 뜻이 매우 분명하다. 그러나 註의 尸字가 또한 戶字로 잘못되어 있어서 마침내 해석이 통하지 않는다.

≪大全≫

嚴陵方氏曰 蓋小斂而後袒括髮則得其序矣요 出尸而後袒括髮則非其所也라 子游曰知禮는 所以甚言其不知禮也라

嚴陵方氏 : 대개 小斂한 뒤에 어깨를 드러내고 머리털을 묶었다면 그 순서에 맞는 것이고, 시신이 문 밖으로 나온 뒤에 어깨를 드러내고 머리털을 묶었다면 올바른 장소가 아닌 것이다. 子游가 "禮를 안다."고 한 것은 그가 禮를 알지 못함을 심하게 말한 것이다.

036701 扶君할새 卜人師扶右하고 射人師扶左하나니 君薨이어든 以是擧니라

병이 위중한 임금을 부축할 때는 卜人의 우두머리는 오른쪽을 부축하고 射人의 우두머리는 왼쪽을 부축하는데, 임금이 昇遐하게 되면 이들을 이용해 시신을 든다.

≪集說≫

君疾時에 僕人之長은 扶其右體하고 射人之長은 扶其左體하니 此二人은 皆平日贊正服位之人이라 故君旣薨하야 遇遷尸어든 則仍用此人也라 方氏釋師爲衆하고 應氏以卜人爲卜筮之人이라

임금이 병들었을 때 僕人의 우두머리는 그 오른쪽 몸을 부축하고, 射人의 우두머리는 그 왼쪽 몸을 부축하니, 이 두 사람은 모두 평소에 의복과 위차를 도와 바로잡는 사람들이다. 그러므로 임금이 이미 昇遐해서 시신을 옮길 때를 만나면 그대로 이 사람들을 쓰는 것이다. 方氏는 '師'자를 무리라고 해석하였고, 應氏는 卜人을 거북점치고 시초점치는 사람이라고 하였다.

≪大全≫

廣安游氏曰 傳曰 男子不死於婦人之手[140]라하고 春秋書人君不薨於路寢이면 則爲死不以道[141]라 故君之疾也에 以在寢在朝之正服位而從君者扶持之하고 薨則外廷之人이 共治其喪하고 疾則外廷之人이 共知其疾은 所以防微杜漸하고 致謹於疾病之際하야 以正其死道也라 然此非一日之故라 蓋古者之制는 婦官序于內에 而人君哀樂之事가 得其節이요 僕人射人이 擧職於外에 而人君起居之節이 得其宜라 故九嬪[142]世婦之屬이 掌以時御敍于王所하고 宮中之治는 總以太宰하고 參以六卿하야 人君出入起居에 常從事於禮라 故疾病死喪에 內之人不得與焉하니 此非承先王積習而當時禮敎之隆이면 有不能然者也라

廣安游氏 : 傳에서는 "남자는 부인의 손 안에서 죽지 않는다."라 했고, ≪춘추≫에서는 임금이 路寢에서 운명하지 않으면 죽음의 도리를 다하지 못한 것이라고 하였다. 따라서 임금이 병들었을 때 노침에서는 노침대로 조정에서는 조정대로 의복과 位次를 바로잡아 주면서 임금을 뒤따라 다니는 자로 하여금 임금을 부축하게 하고, 임금이 昇遐하면 外庭의 사람들도 함께 治喪하며, 병이 들면 외정 사람들도 병든 사실을 다 아는 것은 기미를 막고 조짐을 막고 병이 들었을 때 삼감을 다해 죽음의 도리를 올바르게 하기 위한 것이다. 그러나 이러한 것은 어느날 갑자기 일어나는 변고가 아니다. 대개 옛날의 제도는 後宮들이 內庭에 순서대로 서열하고 있음에 임금의 슬프거나 즐

---

140) 男子不死於婦人之手 : 이 내용은 ≪儀禮≫〈旣夕禮〉에 보이고, 그 외 ≪春秋穀梁傳≫ 莊公 32년과 成公 18년 및 ≪禮記≫〈喪大記〉에도 보인다.

141) 春秋書人君不薨於路寢 則爲死不以道 : 군주는 路寢에서 薨하는 것이 禮에 맞는 일이다. ≪春秋≫에서는 路寢이 아닌 곳에서 薨한 경우를 기록하였는데, 예를 들어 ≪春秋≫ 昭公 32년 經文에서는 "12월 己未日에 昭公이 乾侯에서 薨하였다.〔十有二月己未 公薨于乾侯〕"라 하였고, ≪春秋左氏傳≫에는 이를 풀이하며 "經에 '公이 乾侯에서 薨하였다.'고 기록한 것은 公이 죽을 곳에서 죽지 못한 것을 말한 것이다.〔書曰 公薨于乾侯 言失其所也〕"라 하였다.

142) 九嬪 : 周나라 때 천자를 모시는 아홉 사람의 嬪이다. "옛날에 天子의 皇后는 六宮, 三夫人, 九嬪, 二十七世婦, 八十一御妻를 세워 천하의 內治를 다스렸다.〔古者 天子后 立 六宮 三夫人 九嬪 二十七世婦 八十一御妻 以聽天下之內治〕"(≪禮記≫〈昏義〉)

거운 일들이 절도에 맞았고, 僕人과 射人이 외정에서 직무를 수행함에 임금이 기거하는 예절이 합당함을 얻었다. 그렇기 때문에 九嬪과 世婦의 무리들이 때에 맞춰 왕의 처소에서 순서에 따라 모시는 일을 담당하였고, 宮中의 다스림은 太宰가 총괄하고 六卿이 보좌해서 임금이 출입하고 기거함에 항상 禮에 종사할 수 있었던 것이다. 그렇기 때문에 질병에 걸리거나 죽었을 때에는 내정의 사람들은 그 일에 참여할 수 없었던 것이니, 이것은 先王이 오래두고 쌓아온 풍습을 계승하고 당시 禮敎의 융성함이 아니었다면 그렇게 할 수 없는 것이다.

036801 從母之夫와 舅之妻二夫人 相爲服을 君子未之言也니 或曰 同爨緦라하니라

이모[從母]의 남편과 외삼촌[舅]의 아내 이 두 사람이 서로를 위하여 服 입는 것에 대해 군자가 말하지 않았는데, 혹자는 말하기를 "함께 한 집에서 밥 지어 먹은 사람에게는 緦麻服을 입는다."라고 하였다.

≪集說≫

從母는 母之姉妹요 舅는 母之兄弟라 從母夫於舅妻無服하니 所以禮經不載라 故曰君子未之言이라하니라 時에 偶有甥至外家하야 見此二人相依同居者有喪이어늘 而無文可據라 於是或人爲同爨緦之說以處之하니 此亦原其情之不可已하야 而極禮之變焉耳라

從母는 어머니의 자매이고, 舅는 어머니의 형제이다. 이모부는 외숙모에 대해 服이 없으니, 이 때문에 禮經에 싣지 않은 것이다. 그러므로 "군자가 말하지 않았다."고 한 것이다. 당시에 우연히 甥姪이 외가에 갔다가 이 두 사람이 서로 의지하면서 함께 사는 것을 보았는데 喪事가 있었으나 禮文에 근거할 만한 것이 없었다. 이에 혹자가 "함께 한 집에서 밥 지어 먹은 사람에게는 緦麻服을 입는다."는 말을 하여 대처하였으니, 이 또한 그만둘 수 없는 情에 근원하여 禮의 變禮를 지극히 한 것이다.

○ 或問호대 從母之夫와 舅之妻皆無服은 何也오 朱子曰 先王制禮에 父族四라 故由父而上하야 爲族曾祖父緦麻와 姑之子와 姉妹之子와 女子子之子는 皆由父而推之也라

母族三이니 母之父와 母之母와 母之兄弟니 恩止於舅라 故從母之夫舅之妻皆不爲服하니 推不去故也라 妻族二니 妻之父와 妻之母라 乍看에 似乎雜亂無紀나 子細看이면 則皆有 義存焉하니라

○ 어떤 사람이 묻기를 "이모부와 외숙모에 대해 모두 服이 없는 것은 어째서입니까?"라고 하자, 朱子께서 말씀하셨다. "先王이 禮를 제정함에 있어서 아버지 쪽의 친족이 넷이기 때문에 아버지로부터 올라가서 5촌 증조부〔族曾祖父〕를 위해 緦麻服을 입어주는 것과 고모의 아들, 누님이나 누이의 아들, 딸자식의 아들은 모두 아버지로부터 미루어 나가는 것이다. 어머니 쪽의 친족이 셋인데, 어머니의 아버지와 어머니의 어머니, 어머니의 형제이니, 은혜가 외삼촌에서 그친다. 그러므로 이모부와 외숙모에 대해 모두 服을 입어주지 않으니, 미루어 갈 수가 없기 때문이다. 처가의 친족은 둘인데, 아내의 아버지와 아내의 어머니이다. 얼핏 보면 난잡해서 기강이 없는 것 같지만, 자세히 보면 모두 의리가 존재한다."

036901 喪事는 欲其縱縱(총총)爾요 吉事는 欲其折折(제제)爾라 故喪事는 雖遽라도 不陵節하고 吉事는 雖止라도 不怠라 故騷騷爾則野하고 鼎鼎爾 則小人이니 君子는 蓋猶猶爾니라

喪事는 급히 하고자 하고 吉事는 천천히 하고자 한다. 그러므로 상사는 비록 급하더라도 절차를 뛰어넘지 않고, 길사는 비록 멈추더라도 게을리 하지 않는다. 그러므로 너무 빨리 하면 촌스럽고 너무 느리게 하면 소인이니, 군자는 대개 緩急을 적절하게 한다.

≪集說≫

縱縱은 給於趨事之貌요 折折는 從容中禮之貌라 喪事雖急遽나 而不可陵蹕其節次요 吉事雖有立而待事之時나 而不可失於怠惰라 若騷騷而太疾이면 則鄙野矣요 鼎鼎而 太舒면 則小人之爲矣니 猶猶而得緩急之中이 君子行禮之道也니라

縱縱은 일에 달려가기를 급히 하는 모양이고, 折折는 조용히 禮에 맞는 모양이다.

喪事는 아무리 급하더라도 그 절차를 건너뛸 수 없고, 吉事는 비록 서서 일을 기다릴 때가 있지만 게으름에 실수를 해서는 안 된다. 만약 소란스럽게 너무 빨리하면 거칠고 촌스러우며, 질질 끌면서 너무 느리게 하면 小人이 하는 짓이니, 적절히 해서 緩急의 中道를 얻는 것이 君子가 禮를 행하는 道이다.

≪大全≫

廣安游氏曰 君子處吉凶之際에 以失禮爲懼라 故疾舒之際에 常得其中이라

廣安游氏 : 君子는 吉事와 凶事를 처리할 때 禮를 잃을까 두려워하기 때문에 빠르고 느린 사이에 있어서 항상 그 中道를 얻는 것이다.

○ 臨川吳氏曰 喪事欲疾하고 吉事欲舒라 疾者는 雖當促遽나 然亦不可太急而陵越節次요 舒者는 雖有止息이나 然亦不可太緩而怠惰寬縱이라 故騷騷而急疾不節이면 則若田野之人이요 鼎鼎而舒緩怠惰면 則若不修整之小人이니 唯君子得疾舒之中이면 則於喪事不至太疾하고 吉事不至太舒也라

○ 臨川吳氏 : 喪事는 급히 하고자 하고, 吉事는 느긋하게 하고자 한다. 급한 것은 비록 빨리할 것을 재촉함이 마땅하지만, 그러나 또한 너무 급해서 절차를 뛰어넘어서는 안 되고, 느긋한 것은 비록 멈추고 쉬는 때가 있지만, 그러나 또한 너무 느려서 게으르거나 늘어져서는 안 된다. 그러므로 소란스럽게 굴어 급하고 빠르게 해서 절차에 맞지 않으면 촌스러운 사람과 같고, 질질 끌면서 느긋하고 게으르게 굴면 정돈되지 못한 小人과 같으니, 오직 君子가 빠름과 느슨함의 중도를 얻으면 상사에는 지나치게 빠름에 이르지 않고, 길사에는 지나치게 느긋함에 이르지 않는다.

037001 喪具를 君子恥具하나니 一日二日而可爲也者는 君子弗爲也니라

喪事의 도구를 君子는 미리 구비하는 것을 부끄럽게 여기니, 하루나 이틀만에 마련할 수 있는 물건은 君子가 미리 마련하지 않는다.

≪集說≫

喪具는 棺衣之屬이라 君子恥於早爲之而畢具者는 嫌不以久生期其親也라 然六十歲

制하고 七十時制하며 八十月制하고 九十日脩는 蓋慮夫倉卒之變也라 一日二日可辦之
物은 則君子不豫爲之하니 所謂絞紟衾冒는 死而后制[143]者也니라

喪具는 棺이나 襚衣의 등속이다. 군자가 미리 만들어서 다 갖추는 것을 부끄럽게
여기는 것은 그 어버이가 오래 살기를 기대하지 않음을 혐의해서이다. 그러나 60세가
되면 만드는데 기간이 1년이 걸리는 관을 준비하고, 70세가 되면 만드는 시간이 한
철이 걸리는 수의를 준비하고, 80세가 되면 만드는 시간이 한 달이 걸리는 의복을 준
비하고, 90세가 되면 위의 준비한 것들을 매일 수리해야 하니, 이것은 갑작스러운 변
고를 염려해서이다. 하루나 이틀 만에 마련할 수 있는 물건은 君子가 미리 마련하지
않으니, 이른바 "시신을 묶는 삼끈과 염습할 때 쓰는 홑이불과 이불과 시신을 싸는 자
루〔冒〕는 죽은 뒤에 마련한다."는 것이다.

037101 喪服에 兄弟之子를 猶子也는 蓋引而進之也요 嫂叔之無服也는
蓋推而遠之也요 姑姊妹之薄也는 蓋有受我而厚之者也니라

喪服에 있어서, 兄弟의 자식에 대한 服을 자기 자식과 똑같게 하는 것은
끌어당겨서 가까이 나오게 하는 것이고, 형수와 시숙 간에 복이 없는 것은
밀어내어 멀리하는 것이며, 시집간 고모와 시집간 자매의 服을 박하게 하는
것은 나에게 받아가서 후하게 服을 입어줄 사람이 있기 때문이다.

≪集說≫

方氏曰 兄弟之子雖異出也나 然在恩爲可親이라 故引而進之하야 與子同服하고 嫂叔之
分은 雖同居也나 然在義爲可嫌이라 故推而遠之하야 不相爲服이라 姑姊妹在室과 與兄
弟姪은 皆不杖期요 出適則皆降服大功而從輕者는 蓋有受我者服爲之重故也니 言其

143) 六十歲制……死而后制 : 60세가 되면 한 해가 걸려야 만들 수 있는 것(관)을 준비하
고, 70세가 되면 한 철이 걸려야 만들 수 있는 것(수의)을 준비하고, 80세가 되면 한
달이 걸려야 만들 수 있는 것(의복)을 준비하고, 90세가 되면 위에 준비한 것들을 날
마다 손질하는데, 오직 시신을 묶는 삼끈과 염습할 때 쓰는 홑이불과 이불과 冒는 죽은
뒤에 만든다.〔六十歲制 七十時制 八十月制 九十日修 唯絞紟衾冒 死而后制〕(≪禮記≫〈王制〉)

夫受之而服을 爲之杖期以厚之라 故於本宗相爲에 皆降一等也니라

方氏 : 형제의 자식은 비록 달리 출생하였지만, 그러나 은혜에 있어서는 親愛할 수 있기 때문에 끌어당겨 가까이 나오게 해서 자기 자식과 똑같이 服을 입어주고, 형수와 시숙의 구분은 비록 함께 살았지만 의리에 있어서 혐의스러울 수 있기 때문에 밀어내어 멀리하여 서로 服을 입어주지 않는 것이다. 시집가지 않은 고모와 누님과 누이 및 형제가 낳은 조카는 모두 지팡이를 잡지 않는 不杖期服을 입어주고, 出家하거나 시집을 가면 모두 服을 강등하여 大功服을 입어서 가볍게 함을 따르는 것은 대개 나에게서 받아간 사람이 그를 위해 服을 重하게 입어주기 때문이니, 그 남편이 누님이나 누이를 나에게 받아가서 服을 입어주기를 자기 죽은 처를 위해 杖期服을 입어주어 厚하게 대한다는 말이다. 그러므로 그녀의 친정〔本宗〕에서는 서로 위해줄 때 모두 한 등급을 강등하는 것이다.

≪大全≫

何氏平叔曰 男女相爲服에 不有骨肉之親이면 則其尊卑之異也라 嫂叔親이나 非骨肉이요 尊卑不異하니 恐有混淆之失이라 故推使無服也라

何氏平叔 : 남녀 사이에서 서로를 위해 服을 입어줄 때 骨肉之親이 아니면 그 尊卑를 달리하는 것이다. 형수와 시숙이 비록 친한 사이기는 하지만 골육지친은 아니고 존비가 다르지 않아서, 禮儀를 어지럽히는 잘못이 있을까 두렵기 때문에 밀어내어 멀리해서 服이 없도록 한 것이다.

037201 食於有喪者之側에 未嘗飽也러시다

孔子는 喪事가 있는 사람의 곁에서 음식을 드실 때 일찍이 배불리 드시지 않으셨다.

≪集說≫

應氏曰 食字上에 疑脫孔子字라

應氏 : 食자 앞에 아마도 孔子라는 글자가 누락된 듯하다.

≪大全≫

嚴陵方氏曰 飢而廢事와 飽而忘哀는 皆非禮也라 慮其至於廢事라 故로 雖喪者之側이라도 必食이요 又慮其忘哀라 故未嘗飽焉하니 是禮也라 雖聖人之行이라도 不過如此而已라

嚴陵方氏 : 굶주려 喪事를 폐함과 배불리 먹고서 슬픔을 잊는 것은 모두 禮가 아니다. 喪事를 폐하는 지경에 이를까 염려했기 때문에 비록 喪을 당한 자의 곁이라 하더라도 반드시 음식을 드신 것이고, 또 슬픔을 잊을까 염려했기 때문에 일찍이 배불리 드시지 않으셨으니, 이것이 바로 禮이다. 비록 聖人의 행동이라 하더라도, 이와 같음에 不過할 따름이다.

037301 曾子與客으로 立於門側이어시늘 其徒趨而出한대 曾子曰 爾將何之오 曰 吾父死하사 將出哭於巷하노이다 曰 反哭於爾次하라하시고 曾子北面而弔焉하시다

曾子께서 손님과 더불어 문 옆에 서 계셨는데, 그 제자가 종종걸음으로 나가자 증자께서 말씀하기를 "너는 장차 어디로 가려는 것이냐?"라고 하니, 대답하기를 "제 아버지가 돌아가셔서 장차 골목으로 나가 哭하려 합니다."라고 하였다. 증자께서 말씀하기를 "네가 거처하는 館舍로 돌아가 곡하라."라고 하시고, 증자께서 북쪽을 향하여 弔問하셨다.

≪集說≫

其徒는 門弟子也라 次는 其人所寓之館舍也라 士喪禮에 主人西面하고 賓在門東北面이라하니 此曾子所以北面而弔之也시니라

其徒는 그 門下의 弟子이다. 次는 그 사람이 寓居하고 있는 館舍이다. 〈士喪禮〉에 "주인은 서쪽을 향하고, 손님은 문 동쪽에서 북쪽을 향한다."고 하였으니, 이것이 曾子께서 북쪽을 향하여 그를 조문하신 까닭이다.

≪大全≫

臨川吳氏曰 曰吾父死者는 立於門側之客曰也라

臨川吳氏 : "제 아버지가 돌아가셨다."는 말은 문 옆에 서 있던 客이 한 말이다.

037401孔子曰 之死而致死之는 不仁이라 而不可爲也며 之死而致生之는 不知라 而不可爲也니 是故竹不成用하며 瓦不成味(매)하며 木不成斲하며 琴瑟은 張而不平하며 竽笙은 備而不和하며 有鍾磬而無簨虡(순거)하니 其曰明器는 神明之也니라

竽

孔子께서 말씀하셨다. "죽은 이를 보내되 극진하게 죽은 이로 대하는 것은 仁하지 못한 것이므로 해서는 안 되며, 죽은 이를 보내되 극진하게 살아 있는 이로 대하는 것은 지혜로운 것이 아니므로 해서는 안 된다. 이런 까닭에 〈죽은 자를 보낼 때 쓰는〉 대그릇은 사용하게끔 만들지 않으며, 질그릇은 광택을 내지 않고, 나무그릇은 조각 무늬를 이루지 않으며, 거문고와 비파는 벌여놓되 줄을 고르지 않으며, 피리와 생황은 갖추어놓기는 하되 음률의 조화를 이루지 않게 하고, 종과 경쇠는 있으나 걸어놓는 틀이 없으니, 이것을 明器라고 하는 것은 죽은 이를 神明으로 대하기 때문이다."

磬

≪集說≫

劉氏曰 之는 往也니 之死는 謂以禮往送於死者也라 往於死者호대 而極以死者之禮待之는 是無愛親之心이니 爲不仁이라 故不可行也요 往於死者호대 而極以生者之禮로 待之는 是無燭理之明이니 爲不知라 故亦不可行也니 此所以先王이 爲明器하야 以送死

者라 竹器則無縢緣而不成其用이요 瓦器則麤質而不成其黑光之沬요 木器則樸而不成其雕斷之文이요 琴瑟則雖張絃而不平하야 不可彈也요 竽笙은 雖備具而不和하야 不可吹也요 雖有鐘磬이나 而無懸挂之簨虡하야 不可擊也니 凡此皆不致死요 亦不致生하야 而以有知無知之間待死者라 故備物而不可用也라 備物則不致死요 不可用則亦不致生이니 其謂之明器者는 蓋以神明之道待之也니라

劉氏 : 之는 간다는 뜻이니, 之死는 禮로써 죽은 사람을 보내드린다는 말이다. 죽은 사람을 보내되 지극히 죽은 사람의 禮로써 그를 대하는 것은 어버이를 사랑하는 마음이 없는 것이니, 不仁함이 되기 때문에 행하여서는 안 되고, 죽은 사람을 보내되 지극히 산 사람의 禮로써 그를 대하는 것은 道理를 밝히는 밝음이 없는 것이니, 지혜롭지 못함이 되기 때문에 역시 행하여서는 안 된다. 이것이 先王이 明器를 만들어 죽은 사람을 보내는 이유이다. 대그릇은 가장자리를 동여매는 것을 없게 해서 그 쓰임새를 이루지 않고, 질그릇은 거칠고 질박하게 해서 그 검은 광택의 윤기를 이루지 않으며, 나무그릇은 질박하여 조각하는 무늬를 이루지 않고, 거문고와 비파는 비록 줄은 펼쳐 놓으나 음률이 고르지 않아서 탈 수가 없게 하고, 피리와 생황은 비록 구비해놓으나 조화를 이루지 않아서 불 수 없게 하고, 비록 종과 경쇠는 있지만 걸어두는 틀이 없어서 칠 수 없게 하는 것이니, 이런 모든 것들은 모두 극진히 죽은 이의 예로써 대하지 않고, 또한 극진히 산 이의 예로써 대하지 않아서 有知와 無知의 중간으로 죽은 이를 대하는 것이다. 그러므로 기물들을 갖추기만 하고 사용할 수 없게 한 것이다. 기물을 구비하였다면 지극히 죽은 사람의 禮로써 그를 대한 것이 아니고, 사용할 수 없다면 또한 지극히 산 사람의 禮로써 그를 대한 것이 아니니, 이것을 明器라고 하는 것은 아마도 神明을 대하는 道理로써 죽은 이를 대하는 것인 듯하다.

≪大全≫

長樂陳氏曰 不曰神明之器요 特曰明器者는 以神之幽不可不明故也라 周官에 凡施於神者는 皆曰明이라 故水曰明水라하고 火曰明火라하야 以至明齍明燭明竁[144]者는 皆神

---

144) 明齍明燭明竁 : 明齍는 제사 때 사용하는 穀物을 뜻하고, 明燭은 제사 때 사용하는 횃불을 뜻하며, 明竁는 사형을 받은 자의 姓名과 그 죄목 등을 나무판에 새기고, 죄인의

明之也라 蓋其有竹瓦木之所用과 琴瑟竽笙鐘磬之所樂者는 明之也요 所用이 非所
用이며 所樂이 非所樂은 神之也라 宋襄公이 葬其夫人에 醯醢百甕[145]이니 豈知此哉리오

　　長樂陳氏：'신명의 기물〔神明之器〕'이라 하지 않고, 단지 明器라고만 한 것은 神의
그윽함은 밝지 않아서는 안 되기 때문이다. ≪周禮≫〈秋官 司烜氏〉에서는 신에게 베
풀어지는 모든 물품은 모두 明자를 붙여서 불렀다. 그러므로 물을 明水라고 하고 불
을 明火라고 해서 明齍·明燭·明竁에까지 이르는 것은 모두 神明으로 대하는 것이
다. 아마도 대나무·질그릇·나무를 사용함과 거문고와 비파, 피리와 생황, 종과 석
경을 즐김이 있는 것은 밝음으로 대하는 것이고, 쓰이는 것이지만 쓰이지 않고 즐기
는 것이지만 즐기지 않는 것은 神으로 대하는 것일 것이다. 宋襄公이 그 부인을 葬事
지낼 때 초와 육장이 100항아리나 되었으니, 어찌 이것을 알았겠는가.

037501 有子問於曾子曰 問喪於夫子乎아 曰 聞之矣로다 喪欲速貧하며
死欲速朽라하시니라 有子曰 是非君子之言也로다 曾子曰 參也聞諸夫子
也호라 有子又曰是는 非君子之言也로다 曾子曰 參也與子游聞之호라 有
子曰 然하다 然則夫子有爲言之也로다 曾子以斯言告於子游한대 子游曰
甚哉라 有子之言이 似夫子也여 昔者에 夫子居於宋하실새 見桓司馬自爲
石槨호대 三年而不成하시고 夫子曰 若是其靡也인댄 死不如速朽之愈
也라하시니 死之欲速朽는 爲桓司馬言之也시니라

　　有子가 曾子께 묻기를 "벼슬을 잃었을 때의 처신에 대하여 선생님께 질문
해 보았는가?"라고 하자, 증자께서 말씀하셨다. "들어 보았네. '지위를 잃으
면 빨리 가난해지고자 하며, 죽으면 빨리 썩고자 해야 된다.'고 하셨다네."
유자가 말하길 "이는 君子의 말씀이 아니네."라고 하자, 증자께서 말씀하시

　　시신 위에 올려두고서 함께 매장하는 것을 뜻한다.
145) 宋襄公……醯醢百甕: ≪禮記≫〈檀弓 上〉 039001 참조.

길 "내가 선생님께 들었다네."라고 하셨다. 유자가 또 말하길 "이는 군자의 말씀이 아니라네."라고 하자, 증자께서 말씀하시길 "내가 子游와 함께 그 말씀을 들었다네."라고 하였다. 유자가 말하길 "그렇다고 치세. 그렇다면 선생님께서는 까닭이 있어서 그렇게 말씀하셨을 것일세."라고 하였다. 증자께서 이 말을 자유에게 일러주니, 자유가 말하였다. "대단하구나, 유자의 말이 선생님 같구나! 예전에 선생님께서 宋나라에 머물고 계실 때 桓司馬가 스스로 石槨을 만들되 3년이 지나도 완성하지 못한 것을 보시고, 선생님께서 말씀하시기를 '이처럼 사치하기보다는 차라리 죽으면 빨리 썩는 것이 좋은 것만 못하다.'고 하셨으니, '죽으면 빨리 썩고자 해야 한다'는 것은 환사마 때문에 그리 말씀하신 것이라네.

≪集說≫

仕而失位曰喪이라 桓司馬는 卽桓魋라 靡는 侈也라

벼슬하다가 지위를 잃어버린 것을 喪이라고 한다. 桓司馬는 바로 桓魋이다. 靡는 사치함이다.

037502 南宮敬叔이 反할새 必載寶而朝한대 夫子曰若是其貨也인댄 喪不如速貧之愈也라하시니 喪之欲速貧은 爲敬叔言之也시니라

南宮敬叔이 魯나라로 돌아올 때 반드시 보물을 싣고 와서 조회하자, 선생님께서 말씀하기를 '이와 같이 뇌물을 쓰기보다는 차라리 지위를 잃으면 빨리 가난해지고자 하는 것이 더 나음만 못하다.'라고 하셨으니, '지위를 잃으면 빨리 가난해지고자 해야 한다.'는 것은 敬叔 때문에 그리 말씀하신 것이라네."

≪集說≫

敬叔은 魯大夫孟僖子之子仲孫閲也라 嘗失位去魯라가 後得反할새 載寶而朝하야 欲行

賂以求復位也라

敬叔은 魯나라의 大夫인 孟僖子의 아들 仲孫閱이다. 일찍이 벼슬자리를 잃고 魯나라를 떠나갔다가 뒷날 되돌아올 수 있게 되었을 때 보배를 싣고서 조회하여 뇌물을 바쳐 벼슬자리에 지위를 회복하기를 구하려고 하였다.

037503 曾子以子游之言으로 告於有子한대 有子曰 然하다 吾固曰 非夫子之言也라호라 曾子曰 子何以知之오 有子曰 夫子制於中都하실새 四寸之棺과 五寸之槨하시니 以斯知不欲速朽也호라 昔者에 夫子失魯司寇하시고 將之荊하실새 蓋先之以子夏하시고 又申之以冉有하시니 以斯知不欲速貧也호라

曾子께서 子游의 말을 有子에게 일러주자, 유자가 말하기를 "그럴 것일세. 내 본시 선생님의 말씀이 아닐 것이라고 말했잖은가?"라고 하였다. 증자께서 말씀하시길 "자네는 어떻게 알았는가?"라고 하자, 유자가 말하였다. "선생님께서 中都에서 棺槨의 제도를 제정하실 때 4寸의 內棺과 5寸의 外槨으로 하셨으니, 이것으로 빨리 썩고자 하지 않으신다는 것을 알았고, 옛날에 선생님께서 魯나라의 司寇 자리를 잃으시고 장차 荊나라로 가시려고 할 때 대체 거기에 子夏를 먼저 보내시고 또 冉有를 재차 보내셨으니, 이것으로 빨리 가난해지고자 하지 않으신다는 것을 알았다네."

≪集說≫

定公九年에 孔子爲中都宰하시니라 制는 棺槨之法制也라 四寸五寸은 厚薄之度라 將適楚에 而先使二子繼往者는 蓋欲觀楚之可仕與否하야 而謀其可處之位歟인저

定公 9年에 孔子께서 中都의 邑宰가 되셨다. 制는 內棺과 外槨의 法制이다. 4寸과 5寸은 두께의 척도이다. 장차 楚나라로 가려 하면서 먼저 두 사람으로 하여금 계속해서 가보도록 한 것은 아마도 초나라가 벼슬할 만한 지의 여부를 살펴서 자신이 처할

만한 벼슬자리를 도모하고자 하신 것인 듯싶다.

《大全》

嚴陵方氏曰 肆其侈心而至於傷財론 曾不若速朽之爲愈也요 肆其利心而至於害義론 曾不若速貧之爲愈也라 孔子之言은 特爲二子而發爾어늘 有子乃能以中都與之荊之 事驗之하니 可謂知音¹⁴⁶⁾者矣라

嚴陵方氏 : 사치스런 마음을 함부로 부려서 재물을 손상시키는 데 이르기보다는 차라리 일찍 빨리 썩어버리는 것이 더 나은 것만 못하고, 이익을 탐하는 마음을 함부로 부려서 義를 해치는 데 이르기보다는 차라리 일찍 빨리 가난해지는 것이 더 나은 것만 못하다. 孔子의 말씀은 단지 두 사람 때문에 말씀하신 것일 뿐인데, 有子는 곧 中都에서의 일과 楚나라로 가시던 때의 일을 가지고 증험하였으니, 知音인 者라고 이를 수 있겠다.

037601 陳莊子死커늘 赴於魯한대 魯人이 欲勿哭이러니 繆(목)公이 召縣子 而問焉한대 縣子曰 古之大夫는 束脩之問도 不出(竟)〔境〕하니 雖欲哭 之인들 安得而哭之리잇고

齊나라의 陳莊子가 죽어 魯나라에 부고를 알려오자, 노나라 사람이 哭하지 않으려 했다. 繆公이 縣子를 불러서 질문하자, 현자가 말하길 "옛날 大夫는 한 묶음의 脯를 선물로 보내더라도 국경을 나가지 아니하였으니, 비록 그에 대하여 곡을 하고 싶은들 어찌 그에 대하여 곡할 수 있겠습니까?

《集說》

大夫訃於他國之君에 曰 君之外臣寡大夫某死¹⁴⁷⁾라하니라 莊子는 齊大夫니 名伯이라

---

146) 知音 : 본래는 音律를 두루 깨우친 것을 뜻하는데, 《禮記》〈樂記〉에 "무릇 音이라는 것은 사람의 마음에서 생겨난다.〔凡音者 生於人心者也〕"라고 하여, 사람의 마음을 꿰뚫어본다는 의미로 사용된다.

147) 大夫某死 : 대부가 죽었을 때 같은 나라의 신분이 대등한 자에게 부고할 경우에는 "아

齊强魯弱하야 不容略其赴일새 縣子名知禮라 故召問之라 脩는 脯也니 十脡[148]이 爲束이라 問은 遺也라 爲人臣者無外交는 不敢貳君也[149]라 故雖束脩微禮라도 亦不以出竟이니라

大夫가 죽어서 다른 나라의 임금에게 부고를 보낼 때에는 "임금의 外臣인 寡德한 大夫 아무개가 죽었습니다."라고 한다. 莊子는 齊나라의 대부인데, 이름이 伯이다. 제 나라는 강성하고 魯나라는 미약해서 그 부고를 소홀히 할 수가 없기 때문에 縣子가 禮를 안다고 이름난 까닭에 불러서 그 예를 물은 것이다. 脩는 乾脯인데, 열 조각[脡] 이 한 묶음이 된다. 問은 선물을 보낸다는 뜻이다. 남의 신하 된 자가 밖으로 사귐이 없는 것은 감히 두 임금을 섬길 수 없기 때문이다. 그러므로 비록 한 묶음의 하찮은 禮物이라도 그것을 가지고 국경을 나갈 수 없는 것이다.

037602 今之大夫는 交政於中國하니 雖欲勿哭이나 焉得而弗哭이리잇고 且臣聞之호니 哭有二道하니 有愛而哭之하고 有畏而哭之하니이다 公曰 然하다 然則如之何而可오 縣子曰 請哭諸異姓之廟하소서 於是與哭諸縣氏하시다

무개가 不祿하다."라고 말하고, 士에게 부고할 경우에도 "아무개가 불록하다."라고 말 하며, 다른 나라의 군주에게 부고할 경우에는 "군주의 外臣 寡大夫 아무개가 죽었습니 다."라고 말하고, 다른 나라의 신분이 대등한 자에게 부고할 경우에는 "吾子의 外私 과대부 아무개가 불록하기에 모로 하여금 부음을 전하러 이르게 하였다."라고 말하고, 다른 나라의 士에게 부고할 경우에도 "오자의 외사 과대부 아무개가 불록하기에 모로 하여금 부음을 전하러 이르게 하였다."라고 말한다.〔大夫訃於同國 適者 曰某不祿 訃於士 亦曰某不祿 訃於他國之君 曰君之外臣寡大夫某死 訃於適者 曰吾子之外私寡大夫某不祿 使某實 訃於士 亦曰吾子之外私寡大夫某不祿 使某實〕(≪禮記≫〈雜記 上〉)

148) 脡 : 긴 肉脯를 세는 단위이다. 접혀 있는 것을 셀 때에는 胊자를 사용했다.

149) 爲人臣者無外交 不敢貳君也 : 朝覲할 때 대부들이 조회간 나라의 군주를 사사로이 만 나보는 것이 예가 아니니 대부들이 군주의 命圭를 잡고서 사신 가는 것은 信을 펴는 것이고, 감히 사사로이 다른 나라의 군주를 만나보지 못하는 것은 공경을 지극히 하 는 것이니, 뜰에 여러 물건들을 진열하고 사사로이 뵙는 것을 어찌하여 제후의 뜰에 서 한단 말인가. 신하가 된 자가 밖으로 사귐이 없는 것은 감히 다른 나라의 군주에게 두 마음을 품지 못해서이다.〔朝覲 大夫之私覿 非禮也 大夫執圭而使 所以申信也 不敢私覿 所 以致敬也 而庭實私覿 何爲乎諸侯之庭 爲人臣者 無外交 不敢貳君也〕(≪禮記≫〈郊特牲〉)

그런데 오늘날 大夫들은 中國에서 政事로 교제를 하니, 비록 哭을 하지 않고자 한들 어찌 곡하지 않을 수 있겠습니까? 그리고 臣은 듣자하니 곡에는 두 가지 도가 있는데, 사랑해서 그에 대하여 곡하는 경우가 있으며, 두려워서 그에 대하여 곡하는 경우가 있다고 합니다."라고 하였다. 穆公이 말하길 "그렇겠다. 그렇다면 어떻게 했으면 좋겠소?"라고 하자, 縣子가 말하길 "청컨대 他姓의 사당에서 그를 위하여 곡하십시오."라고 하였다. 이에 목공이 다른 신하와 더불어 縣氏의 집에서 곡을 하였다.

≪集說≫

交政於中國은 言當時君弱臣强하야 大夫專盟會之事하야 以與國君相交接也니 此變禮之由也라 愛之哭은 出於不能已요 畏之哭은 出於不得已니 哭伯高於賜氏[150]는 義之所在也요 哭莊子於縣氏는 勢之所迫也라

"中國에서 政事로 교제를 한다.〔交政於中國〕"는 것은 당시에 임금은 미약하고 신하는 강성하여 大夫가 會盟하는 일을 제멋대로 해서 다른 나라의 임금과 더불어 서로 교제했다는 말이니, 이것이 變禮의 유래이다. 사랑해서 하는 哭은 그만둘 수 없는 마음에서 나온 것이고, 두려워서 하는 哭은 부득이한 사정에서 나온 것이니, 孔子께서 賜氏의 집에서 伯高에 대하여 곡하셨던 것은 義理상 해야 했기 때문이고, 穆公이 縣氏의 집에서 莊子에 대하여 곡한 것은 세력에 핍박을 당했기 때문이다.

≪大全≫

嚴陵方氏曰 君弱臣强하야 有至交政於中國하니 豈特束脩之問而已리오 生旣畏之하야 而不敢不與之交면 則死亦畏之而不敢不爲之哭矣라 若魯人之哭陳莊子는 所謂畏而哭之者也라 然縣子謂哭諸異姓之廟者는 以哭其非所當哭之人이라 故哭於非所當哭之廟也라 異姓之廟어늘 必哭諸縣氏는 以其禮之所由起故爾니 則與哭伯高於賜氏同義也라

---

150) 哭伯高於賜氏 : ≪禮記≫ 〈檀弓 上〉 033801 참조.

嚴陵方氏 : 임금은 미약하고 신하는 강성해서, 나라 안에서 政事로 교제를 하는 지경에 이르게 되었으니, 어찌 단지 한 묶음의 脯만을 선물로 보냈을 뿐이겠는가? 생전에도 이미 그를 두려워하여 감히 그와 외교를 하지 않을 수가 없었다면, 죽어서도 또한 그를 두려워해서 감히 그를 위해 哭하지 않을 수 없었을 것이다. 魯나라 사람이 陳莊子를 위해 곡한 것과 같은 경우가 이른바 "두려워서 그를 위하여 곡한다."는 것이다. 그러나 縣子가 "他姓의 사당에서 그를 위하여 곡하라."고 일러준 것은 마땅히 곡할 사람이 아닌데 곡하라고 한 것이다. 그러므로 마땅히 곡할 사당이 아닌 곳에서 곡을 한 것이다. '他姓의 사당'이라고 했는데 굳이 縣氏의 집에서 곡한 것은 그 禮가 일어나게 된 바이기 때문에 그런 것이니, 孔子께서 賜氏의 집에서 伯高에 대하여 곡하신 것과 같은 義理이다.

○ 臨川吳氏曰 愛而哭之는 謂哀死而哭이니 哭其所當哭也요 畏而哭之는 則哭死而非其情이니 哭所不當哭者也라 此衰世之事니 古豈有是哉리오

○ 臨川吳氏 : "사랑해서 그를 위하여 哭한다."는 것은 죽음을 슬퍼해서 곡을 한다는 말이니, 마땅히 곡해야 할 사람에 대하여 곡하는 것이고, "두려워서 그를 위하여 곡한다."는 것은 죽은 자를 위하여 곡을 하되 마음으로 하는 것이 아니니, 마땅히 곡하지 않아야 할 사람에 대하여 곡을 하는 것이다. 이것은 禮法이 쇠한 세상의 일이니, 옛날에 어찌 이러함이 있었겠는가?

037701 仲憲이 言於曾子曰 夏后氏는 用明器하니 示民無知也요 殷人은 用祭器하니 示民有知也요 周人은 兼用之하니 示民疑也니라 曾子曰 其不然乎인저 其不然乎인저 夫明器는 鬼器也요 祭器는 人器也니 夫古之人이 胡爲而死其親乎리오

仲憲이 曾子에게 말하길 "夏后氏는 〈葬事지낼 때 부장품으로〉 明器를 사용하였으니, 백성에게 죽으면 지각이 없어진다는 것을 보인 것이고, 殷나라 사람은 〈장사지낼 때 부장품으로〉 祭器를 사용하였으니, 백성에게 죽어서도 지각이 있다는 것을 보인 것이며, 周나라 사람은 그 명기와 제기를 아울

러 사용하였으니 백성에게 〈죽은 이가 지각이 있는지 없는지〉 의혹을 갖는 다는 것을 보인 것이라네."라고 하니, 증자께서 말씀하시길 "그것은 그렇지 않을 것이다. 그것은 그렇지 않을 것이다. 명기는 귀신의 기물이고, 제기는 사람의 기물인데 옛사람이 어찌 그 부모를 죽은 사람으로 취급하였겠는가." 라고 하셨다.

≪集說≫

仲憲은 孔子弟子原憲也라 示民無知者는 使民知死者之無知也니 爲其無知라 故以不堪用之器送之요 爲其有知라 故以祭器之可用者送之요 疑者는 不以爲有知요 亦不以爲無知也라 然周禮에 惟大夫以上이라야 得兼用二器하고 士는 惟用鬼器也라 曾子以其言非로 乃曰其不然乎인저하시니 再言之者는 甚不然之也라 蓋明器祭器는 固是人鬼之不同이라 夏殷所用이 不同者는 各是時王之制니 文質之變耳요 非謂有知無知也라 若如憲言이면 則夏后氏何爲而忍以無知로 待其親乎아

仲憲은 孔子의 弟子 原憲이다. 백성들에게 지각이 없음을 보인 것이라는 말은 백성들로 하여금 죽은 자는 지각이 없음을 알게 했다는 것이니, 지각이 없기 때문에 사용할 수 없는 器物로 그를 보내주고, 지각이 있기 때문에 사용할 수 있는 祭器를 이용하여 그를 보내주며, 의혹을 갖는다는 것은 지각이 있다고 여기지도 않고 또한 지각이 없다고도 여기지 않는 것이다. 그러나 ≪周禮≫에 "오직 大夫 이상이라야 두 가지 기물을 아울러 사용할 수 있고, 士는 오직 鬼器(明器)만 사용할 수 있다." 하였다. 曾子께서 그의 말이 그른 까닭에 이에 "그것은 그렇지 않을 것이다."라고 말씀하셨는데, 재차 그렇게 말씀하신 것은 대단히 그렇게 여기지 않은 것이다. 대개 明器와 祭器는 진실로 사람과 귀신이 동일하지가 않다. 夏나라와 殷나라가 사용한 기물이 동일하지 않았던 것은 각각 당시 왕의 제도이니, 문채남과 질박함이 변한 것일 뿐이지 죽은 이가 지각이 있고 없음을 말한 것이 아니다. 만약 원헌의 말대로라면, 夏后氏가 무엇 때문에 차마 지각이 없는 것으로써 그 어버이를 대하였겠는가.

○ 石梁王氏曰 三代送葬之具質文相異라 故所用不同이요 其意不在於無知有知及示

民疑也라 仲憲之言이 皆非일새 曾子非之하시고 末獨譏其說夏后明器하시니 蓋擧其失之甚者也니라

○ 石梁王氏 : 三代 시대에 장송하는 기물은 질박함과 문채남이 서로 달랐다. 그러므로 사용한 것이 동일하지 않았던 것이지, 그 뜻은 죽은 이가 지각이 없고 있음과 백성들에게 의혹을 갖는다는 것을 보여줌에 있지 않다. 仲憲의 말이 모두 틀렸기 때문에 曾子께서 그르게 여기시고, 끝에 유독 夏后氏의 明器에 대해 말한 것을 기롱하셨으니, 대개 중헌의 잘못 중에 심한 것을 거론하신 것이다.

≪大全≫

嚴陵方氏曰 明器祭器는 三代之所兼用이니 蓋處之以死生之間而已니 豈特周而然哉리오 而原憲이 必以夏用鬼器殷用人器하니 則是夏有致死之不仁이요 殷有致生之不知矣니 宜乎曾子不然其說也라 然曾子之言이 止及於夏而不及於殷者는 以死其親이 尤君子之所不忍故也라

嚴陵方氏 : 明器와 祭器는 三代 시대에 모두 아울러 사용하던 것이니 대개 삶과 죽음의 사이로 처리한 것일 뿐이니, 어찌 유독 周나라만 그러하겠는가? 그리고 原憲이 굳이 夏나라는 귀신의 기물을 사용하고 殷나라는 사람의 기물을 사용했다고 여기는데 그렇다면 이는 하나라 때에는 극진하게 죽은 이로 대하는 不仁함이 있었던 것이고, 은나라 때에는 극진하게 살아 있는 이로 대하는 지혜롭지 못함이 있었던 것이니, 증자께서 그 말을 옳지 않다고 여긴 것이 마땅하다. 그러나 증자의 말에 단지 하나라에 대해서만 언급하고 은나라에 대해서 언급하지 않은 것은 어버이를 죽은 사람으로 취급하는 것은 군자로서 더욱 차마 할 수 없는 것이기 때문이다.

037801 公叔木(수)有同母異父之昆弟死커늘 問於子游한대 子游曰 其大功乎인저 狄儀有同母異父之昆弟死커늘 問於子夏한대 子夏曰 我未之前聞也호라 魯人則爲之齊衰라하야늘 狄儀行齊衰하니 今之齊衰는 狄儀之問也니라

　　公叔木가 어머니는 같고 아버지는 다른 형제가 죽자 子游에게 상복 제도
에 대해 질문하니, 자유가 말하기를 "大功服을 입어야 할 것 같소이다."라고
하였다. 狄儀가 어머니는 같고 아버지는 다른 형제가 죽자 子夏에게 상복
제도에 대해 질문하니, 자하가 말하기를 "나는 이에 대하여 전에 듣지 못했
다. 魯나라 사람은 齊衰服을 입는다."라고 하자, 적의가 자최복을 입었다.
오늘날 어머니는 같고 아버지는 다른 형제를 위해 자최복을 입는 것은 적의
의 질문에서 기인하였다.

　　《集說》

公叔木은 衛公叔文子之子라 同父母之兄弟期면 則此同母而異父者는 當降而爲大功
也니 禮經에 無文이라 故子游以疑辭答之라 魯人齊衰三月之服은 行之久矣라 故子夏
擧以答狄儀어늘 而記者云 因狄儀此問하야 而今皆行之也라하니 此는 記二子言禮之不
同이라

　　公叔木은 衛나라 公叔文子의 아들이다. 부모가 같은 형제를 위해 期年服을 입어주
면, 이처럼 어머니가 같으면서 아버지가 다른 형제를 위해서는 강등하여 大功服을 입
어주는 것이 마땅하다. 그러나 禮經에는 관련 기록이 없기 때문에 子游가 의심하는
말로 대답한 것이다. 魯나라 사람이 齊衰 3月服을 입는 것을 시행한 지가 오래되었기
때문에 子夏가 이것을 들어서 狄儀에게 답해주었는데, 기록한 사람이 "적의의 이 질
문으로 인해 지금 모두 그 齊衰服을 입어준다."고 하니, 이것은 두 사람(자유와 자하)
이 禮를 말한 것이 동일하지 않음을 기록한 것이다.

○ 鄭氏曰 大功是라

　　○ 鄭氏 : 大功服이 옳다.

　　《大全》

張子曰 同母異父之昆弟에 狄儀服之齊衰는 是與親兄弟之服同이니 如此則無分別이라

　　張子 : 어머니가 같으면서 아버지가 다른 형제에 대해 狄儀가 齊衰服을 입어주는 것

은 친형제의 服과 동일한 것이니, 이와 같이 하면 분별이 없게 된다.

○嚴陵方氏曰 禮에 異父는 亦謂之繼父니 繼父同居則服期焉이니 服其父以期면 則其子相爲服以大功이라야 乃其稱也라 而子夏遂以魯人之事로 告狄儀하야 使之行齊衰하니 不亦甚乎아

○嚴陵方氏 : 禮에 異父는 또 繼父라고 하는데, 계부와 함께 살았으면 期年服을 입어주니, 계부에 대해 기년복을 입어준다면 그 자식들도 서로를 위해 大功服을 입어주어야 그에 걸맞는 것이다. 그런데 子夏는 마침내 魯나라 사람의 일을 狄儀에게 일러주어 그로 하여금 齊衰服으로 居喪케 했으니, 또한 심한 것이 아니겠는가?

037901 子思之母死於衛어늘 柳若謂子思曰 子는 聖人之後也라 四方이 於子乎觀禮하리니 子는 蓋愼諸리오 子思曰 吾何愼哉리오 吾聞之호니 有其禮요 無其財어든 君子弗行也하며 有其禮하며 有其財호대 無其時어든 君子弗行也니 吾何愼哉리오

子思의 어머니가 衛나라에서 죽자, 柳若이 자사에게 말하였다. "그대는 聖人의 후손인지라, 사방의 사람들이 그대에게서 禮를 관찰할 터인데, 그대는 어찌 삼가지 않는가?" 자사가 말하였다. "내 무엇을 삼간단 말인가? 내가 듣자하니, '그 예가 있더라도 그 재물이 없으면 君子가 행하지 않으며, 그 예가 있고 그 재물이 있더라도 제때가 아니면 군자가 행하지 않는다.'고 하였으니, 내 무엇을 삼가겠는가?"

≪集說≫

柳若은 衛人이라 伯魚卒에 其妻嫁於衛하니라 有其禮는 謂禮所得爲者라 然無財則不可爲요 禮時爲大[151]하니 有禮有財호대 而時不可爲면 則亦不得爲之也라

---

151) 禮時爲大 : 禮는 때가 큰 것이 되고, 순함이 그 다음이며, 體가 그 다음이고, 마땅함이 그 다음이고, 걸맞게 함이 그 다음이다.〔禮 時爲大 順次之 體次之 宜次之 稱次之〕(≪禮記≫

柳若은 衛나라 사람이다. 伯魚가 죽자 그 아내가 衛나라로 시집을 갔다. "그 禮가 있다."는 것은 예를 행할 수 있는 것을 말한다. 그러나 재물이 없으면 행할 수 없고, 예는 시기가 중대한데, 예가 있고 재물이 있지만 시기상 할 수 없다면, 또한 그 예를 행할 수 없다.

≪大全≫

嚴陵方氏曰 無其財則物不足以行禮요 無其時則勢不可以行禮라 禮有常하고 時有變하며 財有限하니 三者不備면 君子所不行也라 孟子所言不得이면 不可以爲悅者는 時與禮也요 無財면 不可以爲悅[152]者는 卽此所謂財也라

嚴陵方氏 : 그 재화가 없으면 재물이 禮를 시행하기에 부족하고, 그 때가 없으면 형세상 예를 행할 수 없다. 예는 항상됨이 있고, 때는 변화가 있으며, 재물은 제한이 있으니, 세 가지가 구비되지 않으면 君子가 행하지 않는 것이다. 孟子께서 말씀하신 "法制상 할 수 없으면 기뻐할 수 없다."는 것은 때와 예를 말하는 것이고, "財力이 없으면 기뻐할 수 없다."는 것은 바로 여기의 이른바 재화이다.

○ 廣安游氏曰 爲嫁母服은 此後世之禮요 非先王之正也라 子思之意以爲雖有齊衰期之禮나 然財不足以備禮면 則行之必有所不備요 若有其禮有其財하야 可以行矣로대 而非道隆之時면 亦弗可以備行也라 以此觀之면 子思於嫁母之服에 蓋有行之而不備者矣라 古之君子는 嚴於父母男女之別하니 以爲禽犢懷母不懷父를 君子惡(오)之라 故父在爲母期는 以厭(압)降於父요 母出嫁而其禮之行有所不備는 以爲母絶於父요 其尊統於父는 所以致謹於父之親也라 若厚於嫁母而於父不親이면 此禽犢之道니 謹於禮者之所畏也라 然後世君子行不如子思하고 道又不如子思하야 未必能親其父而先絶其母니 此又君子所難言也라 故曰與其過乎薄으론 寧過乎厚라하니 去古旣遠하니 行禮者는 當以是爲心이라

○ 廣安游氏 : 再嫁한 어머니에게 服을 입어주는 것은 후세의 禮이지, 先王의 바른

〈禮器〉

152) 孟子所言不得……不可以爲悅 : ≪孟子≫〈公孫丑 下〉7장 참조.

예가 아니다. 子思의 생각은 비록 齊衰 期年服의 예가 있지만, 재물이 예를 갖추기에 부족하면 시행함에 반드시 갖추지 못함이 있을 것이고, 만약 그 예가 있고 그 재물이 있어서 행할 수 있지만 道가 융성한 때가 아니면, 또한 제대로 갖추어 행할 수 없다고 여긴 것이다. 이것을 가지고 살펴보면 자사가 再嫁한 어머니에 대한 服을 아마도 행하기는 했지만 갖추지 못한 것이 있었던 듯싶다. 옛날의 君子는 父와 母, 男과 女의 구별에 엄격했으니, 짐승이 어미를 그리고 아비를 그리워하지 않는 것을 군자는 싫어했던 것이다. 따라서 아버지가 살아계실 때 어머니를 위해 기년복을 입는 것은 아버지에게 압존되어 服을 강등한 것이고, 어머니가 재가했을 경우 그 예를 행하되 갖추지 않는 바가 있는 것은 어머니가 아버지와의 인연을 끊었기 때문이고, 아버지를 정통으로 받들어 후사를 이어가는 것은 父子간의 친함을 극진히 삼가기 위한 것이다. 만약 재가한 어머니를 후하게 대하면서 아버지에 대하여 친하지 않는다면 이는 짐승의 도리이니, 예를 삼가는 자가 두려워한 바이다. 그러나 후세 군자의 소행이 자사만 같지 못하고 道 또한 자사만 같지 못하면서 반드시 능히 그 아버지를 친하게 여기지도 못하고 먼저 어머니를 끊어버리니, 이 또한 군자가 말하기 어려운 것이다. 그러므로 "박함에 지나치기보다는 차라리 후함에 지나친 것이 더 낫다."고 한 것이다. 옛날과의 거리가 이미 멀어졌으니, 예를 행하는 자는 마땅히 이것을 마음가짐으로 삼아야 한다.

038001縣子瑣曰 吾聞之호니 古者不降하야 上下各以其親하니 滕伯文이 爲孟虎齊衰하니 其叔父也요 爲孟皮齊衰하니 其叔父也니라

縣子瑣가 말하기를 "내가 들으니, 옛날에는 降服하지 않아서 윗사람과 아랫사람이 각각 자기 親疏에 따라 服을 입어주었는데, 滕나라 伯爵인 文이 孟虎를 위하여 齊衰服을 입어주었으니 맹호가 자기의 숙부였기 때문이고, 또 孟皮를 위해서 자최복을 입어주었으니 자기가 맹피의 숙부였기 때문이다."라고 하였다.

≪集說≫

縣子의 名은 瑣라

縣子의 이름은 瑣이다.

○ 疏曰 古者는 殷時也라 周禮에 以貴降賤하며 以適降庶하고 惟不降正耳어늘 而殷世以上은 雖貴나 不降賤也하니 上下各以其親은 不降之事也라 上은 謂旁親族曾祖從祖及伯叔之班이요 下는 謂從子從孫之流니 彼雖賤이나 不以己尊降之하고 猶各隨本屬之親輕重而服之라 故云上下各以其親이라 滕國之伯이 名文이라 爲孟虎著(착)齊衰之服者는 虎是文之叔父也요 又爲孟皮著齊衰之服者는 文是皮之叔父也니 言滕伯이 上爲叔父하고 下爲兄弟之子하야 皆著齊衰也라

○ 疏 : 옛날이란 殷나라 때이다. 周나라의 禮에는 귀한 사람이 천한 사람에 대해서 降服하고, 適子가 庶子에 대해서 강복하며, 오직 正親에게만 강복하지 않았을 뿐이었는데, 은나라 시대 이전에는 비록 귀하더라도 천한 사람에 대해서 강복하지 않았으니, "윗사람과 아랫사람이 각각 자기 親疏대로 服을 입었다."는 것은 강복하지 않는 일이다. 윗사람은 旁親인 曾祖의 형제[族曾祖]와 祖父의 형제[從祖] 및 아버지 형제[伯叔]의 반열을 이르고, 아랫사람은 형제의 자식[從子]과 형제의 손자[從孫]의 부류를 이르니, 그들이 비록 천하지만 자기가 존귀하다 하여 그들에게 강복하지 않고, 그대로 각각 本屬의 친한 경중에 따라서 그들의 服을 입어준다. 그러므로 "윗사람과 아랫사람이 각각 자기 親疏에 따라 服을 입어주었다."고 한 것이다. 滕나라 伯爵은 이름이 文이다. 齊衰服을 입어준 것은 孟虎가 文의 叔父이기 때문이고, 또 맹피를 위해서 자최복을 입어준 것은 文이 孟皮의 숙부이기 때문이니, 등나라 백작이 위로는 숙부를 위하고 아래로는 형제의 아들을 위해서 모두 자최복을 입어주었다는 말이다.

≪大全≫

朱子曰 夏殷而上은 大槪只是親親長長之意요 到得周來하얀 則又添得許多貴貴底禮數하니 如始封之君은 不臣諸父昆弟하고 封君之子는 不臣諸父而臣昆弟하며 期之喪은 天子諸侯絶하고 大夫降이나 然諸侯大夫尊同이면 則亦不絶不降하고 姊妹嫁諸侯者는 則亦不絶不降하니 此皆貴貴之義라 上世想皆簡略하야 未有許多降殺(쇄)貴貴底禮數라 凡此는 皆天下之大經이로대 前世所未備하고 到得周公하야 搜剔出來하고 立爲定制하야 更不可易이라

朱子 : 夏나라와 殷나라 이전에는 대개 친족을 친히 하고 어른을 어른으로 대우하는 뜻만 있었고, 周나라에 이르러서는 또 귀한 사람을 귀하게 여기는 많은 예절이 더해 졌으니, 예컨대 처음 봉해진 군주는 아버지의 형제와 자신의 형제를 신하로 삼지 않았고, 군주에 봉해진 사람의 아들은 아버지의 형제는 신하로 삼지 않지만 자신의 형제는 신하로 삼았으며, 期年喪은 천자와 제후는 상복을 입지 않고 대부는 降服을 하였지만 죽은 사람이 제후와 대부처럼 귀천이 같으면 또한 絶服하지도 않고 강복하지도 않았으며, 자매가 제후에게 시집간 경우에도 절복하지도 않고 강복하지도 않았으니, 이것은 모두 귀한 사람을 귀하게 여기는 뜻이다. 상고 시대에는 모든 것이 간략해서 허다하게 강쇄하거나 귀한 사람을 귀하게 여기는 예절이 있지 않았다. 대체로 이것은 모두 천하의 큰 법인데, 옛날에는 갖추지 못했으나 周公 때에 이르러 샅샅이 가려내고 제도를 정하여 다시는 바꿀 수 없게 되었다.

038101 后木曰 喪을 吾聞諸縣子호니 曰夫喪은 不可不深長思也라 買棺호대 外內易(이)라하니 我死則亦然하라

后木이 말하였다. "喪禮에 대해서 내가 縣子에게 듣자니, 그가 말하기를 '대체 喪禮는 깊고 길게 생각하지 않을 수 없는 것이다. 內棺을 사더라도 바깥쪽과 안쪽이 잘 손질된 것이라야 한다.'라고 했으니, 내가 죽거든 또한 그렇게 하라."

≪集說≫

后木은 魯孝公子惠伯鞏之後라

后木은 魯 孝公의 아들 惠伯鞏의 후손이다.

○ 馮氏曰 此條重在不可不深長思一句라 買棺之時에 外內皆要精好니 此是孝子當爲之事요 非是父母豫所屬託이어늘 而曰我死則亦然이라하니 記禮者譏失言也라

○ 馮氏 : 이 조목은 중점이 "깊고 길게 생각하지 않을 수 없다."는 한 구절에 있다. 內棺을 살 때 바깥쪽과 안쪽이 모두 정밀하고 좋기를 요구해야 하니, 이것은 효자가

마땅히 해야 할 일이지 이 부모가 미리 부탁할 것이 아닌데, "내가 죽거든 또한 그렇게 하라."고 하였으니, 禮를 기록한 사람이 后木가 失言한 것을 기롱한 것이다.

《大全》

嚴陵方氏曰 子思曰 喪은 三日而殯호대 凡附於身者를 必誠必信하야 勿之有悔焉耳矣니라 三月而葬호대 凡附於棺者를 必誠必信하야 勿之有悔焉耳矣[153]라하시니 此喪所以不可不深長思也라 買棺호대 外內易도 亦其一端耳라

嚴陵方氏 : 子思께서 말씀하시길 "喪事는 3일 만에 殯所를 차리되 屍身에 딸린 것들을 반드시 정성스럽게 하고 반드시 신실하게 하여 뒷날 후회하는 일이 없도록 해야 한다. 그리고 3개월이 지나 葬事를 지내되 棺에 딸린 것들을 반드시 정성스럽게 하고 반드시 신실하게 하여 뒷날 후회하는 일이 없도록 해야 한다."라고 하셨으니, 이것이 喪禮에 대해서 깊고 길게 생각하지 않을 수 없는 까닭이다. "內棺을 사더라도 바깥쪽과 안쪽이 잘 손질된 것이라야 한다."는 것도 그 一端일 뿐이다.

038201 曾子曰 尸未設飾이라 故帷堂이라가 小斂而徹帷니라 仲梁子曰 夫婦方亂이라 故帷堂이라가 小斂而徹帷하나니라

曾子께서 말씀하시길 "막 初喪이 났을 때 시신을 아직 斂襲하지 않았기 때문에 마루에 휘장을 쳤다가, 小斂을 하면 휘장을 걷는 것이다."라고 하자, 仲梁子가 말하였다. "夫婦의 곡하는 위치가 아직 정해지지 않아 방위가 혼란하기 때문에 마루에 휘장을 쳤다가 소렴을 하고 나서 휘장을 걷는 것이다."

《集說》

始死에 去死衣하고 用斂衾覆之以俟浴하고 旣復之後楔齒하고 綴足畢이어든 具脯醢之奠하나니 事雖小定이나 然尸猶未襲斂也라 故曰未設飾이라하니라 於是設帷於堂者는 不欲人藝之也라 故小斂畢에 乃徹帷라 仲梁子謂夫婦方亂者는 以哭位未定也니 二子各

---

153) 子思曰……勿之有悔焉耳矣 : 《禮記》〈檀弓 上〉 030901 참조.

言禮意라 鄭云 斂者動搖尸요 帷堂은 爲人褻之니 言方亂은 非也라 仲梁子는 魯人이라

사람이 막 죽었을 때 죽은 사람의 옷을 벗기고 斂하는 이불을 사용하여 그 시신을 덮고서 목욕시키기를 기다리고, 皐復을 마친 뒤에는 입에 숟가락을 물려 턱을 벌리고, 발을 연이어 묶는 것이 끝나면 포와 육장의 奠을 갖추니, 일이 비록 조금 정해지긴 했지만 그러나 시신은 아직 염습하지 않은 상태이다. 그러므로 "시신을 아직 염습하지 않았다."고 한 것이다. 이에 마루에 휘장을 치는 것은 사람들이 그 시신을 더럽히는 것을 바라지 않아서이다. 그러므로 小斂이 끝나면 이에 휘장을 걷는다. 仲梁子가 "夫婦의 방위가 혼란하다."고 한 것은 哭하는 자리가 아직 정해지지 않았기 때문이니, 두 사람(증자와 중량자)이 각각 禮의 뜻을 언급한 것이다. 鄭玄은 "斂하는 자가 시신을 흔들므로, 마루에 휘장을 치는 것은 사람들이 더럽힐까 해서이니, 방위가 혼란하다고 말한 것은 잘못이다. 仲梁子는 魯나라 사람이다."라고 하였다.

《大全》

嚴陵方氏曰 人死에 斯惡之矣[154]라 以未設飾이라 故帷堂이니 蓋以防人之所惡(오)也라 小斂則旣設飾矣라 故徹帷焉이라 若是則帷堂之禮는 爲死者爾니 豈爲生者哉리오 而仲梁子以謂夫婦方亂이라 故帷堂이라하니 則失禮之意遠矣라

嚴陵方氏 : 사람이 죽으면 그를 싫어하게 마련이다. 시신을 아직 斂襲하지 않았기 때문에 마루에 휘장을 치는 것이니, 그렇게 함으로써 남이 싫어하는 것을 막는 것이다. 小斂을 했다면 이미 시신의 치장을 마친 것이기 때문에 휘장을 걷는 것이다. 만약 이와 같다면 마루에 휘장을 치는 禮는 죽은 자를 위한 것일 뿐이니, 어찌 살아 있는 사람을 위한 것이겠는가? 그런데도 仲梁子는 夫婦의 방위가 정해지지 않아 혼란스럽기 때문에 마루에 휘장을 친다고 했으니, 크게 禮의 뜻을 잃은 것이다.

---

154) 人死 斯惡之矣 : 《禮記》〈檀弓 下〉에 "사람이 죽으면 그를 싫어하게 마련이며, 죽은 사람은 능력이 없어졌기 때문에 이에 그를 저버리게 마련이다. 이 때문에 시신을 장식하는 束帶와 홑이불〔絞衾〕을 만들고 棺 덮개와 운삽〔蔞翣〕을 설치하는 것은 남들로 하여금 죽은 자를 싫어하지 않게 하기 위해서이다.〔人死 斯惡之矣 無能也 斯倍之矣 是故 制絞衾 設蔞翣 爲使人勿惡也〕"라고 하였다.

038301 小斂之奠을 子游曰 於東方이라하고 曾子曰 於西方이니 斂斯席
矣라하시니 小斂之奠이 在西方은 魯禮之末失也니라

小斂의 奠을 子游는 "시신의 동쪽에 올려야 한다."고 하였고, 曾子께서는
말씀하시기를 "시신의 서쪽에 올려야 한다. 소렴할 때 이 돗자리 위에 奠을
진설한다."고 하셨으니, 소렴의 奠이 시신의 서쪽에 있는 것은 魯나라의 禮
가 말엽에 잘못된 것이다.

《集說》

疏曰 儀禮에 小斂之奠을 設於東方하고 奠又無席이어늘 魯之衰末에 奠於西方而又有席하니
曾子見時如此하고 將以爲禮라 故云小斂於西方이라하시니라 斯는 此也니 其斂之時에 於此席
上而設奠矣라 故記者正之云 小斂之奠이 所以在西方은 是魯人行禮末世에 失其義也라

疏: 《儀禮》에 小斂의 奠을 시신의 동쪽에 올리고 奠을 올릴 때에는 또 자리가 없
었는데, 魯나라가 쇠퇴한 말엽에는 시신의 서쪽에 奠을 올리고 또 돗자리가 있었으
니, 이것은 曾子께서 당시에 이와 같이 한 것을 보시고 장차 禮로 간주하였다. 그러므
로 "서쪽에 소렴한다."고 하신 것이다. 斂斯席矣라고 할 때의 '斯'는 이것이라는 뜻이
니, 소렴할 때 이 돗자리 위에 奠을 진설하는 것이다. 그러므로 기록한 사람이 이를
시정하여 말하길 "소렴의 奠이 서쪽에 있게 된 것은 이 노나라 사람이 예를 시행해 오
다가 말세에 그 義理를 잃어버린 것이다."라고 하셨다.

○ 今按 儀禮布席于戶內라하야늘 註云 有司布斂席也 在小斂之前이라하고 及陳大斂衣
奠하야는 則云奠席在饌北하고 斂席在其東이라하야늘 註云 大斂에 奠而有席은 彌神之
也라하니 據此則小斂奠에 無席이라

○ 지금 살펴보니, 《儀禮》〈士喪禮〉에 "내실의 문 안에 자리를 편다."고 했는데,
그 註에 "有司가 염을 하는 자리를 펴는 것이 小斂을 하기 이전에 있다."고 하였고, 大
斂의 옷을 진열하는 奠에 이르러서는 《의례》〈사상례〉에 "전을 올리는 자리가 음식
북쪽에 있고, 염하는 자리가 그 동쪽에 있다."고 하였는데, 그 註에 이르길 "대렴할 때

奠을 올리고 돗자리가 있는 것은 더욱 죽은 이를 神으로 섬긴 것이다."라고 하였으니,
이것을 근거해보면 소렴의 奠에는 돗자리가 없다.

≪大全≫

嚴陵方氏曰 萬物은 生於東而死於西라 小斂之奠을 於東方則孝子未忍死其親之意也라

嚴陵方氏 : 萬物은 동쪽에서 생겨나서 서쪽에서 죽는다. 小斂의 奠을 시신의 동쪽에
진설하는 것은 孝子가 그 어버이를 차마 죽은 이로 여기지 못하는 뜻이다.

038401 縣子曰 紵衰繐(격최세)裳이 非古也니라

縣子가 말하기를 "거친 갈포로 衰服을 만들고 가늘고 성근 삼베로 치마를
만드는 것은 옛 제도가 아니다."라고 하였다.

≪集說≫

方氏曰 葛之麤而郤者를 謂之紵이요 布之細而疎者를 謂之繐라 五服은 一以麻호대 各
有升數하니 若以紵爲衰하고 以繐爲裳則取其輕涼而已니 非古制也라

方氏 : 葛布가 거칠고 틈이 있는 것을 紵라 하고, 삼베가 가늘고 성근 것을 繐라
한다. 五服은 한결같이 삼베로 만들되, 각각 새의 수가 있으니, 만약 거칠고 틈이 있
는 갈포로 衰服을 만들고, 가늘고 성근 삼베로 치마를 만든다면 이는 그 가볍고 시원
한 것만을 취한 것일 뿐이니, 옛날의 제도가 아니다.

038501 子蒲卒커늘 哭者呼滅한대 子皐曰 若是野哉아하니 哭者改之하니라

子蒲가 죽자 哭하는 자가 〈죽은 이의 이름인〉 滅을 불렀는데, 子皐가 말
하기를 "이처럼 무식하다니."라고 하니, 곡하는 사람이 그것을 고쳤다.

≪集說≫

滅은 子蒲之名也라 復則呼名이나 哭豈可呼名也리오 野哉는 言其鄙野而不達於禮也라
子皐는 孔子弟子高柴라

滅은 子蒲의 이름이다. 皐復할 때에는 죽은 사람의 이름을 부르지만, 哭을 하면서 어찌 죽은 사람의 이름을 부를 수 있겠는가. 野哉는 비루하고 촌스러워서 禮에 통달하지 못했다는 말이다. 子皐는 孔子의 弟子 高柴이다.

038601 **杜橋之母之喪**에 **宮中無相**하니 **以爲沽也**라하니라

杜橋의 어머니 喪에 집안에 禮를 돕는 이가 없자 당시 사람들이 예가 거칠고 소략하다고 하였다.

≪集說≫

疏曰 沽는 麤略也라 孝子喪親에 悲迷不復自知禮節事儀하야 皆須人相導어늘 而杜橋家母死에 宮中不立相侍라 故時人謂其於禮에 爲麤略也라하니라

疏 : 沽는 거칠고 소략하다는 뜻이다. 효자가 어버이를 여읨에 비통하고 혼미하여 다시는 스스로 예절과 일의 형식을 알지 못하기 때문에 모든 것을 남이 도와 인도해주기를 기다린다. 그런데 杜橋의 어머니가 죽었을 때 집안에 禮를 도와 모시는 사람을 세우지 않았기 때문에 당시 사람들이 그가 예에 있어서 거칠고 소략하다고 말한 것이다.

038701 **夫子曰 始死**에 **羔裘玄冠者**는 **易之而已**라하시고 **羔裘玄冠**으로 **夫子不以弔**하시니라

孔子께서 말씀하시길 "사람이 막 죽었을 때 검은 갖옷과 검은 갓을 쓴 사람은 그것을 〈深衣로〉 바꿀 뿐이다."라고 하시고, 검은 갖옷과 검은 갓으로는 공자께서 弔問하지 않으셨다.

≪集說≫

疏曰 養疾者朝服이니 羔裘玄冠은 卽朝服也라 始死則去朝服著深衣어늘 時有不易者하고 又有小斂後羔裘弔者하니 記者因引孔子行禮之事하야 言之하니라

疏 : 병자를 간호하는 사람은 朝服을 입으니, 검은 갖옷과 검은 갓은 바로 朝服이

다. 사람이 막 죽었으면 朝服을 벗고 深衣를 입는데, 당시에 바꾸어 입지 않은 사람이 있고, 또 小斂한 뒤에 검은 갖옷으로 조문한 사람이 있었으니, 기록한 자가 이로 인하여 孔子께서 禮를 행한 일을 인용하여 말한 것이다.

《大全》

馬氏曰 弔者在小斂之前에 猶當服羔裘玄冠이니 以主人未成服일새니라 弔者麻絰을 不敢先也라 故子游裼裘而弔하고 旣小斂에 乃襲裘帶絰而入[155]이요 若夫子羔裘玄冠不以弔者는 是言小斂之後而已矣라

馬氏 : 弔問하는 사람은 小斂하기 전에는, 오히려 검은 갖옷과 검은 갓을 쓰는 것이 마땅하니 喪主가 아직 成服하지 않았기 때문이다. 조문하는 자가 수삼으로 만든 環絰을 두르는 것을 감히 상주보다 먼저 할 수 없기 때문에 子游가 갖옷을 벗고 조문한 것이고, 소렴을 하고 난 뒤에는 이에 갖옷을 껴입고 띠와 環絰을 두르고 들어간 것이며, 공자께서 검은 갖옷을 입고 검은 갓을 쓰고서 조문하지 않으신 것으로 말하면 이는 소렴한 뒤를 말한 것일 뿐이다.

038801 子游問喪具한대 夫子曰 稱家之有亡(무)니라 子游曰 有無에 惡(오)乎齊니잇고 夫子曰 有라도 毋過禮니 苟亡矣어든 斂首足形하야 還(선)葬호대 縣棺而封(폄)한들 人豈有非之者哉리오

子游가 장례 도구에 대하여 묻자, 공자께서 말씀하셨다. "家産의 있고 없음에 알맞게 해야 한다." 자유가 말하기를 "있고 없음에 알맞게 한다면 어떻게 해야 고르게 할 수 있습니까?"라고 묻자, 공자께서 대답하셨다. "재물이 있더라도 예를 넘지 말 것이요, 만일 재물이 없거든 머리와 발의 형체를 거두어서 곧바로 장례하되, 관을 매달아 무덤을 쓰더라도 사람들이 어찌 비난하는 자가 있겠는가?"

---

155) 子游裼裘而弔……乃襲裘帶絰而入 : 《禮記》〈檀弓 上〉035501 참조.

≪集說≫

喪具는 送終之儀物也라 惡乎齊는 言何以爲厚薄之劑量也요 毋過禮는 不可以富而踰
禮厚葬也라 還葬은 謂斂畢卽葬이요 不殯而待月日之期也라 縣棺而封은 謂以手縣繩
而下之요 不設碑繂(률)[156]也라 人不非之者는 以無財則不可備禮也라

　喪具는 죽은 이를 보내는 의식에 쓰이는 器物이다. 惡乎齊는 무엇을 가지고 후하게
할 것인지 박하게 할 것인지를 劑量할 것이냐는 말이고, 毋過禮는 부유하다고 해서
禮를 넘어서 후하게 葬事지낼 수 없다는 뜻이다. 還葬은 斂이 끝나면 곧바로 장사를
지내고 빈소를 차려 달과 날짜의 시기를 기다리지 않는다는 말이다. 縣棺而封은 손으
로 끈을 매달아 관을 내리고 碑繂을 설치하지 않는 것이다. 재물이 없으면 예를 갖출
수 없기 때문이다.

≪大全≫

馬氏曰 孟子曰 不得이면 不可以爲悅이며 無財면 不可以爲悅이라하시니 古之人이 所以
得用其禮者는 爲其有財故也라 苟無其財면 則斂首足形하고 還葬하니 雖不足爲孝子之
悅이나 然以其所以葬而葬이니 亦豈有非之者哉리오

　馬氏：孟子께서 말씀하시기를 "法制상 할 수 없으면 기뻐할 수 없으며, 財力이 없
으면 기뻐할 수 없다."고 하셨으니, 옛사람이 그 禮를 쓸 수 있었던 까닭은 재력이 있
었기 때문이다. 만일 재물이 없으면 머리와 발의 형체를 거두어서 곧바로 장례를 치
르니, 비록 효자가 기뻐하기에는 부족하지만, 그러나 葬禮를 치르는 법도에 따라 장
례를 치른 것이니, 또한 어찌 그것을 비난하는 자가 있겠는가?

038901 司士賁이 告於子游曰 請襲於牀하노이다 子游曰 諾다 縣子聞之하고
曰 汰哉라 叔氏여 專以禮許人이로다

---

156) 碑繂(률)：碑는 下棺할 때 매장하는 구덩이 주변에 설치하는 豊碑를 뜻한다. 繂은 풍
비에 뚫린 구멍에 끼우는 끈을 말한다.

　　司士 賁이 子游에게 아뢰기를 "청컨대 평상에서 斂襲을 하겠습니다."라고 하자, 자유가 "그렇게 하시오."라고 하였다. 縣子가 그 이야기를 듣고 말하기를 "잘난 체함이 지나치구나, 叔氏여! 멋대로 禮를 남에게 허락하는구나."라고 하였다.

　　≪集說≫

賁은 司士之名也라 禮에 始死廢牀하고 而置尸於地라가 及復而不生이면 則尸復登牀이라 襲者는 斂之以衣也니 沐浴之後에 商祝[157]이 襲祭服襢衣[158]하야 蓋布於牀上也라 飯含[159]之後에 遷尸於襲上而衣之하나니 襲於牀者는 禮也요 後世禮失而襲於地則褻矣라 司士知禮而請於子游어늘 子游不稱禮而答之以諾하니 所以起縣子之譏也라 汰는 矜大也니 言凡有諮問禮事者에 當據禮答之어늘 子游專輒許諾則如禮自己出矣니 是自矜大也라 叔氏는 子游字라

　　賁은 司士의 이름이다. 禮에 사람이 막 사망하면 평상을 치우고 땅바닥에 시신을 두었다가 皐復을 했는데도 살아나지 않으면 시신을 다시 평상에 올려놓는다. 襲은 옷으로 시신을 거두는 것이니, 시신을 목욕시킨 뒤에 商祝이 祭服과 襢衣로 斂襲을 하는데 평상 위에 펼쳐놓았다가 飯含한 뒤에 襲牀 위에 시신을 올려놓고 그것을 입히니, 평상에서 염습하는 것은 禮이고, 후세에 예가 상실되어 땅바닥에서 염습하는 것은 褻慢한 것이다. 사사가 예를 알고서 子游에게 묻자 자유가 예를 일컫지 않고 그에게 그렇게 하라고 대답하였으니, 그 때문에 縣子의 기롱을 야기시킨 것이다. 汰는 교만하고 잘난 체한다는 뜻이니, 무릇 예의 일을 諮問하는 사람이 있을 때 마땅히 예에 근거해서 대답해야 하는데, 자유가 자기 멋대로 허락하여 마치 예가 자기에게서 나온

襢衣

____

157) 商祝 : 殷나라 때의 禮를 익혀서 그것으로 제사를 돕는 자를 뜻한다.
158) 襢衣 : 흑색의 천으로 상의와 하의를 만들고, 붉은색으로 가장자리에 단을 댄 옷이다.
159) 飯含 : 喪禮를 치를 때 시신의 입에 옥・구슬・쌀・화폐 등을 넣는 것을 뜻한다.

것처럼 하였으니 이것은 스스로 교만하고 잘난 체한 것이다. 叔氏는 자유의 字이다.

039001 宋襄公이 葬其夫人할새 醯醢百甕이러니 曾子曰 旣曰明器矣而又 實之온여

宋나라 襄公이 그 夫人을 葬事지낼 때 초와 육장이 100항아리나 되었는데, 曾子께서 말씀하시기를 "이미 明器라고 하였는데, 또 그 속에 실물을 채우는구나."라고 하셨다.

≪集說≫

夏禮는 專用明器而實其半虛其半하고 殷人은 全用祭器호대 亦實其半하고 周人은 兼用二器則實人器而虛鬼器라

夏나라의 禮는 오로지 明器를 사용하여 절반은 채우고 절반은 비워두었고, 殷나라 사람은 온전히 祭器만을 사용하였으되 또한 그 절반을 채웠으며, 周나라 사람은 두 가지 기물을 겸용하여 人器는 채우고 鬼器는 비워두었다.

≪大全≫

馬氏曰 旣夕禮言陳明器라하고 亦有黍稷醯醢酒醴以實之라하니라 宋襄公之葬夫人에 醯醢百甕하니 蓋譏其多於禮는 可也나 以爲明器而不當實之則非矣라 由是觀之면 豈曾子言殷人之禮에 有祭器而不必實明器也歟인저

馬氏 : ≪儀禮≫〈旣夕禮〉에 明器를 진설한다고 했고, 또 메기장과 찰기장, 초와 육장, 술과 식혜를 가지고 채운다고 했다. 宋나라 襄公이 그 夫人을 葬事지낼 때 초와 육장이 100항아리나 되었으니, 대개 禮에 지나침을 기롱한 것은 괜찮지만, 明器이므로 마땅히 채우지 않아야 한다고 여기는 것은 잘못이다. 이를 통해 살펴보면 아마도 曾子께서 말씀하신 殷나라 사람의 禮에 祭器가 있어서 굳이 明器를 채울 필요가 없는 것인 듯싶다.

039101 孟獻子之喪에 司徒旅歸四布한대 夫子曰 可也라하시다

孟獻子의 喪에 家臣인 司徒가 下士〔旅〕를 시켜 사방에서 賻儀로 들어온
베를 되돌려 보내도록 하니, 孔子께서 말하기를 "옳은 일이다."라고 하셨다.

　　≪集說≫

疏曰 送終旣畢에 賻布有餘어늘 其家臣司徒 承主人之意하야 使旅下士로 歸還四方賻
主人之泉布하니 時人皆貪이어늘 而獻子家獨能如此라 故夫子曰 可也라하시니 善其能
廉이라 左傳에 叔孫氏之司馬鬷戾라하니 是家臣亦有司徒司馬也라

　　疏 : 죽은 사람을 보내는 일이 이미 끝남에 賻儀로 받은 재화가 남은 것이 있자, 그
家臣인 司徒가 주인의 뜻을 받들어서 旅인 下士로 하여금 사방에서 주인에게 부의한
泉布를 돌려주도록 하였으니, 당시 사람들이 모두 탐욕을 부렸으나 獻子의 집안만이
유독 능히 이와 같이 하였다. 그러므로 공자께서 "옳은 일이다."라고 말씀하신 것이
니, 그의 청렴함을 좋게 여기신 것이다. ≪春秋左氏傳≫에 叔孫氏의 司馬 鬷戾라고
했으니, 이것은 家臣 중에도 司徒나 司馬가 있었던 것이다.

　　≪大全≫

長樂陳氏曰 知死者贈하고 知生者賻니 贈賻之餘를 君子不可利於己하고 亦不可歸於
人이라 利於己則啓天下家喪之心하고 歸於人則絶天下恤喪之禮니 與其利於己론 寧歸
於人이요 與其歸於人으론 寧班諸兄弟之貧者라 孟獻子之喪에 司徒旅歸四布한대
孔子可之는 以其賢乎己者而已요 不若班諸貧者爲盡善也라

　　長樂陳氏 : 죽은 이를 아는 사람은 贈을 보내고, 살아 있는 喪主를 아는 사람은 賻
를 보내는데, 贈賻의 남은 것을 가지고 군자는 자기를 이롭게 할 수 없고, 또한 남에
게 되돌려주지도 못한다. 자기를 이롭게 하면 천하 사람들에게 집집마다 상갓집이 되
려는 마음을 열어주고, 남에게 돌려주면 천하 사람들이 상을 구휼하는 예를 끊게 되

---

160) 叔孫氏之司馬鬷戾 : ≪春秋左氏傳≫ 昭公 25년에 "叔孫氏의 司馬 鬷戾가 그 무리들에
　　게 '누구를 도와야 하겠는가?'라고 물으니, 대답하는 자가 없었다.〔叔孫氏之司馬鬷戾言
　　於其衆曰 若之何 莫對〕"라고 하였다.
161) 班諸兄弟之貧者 : ≪禮記≫〈檀弓 上〉 036201 참조.

니, 자기를 이롭게 하기보다 차라리 남에게 돌려줌이 낫고, 남에게 돌려주기보다 차라리 가난한 형제들에게 나누어줌이 낫다. 孟獻子의 喪에 司徒가 下士를 시켜 사방에서 賻儀로 들어온 베를 돌려주도록 하였는데 孔子께서 괜찮다고 한 것은, 자기를 이롭게 하려는 것보다 어질기 때문일 따름이고 가장 좋은 방법인 가난한 자들에게 나누어 주는 것만은 못한 것이다.

039201 讀賵을 曾子曰 非古也니 是再告也니라

수레와 말을 賻儀로 보내온 사람의 명단과 물품을 적은 기록〔賵〕을 읽는 것에 대하여, 曾子께서 말씀하시기를 "옛날의 禮가 아니니, 이는 재차 고하는 것이다." 하였다.

≪集說≫

車馬曰賵이니 賵은 所以助主人之送葬也라 旣受則書其人名與其物於方版이라가 葬時柩將行에 主人之史請讀此方版所書之賵하니 蓋於柩東에 當前東하고 西面而讀之라 古者에 奠之而不讀이러니 周則旣奠而又讀焉이라 故曾子以爲再告也라하시니라

수레와 말을 賻儀하는 것을 賵이라 하니, 賵은 喪主의 葬送을 돕기 위한 것이다. 이미 賵物을 받았으면 봉물을 보낸 사람의 이름과 물품을 네모난 판자에 기록해두었다가 葬事지낼 때 널이 장차 떠나가려고 할 적에 상주의 史가 이 네모난 판자에 쓰여 있는 봉물을 읽을 것을 청하는데, 대개 널의 동쪽에서 널 앞쪽의 동쪽에 해당되는 곳에서 西向하여 읽는다. 옛날에는 이것을 올리기만 하고 글을 읽지는 않았는데, 周나라 때에는 이미 올려놓고 나서 또다시 읽었다. 그러므로 曾子께서 "재차 고하는 것이다."라고 한 것이다.

≪大全≫

臨川吳氏曰 按士喪禮下篇에 祖奠[162]畢에 公賵하고 賓賵한대 其時賵者는 已致命於柩라 凡所賵之物은 書之於方하고 及次日遣奠[163]畢하야 苞牲行器之後에 主人之史讀

---

162) 祖奠 : 발인 하루 전에 올리는 奠祭를 가리킨다.
163) 遣奠 : 장차 葬禮를 치르고자 할 때 지내게 되는 奠祭를 뜻한다.

贈하니 若欲神一一知之라 前旣致命이어늘 今又讀之하니 是再告於神也라 蓋古者但有贈時致命之禮요 無後來再讀之禮라 故曾子以爲非古라

臨川吳氏: 《儀禮》〈士喪禮〉하편에 祖奠을 마치고 나면 군주가 부의〔賵〕를 보내고 빈객이 부의를 보내는데, 이때 부의한 사람의 명단과 물품의 목록은 이미 널 위에다 보고를 한다. 무릇 부의로 받은 물건의 품목은 네모난 판자에 기록하고, 다음날 遣奠을 마침에 미쳐 희생과 葬地로 가지고 갈 明器를 싼 뒤에 喪主의 史가 賵儀 품목을 읽으니, 마치 신령이 일일이 그것을 알고자 하는 것처럼 한다. 이전에 이미 보고를 하였는데 지금 또 그것을 읽으니, 이는 신령에게 재차 아뢰는 것이다. 대개 옛날에는 단지 부의를 보내왔을 때 보고하는 禮만 있었지, 뒤에 재차 그 명단과 목록을 읽는 예는 없었다. 그렇기 때문에 曾子께서 옛날의 예가 아니라고 하신 것이다.

039301 成子高寢疾이어늘 慶遺入請曰 子之病이 革(극)矣니 如至乎大病則如之何오

成子高가 병으로 누워 있자, 慶遺가 들어와 청하기를 "어르신의 병환이 위급하니, 만약 죽음에 이르면 어떻게 해야 합니까?"라고 하였다.

≪集說≫

成子高는 齊大夫國伯高父니 諡成也라 遺는 慶封之族이라 革은 與亟同하니 急也라 大病은 死也니 諱之之辭라

成子高는 齊나라 大夫인 國伯高父로 諡號는 成이다. 遺는 慶封의 겨레붙이이다. 革은 亟과 같으니 위급하다는 뜻이다. 大病은 죽는다는 뜻이니, 죽는 것을 忌諱한 말이다.

039302 子高曰 吾聞之也호니 生有益於人하며 死不害於人이라호니 吾縱生無益於人이나 吾可以死害於人乎哉아 我死則擇不食之地而葬我焉하라

子高가 말하기를 "내 들으니 살아서는 남에게 유익함이 있어야 하고 죽어서는 남에게 폐해를 끼치지 않아야 한다고 하였다. 내가 비록 살아서는 남

에게 유익함이 없었으나, 내 죽어서 남에게 폐해를 끼칠 수야 있겠는가? 내가 죽거든 경작할 수 없는 땅을 가려서 나를 葬事지내다오."라고 하였다.

≪集說≫

不食之地는 謂不耕墾之土라

不食之地는 밭갈이하여 개간하지 않는 땅을 이른다.

≪大全≫

嚴陵方氏曰 子高之愛人을 可知矣라 觀公叔文子樂瑕丘而欲葬[164]이면 則子高之所得이 不亦多乎아

嚴陵方氏 : 子高가 사람을 아꼈음을 알 수 있다. 公叔文子가 瑕丘를 좋아하여 그곳에 묻히고 싶어한 것을 살펴보면, 자고가 얻은 바가 또한 많지 않겠는가.

○ 臨川吳氏曰 入請은 入臥內而請問其遺命也라 大病은 謂死라 不食之地는 謂地不可以種五穀하야 以供民食者라 子高自謂生而不能利澤於人하니 是無益於人也어늘 若死而葬人所耕墾之地하야 以妨五穀이면 是有害於人矣라 故欲擇不可墾耕之地而葬焉이니 其意慊然不自足이나 其言依於謙儉이니 蓋亦可謂賢已라

○ 臨川吳氏 : 入請은 成子高가 누워 있는 內室로 들어와서 遺命을 청하여 질문했다는 뜻이다. 大病은 죽음을 이른다. 不食之地는 五穀을 파종해서 백성들에게 양식을 공급할 수 없는 땅을 이른다. 子高가 스스로 이르기를 "살아서 사람들에게 이로운 혜택을 주지 못하니 이는 남에게 유익함 없는 것인데, 만약 죽어서 사람들이 경작하고 개간해놓은 땅에 葬事를 지내어 오곡을 해친다면 이것은 남에게 해를 끼치는 짓이다. 그러므로 개간하고 경작할 수 없는 땅을 가려 거기에 묻히고자 한다."고 말한 것이니, 그의 뜻에는 겸연하여 스스로 만족할 만한 것은 아니지만 그의 말은 겸손함과 검소함에 따른 것이니, 또한 현명한 자라고 이를 수 있다.

---

164) 公叔文子樂瑕丘而欲葬 : ≪禮記≫〈檀弓 上〉036401 참조.

039401 子夏問諸夫子하야 曰 居君之母와 與妻之喪에 如之何잇가 夫子曰 居處言語飲食이 衎爾니라

子夏가 孔子께 묻기를 "임금의 어머니와 임금의 처를 初喪 치름에 있어서는 어떻게 해야 합니까?"라고 하자, 공자께서 말씀하시기를 "居處와 言語와 飲食이 화평하고 적절해야 한다."라고 하셨다.

《集說》

君母君妻는 雖皆小君으로 皆服齊衰不杖期나 然恩義則淺矣라 故居其喪則自處如此라 衎爾는 和適之貌라 此章은 以文勢推之컨대 喪下에 當有如之何夫子曰字라 舊說謂記者之略이라하니 亦或闕文歟인저 又否則問當作聞이라

임금의 어머니와 임금의 처가 비록 모두 小君으로서 모두 齊衰不杖期服을 입지만, 그러나 恩義가 얕기 때문에 그들의 初喪을 치름에 있어서는 스스로 처신함이 이와 같은 것이다. 衎爾는 화평하고 적절한 모양이다. 이 章은 文勢로 미루어보건대 喪자 밑에 마땅히 '如之何夫子曰'이라는 글자가 있어야 한다. 舊說에는 기록한 자가 생략한 것이라고 하는데, 또한 혹시 글을 누락시킨 것인 듯하다. 또 그것이 아니라면 問자는 마땅히 聞자가 되어야 한다.

039501 賓客至하야 無所館이어늘 夫子曰 生於我乎館하고 死於我乎殯이라하시다

손님이 와서 머무를 곳이 없자, 孔子께서 말씀하시기를 "살아서는 내 집에 머물도록 하고 죽어서는 내 집에 빈소를 차리도록 하라."고 하셨다.

《集說》

生既館之에 死則當殯이라

살아서 이미 그를 내 집에 머물게 하였으므로 죽으면 빈소를 차려줌이 당연한 것이다.

○ 應氏曰 朋友는 以義合이니 謂之賓客者는 以其自遠方而來也라

○ 應氏 : 벗은 義理로써 합한 것인데, 그를 손님이라고 말한 것은 그가 먼 지방으로부터 왔기 때문이다.

039601 國子高曰 葬也者는 藏也니 藏也者는 欲人之弗得見也라 是故로 衣足以飾身하며 棺周於衣하며 槨周於棺하며 土周於槨이어늘 反壤樹之哉아

國子高가 말하길 "장사〔葬〕라고 하는 것은 감춘다〔藏〕는 뜻이니, 감추는 것은 사람들이 보지 못하게 하려고 함이다. 이런 까닭에 옷은 충분히 몸을 치장할 수 있어야 하고, 內棺은 옷을 두루 담을 수 있어야 하며, 外槨은 內棺을 두루 감싸주어야 하며, 흙은 外槨을 두루 덮게 해야 하거늘, 도리어 封墳을 만들고 나무를 심어서야 되겠는가."

《集說》

國子高는 卽成子高也라

國子高는 바로 成子高이다.

○ 疏曰 子高之意는 人死可惡(오)라 故備飾以衣衾棺槨하니 欲其深邃하야 不使人知어늘 今乃反更封壤爲墳하야 而種樹以標之哉아 國子意在於儉하니 非周禮라

○ 疏 : 子高의 생각은 '사람의 죽음은 싫어할 만하다. 그러므로 옷과 이불과 내관과 외곽을 갖추어 치장하니, 이는 깊이 묻어서 사람들로 하여금 알지 못하게 하고자 해서인데, 지금은 도리어 다시 흙을 쌓아올려 봉분을 만들고 나무를 심어서 그 무덤을 표지해서야 되겠느냐.'는 것이다. 國子의 뜻은 검소함에 있었으니 周나라의 禮가 아니다.

《大全》

馬氏曰 古之人이 尤略於死者하야 衣之以薪하고 葬諸中野[165]러니 而後世에 聖人特嚴

165) 衣之以薪 葬諸中野 : 《周易》〈繫辭 下〉에 "옛날 장례하는 자들은 시신에 섶을 두껍게 입혀서 들 가운데 장례하여 봉분하지 않고 나무를 심지 않으며 喪期가 일정한 수가 없었는데, 후세에 성인이 관과 곽으로 바꾸었으니, 大過卦에서 취하였다.〔古之葬者

愼終之禮라 故瓦棺墍周를 易之以棺槨하고 棺槨爲不足하야 被之以柳翣[166]하니 易之以棺槨者는 言無使土侵膚요 被之以柳翣者는 言無使人惡(오)於死니 凡此皆藏之弗得見者也라 周官冢人에 用爵等爲之丘封之度與其樹數라하니 故觀其封則知位秩之高下요 觀其樹則知命數之多寡니 所以遺後世子孫之識(지)요 非以爲觀美者也라 封之崇四尺은 孔子之所不廢[167]로대 而國子高非之하니 亦異於禮矣라

馬氏 : 옛날의 사람들은 죽은 자에 대해 더욱 소략하여, 시신에 섶을 입히고 들판에 묻었었는데 후세에 聖人이 죽음을 삼가는 禮를 특별히 엄히 하였기 때문에 瓦棺과 墍周를 內棺과 外槨으로 바꾸고, 내관과 외곽으로도 부족하다고 여겨 柳衣와 雲翣을 입혔으니, 내관과 외곽으로 바꾸었다는 것은 흙이 피부에 닿지 못하도록 했다는 말이고, 유의와 운삽을 입혔다는 것은 사람들로 하여금 죽음을 싫어함이 없도록 했다는 말이니, 이것은 모두 다 숨겨서 볼 수 없게 한 것이다. ≪周官≫〈冢人〉에 "작위의 등급에 따라 봉분을 쌓는 치수와 나무를 심는 수를 관장한다."고 하였다. 그러므로 봉분을 보면 지위의 높고 낮음을 알 수 있고, 그 나무를 보면 命數의 많고 적음을 알 수 있으니, 후세의 자손들에게 표지를 남겨주기 위한 것이지, 보기에 아름답게 하기 위한 것이 아니다. 봉분의 높이가 4尺인 것은 孔子께서 폐지하지 않으셨는데 國子高가 비난을 하였으니, 역시 禮를 달리한 것이다.

039701 孔子之喪에 有自燕來觀者舍於子夏氏러니 子夏曰 聖人之葬人與아 人之葬聖人也니 子何觀焉고

孔子의 喪에 燕나라로부터 와서 참관하는 사람이 子夏氏에게 머물게 되었는데, 子夏가 말하였다. "聖人이 일반인을 葬事지내는 것입니까? 일반인이 성인을 장사지내는 것이니, 당신이 무엇을 볼 것이 있겠습니까?

厚衣之以薪 葬之中野 不封不樹 喪期无數 後世聖人易之以棺槨 蓋取諸大過〕"라고 했다.

166) 瓦棺墍周……被之以柳翣 : ≪禮記≫〈檀弓 上〉031301~031302 참조.

167) 封之崇四尺 孔子之所不廢 : ≪禮記≫〈檀弓 上〉030601 참조.

≪集說≫

延陵季子之葬其子에 夫子尙往觀之[168]하시니 今孔子之葬에 燕人來觀이 亦其宜也라
然子夏之意以爲聖人葬人則事皆合禮어니와 人之葬聖人則未必皆合於禮也라 故語之
曰 子以爲聖人之葬人乎아 乃人之葬聖人也니 又何觀焉이리오하니 蓋謙辭也라

延陵季子가 그 아들을 葬事지낼 때 孔子께서 오히려 가서 그것을 참관하셨으니, 지
금 공자의 장사에 燕나라 사람이 와서 참관하려 한 것도 또한 당연한 것이다. 그런데
子夏가 생각하기에는 聖人이 일반인을 장사지내는 것은 그 일이 모두 禮에 부합하지
만, 일반인이 성인을 장사지내는 것은 꼭 모두 예에 부합되지는 못할 것이라고 여겼
다. 그러므로 그에게 말하기를 "당신은 성인이 일반인을 장사지내는 것으로 여기는
가? 바로 일반인이 성인을 장사지내는 것이니, 또 무엇을 볼 것이 있겠는가?"라고 하
였으니, 아마도 謙辭인 듯하다.

≪大全≫

長樂陳氏曰 君子之於喪禮에 尤衆人之所欲觀者也라 故子思之喪母[169]와 滕世子之
葬定公[170]에 四方猶且觀之어든 況聖人之門人葬聖人乎아 此燕人所以來觀之라

長樂陳氏 : 君子가 喪을 치르는 禮에 있어서 더욱 일반인들이 참관하고자 하는 것이
다. 그러므로 子思가 어머니의 상을 치를 때와 滕나라 世子가 定公을 葬事지낼 때, 사
방에서 오히려 또한 참관을 하였으니, 하물며 聖人의 門人들이 성인을 장사지냄에 있
어서이겠는가. 이것이 燕나라 사람이 와서 참관하고자 했던 이유이다.

039702昔者에 夫子言之曰 吾見封之若堂者矣며 見若坊者矣며 見若
覆(부)夏屋者矣며 見若斧者矣로니 從若斧者焉이라하시니 馬鬣封之謂也니
今一日而三斬板而已封하니 尙行夫子之志乎哉인저

---

168) 延陵季子……尙往觀之:≪禮記≫〈檀弓 下〉046902 참조.
169) 子思之喪母:≪禮記≫〈檀弓 上〉037901 참조.
170) 滕世子之葬定公:≪孟子≫〈滕文公 上〉2장 참조.

옛적에 孔子께서 말씀하시기를 '나는 封墳이 집 모양처럼 생긴 것도 보았으며, 제방 모양처럼 생긴 것도 보았으며, 夏나라 때의 가옥처럼 쌓은 것도 보았으며, 도끼 모양처럼 생긴 것도 보았는데, 도끼 모양처럼 생긴 것을 따르겠다.'고 하셨으니, 馬鬣封을 이른 것이다. 지금 하루만에 세 번 판자를 묶은 끈을 끊으면 이미 봉분이 이루어지니, 거의 선생님의 뜻을 행한 것인 듯 싶습니다."

≪集說≫

此는 言封土有此四者之形이라 封은 築土爲墳也니 若堂者는 如堂之基四方而高也요 坊은 堤也니 若坊者는 上平旁殺而南北長也요 若覆夏屋者는 旁廣而卑也요 若斧者는 上狹如刃이니 較之컨대 上三者는 皆用功力多而難成이로대 此則儉而易就라 故俗謂之 馬鬣封이라하니 馬鬃鬣之上에 其肉이 薄하니 封形이 似之也라 今一日者는 謂今封築孔子之墳이 不假多時요 一日之間에 三次斬板하야 卽封畢而已止矣라 其法이 側板於坎 之兩旁而用繩以約板하고 乃內(납)土於內(내)而築之하야 土與板平則斬斷約板之繩而 升此板於所築土之上하고 又實土於其中而築之하니 如此者三而墳成矣라 故云三斬板 而已封也라 尙은 庶幾也요 乎哉는 疑辭니 亦謙不敢質言也라

이는 흙을 쌓아 봉분을 만듦에 이 네 가지 모양이 있음을 말한 것이다. 封은 흙을 쌓아서 封墳을 만든 것이니 若堂은 집의 터와 같이 사방이 네모지고 높은 것이고, 坊 은 제방이니 若坊은 위는 평평하며 옆은 좁아지면서 남북으로 긴 것이고, 若覆夏屋은 옆이 넓으면서 낮은 것이다. 若斧는 위쪽이 좁아서 칼날과 같은 것인데, 비교해보면 앞의 세 가지는 모두 공을 씀에 힘이 많이 들고 이루기가 어렵지만, 이것은 검소하고 이루기도 쉽다. 그러므로 세속에서 馬鬣封이라고 이르니, 말은 갈기 위에 살이 얇으 니 封墳 모양이 이와 같은 것이다. '지금 하루〔今一日〕'라는 것은 지금 孔子의 봉분을 쌓는 것은 많은 시간을 빌리지 않고, 하루 사이에 세 차례 판자를 묶는 노끈을 자르고 서 바로 봉분을 쌓는 일이 끝날 뿐임을 말한다. 그 방법은 구덩이 양쪽에 판자를 옆으 로 대서 노끈을 사용하여 판자를 묶고, 이에 흙을 안에 넣고 다져서 흙과 판자가 수평 을 이루게 되면 판자를 묶은 노끈을 잘라 끊고서 이 판자를 흙을 다진 곳의 위에 올리

고, 또 흙을 그 속에 채워서 다지니, 이와 같이 하기를 세 번 하면 봉분이 완성된다. 그러므로 세 번 판자를 묶은 끈을 끊으면 이미 봉분이 이루어진다고 말한 것이다. 尙은 거의라는 뜻이고, 乎哉는 의문사이니, 또한 겸손하게 표현하고 감히 단정하여 말하지 않은 것이다.

≪大全≫

長樂陳氏曰 孔子는 以時人之封過泰也라 故欲從其殺者而已라 門人以夫子之志於儉也라 故一日三斬板하야 以行夫子之志而已라 門人於封則儉이로대 於披崇練旐[171] 則不儉者니 儉則行夫子之志요 不儉則行門人之志니 行夫子之志는 所以救時요 行門人之志는 所以尊師也라

長樂陳氏 : 孔子께서는 당시 사람들의 봉분이 지나치게 컸기 때문에 좁게 하는 것을 따르고자 한 것일 뿐이고, 門人들은 공자의 뜻이 검소함에 있었기 때문에 〈봉분을 만드는데 많은 시간이 걸리지 않고〉 하루 만에 세 번 판자를 묶는 노끈을 끊으면 봉분이 이루어지는 일을 하여 부자의 뜻을 실행한 것일 뿐이다. 문인들이 봉분을 쌓는 일에는 검소하였으나 관을 당기는 줄〔披〕과 깃봉〔崇〕과 흰 비단〔練〕과 기〔旐〕에 대해서 검소하지 않았으니, 검소한 것은 공자의 뜻을 행한 것이고, 검소하지 않은 것은 문인들의 뜻을 행한 것이니, 공자의 뜻을 행한 것은 당시의 폐습을 구제하기 위한 것이었고, 문인들의 뜻을 행한 것은 스승을 높이기 위한 것이었다.

039801 婦人은 不葛帶니라

婦人은 칡으로 만든 띠를 두르지 않는다.

≪集說≫

禮에 婦人之帶는 牡麻結本이라 卒哭에 丈夫는 去麻帶服葛帶而首絰不變하고 婦人은 以葛爲首絰하야 以易去首之麻絰而麻帶不變이니 所謂不葛帶也라 旣練則男子除絰하고 婦人除帶하니 婦人이 輕首重要故也라 然此謂婦人은 居齊斬之服者如此니 若大功以

下輕者는 至卒哭則竝變爲葛하야 與男子同이니라

禮에 婦人의 腰帶는 수삼으로 만드는데 삼의 밑둥 부분을 늘어뜨리지 않고 꼬니, 卒哭에 大夫는 麻帶를 벗고 葛帶를 두르되 首経은 바꾸지 않으며, 부인은 칡으로 수질을 만들어 머리의 麻経을 바꾸어 제거하나 마대는 바꾸지 않으니, 이것이 이른바 "칡으로 만든 띠를 두르지 않는다."는 것이다. 練祭를 마치면 남자는 수질을 벗고 부인은 요대를 벗으니, 부인은 머리를 가볍게 여기고 허리를 중시하기 때문이다. 그러나 여기서는 부인이 齊衰와 斬衰의 服을 입고 初喪을 치르는 것이 이와 같음을 말한 것이다. 大功 이하의 가벼운 服 같은 경우는 졸곡에 이르면 마대와 마질을 모두 바꾸어 칡으로 만드니 남자의 경우와 같다.

039901 有薦新이어든 如朔奠이니라

제철에 난 새로운 음식이나 곡식을 빈소에 올리는〔薦新〕 때에는 朔奠과 같이 한다.

≪集說≫

朔奠者는 月朔之奠也라 未葬之時에 大夫以上은 朔望皆有奠하고 士則朔而已니 如得時新之味와 或五穀新熟而薦之에는 則其禮亦如朔奠之儀也니라

朔奠은 매월 초하루에 올리는 奠이다. 아직 葬事 지내지 않았을 때에 大夫 이상은 초하루와 보름에 모두 奠이 있고, 士는 초하루에만 奠을 올릴 뿐이니, 만약에 제철의 새로운 음식이나 혹은 五穀이 새로 영근 것을 얻어 그것을 올리게 될 경우에는 그 禮가 또한 삭전의 의식과 같다.

≪大全≫

金華應氏曰 薦新은 重時物也라 薦新於廟엔 死者已遠이면 則感傷或淺이로되 薦新於殯엔 其痛尚新이면 則感傷必重이라 朔祭를 謂之大奠하니 其禮視大斂이라 故薦新을 亦如之니 謂男女各卽位하고 內外各從事而奠哭之儀如一也라

金華應氏 : 薦新은 제철에 난 물건을 중히 여기는 것이다. 사당에서 천신을 할 때에는 죽은 자가 이미 멀어지면 슬픈 감정이 더러 엷어지기도 하지만, 빈소에서 천신을 할 때에는, 애통한 마음이 오히려 새로워지면 슬픈 감정이 반드시 가중된다. 朔祭를 大奠이라고 하는데 그 禮는 大斂에 견준다. 그러므로 천신을 또한 그와 같이 한다고 한 것이니, 男女가 각각 자리에 나아가고 內外가 각각 일을 따라 奠을 올리고 哭하는 의식이 똑같다는 말이다.

0310001 旣葬에 各以其服除니라

이미 葬禮를 마치고 나면 각각 그 服에 따라 喪服을 벗는다.

≪集說≫

三月而葬하고 葬而虞하고 虞而卒哭이니 親重而當變麻衰者는 變之하고 其當除者는 卽自除之요 不俟主人卒哭之變也라

석달만에 葬事를 지내고, 장사를 지내면 虞祭를 지내고, 우제를 지내고서 卒哭을 지내니, 친의가 중하여 마땅히 麻衰로 바꾸어야 할 사람은 상복을 바꾸고, 마땅히 服을 벗어야 할 사람은 곧바로 스스로 그 服을 벗고, 喪主가 卒哭祭를 지내고서 服을 바꾸어 입을 때까지 기다리지 않는다.

0310101 池視重霤니라

상여의 낙숫물받이는 重霤를 본떠서 만든다.

≪集說≫

疏曰 池者는 柳車之池也요 重霤者는 屋之承霤也니 以木爲之하야 承於屋簷하야 水霤入此木中하고 又從木中而霤於地라 故云重霤也라 天子之屋은 四注니 四面皆有重霤요 諸侯는 四注而重霤去後요 大夫는 惟前後二요 士는 惟一在前이니 生時屋有重霤라 故死時柳車를 亦象宮室而設池於車하야 覆鱉甲之下牆帷之上하니 蓋織竹爲之호대 形如籠하고 衣以靑布하야 以承鱉甲하니 名之曰池니 以象重霤也라 方面之數는 各視生時重霤니라

疏 : 池는 상여의 낙숫물받이이고, 重霤는 집의 낙숫물받이인데, 나무로 그것을 만들어 지붕의 처마에 달아서 낙숫물이 이 나무 홈통 속으로 들어가고, 또 나무의 홈통 속을 따라서 땅에 떨어지기 때문에 중류라고 한 것이다. 天子의 지붕은 사방에서 낙숫물이 쏟아져 내리므로 사면에 모두 중류가 있고, 諸侯는 사방에서 낙숫물이 쏟아져 내리기는 하지만 낙숫물받이는 뒷면의 것은 제거하여 세 면 뿐이고, 大夫는 오직 앞면과 뒷면 두 개 뿐이고, 士는 오직 하나가 전면에 있으니, 생전에 지붕에 중류가 있었으므로 죽었을 때 상여 또한 집을 본떠서 상여에 낙숫물받이를 설치하여 상여 뚜껑〔鼈甲〕의 아래와 담같은 휘장〔牆帷〕 위에 덮는다. 대개 대나무를 엮어서 그것을 만드는데 생김새는 대통과 같으며 푸른 베를 겉에 입혀 상여 뚜껑을 떠받들고 있는데, 그것을 이름하여 낙숫물받이〔池〕라고 하니, 중류를 본뜬 것이기 때문이다. 사방 면의 수는 각각 生時의 중류 수에 견준다.

0310201 君이 卽位어시든 而爲椑(벽)하야 歲一漆之하야 藏焉하나니라

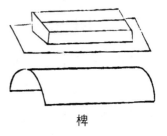

椑

임금(諸侯)이 卽位하면 內棺〔椑〕을 만들어 해마다 한 번씩 옻칠을 하여 그 속에 물건을 넣어둔다.

≪集說≫

疏曰 君은 諸侯也라 人君은 無論少長하고 體尊物備라 卽位에 卽造爲親尸之棺하니 蓋椑棺也라 漆之堅强이 甓甓然이라 故名椑이니 每年一漆은 示如未成也라 藏焉者는 其中不欲空虛하야 如急有待라 故藏物於中이니라 一說에 不欲令人見이라 故藏之라하니라

疏 : 君은 諸侯이다. 人君은 나이가 적고 많음을 막론하고 지체가 존귀함에 물건이 구비되어 있어야 한다. 즉위하면 즉시 시신을 넣을 內棺을 만드니, 이는 바로 백양목으로 만든 내관이다. 옻칠을 하여 견고하고 단단함이 벽돌처럼 단단하기 때문에 椑이라고 命名한 것인데, 매년 한 번씩 옻칠을 하는 것은 아직 완성되지 않았음을 나타내는 것이다. '그 속에 물건을 넣어둔다〔藏焉〕'는 것은 그 속을 비워놓고서 마치 급하게 죽기를 기다림이 있는 것처럼 하고자 하지 않기 때문에 그 속에 물건을 넣어두는 것이다. 一說에는 사

람들로 하여금 보도록 하고 싶지 않기 때문에 그 내관을 간직해두는 것이라고 한다.

≪大全≫

嚴陵方氏曰 椑은 卽所謂櫬也라 君尊이라 雖凶禮나 亦備豫焉이라

嚴陵方氏 : 椑은 바로 이른바 백양목으로 만든 내관〔櫬〕이다. 임금은 지체가 높기 때문에 비록 凶禮라 할지라도 또한 미리 갖추는 것이다.

0310301 復과 楔齒와 綴(졸)足과 飯과 設飾과 帷堂을 竝作하나니라

皐復과 입이 다물리지 않도록 숟가락 같은 나무를 이에 물리는 것과 발을 잇닿게 하는 것과 飯含과 設飾과 마루에 휘장을 치는 것을 일시에 거행한다.

≪集說≫

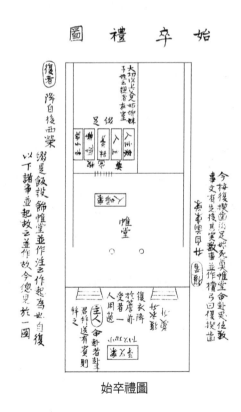

始卒禮圖

始死招魂之後에 用角柶拄尸之齒令開하야 得飯含時不閉하고 又用燕几[172]하야 拘綴尸之兩足令直하야 使著屨時不辟戾也라 飯者는 實米與貝于尸口中也라 設飾은 尸襲斂也요 帷堂은 堂上設帷也라 作은 起爲也니 復으로 至帷堂六事一時竝起라 故云竝作也라 儀禮에 亦總見一圖하니라

사람이 막 죽어서 招魂한 뒤에 뿔수저〔角柶〕를 사용해서 시신의 치아에 괴어 벌려서 飯含할 때 닫히지 않도록 하고, 또 평상시 사용하던 안석을 이용해서 시신의 양쪽 다리를 고정시켜 곧게 펴지도록 하여, 신발을 신길 때 비틀리지 않도록 하는 것이다. 飯含은 쌀

---

172) 燕几 : 평상시 휴식을 취할 때 몸을 기댈 수 있도록 만든 안석이다.

과 패옥을 시신의 입 속에 채우는 것이다. 設飾은 시신을 斂襲하는 것이고, 帷堂은 마루 위에 휘장을 설치하는 것이다. 作은 행위를 일으킨다는 뜻이니, 皐復으로부터 帷堂에 이르기까지 여섯 가지 일이 일시에 나란히 거행되기 때문에 竝作이라고 한 것이다. 《儀禮》에도 또한 총괄해서 하나의 그림으로 표현해놓았다.

《大全》

山陰陸氏曰 言復楔齒綴足飯設飾, 此五事를 竝作於帷堂之時라

山陰陸氏 : 皐復과 숟가락 같은 나무를 치아에 물리는 것과 발을 잇닿게 하는 것과 飯含과 設飾하는 것, 이 다섯 가지 일을 모두 마루에 휘장을 칠 때 한꺼번에 거행한다는 말이다.

0310401 父兄이 命赴者하니라

父兄이 부고할 사람을 命한다.

《集說》

疏曰 生時에 與他人有恩識者今死에 則其家宜使人往相赴告니 士喪禮에 孝子自命赴者호대 若大夫以上則父兄命之也라

疏 : 생전에 다른 사람과 은정과 면식이 있는 자가 지금 죽었으면 그 집에서는 마땅히 사람을 시켜 찾아가 서로 부고하게 하니, 《儀禮》〈士喪禮〉에 "효자는 스스로 부고할 사람을 명한다."라고 했는데, 만약 大夫 이상이라면 父兄이 부고할 사람을 명한다.

0310501 君은 復於小寢과 大寢과 小祖와 大祖와 庫門과 四郊하나니라

임금(天子와 諸侯)은 小寢과 大寢과 小祖와 大祖와 庫門과 四郊에서 皐復을 한다.

《集說》

天子之郭門을 曰皐門이라 明堂位言 魯之庫門은 卽天子皐門[173]이라하니 是庫門者는

郭門也라

天子의 城郭門을 皐門이라고 한다. ≪禮記≫ 〈明堂位〉에 "魯나라의 庫門이 바로 천
자의 皐門이다."라고 하였으니, 여기의 庫門은 城郭門이다.

○ 疏曰 君은 王侯也라 前曰廟요 後曰寢이니 室有東西廂曰廟요 無東西廂有室曰寢이라
小寢者는 高祖以下寢也니 王侯同이라 大寢은 天子始祖之寢이요 諸侯太祖之寢也라 小
祖者는 高祖以下廟也니 王侯同이요 太祖者는 天子始祖之廟요 諸侯太祖之廟也라

○ 疏 : 君은 天子와 諸侯이다. 앞은 사당이라고 이르고, 뒤는 正寢이라고 이르는데,
방이 동서의 행랑이 있는 것을 사당〔廟〕이라고 하고, 동서쪽에 행랑이 없고 내실만 있
는 것을 정침이라고 한다. 小寢은 高祖 이하의 정침인데 천자와 제후가 같다. 大寢은
천자의 始祖의 정침이고, 제후의 太祖의 正寢이다. 소조는 고조 이하의 사당인데 천
자와 제후가 같고, 태조는 천자의 시조 사당이고, 제후의 태조 사당이다.

○ 馬氏曰 寢은 所居處之地요 祖는 所有事之地요 門은 所出入之地요 郊는 所嘗至之
地니 君復을 必於此者는 蓋魂氣之往이 亦未離生時熟習之地也니 觀此則死生之說을
可知矣니라

○ 馬氏 : 正寢은 거처하는 곳이고, 祖는 일이 있는 곳이며, 門은 드나드는 곳이고,
郊는 일찍이 이르렀던 곳이니, 임금을 皐復할 때 반드시 여기에서 하는 것은 아마도
魂氣가 떠나갈 때 또한 아직 생시에 익숙했던 장소에서 떠나지 않았기 때문인 듯하
니, 이것을 살펴보면 死生의 설(이치)을 알 수 있다.

○ 今按 馬氏以小寢大寢으로 爲燕寢正寢하니 與舊說異로다

○ 今按 : 馬氏는 小寢과 大寢을 燕寢과 正寢이라고 하니, 舊說과는 다르다.

0310601 喪不剝奠也與는 祭肉也與인저

---

173) 魯之庫門 卽天子皐門 : ≪禮記≫ 〈明堂位〉에 "魯나라에서 세운 太廟는 天子의 明堂과
  같고, 庫門은 천자의 皐門과 같으며, 雉門은 천자의 應門과 같다.〔太廟 天子明堂 庫門
  天子皐門 雉門 天子應門〕"라고 하였다.

喪에 奠物을 노출시키지 않는 것은 祭肉이 있기 때문일 것이다.

　　《集說》

剝者는 不巾覆也라 脯醢之奠은 不惡塵埃라 故可無巾覆이니 凡覆之者는 必其有祭肉
者也라

　剝은 보[巾]로 덮지 않는 것이다. 포와 육장의 奠은 먼지나 티끌에 더럽혀지지 않기
때문에 보로 덮지 않을 수 있으니, 무릇 보로 덮는 것은 반드시 祭肉이 있기 때문이다.

　　《大全》

廬陵胡氏曰 牲肉不巾이면 則塵蠅汚之라

　廬陵胡氏 : 희생의 고기는 보[巾]로 덮지 않으면 먼지나 파리가 고기를 더럽힌다.

0310701 既殯하고 旬而布材與明器니라

　빈소를 설치하고 나서 열흘이 지나면 外槨을 만들 材木과 明器를 벌여놓
고 건조시킨다.

　　《集說》

材는 爲槨之木也라 布者는 分列而暴乾之也라 殯後旬日에 卽治此事라 禮에 獻材于殯
門外라하야늘 註云明器之材라하니 此云材與明器者는 蓋二者之材를 皆乾之也라

　材는 外槨을 만드는 목재이다. 布는 구분해서 벌여놓아 햇볕에 쬐어 말리는 것이
다. 빈소를 차린지 열흘이 되면 바로 이 일을 다룬다. 《儀禮》〈士喪禮〉에 "材木을
殯門 밖에서 올린다."고 하였는데, 그 註에 "明器의 材木이다."라고 하였으니, 여기서
재목과 명기라고 말한 것은 두 가지의 재목을 함께 말리는 것이다.

0310801 朝奠은 日出하고 夕奠은 逮日하나니라

　아침에 올리는 奠은 해가 돋을 적에 거행하고, 저녁에 올리는 奠은 해가

지기 전에 거행한다.

《集說》

逮日은 及日之未落也라

逮日은 해가 아직 지기 전에 미침이다.

○ 方氏曰 朝奠은 以象朝時之食이요 夕奠은 以象夕時之食이니 孝子事死如事生也니라

○ 方氏 : 朝奠은 아침 때의 식사를 형상한 것이고, 夕奠은 저녁 때의 식사를 형상한 것인데, 효자가 돌아가신 분 섬기기를 살아 계신 분 섬기듯이 하는 것이다.

0310901 父母之喪에 哭無時하며 使어든 必知其反也니라

父母의 喪中에는 哭하는 것이 일정한 때가 없으며, 사신 갔다가 돌아오면 반드시 제사하여 어버이의 신령으로 하여금 자기가 돌아왔음을 알게 해야 한다.

《集說》

未殯에 哭不絶聲하고 殯後雖有朝夕哭之時나 然廬中思憶則哭하고 小祥後哀至則哭이니 此皆哭無時也라 使者는 受君之任使也라 小祥之後에 君有事使之어시든 不得不行이나 然反必祭告하야 俾親之神靈으로 知其已反이니 亦出必告反必面[174]之義也라

아직 殯所를 차리지 않았을 때엔 哭소리가 끊이지 않고, 빈소를 차린 뒤에는 비록 아침저녁으로 곡할 때가 있지만, 여막 속에서 부모의 생각이 나면 곡을 하고, 小祥 뒤에도 슬픔이 지극하면 곡하니, 이 모두가 "곡하는 것이 일정한 때가 없다."는 것이다. 使는 임금이 일을 맡겨 부림을 받는 것이다. 소상 뒤에 임금이 일이 있어서 그에게 시키면 가지 않을 수 없다. 그러나 돌아오면 반드시 제사를 지내고 告由하여 어버이의

---

174) 出必告反必面 : 자식된 자는 외출할 때에는 반드시 가는 곳을 아뢰고, 돌아와서는 반드시 얼굴을 뵈며, 나갈 때는 반드시 일정한 장소가 있으며, 학습에는 반드시 일정한 課業이 있다.〔夫爲人子者 出必告 反必面 所遊必有常 所習必有業〕(《禮記》〈曲禮 上〉)

신령으로 하여금 자기가 이미 돌아왔음을 알게 해야 하니, 이 또한 생전에 "밖에 나갈 때는 반드시 아뢰고 돌아오면 반드시 얼굴을 뵙는다."는 뜻이다.

0311001 練에 練衣를 黃裏하고 縓(전) 緣하며

小祥에는 마전한 中衣를 입되 황색으로 안을 받치고, 연한 분홍색 천으로 가선을 두르며,

≪集說≫

疏曰 練은 小祥也니 小祥而著練冠練中衣라 故曰練也라 練衣者는 以練爲中衣요 黃裏者는 黃爲中衣裏也라 正服은 不可變이니 中衣는 非正服이요 但承衰而已라 縓은 淺絳色이라 緣은 謂中衣領及褒之緣也라

疏 : 練은 小祥이니, 소상을 지낼 때 마전한 冠과 마전한 中衣를 입기 때문에 練이라고 한 것이다. 練衣는 마전한 삼으로 중의를 만든 것이고, 黃裏는 황색으로 중의의 속을 받치는 것이다. 正服은 바꿀 수가 없으니, 중의는 정복이 아니고 다만 衰服에 받쳐서 입을 뿐이다. 縓은 옅은 홍색이다. 緣은 중의의 옷깃 및 소매에 가선을 두른다는 말이다.

0311002 葛要絰하며 繩屨無絇하며

칡으로 만든 要絰을 두르며 노끈으로 삼은 미투리를 신되 신코의 장식은 없으며,

≪集說≫

小祥에 男子去首之麻絰하고 惟餘要葛也라 故曰葛要絰이라 繩屨者는 父母初喪에 菅屨하고 卒哭에 受齊衰削蒯屨하고 小祥에 受大功繩麻屨也라 無絇는 謂無屨頭飾也라

小祥 때 남자는 머리에 쓰고 있는 麻絰을 제거하고, 오직 허리에 찬 칡으로 만든 要絰만을 남겨두기 때문에 "칡으로 만든 요질을 두른다."고 말한 것이다. 繩屨는 어버이

의 初喪에는 왕골로 삼은 미투리를 신고, 卒哭에는 齊衰服을 입고 기름사초 풀〔削薦〕로 삼은 미투리를 신으며, 소상에는 大功服을 입고 노끈으로 삼은 미투리를 신는다. 無絇는 신코 장식이 없는 것을 이른다.

○ 朱子曰 菅屨疏屨를 今不可考니 今略以輕重推之컨대 斬衰에 用今草鞋하고 齊衰에 用麻鞋可也니 麻鞋는 今卒伍所著者라

○ 朱子 : 菅屨와 疏屨는 지금 고찰할 수 없는데, 지금 대략 輕重에 따라 미루어보면, 斬衰服에는 짚으로 삼은 신〔草鞋〕을 사용하였고, 齊衰服에는 삼으로 삼은 신〔麻鞋〕을 사용하는 것이 괜찮으니, 삼으로 삼은 신〔麻鞋〕은 오늘날 병사들이 착용하는 신발이다.

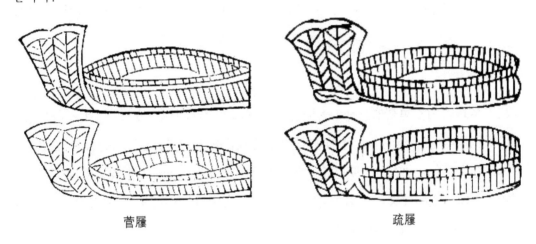

菅屨   疏屨

0311003 角瑱하며

뿔 귀막이를 사용하며,

≪集說≫

瑱은 充耳也라 吉時에 君大夫士皆有之하니 所以掩於耳라 君은 用玉爲之하나니 初喪에 去飾이라 故無瑱이요 小祥後微飾이라 故用角爲之也라

瑱은 귀막이이다. 吉한 때에는 임금과 大夫와 士가 모두 귀막이가 있으니, 귀를 가리기 위한 것이다. 임금은 玉을 이용해서 귀막이를 만드니, 初喪에는 장식을 제거하

기 때문에 귀막이가 없고, 小祥 뒤에는 조금 장식을 하기 때문에 뿔을 사용해서 귀막이를 만든다.

≪大全≫

馬氏曰 哀痛至甚則耳無聞하고 目無見也나 而哀殺則能有聞矣라 故又爲角瑱以充之라

馬氏 : 애통함이 지극히 심하면 귀에 들리는 것이 없고 눈에 보이는 것이 없지만 슬픔이 줄어들면 들을 수 있기 때문에 또 뿔 귀막이를 만들어 귀를 막는 것이다.

0311004 鹿裘를 衡(횡)長袪니 袪하면 裼之可也니라

小祥 뒤에는 사슴의 가죽으로 만든 갖옷에 가로가 넓고 길이가 길게 선을 두르니, 소매에 선을 두르면 겉옷〔裼衣〕을 입는 것이 좋다.

≪集說≫

疏曰 冬時吉凶衣裏皆有裘하니 吉則貴賤有異하고 喪則同用鹿皮爲之호대 小祥之前은 裘狹而短하고 袂又無袪라가 小祥에 稍飾則更易作橫廣大者하고 又長之하고 又設其袪也라 裼者는 裘上之衣니 吉時皆有니 喪後凶質이라 未有裼衣라가 小祥後漸向吉이라 故加裼可也라 按如此文이면 明小祥時外有衰하고 衰內有練中衣하고 中衣內有裼衣하고 裼衣內有鹿裘하고 鹿裘內自有常著(착)襦衣니라

疏 : 겨울철에는 吉服과 凶服의 속에 모두 갖옷이 있으니, 길복일 경우에는 貴賤의 차이가 있고, 喪事일 경우에는 동일하게 사슴 가죽을 사용해서 갖옷을 만들되, 小祥 전에는 갖옷이 좁고 짧으며 소매 또한 선두름이 없다가, 소상을 지내면 조금 장식을 하기 때문에 바꾸어 가로로 넓고 큰 것을 만들고, 또 길게 하고 또 소맷부리에 끝동을 다는 것이다. 裼은 갖옷 위에 덧입는 옷인데 吉할 때에는 모두 이 옷을 입으니, 初喪을 당한 뒤에는 흉복을 입어 질박하게 해야 하기 때문에 갖옷 위에 덧입는 겉옷〔裼衣〕을 입지 않다가 소상 뒤에는 점점 吉함으로 향하기 때문에 裼衣를 덧입는 것이 좋다. 살펴보건대 이 글과 같다면 소상 때 이외에는 衰服이 있고 최복의 안에 練中衣가 있고 中衣 안에 석의가 있고 석의 안에 사슴 갖옷이 있고 사슴 갖옷 안에 스스로 항상

입는 襦衣가 있음을 분명히 알 수 있다.

○ 今按 袪者는 袖口也니 此所謂袪는 則是以他物爲袖口之緣이라 旣袪以爲飾餙라 故
裼之可也라

　○ 지금 살펴보건대 袪라는 것은 소맷부리이니, 여기에서 말하는 소맷부리는 다른
옷감을 이용해서 소맷부리의 가선을 두른 것이다. 이미 소맷부리에 장식을 했기 때문
에 겉옷을 입어도 좋다.

　　《大全》

嚴陵方氏曰 鹿裘는 以白鹿之皮爲裘也라 凡此所以爲易除之漸而已라

　嚴陵方氏 : 鹿裘는 흰 사슴의 가죽으로 만든 갖옷이다. 무릇 이렇게 하는 것은 점차
喪服을 벗기 쉽게 하기 위한 것일 뿐이다.

0311101 有殯에 聞遠兄弟之喪이면 雖緦라도 必往이요 非兄弟면 雖隣이라도
不往이니라

　殯所가 있을 때 먼 형제의 初喪을 들으면 비록 緦麻服을 입어주는 관계라
도 반드시 가야 하고, 형제가 아니라면 비록 이웃이라도 가지 않는다.

　　《集說》

三年之喪在殯에 不得出弔나 然於兄弟則恩義存焉이라 故雖緦服兄弟之異居而遠者라도
亦當往哭其喪이요 若非兄弟則雖近不往이라

　三年의 喪事가 빈소에 있을 때에는 밖으로 나가 조문을 할 수 없다. 그러나 兄弟간
에 있어서는 恩義가 존재하기 때문에 비록 緦麻服을 입어주는 관계의 형제가 다른 지
방에 거처하여 멀리 있더라도 또한 마땅히 그 喪에 달려가 哭을 해야 하고, 만약 형제
가 아니라면 비록 가깝더라도 가지 않는다.

≪大全≫

嚴陵方氏曰 緦最服之輕者로대 服之輕에도 猶必往이어든 況其重者乎아 蓋同姓之恩은 不得不爲之隆故也라 隣最居之近者로대 居之近에도 猶不往하니 況其遠者乎아 蓋異姓之恩은 不得不爲之殺(쇄)故也라

嚴陵方氏 : 緦麻服은 喪服 중에 가장 가벼운 것이지만 服이 가볍더라도 오히려 반드시 가야 하는데, 중한 자에 대해서이겠는가. 同姓간의 恩義는 융숭하게 하지 않을 수 없기 때문이다. 이웃은 가장 가까이에 살고 있는 자이지만 가장 가까이에 살고 있는 자에 대해서도 오히려 찾아가지 않으니, 하물며 먼 곳에 사는 자에 대해서이겠는가. 異姓간의 恩義는 감쇄하지 않을 수 없기 때문이다.

0311102 所識에 其兄弟不同居者라도 皆弔니라

알고 지내던 사람이 죽으면 그 죽은 사람의 형제로서 죽은 자와 함께 살지 않아 나와 소원한 자일지라도 모두 조문해야 한다.

≪集說≫

馮氏曰 上二句는 旣主生者出弔往哭爲義니 則下一句文意當同이라 所識當爲句니 若所知之謂也라 死者旣吾之所知識則其兄弟雖與死者不同居라도 我皆當弔之니 所以成往來之情義也라

馮氏 : 앞의 두 구절은 이미 살아있는 사람을 위주로 나가서 조문하고 찾아가서 哭하는 것을 의리로 삼은 것이니, 아래 한 구절의 文意도 당연히 같아야 한다. 따라서 所識이 당연히 한 句가 되어야 하니, 이 말은 '알고 지내던 자'라는 말과 같다. 죽은 자가 이미 나와 알고 지내던 자라면, 죽은 자의 형제들이 비록 죽은 자와 함께 살지 않았더라도 내가 모두 마땅히 그 형제들을 조문해야 하니, 〈죽은 자와〉 왕래하던 정과 의리를 이루기 위해서이다.

0311201 天子之棺은 四重하야 水兕革棺을 被之호대 其厚三寸이요 杝棺一과 梓棺二니 四者를 皆周하나니라

天子의 內棺은 4중으로 하여, 물소와 외뿔소의 가죽으로 만든 棺을 씌우되 그 두께가 3치이고, 피나무로 만든 內棺이 한 겹이고 가래나무로 만든 內棺이 두 겹이니, 네 겹의 관을 모두 두루 밀봉한다.

≪集說≫

水牛兕牛之革耐濕이라 故以爲親身之棺이니 二革合被爲一重이라 杝木亦耐濕이라 故次於革하니 卽前章所謂椑[175]也라 梓木棺二니 一爲屬하고 一爲大棺하니 杝棺之外에 有屬棺하고 屬棺之外에 又有大棺하니 四者皆周는 言四重之棺이 上下四方悉周帀也라 惟槨不周니 下有茵(인)하고 上有抗席故也라

물소와 외뿔소의 가죽은 습기를 잘 견뎌내기 때문에 이 가죽을 이용해서 시신의 몸에 직접 닿는 棺을 만드니, 두 가죽을 합쳐서 입혀 한 겹이 된다. 피나무도 또한 습기를 잘 견뎌내기 때문에 가죽 다음으로 사용하니, 앞장의 이른바 椑(內棺)이다. 가래나무로 만든 棺은 두 겹이니, 하나는 屬棺이 되고 하나는 大棺이 되는데, 杝棺의 밖에 속관이 있고 속관 밖에 또 대관이 있다. 四者皆周는 네 겹으로 된 棺의 상하 및 사방을 모두 두루 밀봉한다는 말이다. 오직 外槨만은 밀봉하지 않는데, 아래에는 깔개가 있고 위에는 먼지를 받아내는 자리〔抗席〕가 있기 때문이다.

0311202 棺束은 縮二衡(횡)三이니 衽은 每束一이니라

棺을 묶을 때에는 세로로 두 번, 가로로 세 번을 묶으니, 나비장〔衽〕은 매 묶음마다 하나씩이다.

≪集說≫

古者에 棺不用釘하고 惟以皮條直束之二道橫束之三道라 衽은 形如今之銀則(칙)子니 兩端大而中小라 漢時呼爲小要로대 不言何物爲之하니 其亦木乎인저 衣之縫合處曰衽이니 以小要連合棺與蓋之際라 故亦名衽이라 先鑿木置衽하고 然後束以皮니 每束

處에 必用一衽이라 故云衽每束一也라하니라

옛날에는 棺에 못을 사용하지 않고 오직 가죽 끈을 이용해서 세로로 묶기를 두 번하고 가로로 묶기를 세 번했다. 衽은 그 모습이 지금의 銀則子와 같으니 양 끝은 크고 가운데는 작다. 漢나라 때에는 이것을 小要라고 불렀으나 무엇으로 만드는지는 말하지 않았으니, 그 또한 나무였을 듯싶다. 옷을 꿰매어 합한 부분을 衽이라 하는데, 小要로써 관과 관 뚜껑 사이를 연결시키므로 또한 衽이라고 이름한 것이다. 먼저 나무를 파서 衽을 박은 뒤에 가죽으로 묶으니, 매 묶는 곳마다 반드시 하나의 나비장을 사용하므로 "나비장은 매 묶음마다 하나씩이다."이라고 말한 것이다.

0311203 柏槨以端이니 長六尺이니라

측백나무 槨은 나무의 밑둥을 이용하니, 길이가 6尺이다.

≪集說≫

天子는 以柏木爲槨이라 端은 猶頭也니 用柏木之頭爲之하니 其長六尺이라

天子는 측백나무로 外槨을 만든다. 端은 밑둥과 같으니, 측백나무 밑둥을 사용해서 그걸 만드니, 그 길이가 6尺이다.

0311301 天子之哭諸侯也에 爵弁絰紂(치)衣니라

天子가 諸侯의 죽음을 곡할 때에는 爵弁과 紂衣를 입는다.

≪集說≫

諸侯薨而赴於天子어든 天子哭之라 爵弁絰衣는 本士之祭服이니 爵弁은 弁之色이 如爵也요 紂衣는 絲衣也라

諸侯가 薨하여 天子에게 訃告를 하면 천자가 哭을 한다. 爵弁과 紂衣는 본래 士의 祭服이니, 爵弁은 관의 색깔이

爵弁

참새〔雀〕와 같고 紵衣는 명주실로 만든 옷이다.

○ 鄭氏曰 絰은 衍字也라 周禮에 王弔諸侯에 弁絰緦衰[176]라

　○ 鄭氏 : 絰은 쓸데없는 글자이다. ≪周禮≫에 王이 諸侯에게 조문갈 때 爵弁을 쓰고 環絰을 두르고 緦麻服에 衰服차림을 한다고 하였다.

○ 疏曰 天子至尊이라 不見尸柩하야는 不弔服이라 此는 遙哭之라 故不服緦衰而服爵弁紵衣也라

　○ 疏 : 天子는 지극히 높기 때문에 尸柩를 직접 보지 않으면 弔服을 입지 않는다. 여기에서는 멀리서 그를 哭하기 때문에 緦麻服에 衰服을 입지 않고 爵弁에 紵衣를 입은 것이다.

0311302 或曰 使有司哭之라하니라

　혹자는 말하기를 "〈天子가 諸侯의 부고를 들으면〉 有司를 시켜서 哭하게 한다."라고 하였다.

　　≪集說≫

鄭氏曰 非也라 哀戚之事는 不可虛라

　鄭氏 : 틀렸다. 애도하는 일은 헛되게 해서는 안 된다.

　　≪大全≫

廬陵胡氏曰 諸侯薨在國하고 天子遙哭之하야 不親見尸柩라 故不服緦衰弔而服士之祭服이라 有司哭之非也라 惡(오)夫涕之無從[177]이어든 況使人乎아

---

176) 周禮……弁絰緦衰 : ≪周禮≫ 〈春官宗伯 司服〉에 "왕은 三公과 六卿을 위하여 錫衰를 입고, 제후를 위하여 緦衰를 입고, 대부와 士를 위하여 疑衰를 입으며, 그 머리에 쓰는 복식은 모두 弁絰이다.〔王爲三公六卿錫衰 爲諸侯緦衰 爲大夫士疑衰 其首服皆弁絰〕"라고 하였다.
177) 惡(오)夫涕之無從 : ≪禮記≫ 〈檀弓 上〉 034401 참조.

廬陵胡氏：諸侯가 薨하여 빈소가 제후의 나라에 있고, 天子는 멀리서 곡을 하여 직접 尸柩를 보지 않았기 때문에 緦麻와 衰服을 입고서 조문하지 않고, 士의 祭服을 입었던 것이다. 有司를 시켜서 哭하게 하는 것은 잘못이다. 이유 없이 눈물 흘리는 것도 싫어하는데, 하물며 남을 시킴에 있어서이겠는가.

0311303 爲之하야 不以樂食이니라

〈천자가〉 죽은 제후를 위해서 풍악에 맞춰 수라를 들지 않는다.

≪集說≫

疏曰 此是記者之言이요 非或人之說也라

疏 : 이것은 기록한 사람의 말이지 혹자의 말이 아니다.

0311401 天子之殯也에 菆(찬)塗龍輴(춘)以槨하고 加斧于槨上하고 畢에 塗屋이 天子之禮也라

천자의 殯所에는 棺 주위에 나무를 쌓아 백토를 바르고 상여 끌채에 용을 그려 槨처럼 만들고, 도끼 무늬를 수놓은 棺衣를 外槨 위에 덮고, 이 일을 마치고서 그 지붕을 백토로 바르는 것이 천자의 禮이다.

龍輴

≪集說≫

疏曰 菆은 叢也니 菆塗는 謂用木叢棺而四面塗之也라 龍輴은 殯時用輴車載柩而畫輈爲龍也라 以槨者는 此叢木象槨之形也라 繡覆棺之衣爲斧文이라 先菆四面爲槨하야 使上與棺齊而上猶開하고 以此棺衣로 從槨上入覆於棺이라 故云加斧于槨上也라 畢은 盡也라 斧覆既竟에 又四注爲屋하야 以覆於上而下四面盡塗之也라

疏 : 菆은 한데 모여서 쌓인 것〔叢〕이니, 菆塗는 나무를 棺 주위에 쌓아 사면에 진흙을

바른다는 말이다. 龍輴은 빈소를 마련할 때 상여를 사용하여 널을 싣고 끌채에 용 무늬를 그린 것이다. 以槨이란 이 쌓아놓은 나무가 外槨의 모양을 닮았다는 뜻이다. 棺을 덮는 옷에 수를 놓아 도끼 무늬를 만든다. 먼저 四面에 나무를 쌓아 槨처럼 만들어 윗면이 棺과 가지런하게 하되 위는 오히려 열려 있도록 하고, 이 棺衣를 外槨 위로부터 棺에 넣어 덮기 때문에 "도끼 무늬를 수놓은 棺衣를 外槨 위에 덮는다.〔加斧于槨上〕"고 한 것이다. 畢은 다함이다. 도끼 무늬를 수놓은 棺衣를 덮는 일이 이미 끝난 뒤에 또 사방에 낙숫물받이를 만들어 지붕으로 삼아서 위를 덮고 아래 사면을 모두 백토로 바른다.

○ 今按 菆塗龍輴은 是輴車亦在殯中이요 非脫去輴車而殯棺也라

○ 지금 살펴보건대, '棺 주위에 나무를 쌓아 백토를 바르는 것〔菆塗龍輴〕'은 상여 또한 빈소를 차리는 중에 있는 것이지, 상여를 벗겨 버리고 棺만 빈소에 있는 것이 아니다.

0311501 唯天子之喪에 有別姓而哭이니라

오직 天子의 喪에서만은 姓을 구별하여 〈位次를 마련하여〉 哭을 한다.

≪集說≫

諸侯朝覲[178]天子에 爵同則其位同호대 今喪禮則分別同姓異姓庶姓하야 使各相從而爲位以哭也라

諸侯가 天子를 조회하여 알현할 때 爵位가 같으면 그 자리가 같지만, 지금 喪禮에 있어서는 同姓·異姓·庶姓을 구별해서 각각 서로 구별에 따라서 位次를 마련하여 哭하게 한다.

0311601 魯哀公이 誄孔丘曰 天不遺耆老하야 莫相予位焉하니 嗚呼哀哉라

---

178) 朝覲 : 신하가 군주를 찾아뵙는 禮를 뜻한다. 고대에는 諸侯가 天子를 찾아뵐 때, 각 계절별로 그 명칭을 다르게 불렀다. 봄에 찾아뵙는 것을 朝라 부르며, 여름에 찾아뵙는 것을 宗이라 부르고, 가을에 찾아뵙는 것을 覲이라 부르며, 겨울에 찾아뵙는 것을 遇라 부른다. 朝覲은 이러한 예들을 총칭하는 말이다.

尼父여

魯나라 哀公이 孔丘에 대해 誄文을 지어 이르기를 "하늘이 老成한 이를 남겨두지 않아서 나의 왕위를 돕는 이가 없게 되었으니, 아아! 슬프구나, 尼父여!"라고 하였다.

≪集說≫

作謚者先列其生之實行을 謂之誄라 大聖之行을 豈容盡列이리오 但言天不留此老成하야 而無有佐我之位者라하야 以寓其傷悼之意而已耳라 稱孔丘者는 君臣之辭니 此與左傳之言[179]不同하다

謚號를 짓는 사람이 먼저 그 생전의 행실을 나열하는 것을 誄文이라고 이른다. 大聖의 행동을 어찌 다 열거할 수 있겠는가. 다만 "하늘이 이 老成한 이를 남겨두지 않아서 나의 왕위를 돕는 이가 없게 하였다"고 하여, 그 상심하고 애도하는 뜻을 표현하였을 뿐이다. 孔丘라고 일컬은 것은 君臣間의 말이니, 이는 ≪春秋左氏傳≫의 말과는 같지 않다.

○ 鄭氏曰 尼父는 因其字以爲之謚也라

　○ 鄭氏 : 尼父는 그 字에 따라 그의 謚號로 삼은 것이다.

≪大全≫

山陰陸氏曰 據此면 左傳所錄에 公誄之曰 旻天不弔하야 不愁遺一老하야 俾屏余一人以在位라하니 不修春秋之辭也요 今記修之如此라

---

179) 左傳之言 : ≪春秋左氏傳≫ 哀公 16년에 "여름 4월 己丑日에 孔丘가 卒하였다. 哀公은 다음과 같은 哀悼辭를 지어 읽었다. '하늘이 나를 가엾게 여기지 않아, 한 老人을 잠시 세상에 남겨 君位에 있는 나 한 사람을 돕게 하지 않았으니 나는 외로워서 병이 날 것 같소. 아! 슬픕니다. 尼父시여! 나는 스스로 法을 지킬 수 없게 되었소이다.'〔夏四月己丑 孔丘卒 公誄之曰旻天不弔 不愁遺一老 俾屏余一人以在位 煢煢余在疚 嗚呼哀哉 尼父無自律〕"라고 하였다.

山陰陸氏 : 여기에 근거해보면 ≪春秋左氏傳≫에 기록된 내용에 "哀公이 다음과 같은 哀悼辭를 지어 읽었다. 하늘이 나를 가엾게 여기지 않아 한 老人을 잠시 세상에 남겨 君位에 있는 나 한 사람을 돕게 하지 않았다."고 하였으니, ≪春秋≫의 말을 정리하지 않은 것이고, 현재 ≪禮記≫에서 그 말을 정리한 것이 이와 같다.

0311701 國亡大縣邑이어든 公卿大夫士皆厭(엽)冠으로 哭於大(태)廟三日하고 君不擧니 或曰 君擧而哭於后土라하니라

한 나라가 큰 縣邑을 잃으면 公과 卿과 大夫와 士가 모두 喪冠인 厭冠을 쓰고 太廟에서 3일 동안 곡을 하고, 임금은 풍악을 울리며 성찬을 들지 않으니, 혹자는 말하길 "임금이 풍악을 울리며 성찬을 들고서 后土에 곡을 한다."라고 하였다.

≪集說≫

厭冠은 喪冠也니 說見曲禮라 盛饌而以樂侑食曰擧라 后土는 社也라

厭冠은 喪을 치를 때 쓰는 冠이니, 자세한 설명은 〈曲禮 下〉에 보인다. 성찬을 차려서 풍악으로 식사를 권유하는 것을 擧라고 한다. 后土는 社稷이다.

○ 應氏曰 哭於大廟者는 傷祖宗基業之虧損이요 哭於后土者는 傷土地封疆之脧削也라 不擧는 自貶損也니 曰君擧者는 非也라

○ 應氏 : 太廟에서 哭하는 것은 祖宗의 基業이 손상된 것을 상심한 것이고, 后土에 哭하는 것은 土地의 국경이 침탈당한 것을 상심한 것이다. 풍성한 음식을 들지 않는 것은 스스로 덜고 줄인 것이니, 군주가 풍악을 울리며 성찬을 든다고 한 것은 틀렸다.

0311801 孔子는 惡(오)野哭者러시다

孔子께서는 들에서 哭하는 것을 싫어하셨다.

≪集說≫

所知吾哭諸野는 夫子嘗言之矣[180]라 蓋哭其所知에 必設位而帷之以成禮니 此所惡者는 或郊野之際 道路之間에 哭非其地요 又且倉卒行之에 使人疑駭라 故惡之也라 方氏說 哭者呼滅이어늘 子皐曰 野哉[181]라한대 孔子惡者以此라하니 恐未然이라

"그냥 알고 지내는 사람의 喪을 당하면 내가 들에서 哭하였다."는 것은 孔子께서 일찍이 말씀하셨던 것이다. 그냥 알고 지내던 자를 위해 곡을 함에 반드시 자리를 마련하고 휘장을 쳐서 禮를 이루었으니, 여기에서 싫어하셨다는 것은 아마도 郊野의 사이와 도로의 사이가 곡하기에 적합한 장소가 아니기 때문인 듯싶고, 또 갑작스럽게 그런 곡을 행하여 사람들로 하여금 의심하고 놀라게 하기 때문에 그걸 싫어하신 것인 듯싶다.

方氏는 설명하기를 "곡을 하는 자가 죽은 이의 이름인 滅을 부르자 子皐가 말하기를 '이처럼 무식하다니!'라고 하였는데, 孔子께서 싫어하신 것은 이(이름을 부르면서 곡하는 것) 때문이다."라고 하였으니 아마도 그렇지만은 않은 듯싶다.

0311901 未仕者는 不敢稅人이니 如稅人이어든 則以父兄之命이니라

아직 벼슬하지 않은 사람은 감히 남에게 물건을 보내지 못하니, 만약에 남에게 선물을 주어야 하는 경우라면 父兄의 命을 稱託해서 행해야 된다.

≪集說≫

稅人은 以物遺人也라 未仕者身未尊顯이라 故內則不可專家財요 外則不可私恩惠也라 或有情義之所不得已而當遺者면 則稱尊者之命而行之니라

稅人은 남에게 물건을 보내는 것이다. 아직 벼슬하지 못한 사람은 자신이 아직 존귀하고 현달하지 못하였기 때문에 안으로는 家財를 자기 멋대로 사용할 수 없고, 밖으로는 은혜를 사사로이 할 수 없는 것이다. 간혹 정과 도의상 부득이해서 물건을 보내야 하는 경우가 있으면, 어른의 命을 稱託해서 시행한다.

---

180) 所知吾哭諸野 夫子嘗言之矣 : ≪禮記≫ 〈檀弓 上〉 033802 참조.
181) 哭者呼滅……野哉 : ≪禮記≫ 〈檀弓 上〉 038501 참조.

≪大全≫

嚴陵方氏曰 未仕者는 則無祿이라 故不敢稅人이라 其或禮有所不可廢며 義有所不可免이어든 則以父兄之命而已라

嚴陵方氏 : 아직 벼슬하지 못한 사람은 녹봉이 없기 때문에 감히 남에게 물건을 보내지 못하는 것이다. 만약 혹시라도 예의상 폐할 수 없는 경우가 있거나 의리상 하지 않을 수 없는 경우가 있으면, 父兄의 命을 稱託해서 행할 따름이다.

0312001 士備入이어든 而后朝夕踊이니라

〈임금의 喪에〉 士가 모두 들어오면 그런 뒤에 朝夕으로 哭하며 〈위아래로 뛰면서〉 발을 구르는 예를 행한다.

≪集說≫

國君之喪에 諸臣이 有朝夕哭踊之禮하니 哭雖依次居位나 踊必相視爲節이요 不容有先後也라 士卑하야 其入恒後라 士皆入則無不在者矣라 故舉士入爲畢而後踊焉이니라

나라 임금의 喪에 여러 신하가 아침저녁으로 哭하며 위아래로 뛰면서 발을 구르는 禮가 있으니, 곡할 때에는 비록 차례에 의해서 제자리에 있어야 하지만, 뛰면서 발을 구를 때에는 반드시 서로 보면서 節度를 삼아야 하고 先後가 있을 수 없다. 士는 지위가 낮아서 그들이 들어오는 것이 항상 뒤처진다. 士가 모두 들어왔으면 자리에 없는 사람이 없으므로 모든 士가 들어오기를 마친 뒤에야 위아래로 뛰면서 발을 구르는 것이다.

0312101 祥而縞하며 是月에 禫하고 徙月에 樂(악)이니라

大祥을 지내고서 縞冠을 쓰며, 이달에 禫祭를 지내고 한 달이 지나면 음악을 연주한다.

≪集說≫

疏曰 祥은 大祥也라 縞는 謂縞冠이니 大祥日著(착)之라

  疏 : 祥은 大祥이다. 縞는 縞冠을 이르니, 대상날에 호관을 쓴다.

○ 馬氏曰 祥禫之制를 施於三年之喪이면 則其月同하고 施於期之喪이면 則其月異라
雜記曰 十一月而練하고 十三月而祥하고 十五月而禫[182]이라하니 此는 期之喪也라 父在
爲母에 有所屈이라 三年所以爲極而至於二十五月者는 其禮不可過요 以三年之愛而
斷於期者는 其情猶可伸이라 在禫月而樂者는 聽於人也요 在徙月而樂者는 作於己也라

  ○ 馬氏 : 大祥과 禫祭의 제도를 3年喪에 시행하면 그 달수가 똑같고, 期年喪에 시
행하면 그 달수가 다르다. ≪禮記≫〈雜記〉에 "11개월만에 祭(小祥)를 지내고 13개월
만에 大祥을 지내고 15개월만에 禫祭를 지낸다."고 하였으니, 이는 기년상이다. 아버
지가 생존해 계실 때 돌아가신 어머니를 위해 服을 입을 경우에는 굽혀지는 바가 있
다. 3년이 표준이 되니, 25개월에 이른 경우에는 그 예를 초과할 수 없고, 3년의 사
랑을 가지고 期年으로 결단하는 경우에는 그 情을 그런대로 펼 수 있다. "담제 지내는
달에 음악을 듣는다."는 것은 남의 연주를 듣는 것이고, "한 달이 지난 뒤에 음악을 연
주한다."는 것은 자기가 음악을 연주하는 것이다.

  ≪大全≫

嚴陵方氏曰 祥而縞는 卽玉藻所謂縞冠素紕는 旣祥之冠[183]是也라 是月에 禫하고 徙
月에 樂者라하니 魯人이 朝祥而暮歌에 孔子以謂踰月則其善者[184]는 以此일새니라

---

182) 十一月而練……十五月而禫 : 期年의 상은 11개월에 練祭를 지내고 13개월에 大祥祭
   를 지내고 15개월에 禫祭를 지내니, 연제를 지내고나면 남에게 조문한다.〔期之喪十一
   月而練 十三月而祥 十五月而禫 練則弔〕(≪禮記≫〈雜記 下〉)
183) 縞冠素紕 旣祥之冠 : 흰색 명주 바탕에 검은색 가선을 두른 관은 喪中의 자손들이 쓰
   는 관이고, 흰색 명주 바탕에 흰 絹絲로 가선을 두른 관은 대상을 지내고 난 뒤의
   관이다.〔縞冠玄武 子姓之冠也 縞冠素紕 旣祥之冠也〕(≪禮記≫〈玉藻〉)
184) 魯人……孔子以謂踰月則其善者 : ≪禮記≫〈檀弓 上〉 031601 참조.

嚴陵方氏 : 大祥을 지내고서 縞冠을 쓴다는 것은 바로 ≪禮記≫ 〈玉藻〉의 이른바 "縞冠에 흰 가선을 두른 것은 祥祭를 지낸 뒤에 쓰는 冠이다."라고 한 것이 이것이다. 이달에 禫祭를 지내고 한 달이 지나면 음악을 연주한다고 했는데, "魯나라 사람 중에 아침에 大祥을 지내고 저녁에 노래를 부르는 자가 있자, 孔子께서 '한 달만 더 넘기고 나서 노래했더라면 좋았을 것을.'이라고 하셨다."고 한 것은 이 때문이다.

0312201 君이 於士에 有賜帟이니라

임금이 士에게 빈소를 덮는 장막〔帟〕을 하사함이 있다.

≪集說≫

帟은 幕之小者니 置之殯上하야 以承塵也라 大夫以上則有司供之요 士卑하고 又不得自爲라 故君於士之殯에 以帟賜之也니라

帟은 작은 장막이니, 빈소 위에 설치하여 먼지를 받는다(차단한다). 大夫 이상은 有司가 그것을 제공하고, 士는 지위가 낮고 또 스스로 만들 수도 없기 때문에 임금이 士의 빈소에 장막을 하사해주는 것이다.

禮記集說大全 卷之四

檀弓 下 第4

040101 君之適長殤엔 車三乘이요 公之庶長殤엔 車一乘이요 大夫之適長殤엔 車一乘이니라

임금의 適子의 長殤에는 遣車가 3대이고, 公의 庶子의 장상에는 견거가 1대이고, 大夫의 適子의 장상에는 견거가 1대이다.

≪集說≫

此는 言送殤遣車[1]之禮라 君은 謂國君이니 亦或有地大夫를 通得稱君也라 公은 專言五等諸侯也라 十六至十九가 爲長殤이니 葬此殤時에 柩朝廟畢하고 將行에 設遣奠[2]以奠之하고 牲體를 分折包裹하야 用此車載之하야 以遣送死者라 故名遣車라 車制甚小하야 以置之槨內四隅하니 不容大爲之也라 禮에 中殤從上이라하니 君適長三乘則中亦三乘이요 下則一乘也라 公庶長一乘則中亦一乘이요 下則無也라 大夫適長一乘則中亦一乘이요 下殤及庶殤은 竝無也라

이는 요절한 사람을 장사지낼 때 사용하는 遣車의 禮를 말한 것이다. 君은 나라 임금을 이르는데, 또 더러는 땅을 소유한 大夫를 통틀어 君이라고 호칭할 수가 있다. 公은 오로지 다섯 등급의 諸侯를 이른다. 16살로부터 19살까지가 長殤이 된다. 이 長殤

---

1) 遣車 : 장사를 지낼 때에 희생 꾸러미[包]를 싣고 가는 수레이다. 견거 한 대당 희생 한 꾸러미를 싣는데 대부는 다섯 꾸러미이고, 제후는 일곱 꾸러미이고, 천자는 아홉 꾸러미이다. 이 수레에 鸞과 和라는 방울 및 旌旗까지 설치하기 때문에 '鸞車'라고도 한다.
2) 遣奠 : 發靷할 때 문 앞에서 지내는 祭式이다. 路奠·路祭라고도 한다.

을 葬事지낼 때에 영구가 사당을 뵙기를
마치고 장차 떠나가려 할 적에 遣奠을 베
풀어서 奠을 올리고, 희생의 몸을 분해해
나누어 싸서 이 수레를 이용하여 그 牲體
를 싣고서 죽은 사람을 보낸다. 그렇기
때문에 遣車라고 이름한 것이다. 수레의
제도가 매우 작기 때문에 外槨 안 네 귀
퉁이에다가 놓아두니 수레를 크게 만들
수가 없다. 禮에 12살에서 15살 사이에

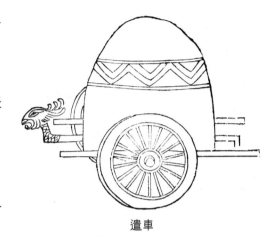

遣車

죽은 中殤은 上殤을 따른다고 하였으니, 임금의 適長子의 견거가 3대이면 中殤도 3대
이다. 8살에서 11살 사이에 죽은 下殤은 견거가 1대이다. 公의 庶子의 長殤이 1대이
면 中殤도 1대이고, 下殤에는 없다. 大夫의 適長子의 長殤이 1대이면 中殤도 1대이
고, 下殤 및 庶人의 殤喪에는 모두 없다.

040201 公之喪에 諸達官之長이 杖이니라

임금의 喪에 모든 達官의 우두머리는 喪杖을 짚는다.

≪集說≫

方氏曰 受命於君者는 其名達於上이라 故謂之達官이라 若府史而下는 皆長官自辟除하니
則不可謂之達矣라 受命於君者는 其恩厚라 故公之喪에 惟達官之長杖이니라

方氏 : 임금에게서 임명을 받은 사람은 그 성명이 임금에게 보고되기 때문에 그를
達官이라고 이른다. 지방 관청의 아전〔府史〕 이하로 말할 것 같으면 모두 長官이 스스
로 임명하니, 이는 달관이라고 부를 수가 없다. 임금에게서 임명을 받은 사람은 그 은
혜가 두텁기 때문에 임금의 喪에 오직 달관의 우두머리만이 喪杖을 짚는다.

○ 今按 凡官皆有長貳하니 此以長言則不及貳也라

○ 지금 살펴보건대 무릇 관원이 모두 우두머리〔長〕와 부관〔貳〕이 있는데, 여기에서
우두머리로써 말하였으면 부관에게는 미치지 않는 것이다.

≪大全≫

朱子曰 達官은 謂得自通於君者니 如內則公卿宰執과 與六曹之長과 九寺五監之長이요 外則監司郡守니 得自通章奏於君者라 凡此皆杖이요 次則不杖也라

朱子 : 達官은 임금에게 직접 통할 수 있는 자이니, 內臣의 경우에는 三公과 六卿 등의 고관과 六曹의 수장 및 九寺·五監의 수장과 같은 자이고, 外臣의 경우에는 監司와 郡守같은 자들이니, 임금에게 직접 상소를 전달할 수 있는 자들이다. 무릇 이들은 모두 지팡이를 짚고, 그 다음 서열에 해당하는 자들은 지팡이를 짚지 않는다.

040301 君於大夫에 將葬할새 弔於宮하시고 及出하야 命引之하야시든 三步則止니 如是者三이요 君退니 朝亦如之하며 哀次亦如之니라

임금이 大夫에 있어서 장차 葬事를 지내려 할 때 殯宮에서 조문을 하고, 영구가 나감에 이르러 〈효자가 영구를 붙잡고 차마 보내지 못하면 임금이〉 영구를 끌어내도록 명령을 한다. 끌어당기는 자가 세 걸음을 걷고 나서 그치니, 이와 같이 하기를 세 번 하고 나서 임금이 물러간다. 사당에 뵈러 갈 때도 이와 같이 하며, 평소 빈객을 기다리던 곳〔哀次〕에서도 역시 이와 같이 한다.

≪集說≫

弔於宮은 於其殯宮也라 出은 柩已行也라 孝子攀號不忍하니 君命引之는 奪其情也라 引者三步卽止어든 君이 又命引之하야 如是者三에 柩車遂行이어든 君卽退去라 君來時에 不必恒在殯宮이요 或當柩朝廟之時어든 亦如之하고 或已出大門하야 至平日待賓客次舍之處하야 孝子哀而暫停柩車어든 則亦如之니라

弔於宮은 그 殯宮에서 조문하는 것이다. 出은 영구가 이미 떠나가는 것이다. 효자는 영구를 부여잡고 울부짖으면서 차마 영구를 끌어내지 못하니, 임금이 그 영구를 끌어내도록 명령한 것은 그 情을 빼앗는 것이다. 끌어당기는 사람이 세 걸음 가서 바

로 멈추면 임금이 또 그 영구를 끌어당기도록 명하여, 이와 같이 하기를 세 차례 한 다음에 영구를 실은 수레가 마침내 떠나가면 임금이 바로 물러난다. 임금이 찾아왔을 때 영구가 꼭 항상 殯宮에만 있는 것은 아니고, 혹은 영구가 사당에 뵈러 갈 때를 당해서도 또한 이와 같이 하고, 혹은 이미 영구가 대문을 나가서 평일에 賓客을 접대하던 곳에 이르러서 효자가 슬퍼서 잠깐 영구를 실은 수레를 멈추도록 하면 또한 그렇게 한다.

040401 五十에 無車者는 不越疆而弔人이니라

50살에 수레가 없는 사람은 국경을 넘어가서 사람을 조문하지 않는다.

≪集說≫

始衰之年이니 不可以筋力爲禮也라

비로소 老衰하는 나이이니, 筋力으로써 禮를 행할 수가 없기 때문이다.

040501 季武子寢疾이어늘 蟜固不(說)〔脫〕齊衰而入見(현)曰 斯道也將亡矣로다 士唯公門에 脫齊衰라한대 武子曰 不亦善乎아 君子表微라하더니 及其喪也하야 曾點이 倚其門而歌하니라

季武子가 병으로 누워있자, 蟜固가 齊衰服을 벗지 않고 들어가서 뵙고 말하기를 "이 道가 장차 없어지려나 보다. 士는 오직 임금 대궐 문안에서만 齊衰를 벗는다."라고 하자, 武子가 말하기를 "또한 좋지 아니한가? 君子는 미세한 것도 드러낸다."라고 하더니, 그의 初喪에 이르러서 曾點이 그 문에 기대고서 노래를 불렀다.

≪集說≫

季武子는 魯大夫季孫夙也라 蟜固는 人姓名이라 點은 字가 晳이니 曾子父也라 武子寢疾之時에 蟜固適有齊衰之服이라 遂衣凶服而問疾하고 且曰 大夫之門에 不當釋凶服이요

惟君門에 乃說(탈)耳어늘 此禮將亡하니 我之凶服以來는 欲以救此將亡之禮也라한대 武子善之言失禮之顯著者는 人皆可知요 若失禮之微細者는 惟君子라야 乃能表明之也라하니라 武子執政에 人所尊畏어늘 固之爲此는 欲以易時人之觀瞻하야 據禮而行이니 武子雖憾이나 不得而罪之也라 若倚門而歌則非禮矣니 其亦狂之一端歟인저 記者蓋善蟜固之存禮하고 譏曾點之廢禮也라

　季武子는 魯나라 大夫 季孫夙이다. 蟜固는 사람의 성명이다. 點의 字는 晳으로, 曾子의 아버지이다. 武子가 병으로 누워있을 때 교고가 마침 齊衰의 喪服을 입던 중이었다. 그래서 마침내 凶服(상복)을 입고 가서 문병을 하고, 또 말하기를 "大夫의 문에서는 마땅히 흉복을 벗지 않아야 하고 오직 임금의 문에서만 벗을 뿐인데, 이러한 예가 장차 없어지게 생겼으니, 내가 흉복을 입은 채로 온 것은 장차 없어지려는 예의를 구제하고자 해서이다."라고 하자, 武子가 그 말을 좋게 여겨 말하기를 "失禮가 뚜렷하게 드러나는 것은 사람들이 모두 알 수 있지만, 만약 실례가 미세한 경우에는 오직 君子라야 그것을 분명하게 드러낼 수 있다."고 하였다. 武子가 정권을 장악함에 사람들이 존경하고 두려워하였는데 교고가 이 짓을 한 것은 그렇게 함으로써 당시 사람들의 보고 듣는 것을 바꾸고 싶어서 禮에 근거하여 실행한 것이니, 무자가 비록 유감스럽게 여겼지만 그를 죄줄 수는 없었다. 曾點이 문에 기대어 노래부른 것과 같은 것은 예가 아니니, 그 또한 狂者의 한 단면일 것이다. 기록한 사람은 교고가 예를 보존한 것을 좋게 여기고, 증점이 예를 폐기한 것을 기롱한 것이다.

040601 大夫弔어든 當事而至則辭焉이니라 弔於人이어든 是日에 不樂이니라 婦人은 不越疆而弔人이니라 行弔之日엔 不飮酒食肉焉이니라

　大夫가 士에게 조문하러 왔을 경우 상주가 일이 있을 때 오면 빈소를 차리는 자가 상주에게 지금 일이 있다는 것을 설명해주어야 한다. 다른 사람에게 조문을 갔으면 그 날에는 음악을 연주하지 않는다. 婦人은 국경을 넘어서 남을 조문하지 않는다. 조문을 한 당일에는 술을 마시거나 고기를 먹지 않는다.

《集說》

大夫弔는 弔於士也라 大夫雖尊이나 然當主人有小斂大斂或殯之事而至면 則殯者以
其事告之라 辭는 猶告也라 若非當事之時면 則孝子下堂迎之라 婦人無外事라 故不越
疆而弔라 是日不樂不飲酒食肉은 皆爲餘哀未忘也라

'大夫가 조문함'은 士에게 조문한 것이다. 大夫가 비록 높지만, 그러나 주인이 小
斂·大斂 혹은 빈소를 차리는 일이 있을 때를 당하여 왔으면 빈소를 차리는 사람이
그 일로써 대부에게 말해주어야 한다. 辭는 말해줌과 같다. 만약 일을 당한 때가 아니
라면 효자가 堂을 내려가서 그를 영접해야 한다. 부인은 외부의 일이 없기 때문에 국
경을 넘어가서 조문하지 않는 것이다. 조문간 날에 음악을 연주하지 않는 것과 술을
마시거나 고기를 먹지 않는 것은 모두 남은 슬픔이 아직 잊혀지지 않았기 때문이다.

《大全》

長樂陳氏[3])曰 婦人見兄弟에 可以及閾(역)이로대 而不可以踰國이요 送迎에 可以及門이로대
而不可以出門이니라 弔人에 可以出門이로대 而不可以越疆이니라 許穆夫人이 歸唁於衛而
不可得[4])이어든 則越疆而弔人이 如之何而可리오

長樂陳氏 : 婦人은 형제를 만나볼 때 문지방까지는 나올 수 있지만 문지방을 넘을
수 없고, 전송하거나 맞이할 때 대문까지는 나올 수 있지만 대문을 나갈 수 없다. 남
을 조문할 때에는 대문 밖으로 나갈 수 있지만 국경을 넘을 수는 없다. 許나라 穆公의
夫人이 衛나라로 돌아가 衛侯를 조문하려 했지만 할 수 없었는데, 국경을 넘어 남을
조문한다는 것이 어떻게 가능하겠는가?

040602 弔於葬者는 必執引이니 若從柩及壙하얀 皆執綍이니라

---

3) 長樂陳氏 : 北宋의 유학자인 陳祥道(1053~1093)이다. 福州 閩淸 사람으로 字는 用之 또
   는 祐之이며, 陳暘의 형이다.
4) 許穆夫人 歸唁於衛而不可得 : 許穆夫人은 衛나라의 敗亡이 가슴 아파 曹邑으로 가서 衛
   侯를 위로하고자 하였으나, 許나라 대부의 저지로 갈 수 없었다.

葬事지낼 때 조문하는 사람은 반드시 상여를 당기는 줄을 잡아야 되니, 만약 상여를 따라 葬地까지 갔으면 모두 관을 당기는 줄을 잡는다.

≪集說≫

引은 引柩車之索也요 紼은 引棺索也라

引은 상여를 끌어당기는 줄이고, 紼은 內棺을 끌어당기는 줄이다.

○ 鄭氏曰 示助之以力이라

○ 鄭氏 : 葬事지내는 것을 힘으로 도와줌을 보이는 것이다.

○ 疏曰 弔葬이 本爲助執事라 故必相助引柩車라 凡執引用人이 貴賤有數하니 數足則餘人이 皆散行從柩하고 至下棺窆時하야 則不限人數하고 皆悉執紼也라 引者長遠之名이라 故在車하니 車行遠也요 紼是撥擧之義라 故在棺하니 棺惟撥擧요 不長遠也라

疏 : 葬禮에 조문하는 것은 본시 執事를 도와주려는 것이다. 그렇기 때문에 반드시 서로 도와서 영구를 끌어당겨야 한다. 무릇 상여 줄을 잡아당길 때 사람을 쓰는 것이 귀천에 따라 숫자가 있으니, 숫자가 넉넉하면 남은 사람들은 모두 흩어져 걸어서 영구를 따라가고, 下官하여 무덤을 만들 때에 이르러서는 사람의 숫자를 한정하지 않고서 모두 다 관을 당기는 줄을 잡는다. 引이라는 것은 長遠한 것을 이르는 명칭이다. 그러므로 상여에 있으니 상여가 멀리 가기 때문이고, 紼은 끌어서 든다는 뜻이다. 그렇기 때문에 棺에 있으니 棺은 끌어서 들기만 하고 멀리 가지 않는 것이다.

≪大全≫

嚴陵方氏[5]曰 引在前하야 屬之於車하야 以道柩也요 紼在旁하야 屬之於棺하야 以弼柩也라 道柩者는 惟在路用之而已요 弼柩者는 至下棺亦用焉이라 故路雖不執引이나 而或從柩하고 及壙하야도 亦皆執紼也라 曲禮曰 助葬者必執紼은 蓋謂是矣라

---

5) 嚴陵方氏 : 宋나라의 학자 方慤을 가리킨다. 字는 性夫, 桐廬 사람이다. 宣和 연간에 진사가 되었고, 벼슬은 禮部侍郞을 지냈다. 저서에 ≪禮記集解≫가 있다.

嚴陵方氏 : 引은 앞쪽에 있으면서 수레에 연결해서 靈柩를 인도하고, 紼은 측면에 있으면서 棺에 연결해서 영구가 기울어지지 않도록 바로잡는다. 영구를 인도하는 일은 오직 길에 있을 때만 사용될 뿐이고, 영구가 기울어지지 않도록 바로잡는 일은 下棺할 때 이르러서도 사용된다. 그러므로 길에서는 비록 引을 잡지 않았더라도 영구를 따라가기도 하고, 壙에 이르러서도 또한 모두 紼을 잡는 것이다. 〈曲禮〉에서 "장례를 돕는 자들은 반드시 紼을 잡는다."고 한 것은 아마도 이것을 이르는 듯싶다.

040603 喪에 公弔之하야시든 必有拜者니 雖朋友州里舍人이라도 可也니라 弔曰 寡君承事라하야시든 主人曰 臨이라하니라

喪事에 임금이 신하의 집에 조문을 가면 반드시 임금에게 절하는 사람이 있어야 되니, 비록 친구나 한 고을이나 마을 사람, 또는 집을 관리하는 사람이라도 괜찮다. 조문하러 온 使者가 말하기를 "우리나라 임금〔寡君〕이 喪을 받들어 도우라 하셨다."고 하면, 主人은 말하기를 "왕림해주심에 감사합니다."라고 한다.

≪集說≫

此는 謂國君이 弔其諸臣之喪이라 弔後에 主人當親往拜謝니 喪家若無主後면 必使以次疏親往拜하고 若又無疏親이면 則死者之朋友及同州同里及喪家典舍之人이 往拜亦可也라 寡君承事는 言來承助喪事니 此는 君語擯者하야 傳命以入之辭요 主人曰臨者는 謝辱臨之重也라

이는 나라의 임금이 여러 신하의 初喪에 조문함을 말한다. 조문한 뒤에는 주인이 마땅히 친히 가서 절하고 사례해야 되는데, 喪家에 만약 상주의 후계자가 없으면 반드시 다음 가는 소원한 친척으로 하여금 가서 절하도록 하고, 만약 또 소원한 친척도 없다면 죽은 사람의 친구 및 한 고을이나 한 마을 및 초상집의 집안일을 맡아보는 사람이 가서 절하는 것도 좋다. 寡君承事는 와서 喪事를 받들어 돕는다는 말이니, 이는 임금이 使者에게 말하여 명령을 전하여 들어가서 하는 말이니, 주인이 "왕림해주심에

감사하다."고 하는 것은 욕되게 왕림해준 정중함에 대해 감사드린다는 것이다.

040604 君이 遇柩於路어든 必使人弔之니라

임금은 길에서 상여를 만나면 반드시 사람을 시켜 그를 조문하도록 한다.

≪集說≫

蕢尙畫宮受弔[6]가 不如杞梁之妻知禮[7]어늘 而此言弔於路는 何也오 蓋有爵者之喪에 當以禮弔요 此謂臣民之微賤者耳니 禮不下庶人也니 言必使人弔者는 是汎言衆人之喪也라

蕢尙이 길에다가 자기 집 모양을 그려놓고서 조문을 받은 것이 杞梁의 아내가 禮를 아는 것만 못한데, 여기에서 길에서 조문을 한다고 말한 것은 무슨 까닭인가? 대개 官爵이 있는 사람의 喪에는 마땅히 禮로써 조문을 해야 하고, 여기에서는 臣民의 미천한 사람을 이른 것이니, 예가 庶人에게까지는 내려가지 않는다. 반드시 사람으로 하여금 조문하도록 한 것은 이는 일반적으로 일반 사람들의 초상을 말한 것이다.

≪大全≫

盧陵胡氏[8]曰 遇柩於路면 必使人弔之니 若齊侯哭敝無存之類[9]니라

---

6) 蕢尙畫宮受弔 : 蕢尙(?~?)은 魯나라 사람이다. 居喪 중에 哀公이 보낸 弔問使를 道中에서 만나자, 길에다가 자기 집 모양을 그려놓고 조문을 받았다.(≪禮記≫〈檀弓 下〉)
7) 杞梁之妻知禮 : 杞梁(?~B.C.550)은 春秋시대 齊나라의 대부로 이름은 植이며, 또다른 이름은 殖이고, 梁은 그의 字이다. ≪禮記≫〈檀弓 下〉에 증자가 말하기를 "괴상은 기량의 아내가 예를 아는 것만 못하다.〔曾子曰 蕢尙 不如杞梁之妻之知禮也〕"라고 하였다. 기량이 莊公을 따라 莒나라를 습격하던 중 용감히 싸우다가 전사하였다. 그의 아내가 아들도 없고 친척도 없이 성 아래에 있는 기량의 시체에 나아가 통곡하니 길 가는 사람이 모두 눈물을 흘렸고, 10일 만에 성이 무너졌다. 그의 아내가 시신을 거두어 돌아오는데 들에서 장공이 조문하려 하자, 그녀는 사양하며 말하기를 "杞殖이 죄를 짓고 죽었는데 굳이 조문하실 것이 있겠습니까. 만일 죄를 사면해주신다면 先人의 오막살이가 있으니, 거기에서 조문을 받겠습니다."라고 하였다.
8) 盧陵胡氏 : 南宋 때의 정치가이자 문학자인 胡銓(1102~1180)으로 길주(吉州) 여릉(廬陵,

盧陵胡氏 : 길에서 영구를 만나면 반드시 사람을 시켜 조문을 하는 것이니, 齊侯가 敝無存을 哭했던 따위와 같은 것이다.

040604 大夫之喪에 庶子不受弔니라

大夫의 喪事에 庶子는 조문을 받지 않는다.

≪集說≫

大夫之喪에 適子爲主拜賓이니 或以他故不在라도 則庶子不敢受弔니 不敢以卑賤으로 爲有爵者之喪主也일새니라

大夫의 喪에 適子가 喪主가 되어서 손님에게 절을 해야 되니, 혹 다른 연고로 적자가 喪次에 있지 않더라도 庶子는 감히 조문을 받아서는 안 된다. 감히 비천한 신분으로 爵位가 있는 자의 상주가 될 수 없기 때문이다.

040701 妻之昆弟爲父後者死어든 哭之適室호대 子爲主하야 袒免(문)哭踊이니라 夫入門右하야 使人立於門外하야 告來者어든 狎則入哭이니 父在어든 哭於妻之室이요 非爲父後者어든 哭諸異室이니라

아내의 형제(처남)로서 아버지의 後嗣가 된 사람이 죽으면, 適室(正寢)에서 哭을 하되 아들[甥姪]이 상주가 되어 어깨를 드러내고 免을 하고서 곡을

강서성 吉安) 사람이다. 자는 邦衡이고, 호는 澹庵이며, 澹齋老人이라고도 한다. ≪澹庵集≫을 저술하였다.

9) 齊侯哭敝無存之類 : ≪春秋左氏傳≫ 定公 9년에 "齊軍이 夷儀에 있을 때 齊侯가 夷儀 사람들에게 말하기를 '敝無存의 尸身을 찾는 자에게는 다섯 집을 賞으로 주고 勞役을 면제할 것이다.' 하였다. 이에 그 시신을 찾아서 景公은 그 시신에 세 벌의 襚衣를 입히고서 물소가죽으로 장식한 수레와 자루가 긴 日傘을 殉葬品으로 주어 먼저 齊나라로 돌려보냈는데, 이때 수레를 끄는 자들을 꿇어앉히고 全軍에게 哭하게 하고서 경공이 친히 그 靈柩를 세 번 밀어 출발시켰다.〔齊師之在夷儀也 齊侯謂夷儀人曰 得敝無存者 以五家免 乃得其尸 公三襚之襚 與之犀軒與直蓋 而先歸之 坐引者 以師哭之 親推之三〕"라고 하였다.

하며 뛴다. 남편이 문 오른쪽으로 들어가서 사람으로 하여금 문 밖에 서서
조문온 사람을 알리도록 하면, 〈조문온 자가 죽은 자와〉 절친한 사이면 들
어가서 곡을 한다. 아버지가 살아 계시면 아내의 방에서 곡을 하고, 아버지
의 후사가 된 사람이 아니면 다른 방에서 곡을 한다.

≪集說≫

此는 聞妻兄弟之喪하고 而未往弔時禮也라 父在는 己之父也요 爲父後는 妻之父也라
門外之人이 以來弔者告호대 若是交游習狎之人이면 則徑入哭之니 情義然也라

이는 아내의 오빠나 남동생의 상을 듣고 조문하기 전의 禮이다. '아버지가 살아계심
〔父在〕'은 자기의 아버지를 말하고, '아버지의 後嗣가 됨〔爲父後〕'은 아내의 아버지를
말한다. 문 밖에 있는 사람이 조문온 사람을 알리되 〈조문온 자가 죽은 자와〉 만약 交
游가 평소 절친했던 사람이라면 바로 들어가서 哭을 하니, 인정과 의리가 그러한 것
이다.

○ 疏曰 女子子適人者 爲昆弟之爲父後者不降하니 以其正故也라 故姊妹之夫가 爲之
哭於適室中庭하고 子爲主者는 甥服舅緦라 故命己子爲主하야 受弔拜賓也라 袒免哭踊
者는 冠尊不居肉袒之上이니 必先去冠而加免이라 故凡哭에 哀則踊하고 踊必先袒하고
袒必先免이라 故袒免哭踊也라 夫入門右者는 謂此子之父니 卽哭妻兄弟者라

疏 : 딴 사람에게 시집간 딸자식이 오빠나 남동생 중에 아버지의 後嗣가 된 사람을
위해서는 降服을 입지 않으니, 그렇게 하는 것이 올바르기 때문이다. 그러므로 자매
의 남편이 그를 위해서 適室의 뜰 가운데에서 哭을 한다. '아들이 喪主가 된다.'는 것
은 甥姪이 外叔에게 緦麻服을 입어준다는 뜻이다. 그러므로 자기의 아들에게 명해서
상주가 되도록 하여 조문을 받고 손님에게 절을 하도록 한 것이다. '어깨를 드러내고
免을 하며 곡하고 뛴다.'는 것은 冠은 尊貴해서 맨살을 드러낸 위에는 쓰지 않는 것이
니, 반드시 먼저 갓을 벗고 免을 하는 것이다. 그러므로 무릇 곡을 할 때 슬프면 뛰
고, 뛸 때에는 반드시 먼저 어깨를 드러내고, 어깨를 드러낼 때에는 반드시 먼저 免을
하는 것이므로 어깨를 드러내고, 免을 하고, 哭하며 뛰는 것이다. '남편이 문 오른쪽

으로 들어간다.'는 것은 이 아들의 아버지를 이르니, 바로 아내의 오빠나 남동생을 위하여 곡을 하는 사람이다.

≪大全≫

嚴陵方氏曰 哭諸異室者는 以其別於適也니라

嚴陵方氏 : 다른 방에서 곡하는 것은 이것을 통해 適子를 구별하기 위해서이다.

040702 有殯에 聞遠兄弟之喪이어든 哭于側室하고 無側室이어든 哭于門內之右니 同國則往哭之니라

자신이 殯所를 모시고 있을 때 먼 촌수인 兄弟의 喪을 들으면 곁방에서 哭을 하고, 곁방이 없으면 대문 안의 오른쪽에서 哭을 하니, 같은 나라 안에 있으면 가서 곡을 한다.

≪集說≫

側室者는 燕寢[10]之旁室也요 門內는 大門之內也라 上篇言 有殯에 聞遠兄弟之喪이어든 雖緦라도 必往이라하니 其亦謂同國歟인저

側室은 燕寢의 곁방이고, 門內는 대문의 안이다. 윗편(檀弓 上)에 말하기를 "자신이 殯所를 모시고 있을 때 먼 촌수인 兄弟의 喪을 들으면 비록 緦麻服을 입는 소원한 형제간일지라도 반드시 가야 된다."고 하였으니, 그 또한 같은 나라 안에 있을 경우를 이르는 것인 듯싶다.

○ 方氏曰 哭于側室은 欲其遠殯宮也요 于門內之右者는 不居主位하야 示爲之變也요 同國則往者는 以其不遠也라

方氏 : '곁방에서 哭을 하는 것'은 그 殯宮에서 멀리 떨어지고자 해서이고, '문 안의

---

10) 燕寢 : 한가롭게 편히 쉬는 방이다. ≪周禮≫ 〈天官 宮人〉에 "천자의 거처에는 六寢이 있으니, 路寢은 正服으로 정치하는 곳이고, 小寢이 다섯 군데로 便服으로 사사로이 쉬는 곳이다." 하였다.

오른쪽에서 곡하는 것'은 주인의 자리에 있지 않아서 그를 위해 변함을 보여주는 것이며, '같은 나라 안에 있으면 가는 것'은 멀지 않기 때문이다.

040801 子張이 死커늘 曾子有母之喪하더시니 齊衰(자최)而往哭之한대 或曰 齊衰不以弔니라 曾子曰 我弔也與哉아

子張이 죽자 曾子께서 어머니의 喪이 있었는데도 齊衰服을 입고 가서 곡하였다. 어떤 사람이 "자최복을 입고는 조문하는 것이 아닙니다."라고 말하자, 曾子께서 말씀하시기를 "내가 조문을 한 것인가?〈哭을 했을 뿐이다.〉"라고 하셨다.

≪集說≫

以喪母之服으로 而哭朋友之喪은 踰禮已甚이라 故或人止之나 而曾子之意는 則曰我於子張之死에 豈常禮之弔而已哉리오하니 今詳此意컨대 但以友義隆厚로 不容不往哭之요又不可釋服而往이니 但往哭而不行弔禮耳라 故曰我弔也與哉아하시니라

어머니의 喪服 차림으로 친구의 喪에 哭한 것은 禮에 벗어남이 너무 심한 것이다. 그러므로 어떤 사람이 이를 만류하였지만, 曾子가 생각하기에는 "내가 子張의 죽음에 있어서 어찌 일반적인 예로 조문만 하고 말 뿐이겠는가?"라고 하셨다. 지금 이 증자의 뜻을 자세히 살펴보니, 단지 友義가 두터운 것만으로도 가서 곡하지 않을 수 없고, 또 상복을 벗고 갈 수도 없으니, 다만 가서 곡만 하고 조문하는 예를 행하지 않았을 뿐이다. 그러므로 "내가 조문한 것인가?"라고 한 것이다.

○ 劉氏曰 曾子嘗問 三年之喪에 弔乎잇가 夫子曰 三年之喪에 練하고 不群立하며 不旅行이니 君子禮以飾情하나니 三年之喪而弔哭이 不亦虛乎[11]아하시니 旣聞此矣요 而又以母喪弔友必不然也니라 凡經中言曾子失禮之事를 不可盡信이니 此亦可見이로다

劉氏 : 曾子가 일찍이 묻기를 "3년상에 조문합니까?" 하니, 夫子(孔子)께서 말씀하

---

11) 曾子嘗問……不亦虛乎 : 이 내용은 ≪禮記≫〈曾子問〉에 보인다.

시기를 "3년상에는 練祭(小祥)를 지내고도 여러 사람과 함께 서거나 여러 사람과 함께 다니지 않으니, 군자는 禮로써 情을 꾸미는데 3년 상중에 있으면서 남을 조문하며 곡하는 것은 또한 虛禮가 아니겠는가?"라고 하셨다. 증자가 이미 이 가르침을 들었는데도, 또 '어머니 상복을 입고 벗에게 조문을 했다.'는 것은 반드시 그렇지 않았을 것이다. 모든 經文 가운데 증자가 失禮한 일을 말한 것은 다 믿을 수가 없으니, 여기에서도 그 예를 볼 수 있다.

040901 有若之喪에 悼公이 弔焉이어시늘 子游擯호대 由左하니라

有若의 喪에 魯나라의 悼公이 조문을 가니, 子游가 그의 왼쪽에서 인도하였다〔擯〕.

《集說》

悼公은 魯君이니 哀公之子라 擯은 贊相禮事也라 立者尊右니 子游由公之左則公在右爲尊矣라 少儀云 詔辭自右者는 謂傳君之詔命이면 則詔命爲尊이라 故傳者居右니 時相喪禮者가 亦多由右라 故子游正之也라

悼公은 魯나라 임금으로, 哀公의 아들이다. 擯은 禮事를 돕는 것이다. 서 있는 사람은 오른쪽을 높이는데, 子游가 도공의 왼쪽에서 인도했다면 도공은 오른쪽에 있게 되어 존귀하게 되는 것이다. 《禮記》〈少儀〉에 이르길 "임금의 명령을 전달하는 자는 임금의 오른쪽에서 한다."고 한 것은 임금의 조칙 명령을 전달하는 경우에는 조칙의 명령이 존귀하기 때문에 전하는 사람이 오른쪽에 자리한다는 말이다. 당시에 喪禮를 돕는 사람들이 또한 오른쪽에서 하는 사람들이 많았다. 그러므로 자유가 그것을 바로잡은 것이다.

041001 齊穀王姬之喪이어늘 魯莊公이 爲之大功이러니 或曰 由魯嫁라 故爲之服姉妹之服이라하고 或曰 外祖母也라 故爲之服이라하니라

齊나라에서 王姬의 초상을 알리자〔穀〕, 魯나라 莊公이 그녀를 위하여 大

功服을 입었다. 혹자는 "노나라를 경유해서 시집을 갔기 때문에 그녀를 위하여 자매의 服을 입었다"고 했고, 혹자는 "외조모이다. 그러므로 그녀를 위하여 服을 입은 것이다."라고 했다.

≪集說≫

穀은 讀爲告(곡)이라 齊襄公夫人王姬卒이 在魯莊之二年이라 赴告於魯하니 其初由魯而嫁라 故魯君爲之服出嫁姊妹大功之服하니 禮也라 或人이 旣不知此王姬乃莊公舅之妻하고 而以爲外祖母라하고 又不知外祖母服小功하고 而以大功으로 爲外祖母之服이라하니 其亦妄矣로다

穀은 告(알리다)의 뜻으로 읽어야 한다. 齊나라 襄公의 夫人인 王姬가 죽은 것은 魯나라 莊公 2년의 일이다. 노나라에 부고를 보내니, 왕희가 당초에 노나라를 경유해서 시집을 갔기 때문에 노나라 임금이 그녀를 위해서 출가한 자매의 服인 大功服을 입어주었으니, 이는 禮이다. 그런데 혹자는 이미 이 왕희가 장공의 외삼촌의 아내였음을 모르고서 그를 외조모라 하였고, 또 외조모의 복은 小功임을 모르고 대공을 외조모의 복이라 하였으니, 그 또한 망령된 것이다.

○ 鄭氏曰 春秋에 周女由魯嫁하야 卒則服之를 如內女服姊妹是也라 天子는 爲之無服이요 嫁於王者之後라야 乃服之니라

鄭氏：≪春秋≫에 周나라의 공주가 魯나라를 거쳐 시집을 갔다가 죽으면 그녀를 위해 服을 입어주기를 內國의 공주와 같이 자매의 服을 입어준다는 것이 이것이다. 天子는 그녀를 위해서 입는 服이 없고, 왕의 후손에게 시집을 간 경우라야 이에 服을 입어준다.

041101 晉獻公之喪에 秦穆公이 使人弔公子重耳하고 且曰 寡人聞之호니 亡國이 恒於斯며 得國이 恒於斯니 雖吾子儼然在憂服之中이나 喪亦不可久也며 時亦不可失也니 孺子는 其圖之하라

晉나라 獻公의 喪에 秦나라 穆公이 사람을 시켜 公子 重耳를 조문하도록 하고, 또 말하기를 "寡人은 듣자하니 나라를 잃어버림도 항상 이때에 있으며 나라를 얻음도 항상 이때에 있으니, 비록 우리 그대가 엄연히 居喪 중에 있지만, 지위를 잃는 것 역시 오래 그대로 둘 수 없으며 시기 역시도 놓칠 수 없으니, 그대〔孺子〕는 그것을 도모하시오."라고 하였다.

≪集說≫

獻公薨時에 重耳避難在狄이라 故穆公이 使人往弔之하니 弔爲正禮라 故以且曰로 起下辭하니라 寡人聞之者는 此는 使者傳穆公之言也라 恒於斯는 言常在此死生交代之際也라 儼然은 端靜持守之貌라 喪은 失位也니 喪不可久時不可失者는 勉其奔喪反國하야 以謀襲位라 故言孺子其圖之也라 此時秦已有納之之志矣라

獻公이 죽었을 때에 重耳가 난을 피하여 오랑캐 땅에 있었다. 그러므로 穆公이 사람을 시켜 가서 그를 조문하도록 하였으니, 조문하는 것은 바른 禮이다. 그러므로 '且曰'이라고 하여 아래의 말을 일으킨 것이다. 寡人聞之는 심부름 간 사람이 穆公의 말을 전달한 것이다. '항상 이 때에 있다〔恒於斯〕'는 것은 항상 이 삶과 죽음이 교차하는 사이에 달려 있다는 말이다. 儼然은 단정하게 태도를 유지하고 몸가짐을 지키는 모양이다. 喪은 지위를 잃어버린 것이니, '지위를 잃는 것을 오래 그대로 둘 수 없으며, 시기도 놓칠 수 없다'는 것은 그 초상에 달려갔다가 본국으로 되돌아가 왕위를 계승할 것을 도모하도록 권유한 것이다. 그러므로 '孺子는 그것을 도모하라'고 말한 것이다. 이때 秦나라는 이미 그를 들여보내려는 뜻이 있었던 것이다.

041102 以告舅犯한대 舅犯曰 孺子는 其辭焉하라 喪人은 無寶요 仁親以爲寶니라 父死之謂何오 又因以爲利면 而天下其孰能說之리오 孺子는 其辭焉하라

公子 重耳가 이 말을 舅犯에게 일러주자, 구범이 말하기를 "孺子는 사양하라. 지위를 잃은 사람은 보배로 여길 것이 없고 어버이를 사랑함을 보배

로 여겨야 하느니라. 아버지의 죽음이 얼마나 슬픈 일인가? 그런데 또 이것을 이용하여 이익으로 삼는다면 천하에 그 누가 나를 위해 변명해줄 수 있겠는가? 유자는 사양하라."라고 하였다.

≪集說≫

舅犯은 重耳舅狐偃이니 字는 子犯也라 公子旣聞使者之言하고 入以告之子犯하니 犯言當辭而不受可也라 失位去國之人은 無以爲寶요 惟仁愛思親이 乃其寶也라 父死謂是何事오 正是凶禍大事니 豈可又因此凶禍하야 以爲反國之利면 而天下之人이 孰能解說我爲無罪乎아 此所以不當受其相勉反國之命也라

舅犯은 重耳의 외삼촌인 狐偃으로, 字는 子犯이다. 公子가 이미 使者의 말을 듣고 들어가서 子犯에게 말하자, 자범이 "마땅히 사양하고 받아들이지 않는 것이 옳다. 지위를 잃고 나라를 떠난 사람은 보배로 삼을 것이 없고, 오직 仁愛하여 어버이를 사모하는 것이 바로 그 보배이다. 父王이 죽은 것을 어떠한 일이라고 여기는가? 바로 凶禍 중에서도 큰일이니, 어찌 또 이 흉화로 인해 본국으로 돌아가는 이로움으로 삼는다면, 천하 사람이 누가 내가 죄가 없다고 변명해줄 수 있겠는가?"라고 말했으니, 이는 마땅히 그가 본국으로 귀국하도록 서로 도와주겠다는 명령을 받아들이지 않아야 하는 이유이다.

041103公子重耳가 對客曰 君惠弔亡臣重耳어니와 身喪父死에 不得與於哭泣之哀하야 以爲君憂하니라 父死之謂何오 或敢有他志하야 以辱君義아 稽顙而不拜하고 哭而起호대 起而不私하니라

公子 重耳가 使者에게 대답하기를 "秦나라 임금께서 은혜롭게도 망명한 신하 중이를 조문해주셨지만, 나 자신은 지위를 잃고 아버지가 돌아가셨음에 哭하며 우는 슬픔에 참여할 수가 없어 秦나라 임금께서 나를 근심하게 했습니다. 아버지의 죽음이 얼마나 슬픈 일입니까? 혹시라도 감히 딴 뜻을 품어 임금의 의리를 욕되게 할 수 있겠습니까?"라고 하고서 이마를 조아리

기만 하고 절은 하지 않은 채 哭하고 일어났는데, 일어나서는 사사로이 대화를 나누지 않았다.

《集說》

公子旣聞子犯之言하고 乃出而答客이라 惠弔亡臣重耳는 謝其來弔也라 不得與哭泣之哀는 言出亡在外하야 不得居喪次也라 以爲君憂者는 致君憂慮我也라 他志는 謂求位之志라 辱君義者는 辱君惠弔之義也라 不私는 不再與使者私言也라

公子가 이미 子犯의 말을 듣고 이에 나가서 使者에게 대답하였다. '은혜롭게도 망명한 신하 重耳를 조문해 주셨다.'는 것은 와서 조문한 것에 대하여 감사드린 것이다. '哭하며 우는 슬픔에 참여할 수가 없다.'는 것은 나라를 떠나 망명하여 외국에 있어 喪次에 있을 수 없다는 말이다. '임금의 걱정거리가 되었다.'는 것은 임금이 나를 걱정하여 염려하게 했다는 말이다. '딴 뜻'이란 왕위를 추구하는 뜻을 이른다. '임금의 의리를 욕되게 한다.'는 것은 임금이 은혜롭게 조문해준 의리를 욕되게 한다는 뜻이다. '사사로이 대화를 나누지 않았다.'는 것은 재차 使者와 더불어 사사로운 대화를 나누지 않았다는 말이다.

041104 子顯이 以致命於穆公한대 穆公曰 仁夫라 公子重耳여 夫稽顙而不拜하니 則未爲後也라 故不成拜요 哭而起는 則愛父也요 起而不私는 則遠利也니라

子顯이 穆公에게 復命하자, 목공이 말하였다. "仁하다, 公子 重耳여! 이마만 조아리고 절하지 않은 것은 후계자가 되지 않겠다는 뜻이다. 그러므로 成拜하지 않은 것이고, 곡하고 일어난 것은 아버지를 애통해 한 것이요, 일어나되 사사로이 대화를 나누지 않은 것은 이익을 멀리한 것이다."

《集說》

鄭註用國語하야 知使者爲公子縶이니 字는 子顯(현)이라 故讀顯爲顯也라 喪禮에 先稽顙

後拜를 謂之成拜니 爲後者成拜는 所以謝弔禮之重이라 今公子以未爲後라 故不成拜
也라 愛父는 猶言哀痛其父也라 不私與使者言은 是無反國之意니 是遠利也라 愛父遠
利는 皆仁者之事라 故稱之曰 仁夫公子重耳라하니라

　鄭玄의 註에 ≪國語≫를 인용하여 使者가 公子 縶이라는 것을 알 수 있으니, 집의
자가 子顯이다. 그러므로 顯을 韅으로 읽어야 한다. 喪禮에 먼저 이마를 조아린 뒤에
절을 하는 것을 成拜라고 하는데, 後嗣가 된 사람이 성배하는 것은 조문한 禮의 정중
함에 감사를 드리기 위한 것이다. 그런데 지금 공자는 아직 후사가 되지 못한 까닭에
성배하지 못한 것이다. 愛父는 그 아버지를 애통해한다는 말과 같다. 사사로이 使者
와 더불어 말하지 않은 것은 귀국하려는 뜻이 없었기 때문이니, 이는 이익을 멀리한
것이다. 아버지를 사랑하고 이익을 멀리함은 모두 仁者의 일이다. 그렇기 때문에 그
를 일컬어 "어질구나. 公子 重耳여!"라고 한 것이다.

　　≪大全≫

嚴陵方氏曰 孟子曰 不仁而得國者는 有之矣어니와 不仁而得天下者는 未之有也[12]라하시니
夫不仁이어늘 猶或有得國者하니 而況於仁乎아 觀重耳拒秦穆公之言하면 則其仁을 可知
矣라 故終能霸하야 有全晉이라 然重耳之所爲는 特受之於舅犯而已라 向使自得於天資요
非由於人授라 推是以爲國이면 則一語一默과 一動一靜이 無非仁也니 又安得孔子有譎
而不正之譏哉[13]리오

　嚴陵方氏 : 孟子께서 말씀하길 "不仁하면서 나라를 얻은 자는 있지만, 불인하면서
천하를 얻은 자는 없다."고 하셨으니, 不仁한데도 오히려 간혹 나라를 얻은 자가 있는
데 하물며 仁한 자에게 있어서이겠는가. 重耳가 秦 穆公의 말을 거절했던 것을 살펴
보면 그의 仁함을 알 수 있다. 그렇기 때문에 끝내 霸者가 되어 晉나라를 완전히 소유
할 수 있었던 것이다. 그러나 중이가 행한 바는 단지 舅犯에게서 받은 가르침이었을

---

12) 孟子曰……未之有也 : 이 내용은 ≪孟子≫〈盡心 下〉에 보인다.
13) 又安得孔子有譎而不正之譏哉 : 이 내용은 ≪論語≫〈憲問〉에서 공자가 "晉文公은 속이
　　고 바르지 않았으며, 齊桓公은 바르고 속이지 않았다.〔晉文公 譎而不正 齊桓公 正而不譎〕"
　　라고 한 것을 가리킨다.

뿐이다. 가령 타고난 자질에서 스스로 얻는 것이고, 남이 가르쳐주는 데서 유래하는 것이 아니니, 이것을 미루어 나라를 다스렸다면 한 마디 말과 한 번의 침묵, 한 번의 행동과 한 번의 멈춤이 仁이 아님이 없을 것이니, 또한 어찌 공자로부터 "속임수를 쓰고 바르지 않았다."는 비난을 받았겠는가?

041201 帷殯이 非古也니 自敬姜之哭穆伯始也니라

빈소에 휘장이 드리우고 곡하는 것은 古禮가 아니다. 敬姜이 남편인 穆伯을 哭한 때로부터 시작되었다.

《集說》

禮朝夕哭殯之時에 必褰開其帷어늘 敬姜이 哭其夫穆伯之殯에 乃以避嫌而不復褰帷하니 自此以後로 人皆傚之라 故記者云非古也라 穆伯은 魯大夫季悼子之子公甫靖也라

禮에 아침 저녁으로 빈소에서 哭할 때에는 반드시 그 휘장을 걷어서 여는데, 敬姜이 그 남편 穆伯의 빈소에서 곡할 때, 곧 혐의를 피하기 위해서 다시 휘장을 걷지 않았으니, 이후로부터 사람들이 모두 이것을 본받았기 때문에 기록한 사람이 古禮가 아니라고 한 것이다. 穆伯은 魯나라 大夫 季悼子의 아들인 公甫靖이다.

《大全》

張子[14]曰 敬姜早寡하야 晝哭以避嫌하고 帷殯이요 或亦避嫌이니 表夫之遠色也니라

張子 : 敬姜은 이른 나이에 과부가 되어 낮에 곡을 하여 혐의를 피하였고, 빈소에 휘장을 친 것도 어쩌면 또한 혐의를 피하고자 해서이니, 남편이 여색을 멀리한다는 사실을 드러낸 것이다.

041301 喪禮는 哀戚之至也나 節哀는 順變也니 君子는 念始之者也니라

---

14) 張子 : 東漢 말엽 北海 高密人으로 이름은 逸이다. 13세에 縣의 小吏가 되었는데 얼마 되지 않아 이를 그만두고 鄭玄의 제자가 되었다. 벼슬은 尙書左丞에 까지 이르렀으며, 후에 幽川牧 劉虞의 掾吏가 되어서 유우와 함께 죽었다.

喪禮는 슬픔이 지극한 것이다. 그러나 그 슬픔을 절제하는 것은 〈효자의 마음을〉 순히 하여 변하게 하는 것이니, 君子는 자기를 낳아준 분을 생각한다.

≪集說≫

孝子之哀는 發於天性之極至니 豈可止遏이리오 聖人制禮하야 以節其哀하니 蓋順以變之也니 言順孝子之哀情하야 以漸變而輕減也라 始는 猶生也라 生我者는 父母也니 毀而滅性이면 是不念生我者矣라

효자의 슬픔은 천성의 지극함에서 나오는 것이니, 어찌 이것을 그치게 하고 막을 수가 있겠는가? 그런데 성인이 예를 제정하여 그 슬픔을 절제하였으니, 이것은 효자의 마음을 순히 하여 변하게 한 것이니, 효자의 슬픈 마음을 순히 하여 점점 변해서 덜어 가볍게 한다는 말이다. 始는 낳음[生]과 같다. 나를 낳아주신 분은 부모인데, 〈지나치게 슬퍼하여〉 몸을 훼손시켜서 생명을 죽인다면 이는 나를 낳아주신 분을 생각하지 않는 것이다.

≪大全≫

嚴陵方氏曰 始而生之者는 親也요 終而成之者는 子也라 苟過於哀而不知變이면 則或以死傷生矣라 故節哀順變者는 以君子念始之者也니라

嚴陵方氏 : 처음으로 낳아준 것은 어버이이고, 마쳐서 그것을 완성시키는 것은 자식이다. 만일 애통함이 지나쳐 변통할 줄 모르면 죽은 사람 때문에 산 사람을 해치게 될 것이다. 그러므로 애통함을 조절하고 변통함을 따르는 것은 군자가 처음을 생각하는 자이기 때문이다.

○ 臨川吳氏[15]曰 順變二字는 釋節哀之義니 順은 謂順孝子哀心하야 不沮止之라 然爲

---

15) 臨川吳氏 : 元나라 때의 理學者, 經學者이자 교육가인 吳澄(1249~1333)을 가리킨다. 撫州 崇仁 사람으로 자는 幼淸 또는 伯淸이고, 학자들은 草廬先生이라 불렀으며, 시호는 文正이다. 어릴 때부터 영리했고, 성장해서는 經傳에 정통했다. 주희의 四傳弟子로, 理學을 위주로 하면서 心學도 아울러 취하여 朱陸二家의 사상을 조화시켰다. 저서에 ≪五經纂言≫이 있는데, 그 중 ≪書纂言≫에서 吳棫과 朱熹의 설을 따라 ≪古文尚書≫

之節하야 使之雖哀而有變은 則其哀不至過甚傷生也라

○ 臨川吳氏 : 順과 變 두 글자는 애통함을 조절한다는 뜻을 풀이한 것이니, 順은 孝子의 애통한 마음을 따라서 저지하지 않는다는 말이다. 그러나 조절해서 효자로 하여금 비록 애통하지만 변통함이 있게 하는 것은 그 애통함이 지나치게 심해서 목숨을 해치는 데 이르지 않기 위해서이다.

041401 復은 盡愛之道也니 有禱祠之心焉이요 望反諸幽는 求諸鬼神之道也요 北面은 求諸幽之義也니라

復은 어버이를 사랑하는 도를 극진히 하는 것이니, 五祀에 기도하고 제사하는 마음이 있는 것이다. 그윽한 세계(저승)에서 돌아오기를 바라는 것은 귀신에게 구하는 道이고, 북향하는 것은 그윽한 세계에서 구하는 뜻이다.

≪集說≫

行禱五祀라도 而不能回其生이라 又爲之復하니 是는 盡其愛親之道하야 而禱祠之心이 猶未忘於復之時也라 望反諸幽는 望其自幽而反也라 鬼神處幽暗하니 北乃幽陰之方이라 故求諸鬼神之幽者는 必向北也라

五祀에 기도를 드리더라도 그 삶을 되돌릴 수 없다. 그런데도 혼을 부르니 이는 그 어버이를 사랑하는 도리를 다해서 五祀에 기도하는 마음이 오히려 혼을 부를 때까지도 잊혀지지 않는 것이다. '그윽한 세계에서 돌아오기를 바란다.'는 것은 그가 그윽한 저 세계에서 되돌아오기를 바란다는 것이다. 귀신은 그윽하고 어두운 데에 있으니, 북쪽은 바로 그윽하고 음침한 방위이다. 그러므로 그윽한 세계의 귀신을 찾을 때는 반드시 북쪽을 향하는 것이다.

와 ≪孔傳≫의 의심스러운 부분은 모두 僞書라고 했다. 그 밖의 저서에 ≪儀禮逸經傳≫, ≪易纂言≫, ≪禮記纂言≫, ≪吳文正集≫ 등이 있다.

≪大全≫

嚴陵方氏曰 孝子之事親에 固有愛之道하니 及其死也에 猶復以冀其復生則愛之道於是爲盡이니라 故曰 盡愛之道也라하니라 冀其復生일새 固所以有禱祠之禮[16]也요 特有是心이라 而故曰有禱祠之心者라하니라 莊子曰 鬼神守其幽라하니 則幽者는 鬼神之道也라 復之時에 望其魂氣自幽而反이라 故曰望反諸幽라하니라 南爲陽有明之義하고 北爲陰有幽之義라 故曰北面求諸幽也라하니라

嚴陵方氏 : 孝子가 어버이를 섬김에 진실로 부모를 사랑하는 도리가 있으니, 돌아가심에 미쳐서도 여전히 초혼[復]으로 부모가 다시 살아나기를 바라야 부모를 사랑하는 도리가 여기에서 다하게 된다. 그러므로 '부모를 사랑하는 도리를 다했다.'고 하는 것이다. 부모가 다시 살아나기를 바라기 때문에 진실로 五祀에 기도하고 제사하는 예가 있는 것이고, 특히 이 마음이 있기 때문에 '五祀에 기도하고 제사하는 마음이 있다.'고 하는 것이다. ≪莊子≫〈天運〉에 '귀신은 어두운 곳을 지켜 떠나지 않는다.'고 했으니, 어두운 곳은 귀신의 도리이다. 초혼할 때에는 그 魂氣가 어두운 곳으로부터 되돌아오기를 바라기 때문에 '어두운 곳에서 되돌아오기를 바란다.'고 하는 것이다. 남쪽은 陽이 되고 밝은 곳이라는 뜻이 있고, 북쪽은 陰이 되고 어두운 곳이라는 뜻이 있기 때문에 '북향하는 것은 어두운 곳에서 찾는 것이다.'고 한 것이다.

041501 拜하고 稽顙은 哀戚之至隱也니 稽顙은 隱之甚也니라

절하고 머리를 조아리는 것은 슬픔이 지극히 애통해서이니, 머리를 조아림은 애통함이 심한 것이다.

≪集說≫

隱은 痛也라 稽顙者는 以頭觸地니 無復禮容이라 就拜與稽顙言之인댄 皆爲至痛이나 而稽顙則尤其痛之甚者也라

---

16) 禱祠之禮 : 神明에게 복을 기원하는 예를 이른다. 禱는 求福하는 것으로 뜻을 삼고, 祠는 文을 위주로 한다.

隱은 애통함이다. 稽顙은 머리를 땅에 대는 것이니 다시 禮에 맞도록 용모를 꾸밈이 없는 것이다. 절과 머리를 조아림을 가지고 말해보자면 모두 지극한 애통함이 되지만 머리를 조아리는 것은 더욱 애통함이 심한 것이다.

≪大全≫

嚴陵方氏曰 孝子哀痛之容은 有若手之辟하고 足之踊하며 口之哭하고 目之泣하며 鼻之洟라 故非一類라 特不若稽顙之爲甚爾니라

嚴陵方氏 : 孝子가 애통해하는 모습으로는 손으로 가슴을 치고, 발로 땅을 구르며, 입으로 곡하고, 눈으로 눈물을 흘리며, 코로 콧물을 흘리는 것과 같은 것들이 있기 때문에 한 가지 종류가 아니다. 그러나 머리를 땅에 대고 조아리는 것이 더 심한 것만은 못하다.

041601 飯用米貝는 弗忍虛也니 不以食道라 用美焉爾니라

飯含할 때 쌀과 조개를 사용하는 것은 차마 죽은 사람의 입을 비워둘 수가 없기 때문이니, 음식의 도로써 하는 것이 아니라 아름다운 물건을 사용할 뿐인 것이다.

≪集說≫

實米與貝于死者口中은 不忍其口之虛也니 此는 不是用飮食之道요 但用此美潔之物하야 以實之焉爾라

쌀과 조개를 죽은 사람의 입안에 채우는 것은 차마 그 입을 비워둘 수 없기 때문이니, 이는 이 음식의 도를 쓰는 것이 아니고, 다만 이 아름답고 깨끗한 물건을 이용해서 그 입안에 채울 뿐이다.

≪大全≫

嚴陵方氏曰 弗忍虛는 則無致死之不仁이요 不以食道는 則無致生之不智니라

嚴陵方氏 : 시신의 입을 차마 비워두지 못하는 것은 완전히 죽은 자로 치부하는 不

仁함이 없기 때문이고, 음식의 법도를 쓰지 않는 것은 완전히 살아있는 사람으로 치부하는 지혜롭지 못함이 없기 때문이다.

041701 銘은 明旌也니 以死者爲不可別已라 故以其旗識(지)之라 愛之에 斯錄之矣며 敬之에 斯盡其道焉耳니라

銘은 죽은 자를 밝히는 깃발이니, 죽은 사람은 구별할 수 없기 때문에 그 깃발로 표시하는 것이다. 사랑하기 때문에 이에 이름을 기록하고, 공경하기 때문에 이에 그 도리를 극진히 다하는 것이다.

≪集說≫

士喪禮에 銘曰 某氏某之柩라하야 初置于簷下西階上이라가 及爲重[17)]畢則置於重하고 殯而卒塗에 始樹於肂坎之東이라하야늘 疏云 士長三尺이요 大夫五尺이요 諸侯七尺이요 天子九尺이요 若不命之士則以緇로 長半幅이요 經末長終幅이요 廣三寸이라 半幅一尺也요 終幅二尺也니 是總長三尺이라 夫愛之而錄其名하고 敬之而盡其道니 曰愛曰敬이 非虛文也라

≪儀禮≫〈士喪禮〉에 "銘旌을 '某氏 某의 柩이다〔某氏某之柩〕'라고 해서 처음에는 처마 밑 서쪽 섬돌 위에 놓아두었다가 重(임시 신주)를 다 만들면 重에 두고, 빈을 하여 진흙을 바르기를 마치면 비로소 구덩이의 동쪽에 세운다."라고 하였는데, 孔穎達의 疏에 "士는 銘의 길이가 3척이고 대부는 5척이고 제후는 7척이고 천자는 9척이니, 만약 벼슬을 임명받지 못한 사의 경우는 검은 베로 만들되 길이가 半幅이고, 붉은 베의 끝 길이가 終幅이며 넓이가 3촌이다. 반폭은 1척이고 종폭은 2척이니, 이는 총 길이가 3척인 것이다."라고 하였다. 부모를 사랑하여 그 이름을 기록하고 공경하여 그 도리를 극진히 다하니, 愛라고 하고 敬이라고 한 것은 형식적인 글이 아니다.

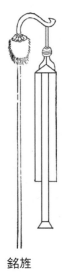

銘旌

---

17) 重 : 鄭玄의 註에 "사람이 막 죽어서 신주를 미처 만들지 못했을 때에 重을 가지고 그 神을 대표하는 것이다.〔始死未作主 以重主其神也〕"라고 하였다.

≪大全≫

嚴陵方氏曰 凡銘은 皆所以爲名이니라 明旌을 謂之銘이라 故男子書名焉이니라 夫愛之에 則不忍忘이라 故爲旌以錄死者之名하고 敬之에 則不敢遺라 送死之道所以爲盡也라

嚴陵方氏 : 무릇 銘이란 모두 이름을 밝히기 위한 것이다. 明旌을 銘이라 하기 때문에 남자는 거기에 이름을 쓰는 것이다. 사랑한다면 차마 잊지 못하기 때문에 깃발을 만들어 죽은 이의 이름을 기록하고, 공경한다면 감히 버릴 수가 없기 때문에 죽은 이를 장송하는 도리를 극진히 다하는 것이다.

○ 李氏曰 葬埋는 謹藏其形也요 祭祀는 謹事其神也요 銘誄와 繫世[18]는 謹傳其名也라 以傳其名이라 故曰錄之라하고 事死而至於傳其名이라 故曰盡其道라하니라

李氏 : 埋葬은 그 형체를 삼가 安葬하는 것이고, 祭祀는 그 神을 삼가 섬기는 것이며, 銘誄와 繫世는 삼가 그 이름을 잘 전하는 것이다. 그 이름을 전하기 때문에 '기록한다'고 한 것이고, 죽은 자를 섬기면서 그 이름을 전하기를 극진히 하므로 '그 도리를 극진히 다한다'고 한 것이다.

041702 重은 主道也니 殷主는 綴重焉하고 周主는 重徹焉하니라

重〔假主〕은 神主의 도이니, 殷나라에서는 신주를 만들고 나면 重을 묶어서 사당에 매달아놓고, 周나라에서는 신주를 만들고 나면 重을 거두어 매장하였다.

≪集說≫

禮註云호대 士重은 木長三尺이라하니 始死에 作重以依神하니 雖非主而有主之道라 故曰主道也라 殷禮는 始殯時에 置重于殯廟之庭이라가 暨成虞主則綴此重하야 而懸於新死者所殯之廟하고 周人은 虞而作主則徹重而埋之也라

---

18) 銘誄 繫世 : 銘誄는 죽은 자의 경력과 공덕을 기술한 문장을 말하며, 繫世는 世系를 기록한 譜牒을 말한다.

≪儀禮≫〈士喪禮〉의 註에 이르기를 "士의 重은 나무의 길이가 3尺이다."라고 하였으니, 막 죽었을 적에 重을 만들어서 신을 의지하게 하니, 비록 神主는 아니지만 신주의 도가 있다. 그렇기 때문에 '신주의 도〔主道〕'라고 말한 것이다. 殷나라의 禮는 처음 빈소를 차릴 때 殯廟의 뜰에 重을 놓아두었다가 虞祭의 신주를 만들고 나면 이 重을 묶어서 새로 사망한 사람의 빈소를 차린 사당에 매달아놓고, 周나라 사람은 虞祭를 지내고서 신주를 만들면 重을 거두어서 그걸 매장하였다.

≪大全≫

嚴陵方氏曰 重設於始死之時하고 主立於旣虞之後니 則重非主也요 有主之道爾라 殷雖作主矣나 猶綴重以懸於廟하니 不忍棄之也라 周旣作主矣요 重遂徹而埋於土하니 不敢瀆之也라 不忍棄之者는 所以致其愛而質이라 故殷人行之라 不敢瀆之者는 所以致其敬而文이라 故로 周人行之니라 夫重與主는 皆所以依神而已라 或曰重하고 或曰主는 何也오 始死而未葬엔 則有柩矣어늘 有柩而又設重이니 所以爲重也요 旣有廟矣니 有廟而必立主니 是爲主也니라

嚴陵方氏 : 重은 처음 죽었을 때 설치하고, 神主는 虞祭를 마치고 난 뒤에 세우니, 重은 신주가 아니라 신주의 도리가 있을 뿐이다. 殷나라 때에도 비록 신주를 만들더라도 여전히 重을 묶어서 사당에 매달아 두었으니 차마 버릴 수 없었기 때문이다. 周나라 때에는 신주를 만들고 나서 重을 마침내 거두어 땅에 매장을 하였는데, 감히 더럽힐 수 없기 때문이다. '차마 버리지 못하는 것'은 그 사랑을 극진히 하면서도 질박하게 하기 위해서이다. 그러므로 殷人은 이 방법을 시행한 것이다. '감히 더럽히지 못하는 것'은 그 공경을 극진히 하면서도 문채가 나게 하기 위해서이다. 그러므로 周人은 이 방법을 시행한 것이다. 가주와 신주는 모두 神靈을 의지하게 하기 위한 것일 뿐이다. 혹은 重이라 하기도 하고, 혹은 主라 하기도 하는 것은 어째서인가? 막 죽어서 아직 장사지내지 않았으면 영구가 있을 것이니, 영구가 있는데 또 가주를 설치했으니 중복했다는 뜻으로 重이 된 것이고, 이미 사당이 있으니 사당이 있으면 반드시 주인을 세워야 하니 이래서 主가 된 것이다."

041801 奠以素器는 以生者有哀素之心也라 唯祭祀之禮는 主人이 自盡

焉爾니 豈知神之所饗이리오 亦以主人이 有(齊)〔齋〕敬之心也니라

奠을 올릴 때 소박한 그릇을 쓰는 것은 생존한 사람이 애통하고 꾸밈없는
마음이 있기 때문이다. 오직 祭祀의 禮만은 主人이 스스로 정성을 극진히
하니 어찌 神이 歆饗할 것임을 알아서 그러는 것이겠는가. 또한 주인이 재
계하고 공경하는 마음이 있기 때문일 뿐이다.

《集說》

鄭氏曰 哀素는 言哀痛無飾也라 凡物無飾曰素니 哀則以素하고 敬則以飾하니 禮由人
心而已라

　鄭氏 : 哀素는 애통하여 꾸밈이 없다는 말이다. 무릇 물건에 꾸밈이 없는 것을 素라
고 하니, 슬픔에는 소박한 것을 이용하고 공경함에는 꾸밈을 이용하니, 禮는 人心을
따를 뿐이다.

○ 方氏曰 士喪禮에 有素俎[19]하고 士虞禮에 有素几[20]하니 皆其哀而不文故也라 喪
葬은 凶禮라 故若是요 至於祭祀之吉禮하야는 則必自盡하야 以致其文焉이라 故曰唯祭
祀之禮는 主人自盡焉爾라 然主人之自盡이 亦豈知神之所享이 必在於此乎아 且以表
其心而已耳라

　方氏 : 《儀禮》〈士喪禮〉에 素俎가 있고, 〈士虞禮〉에 素几가 있으니, 모두 슬퍼서
꾸미지 않기 때문이다. 喪禮와 葬禮는 凶禮이므로 이와 같이하고, 祭祀의 吉禮에 이

---

19) 士喪禮 有素俎 : 《儀禮》〈士喪禮〉에 "素俎를 鼎 서쪽에 두되 서쪽으로 끝이 가도록 하
　고, 숟가락은 엎어 자루가 동쪽으로 가도록 한다.〔素俎在鼎西西順 覆匕東柄〕"고 했는데,
　鄭玄의 註에 "素俎는 喪에 질박함을 숭상함이다.〔素俎 喪尙質〕"라고 했다.

20) 士虞禮 有素几 : 《儀禮》〈士虞禮〉에 "素几와 갈대로 만든 자리를 설치한다.〔素几葦席〕"
　고 했는데, 鄭玄의 註에 "几가 있음은 비로소 귀신으로 여김이다.〔有几 始鬼神也〕"라고
　하였고, 孔穎達의 疏에 "大斂의 奠에는 이미 자리가 있으나, 우제에 이르러서야 几가
　있다. 천자와 제후가 막 죽으면 곧장 几와 筵을 갖춘다.〔大斂奠時 已有席 至虞 乃有几 天
　子諸侯 始死 即几筵具也〕"라고 했다.

르러서는 반드시 스스로 정성을 극진히 해서 그 꾸밈을 지극히 하기 때문에 "오직 제사의 禮만은 주인이 스스로 정성을 극진히 한다."고 한 것이다. 그러나 주인이 스스로 정성을 극진히 하는 것이 또한 어찌 신이 歆饗함이 반드시 여기에 있을 것임을 알아서 그러는 것이겠는가. 또한 그렇게 함으로써 그 마음을 표시할 뿐이다.

≪大全≫

臨川吳氏曰 虞以前은 親喪未久니 奠而不謂之祭라 其奠也는 非不敬其親也라 哀心特甚일새니라 禮尙質朴하니 無心於飾일새 故用素器라 虞以後엔 親喪漸久하야 卒祔練祥이 雖猶在喪制之中이나 然已是祭祀之禮라 其祭祀也에도 非不哀其親也나 敬心加隆하야 非如初喪之素器也라 然其盡禮而漸文이 豈是爲死者眞能來享이리오 而然亦自盡其禮하야 以致敬親之心焉爾니라 大槩喪主於哀하고 祭主於敬이라 故喪奠以素器之質하야 而見其哀하고 祭祀則盡禮之文하야 以寓其敬이라

臨川吳氏 : 虞祭를 지내기 전은 어버이의 喪이 아직 오래지 않은 것이니, 제물을 올리기는 하지만 제사라고 하지는 않고, 제물만 올리는 것은 그 어버이를 공경하지 않아서가 아니라, 애통한 마음이 특별히 심해서 그런 것이다. 禮는 質朴함을 숭상하니 꾸밈에 마음 쓸 겨를이 없기 때문에 소박한 그릇〔素器〕을 사용하는 것이다. 虞祭를 지낸 후는 어버이의 喪이 점차 오래되어 가니 卒哭祭, 祔祭, 練祭, 祥祭 등이 비록 아직 喪制 중에 있지만 이미 이것은 제사의 예이다. 제사에도 그 어버이를 애통해하지 않는 것은 아니지만, 공경하는 마음이 더욱 융성하기 때문에 처음 돌아가셨을 때처럼 소박한 그릇을 사용하지는 않는다. 그러나 그 예를 극진히 하고 점차 꾸미는 것이 어찌 죽은 이가 실제로 찾아와서 흠향하기 때문이겠는가. 그러나 또한 스스로 그 예를 다하여 어버이를 공경하는 마음을 극진히 할 따름이다. 대체로 喪은 애통함을 위주로 하고 제사는 공경을 위주로 하기 때문에 喪을 치를 때 올리는 奠은 질박한 흰 그릇을 사용해서 그 애통함을 보이는 것이고, 제사에서는 예의 문채를 극진히 해서 그 공경하는 마음을 붙이는 것이다.

041901 辟(벽)踊은 哀之至也니 有筭은 爲之節文也니라

가슴을 치고 발로 구르는 것은 슬픔이 지극한 것이니, 여기에 횟수가 있는 것은 節文을 하기 위한 것이다.

≪集說≫

疏曰 撫心爲擗이요 跳躍爲踊이니 是哀痛之至極이라 若不裁限이면 恐傷其性이라 故有筭以爲之準節하니 每一踊三跳三踊九跳爲一節이라 士는 三日有三次踊하고 大夫는 四日五踊이요 諸侯는 六日七踊이요 天子는 八日九踊이라 故云爲之節文也라하니라

疏 : 가슴을 치는 것을 擗이라 하고 발로 구르는 것을 踊이라 하니, 이는 애통함이 지극한 것이다. 만약 슬픔을 제한하지 않으면 그 생명을 손상시킬까 두렵기 때문에 숫자를 세어서 그 기준 절도로 삼으니, 매번 한 차례 뛸 때마다 세 번씩 도약하고, 세 번 뛰면서 아홉 번 도약하는 것을 1節로 삼는다. 士는 3일 동안 세 차례 뛰고, 大夫는 4일 동안 다섯 차례 뛰며, 諸侯는 6일 동안 일곱 차례 뛰고, 天子는 8일 동안 아홉 차례 뛴다. 그렇기 때문에 '節文을 하기 위한 것이다.'라고 한 것이다.

042001 袒括髮은 變也요 慍은 哀之變也라 去飾은 去美也니 袒括髮은 去飾之甚也라 有所袒하며 有所襲은 哀之節也라

어깨를 드러내고 머리털을 묶는 것은 모습이 변한 것이고, 서운해 하는 것은 슬픔이 변한 것이다. 장식을 제거함은 아름다움을 제거한 것이니, 어깨를 드러내고 머리털을 묶는 것은 장식을 제거한 것 중에 심한 것이다. 어깨를 드러내는 경우가 있고 옷을 껴입는〔襲〕경우가 있는데, 이는 슬픔을 절제한 것이다.

≪集說≫

疏曰 袒衣括髮은 形貌之變也요 悲哀慍恚는 哀情之變也라 去其尋常吉時之服飾은 是去其華美也니 去飾雖多端이나 惟袒而括髮이 又去飾之中最甚者也라 理應常袒이니 何以有袒時有襲時오 蓋哀甚則袒하고 哀輕則襲이 哀之限節也라

疏 : 옷을 벗어 어깨를 드러내고 머리털을 묶는 것은 모습이 변한 것이요, 슬프고 서운해 하는 것은 슬픈 감정이 변한 것이다. 그 평상시 吉할 때의 服飾을 제거하는 것은 그 화려하고 아름다운 것을 제거한 것이니, 장식을 제거하는 것이 비록 여러 가지이지만 오직 어깨를 드러내고 머리털을 묶는 것만이 또 장식을 제거하는 중에서 가장 심한 것이다. 이치상 응당 항상 어깨를 드러내어야 할 터인데, 무슨 까닭으로 어깨를 드러낼 때가 있고 옷을 껴입을 때가 있는가? 슬픔이 심하면 어깨를 드러내고 슬픔이 가벼우면 옷을 껴입는 것이 슬픔의 절도이다.

≪大全≫

嚴陵方氏曰 有算則有節이요 有節則文이로대 無節則質이라 故謂之節文이라 袒則去其衣요 括髮則投其冠이라 衣冠者는 人之常服而已라 故曰袒括髮은 變也라하니라 發於聲音하고 見於衣服호되 而生於陰者는 此哀之常也라 及有感而慍하야 以至於辟踊者는 陽作之也니 此其變歟인저 故曰慍은 哀之變也라하니라 經曰 慍斯戚하고 戚斯嘆하며 嘆斯辟하고 辟斯踊이라하니 蓋謂是矣라

嚴陵方氏 : 일정한 횟수가 있으면 節度가 있고, 절도가 있으면 문채가 나지만 절도가 없으면 질박하다. 그러므로 節文이라고 하는 것이다. 袒은 그 옷을 걷어 올리는 것이고, 括髮은 冠을 벗는 것이다. 衣冠이란 사람들이 평상시에 입는 것일 뿐이다. 그러므로 "어깨를 드러내고 머리털을 묶는 것은 모습이 변한 것이다."라고 한 것이다. 소리에서 드러나고 의복에서 드러나되 陰에서 생겨나는 것, 이것은 일상적인 애통함이다. 그러나 감회가 있어서 서운해 함에 미쳐 가슴을 치고 발을 구르는 지경에 이르는 것은 陽이 일으키는 것이니, 이것이 그 변화일 것이다. 그러므로 "서운해 하는 것은 슬픔이 변한 것이다."라고 한 것이다. 경문에 "서운해지면 슬퍼지게 되고, 슬퍼지게 되면 탄식하게 되고, 탄식하게 되면 가슴을 치게 되며, 가슴을 치게 되면 발을 구르게 된다."고 했으니, 아마도 이것을 말하는 것일 것이다.

042001 弁絰葛而葬은 與神交之道也니 有敬心焉하니라 周人은 弁而葬하고 殷人은 冔而葬하니라

爵弁을 쓰고 葛絰을 두르고서 葬事를 지내는 것은 神明과 더불어 교접하
는 도이니, 공경하는 마음이 있기 때문이다. 周나라 사람은 爵弁을 쓰고 장
사를 지냈고 殷나라 사람은 冔冠을 쓰고 장사를 지냈다.

《集說》

居喪時에 冠服皆純凶호대 至葬而吾親託體地中이면 則當以禮敬之心으로 接於山川之
神也라 於是에 以絹素爲弁호대 如爵弁之制하고 以葛爲環絰하야 在首以送葬하니 不敢
以純凶之服交神者는 示敬也라 故曰有敬心焉이라

居喪할 때에 冠과 服이 모두 순전히 凶하나, 葬禮에 이르러서 나의 어버이가 몸을
땅속에 의탁하게 되면 마땅히 禮遇하고 공경하는 마음으로써 산천의 신을 교접해야
한다. 이에 흰 비단으로 弁을 만들되 爵弁의 제도와 같이 하고, 칡으로 環絰을 만들어
머리에 두르고서 장송을 하니, 감히 순전한 흉복으로 신을 교접하지 못하는 것은 공
경하는 뜻을 보이려는 것이다. 그러므로 "공경하는 마음이 있기 때문이다."라고 한 것
이다.

《大全》

嚴陵方氏曰 與神交之道는 則心主乎敬이라 夫厭冠麻絰은 居喪之禮이로대 至於葬 則
以弁易冠하고 以葛易麻者는 示敬故也라 子游曰 飯於牖下하고 小斂於戶內하며 大斂於
阼하고 殯於客位하며 (袓)〔祖〕[21] 於庭하고 葬於墓는 所以卽遠也라하니 比至於葬하면 則
卽遠之至矣라 故以神道交之니라

嚴陵方氏 : 神과 교접하는 도는 마음에 敬을 위주로 해야 한다. 厭冠을 쓰고 麻絰을
두르는 것은 喪을 치르는 禮인데, 장사를 지낼 때에 미쳐서 冠을 고깔〔弁〕로 바꾸고
麻絰을 葛絰로 바꾸는 것은 공경을 나타내기 위한 것이다. 子游가 말하기를 "바라지
〔牖〕 아래에서 飯含하고, 지게문〔戶〕 안에서 小斂하며, 동쪽 계단〔阼階〕에서 大斂하고,
客位에 빈소를 만들며, 뜰에서 祖奠하며, 묘소에 장사 지내는 것은 먼 데로 나아가는

21) (袓)〔祖〕:〈大全〉에는 '袓'으로 되어 있으나,〈檀弓 上〉035402의 經文을 근거로 '祖'
로 바로잡았다.

것이다."라고 했으니, 장사를 지내는데 이르게 되면 먼 데로 나아감이 지극하기 때문에 神을 대하는 道로 교접하는 것이다.

042101 歠(철)이어든 **主人主婦室老**는 **爲其病也**하야 **君命食**(사)**之也**니라

죽을 마시면 主人과 主婦와 늙은 家臣은 병이 날까 염려되므로 임금이 밥을 먹도록 명하는 것이다.

≪集說≫

疏曰 親喪歠粥之時라 主人은 亡者之子요 主婦는 亡者之妻니 無則主人之妻也라 室老는 家之長相이니 此三人이 竝是大夫之家貴者라 爲其歠粥病困之라 故君必命之食疏飯也라 若士喪은 君不命也니라 喪大記言主婦食疏食는 謂旣殯之後요 此主婦歠者는 謂未殯前이라

疏 : 어버이 喪에 죽을 먹을 때이다. 主人은 亡者의 아들이고, 主婦는 망자의 아내이니, 망자의 아내가 없으면 주인의 아내가 주부가 된다. 室老는 家臣의 우두머리이다. 이 세 사람은 모두 이 大夫의 집안에서 귀한 사람이다. 이들이 죽을 마시다가 병이 나 지칠까 염려되기 때문에 임금은 반드시 이들에게 거친 밥을 먹도록 명하는 것이다. 만약 士의 喪이라면 임금이 명하지 않는다. 〈喪大記〉에 "主婦가 거친 밥을 먹는다."고 한 것은 이미 빈소를 차린 뒤를 말하는 것이고, 여기에서 주부가 죽을 먹는다는 것은 아직 빈소를 차리지 않았을 때를 말한 것이다.

042201 **反哭升堂**은 **反諸其所作也**요 **主婦入于室**은 **反諸其所養也**라

매장하고 돌아와서 祖廟의 堂에 올라가 곡하는 것은 예를 행하던 곳으로 돌아오는 것이고, 主婦가 조묘의 室에 들어가는 것은 봉양하던 곳으로 돌아오는 것이다.

≪集說≫

此堂與室은 皆謂廟中也라 卒窆而歸하야 乃反哭於祖廟니 其二廟者는 則先祖後禰(녜)라

所作者는 平生祭祀冠昏所行禮之處也요 所養者는 所饋食供養之處也라

여기의 堂과 室은 모두 사당 안을 이른다. 봉분을 쓰는 것을 마치고 돌아와 마침내 선조 사당에서 反哭을 하니, 사당이 둘인 자는 조부의 사당에서 먼저하고 아버지의 사당에서 뒤에 한다. 所作은 돌아가신 부모가 평소 제사하고 冠禮와 昏禮를 행하던 곳이며, 所養은 돌아가신 부모가 음식을 이바지하고 供養하던 곳을 이른다.

≪大全≫

朱子曰 須知得此意思면 則所謂踐其位하야 行其禮[22]等事를 行之方安하야 方見得繼志述事之事니라

朱子 : 모름지기 이 뜻을 깨치면, 이른바 "先王의 자리에 올라 선왕이 행하던 禮를 행한다."는 등의 일을 행함에 비로소 편안하게 되어, 바야흐로 아버지의 뜻을 잇고 아버지의 사업을 계승하는 일을 알 수 있다.

042301 反哭之弔也는 哀之至也라 反而亡焉이라 失之矣니 於是爲甚하니라

집으로 되돌아와 哭함에 조문하는 것은 슬픔이 지극하기 때문이다. 집으로 돌아와 보니 어버이가 없으므로 어버이를 다시는 볼 수 없으니 이에 슬픔이 심한 것이다.

≪集說≫

賓之弔者가 升自西階曰 如之何오 主人拜稽顙이니 當此之時하야 亡矣라 失矣에 不可復見吾親矣니 哀痛於是爲甚也라 賓弔畢而出이면 主人送于門外하고 遂適殯宮이니 卽先時所殯正寢之堂也라

---

22) 踐其位 行其禮 : ≪中庸≫ 19章에 "先王의 자리에 올라 선왕이 행하던 禮를 행하고, 선왕이 연주하던 음악을 연주하며, 선왕이 존경하던 이를 공경하고, 선왕이 친애하던 이를 사랑하며, 죽은 이를 섬기기를 살아있는 이 섬기듯이 하고, 없는 이를 섬기기를 있는 이 섬기듯이 하는 것이 孝의 지극함이다.〔踐其位 行其禮 奏其樂 敬其所尊 愛其所親 事死如事生 事亡如事存 孝之至也〕"라고 한 것을 가리킨다.

조문온 손님이 서쪽 섬돌로부터 올라와 말하기를 "이 일을 어찌합니까?"라고 하면, 주인은 절을 하며 머리를 조아리니 이때를 당해서 어버이가 계시지 않는다. 어버이를 잃어버렸기 때문에 다시는 우리 어버이를 볼 수가 없으니, 애통함이 이에 심하다. 손님이 조문을 끝내고 밖으로 나가면 주인은 문 밖에서 전송하고 마침내 殯宮으로 가니, 바로 先代 때 빈소를 차렸던 正寢의 堂이다.

042302 殷은 旣封(폄)而弔하고 周는 反哭而弔러니 孔子曰 殷은 已慤하니 吾從周호리라

殷나라는 下棺을 마치고 조문하였고, 周나라는 집으로 되돌아와 哭을 하고 조문하였다. 孔子께서 말씀하시기를 "殷나라의 禮는 너무 질박하니 나는 周나라의 예를 따르겠다."고 하였다.

≪集說≫

殷之禮는 窆畢에 賓就墓所弔主人하고 周禮則俟主人反哭而後弔하나니 孔子謂殷禮太質慤者는 蓋親之在土가 固爲可哀나 不若求親於平生居止之所而不得이 其哀爲尤甚也라 故弔於墓者가 不如爲兼盡이라 故欲從周也시니라

殷나라의 禮는 하관이 끝남에 손님이 묘소로 나가서 주인에게 조문하였고, 周나라의 예는 주인이 집으로 되돌아와 哭하기를 기다린 뒤에 조문을 했는데, 孔子께서 "殷나라의 예는 너무 질박하다."고 한 것은 대개 어버이가 흙 속에 있는 것이 진실로 슬퍼할 만하지만, 어버이를 평생에 거처하던 곳에서 찾아도 볼 수 없는 그 슬픔이 더욱 심한 것만은 못하다고 여겼기 때문이다. 그러므로 묘소에서 조문하는 것은 집에서 조문하는 것의 人情과 禮文이 겸하여 극진한 것만 못하다. 그러므로 주나라를 따르고자 하신 것이다.

≪大全≫

嚴陵方氏曰 人之始死也엔 則哀其死하고 旣葬也엔 則哀其亡하나니 亡則哀爲甚矣라 故反哭之時에 有弔禮焉하니라 問喪曰 入門而弗見也하고 上堂而弗見也하며 入室又弗見

也하니 亡矣喪矣라 不可復見矣라 故哭泣辟踊하야 盡哀而止矣라하고 大宗伯에 以喪禮
哀死亡이라하니 蓋死亡之別이 如此라 旣封(폄)而弔者는 受弔於壙也요 反哭而弔者는 受
弔於家也라 夫弔也者는 所以弔其哀而已라 葬不若反哭之哀爲甚이라 此孔子所以謂
殷爲已慤이라 周人弔於家는 示民不偝也[23]라 子云 死는 民之卒事也라 吾從周[24]라하시니
其言蓋本諸此니라

　嚴陵方氏 : 사람이 막 죽었을 때는 그 죽음을 슬퍼하고, 이미 장사를 지내고 나서는
그가 없어진 것을 슬퍼하는데, 없어지면 슬픔이 더욱 심하게 된다. 그러므로 집으로
돌아와 곡할 때에 조문하는 예가 있는 것이다. 〈問喪〉에 "문에 들어와도 보이지 않고,
堂에 올라와도 또 보이지 않고, 방에 들어가도 또 보이지 않으니, 안 계시는구나! 돌
아가셨구나! 다시는 볼 수가 없구나! 그러므로 곡하고 눈물을 흘리며 가슴을 치고 발
을 구르며 슬픔을 다하고 그친다."라고 했고, ≪周禮≫〈大宗伯〉에 "喪禮에 따라 死亡
한 자를 애도한다."고 했으니, 死와 亡의 구별이 이와 같은 것이다.

　하관하고 나서 조문을 하는 것은 무덤에서 조문을 받는 것이고, 反哭을 한 뒤에 조
문을 받는 것은 집에서 조문을 받는 것이다. 무릇 조문이라고 하는 것은 그 슬픔을 위
로하기 위한 것일 뿐이다. 장사를 지내면 비록 슬픈 마음이 일지만 반곡의 슬픔이 더
욱 심한 것만은 못하다. 이것이 공자께서 은나라의 예가 지나치게 질박하다고 평하신
이유이다. 주나라 사람이 집에서 조문한 것은 백성들에게 효를 저버리지 않음을 보여
준 것이다. 공자께서 말씀하시되 "죽음은 백성들의 마지막 큰 일이다. 나는 주나라의
예를 따르겠다."고 하셨는데, 그 말은 아마도 여기에서 근거한 것인 듯싶다.

042401 葬於北方北首는 三代之達禮也니 之幽之故也니라

　北方에 葬事지내면서 머리를 북쪽으로 두는 것은 夏·殷·周 3代의 통용
된 禮이니, 〈귀신은 그윽하고 어두운 것을 숭상하여〉 그윽하고 어두운 데로

---

23) 周人弔於家 示民不偝也 : ≪禮記≫〈坊記〉에 "은나라 사람들은 무덤에서 조문하고 주나
　　라 사람들은 집에서 조문하였으니, 백성들에게 효를 저버리지 않음을 보여준 것이다.
　　〔殷人弔於壙 周人弔於家 示民不偝也〕"라고 보인다.
24) 子云……吾從周 : 이 내용은 ≪禮記≫〈坊記〉에 보인다.

가기 때문이다.

≪集說≫

北方은 國之北也라 殯猶南首는 未忍以鬼神待其親也요 葬則終死事矣라 故葬而北首하니 三代通用此禮也라 南方은 昭明하고 北方은 幽暗하니 之幽는 釋所以北首之義라

北方은 나라의 북쪽이다. 빈소를 차릴 때에 아직은 남쪽으로 머리를 두도록 한 것은 아직은 차마 그 어버이를 귀신으로 대접할 수가 없기 때문이고, 葬事를 지내면 죽은 이를 장송하는 일이 끝마치기 때문에 장사를 지내면서는 머리를 북쪽으로 두도록 하니, 夏·殷·周 3代에 이 禮를 통용하였다. 南方은 밝고, 北方은 그윽하고 어두우니, '그윽하고 어두운 데로 간다.'는 것은 북쪽으로 머리를 두는 뜻을 해석한 것이다.

≪大全≫

嚴陵方氏曰 南方以陽而明하고 北方以陰而幽라 人之生也는 則自幽而出乎明이라 故로 生者南鄉하고 及其死也하야는 則自明而反乎幽라 故死者北首니 凡以順陰陽之理而已라 三代之禮는 雖有文質之變이나 至於葬之北方北首則通而行之者는 皆所以順死者之反乎幽故也라

嚴陵方氏 : 南方은 陽이기 때문에 밝고, 北方은 陰이기 때문에 어둡고 그윽하다. 사람이 태어난다는 것은 어둡고 그윽한 곳에서 밝은 곳으로 나오는 것이다. 그러므로 살아 있는 자들은 머리를 남쪽으로 향하고, 죽음에 미쳐서는 밝은 곳으로부터 어둡고 그윽한 곳으로 되돌아 가는 것이기 때문에 죽은 자는 머리를 북쪽으로 향하는 것이니, 그렇게 함으로써 음양의 이치에 순응하는 것일 뿐이다. 하·은·주 3대의 예는 비록 문채남과 질박함의 변화가 있지만 장사지낼 때 북방에 매장하고 머리를 북쪽으로 두는 데 이르러서 공통적으로 시행한 것은 모두 죽은 자가 어둡고 그윽한 곳으로 되돌아가는 것을 따랐기 때문에 그런 것이다.

042501 旣封(폄)하고 主人贈이어든 而祝宿虞尸니라

이미 하관하고 나서 喪主가 묘역에서 검은 비단의 폐백을 死者에게 바치

면 祝官은 먼저 돌아가서 虞祭의 尸童을 모신다.

≪集說≫

柩行至城門이면 公이 使宰夫贈玄纁(훈)束이라가 旣窆則用此玄纁하야 贈死者於墓之野라 此時祝先歸而肅虞祭之尸矣라 宿은 讀爲肅이니 進也요 虞는 猶安也니 葬畢迎精而反하야 日中에 祭之於殯宮以安之也라 男則男子爲尸하고 女則女子爲尸니 尸之爲言은 主也라 不見親之形容하야 心無所係라 故立尸而使之著死者之服이니 所以使孝子之心으로 主於此也라 禫祭以前은 男女異尸異几하고 祭於廟則無女尸而几亦同矣라 少牢禮에 云호대 某妃配라하니 是男女共尸라

영구가 길을 떠나 城門에 이르면 公이 宰夫로 하여금 검은색과 붉은색 비단 한 묶음을 주었다가, 이미 하관하고 나면 이 검은색과 붉은색 비단을 사용하여 묘소 들에서 죽은 이에게 주도록 한다. 이때 祝官이 먼저 돌아가 虞祭의 尸童에게 나아가 경건히 준비하도록 한다. 宿은 肅으로 읽으니 나오게 한다는 뜻이고, 虞는 편안하다는 뜻과 같으니, 葬事가 끝나면 영혼을 맞이해서 집으로 되돌아가 한낮에 그를 殯宮에서 제사지내어 그 영혼을 편안하게 해드리는 것이다. 남자의 喪에는 남자가 尸童이 되고, 여자의 喪에는 여자가 시동이 되니, 尸라는 말은 主體라는 뜻이다. 장사를 지내고 나면 어버이의 모습을 볼 수가 없어 마음을 붙일 곳이 없다. 그러므로 시동을 세우고 시동에게 죽은 어버이의 옷을 입게 하는 것이니, 이는 효자의 마음으로 하여금 시동을 죽은 어버이의 주체로 삼도록 한 것이다. 禫祭 이전에는 남녀가 시동을 달리하고 안석〔几〕도 달리하며, 사당에 제사를 지내고 나면 여자의 시동은 없고 안석 또한 똑같다. ≪儀禮≫〈少牢饋食禮〉에 "某妃가 配享되었다."고 했는데, 이는 남녀가 시동을 함께 했다는 말이다.

042601 旣反哭이어든 主人은 與有司視虞牲하니라 有司以几筵으로 舍(석)奠於墓左하고 反이어든 日中而虞니라

反哭을 마치면 상주는 有司와 함께 虞祭에 쓸 犧牲을 살펴본다. 다른 유사는 묘소에 남아서 几筵을 묘소의 왼쪽에 깔고서 祭饌을 거기에 차려두고,

유사가 돌아오면 그날 안으로 우제를 거행한다.

≪集說≫

士之禮에 虞牲은 特豕라 几는 所以依神이요 筵은 坐神之席也니 席敷陳曰筵이라 孝子先反而視牲하고 別令有司釋奠하야 以禮地神하니 爲親之託體於此也라 舍는 讀爲釋이요 奠者는 置也니 釋置此祭饌也라 墓道向南하니 以東爲左라 待此有司之反하야 卽於日中時虞祭也라

　士의 禮에 있어서 虞祭의 희생은 돼지 한 마리이다. 안석〔几〕은 신을 의지하게 하는 것이요, 자리〔筵〕는 신을 앉히는 돗자리이니, 자리를 펴는 것을 筵이라고 한다. 효자가 먼저 돌아와서 희생을 살펴보고 별도로 有司를 시켜 올릴 제수를 차려놓고서 地神에게 禮를 올리도록 하니, 어버이가 몸을 이 땅에 의탁하였기 때문이다. 舍는 釋의 뜻으로 읽어야 하고, 奠은 놓아둔다〔置〕는 뜻이니, 이 제사 음식을 차려서 놓아둔다는 뜻이다. 墓道는 남쪽을 향하니 동쪽을 왼쪽으로 삼는다. 이 유사가 되돌아오기를 기다려서 바로 그날 안으로 虞祭를 지낸다.

042701 葬日에 虞는 弗忍一日離也일새니라

　葬事지낸 날에 虞祭를 지내는 것은 차마 단 하루라도 혼령이 의지할 곳이 없게 할 수 없기 때문이다.

≪集說≫

鄭氏曰 弗忍其無所歸라

　鄭氏 : 차마 그 어버이의 영혼이 돌아갈 곳이 없게 할 수가 없기 때문이다.

042702 是日也에 以虞易奠이니 卒哭曰成事라하니라

　이날은 虞祭로써 喪奠을 대체하니 卒哭을 成事라 한다.

≪集說≫

始死에 小斂大斂朝夕朔月朝祖贈遣之類가 皆喪奠也라 此日以虞祭代하고 去喪奠이니 故曰以虞易奠也라 卒哭曰成事者는 蓋祝辭曰哀薦成事也라 祭以吉爲成하니 卒哭之祭는 乃吉祭故也라

맨 처음 막 죽었을 때에는 소렴과 대렴, 조석의 奠과 초하루·朝祖·贈遣의 따위가 모두 喪奠이다. 이 虞祭지내는 날에는 우제로써 대체하고 喪奠을 제거하니 그렇기 때문에 "우제로써 奠을 대체한다."고 말한 것이다. "卒哭을 成事라 한다."는 것은 아마도 祝辭의 "슬픈 마음으로 제사를 올립니다.〔哀遷成事〕"라고 하는 말인 듯싶다. 제사는 吉祭를 완성된 것으로 삼으니, 졸곡의 제사가 바로 길제이기 때문이다.

≪大全≫

嚴陵方氏曰 旣封而贈이면 則虞祭有期矣라 故祝先反而宿虞尸焉이라 主人不親舍奠而使有司代之者는 欲速反而修虞事故也라 必待有司反而後虞祭者는 葬禮畢이오야 然後敢成葬反之禮也라 故弗忍一日離其親일새 故不待明日而後虞也라 是日也以虞易奠者는 以虞之禮漸吉故也라

嚴陵方氏 : 하관하고 나서 검은색 비단의 폐백을 사자에게 바쳤다면 虞祭도 정해진 기간이 있다. 그러므로 축관이 먼저 돌아가 우제 때 세울 시동을 준비시키는 것이다. 상주가 직접 음식을 차리지 않고 有司에게 대신 시키는 이유는 신속히 돌아와 우제의 일을 준비하고자 해서이다. 반드시 유사가 되돌아 오기를 기다린 뒤에야 우제를 지내는 것은 장사지내는 예가 끝난 뒤라야 감히 장사를 지내고 되돌아온 예를 완성할 수 있기 때문이다. 그러므로 차마 단 하루라도 어버이의 혼령이 의지할 곳이 없게 할 수 없기 때문에 다음날이 되기를 기다린 뒤에 우제를 지내지 않는 것이다. 이날에 虞祭로써 喪奠을 대체하는 것은 우제를 지내는 예법이 점차 吉禮로 변하기 때문이다.

042801 是日也에 以吉祭易喪祭니 明日에 祔于祖父니라

〈졸곡제를 지내는〉 이날에 吉祭(卒哭祭)로 喪祭(虞祭)를 대체하는데, 그

이튿날에 祖父나 아버지에게 祔祭를 지낸다.

≪集說≫

吉祭는 卒哭之祭也요 喪祭는 虞祭也니 卒哭在虞之後라 故云以吉祭易喪祭也라 祔之爲言은 附也니 祔祭者는 告其祖父以當遷他廟요 而告新死者以當入此廟也라 禮云 明日에 以其班祔[25]라하니 明日者는 卒哭之次日也라 卒哭時에 告于新主曰 哀子某 來日隮祔爾于爾皇祖某甫라하고 及時則奉新主하고 入祖之廟하야 而幷告之曰 適爾皇祖某甫하야 以隮祔爾孫某甫라하니 孫必祔祖者는 昭穆之位同하니 所謂以其班也라 畢事에 虞主復于寢하고 三年喪畢하고 遇四時之吉祭而後에 奉新主入廟也라 虞祭는 間一日이나 而卒哭與祔는 則不間日이니라

　吉祭는 卒哭의 제사이고 喪祭는 虞祭이니, 졸곡이 우제 뒤에 있기 때문에 "吉祭로 喪祭를 대체한다."고 한 것이다. 祔라는 말은 붙인다는 뜻이니, 祔祭는 그 조부나 아버지에게는 다른 사당으로 옮기게 되었다고 고유하고, 새로 죽은 사람에게는 이 사당에 들어오게 되었다고 고유하는 것이다. 禮에 이르기를 "〈卒哭祭를 지낸〉 그 다음날 그 昭穆의 반열로써 祔祭를 지낸다."고 하였으니, 明日이라는 것은 졸곡제를 지낸 다음 날이다. 졸곡제를 지낼 때에는 새 神主에 고유하기를 "哀子 아무개는 내일 당신을 당신의 조부〔皇祖〕 아무개에게 올려서 부제를 지내겠습니다."라고 하고, 다음날 제사할 때가 되면 새 신주를 받들고 조부의 사당으로 들어가서 아울러 고유하기를 "당신의 皇祖 某甫에게 가서 당신의 손자 아무개를 올려 부제를 지내옵니다."라고 하니, 손자를 반드시 조부에게 부제하는 것은 昭穆의 위치가 같기 때문이니, 이른바 "그 昭穆의 반열로써 부제를 지낸다."는 것이다. 고유하는 일이 끝남에 우제의 신주를 정침으로 되돌려 놓고, 三年喪이 끝나고 四時의 吉祭를 만난 뒤에 새 신주를 받들어 사당으로 들인다. 우제는 하루를 띄워서 지내지만 졸곡과 부제는 날짜를 띄우지 않는다.

042802其變而之吉祭也는 比至於祔에 必於是日也接이니 不忍一日未

---

25) 禮云……以其班祔 : 이 내용은 ≪儀禮≫〈旣夕禮〉에 보인다.

有所歸也일새니라

그 변고가 있어서 〈渴葬[26]을 하고〉 吉祭로 넘어가게 된 경우에는 祔祭에 이르기까지 반드시 이날에 卒哭祭와 祔祭를 연달아 지내야 하니, 차마 하루라도 神이 돌아갈 곳이 없게 할 수가 없어서이다.

《集說》

上文所言이 皆據正禮니 此言變者는 以其變易常禮也요 所以有變者는 以有他故하야 未及葬期而卽葬也라 據士禮에 速葬速虞之後에 卒哭之前은 其日尚賖(사)하니 不可無祭라 之는 往也라 虞往至吉祭는 其禮如何오 曰虞後比至於祔에 遇剛日이면 而連接其祭니 若丁日葬則巳日再虞하고 後虞改用剛日이면 則庚日三虞也라 此後遇剛日則祭하야 至祔而後止니 此는 孝子不忍使其親一日無所依歸也라

윗글에서 말한 것은 모두 正禮에 근거한 것이니, 여기에서 變이라고 말한 것은 그 常禮를 바꾸었기 때문이고, 변고가 있다는 것은 다른 연고가 있어서 葬事할 시기에 미치지 않았는데 곧바로 장사를 지내는 것이다. 《儀禮》〈士喪禮〉에 근거해보면, 신속히 장사를 지내고 신속히 虞祭를 지낸 뒤에 卒哭을 지내기 전까지는 그 날짜가 아직 많이 있으므로 제사가 없을 수가 없다. 之는 간다〔往〕는 뜻이다. 우제에서 넘어가 吉祭에 이르기까지 그 禮가 어떠한가? 우제 뒤에 祔祭에 이르기까지 剛日을 만나서 그 제사가 연속되니, 만약 丁日에 장사를 지냈다면 巳日에 再虞祭를 지내고, 뒤의 虞祭를 다시 剛日을 사용하였다면 庚日이 三虞祭가 된다. 이 뒤에 剛日을 만나면 卒哭祭를 지내고서 부제에 이른 뒤에 제사를 마치니, 이는 효자가 차마 그 어버이로 하여금 하루도 歸依할 곳이 없도록 할 수가 없기 때문이다.

042901 **殷**은 **練而**祔하고 **周**는 **卒哭而**祔러니 **孔子善殷**하시니라

殷나라에서는 練祭(小祥)를 지내고서 祔祭를 지냈고, 周나라에서는 卒哭

---

26) 渴葬 : 사망에서부터 장사 지내기까지 일정한 기간이 있는데, 장사를 지낼 기일이 되기 전에 미리 장사를 지내 매장하는 것을 말한다.

을 지내고서 祔祭를 지냈는데, 孔子께서는 殷나라의 예법을 좋게 여기셨다.

《集說》

孝經曰 爲之宗廟하야 以鬼享之라하니 孔子善殷之祔者는 以不急於鬼其親也라

《孝經》에서 말하길 "종묘를 건립하여 귀신으로써 祭享한다."고 하였는데, 孔子께서 殷나라의 祔祭를 좋게 여기신 것은 그 어버이를 귀신으로 여기는 것을 급하게 여기지 않았기 때문이다.

《大全》

藍田呂氏曰 禮之祔祭를 各以昭穆之班하야 祔于其祖하니 主人未除喪이어든 主未遷於新廟라 故以其主附藏于祖廟라가 有祭卽而祭之하고 旣除喪而後에 主遷於新廟라 故謂之祔라 左氏傳曰 君薨이어든 祔而作主하야 特祀于主하고 烝嘗禘于廟²⁷⁾라하니라 周人未葬에 奠於殯이라가 虞則立尸有几筵하고 卒哭而祔하고 祔始作主하며 旣祔之祭에 有練有祥有禫하니 皆特祀其主於祔之廟라가 至除喪然後에 主遷新廟하야 以時而烝嘗禘焉이라 不立主者도 祔亦然이라 士虞禮及雜記所載祔祭는 皆是殷人練而祔니 則未練以前에 猶祭于寢은 有未忍遽改之心이니 此孔子所以善殷이라

藍田呂氏 : 禮에 祔祭는 각각 昭穆의 반열에 따라 그 祖父에게 祔廟하니, 상주가 아직 상을 벗지 않았으면 신주를 새 사당으로 옮기지 못한다. 그러므로 그 신주를 조고의 사당에 따라 모셨다가 제사가 있으면 나아가 제사하고 이미 상을 벗은 뒤에는 신주를 새 사당으로 옮겨 모신다. 그러므로 부묘라 이른 것이다. 《春秋左氏傳》에 "군주가 薨하면 부묘를 하되 신주를 만들어서 특별히 신주에게 제사하고 사당에서 烝·嘗·禘를 合祀한다."라고 하였다. 주나라 사람은 장례하기 전에 빈을 할 때 奠을 올리다가 우제를 올리게 되면 시동을 세워서 几筵이 있고, 졸곡제를 지낸 다음 부묘를 하고, 부묘하는 제사를 지낼 적에 신주를 만들며, 이미 부묘한 뒤에 지내는 제사로는 練祭와 대상제·담제가 있으니, 모두 그 신주를 부묘한 사당에 특별히 제사하다가 상복

---

27) 左氏傳曰……烝嘗禘于廟 : 이 내용은 《春秋左氏傳》 僖公 43년의 傳에 보인다.

을 벗을 때에 이른 뒤에 신주를 새 사당으로 옮겨 모시어 철에 따라 烝·嘗·禘를 지낸다. 신주를 세우지 않은 경우에도 그 부제를 또한 이렇게 한다. ≪儀禮≫〈士虞禮〉와 ≪禮記≫〈雜記〉에 기재한 부제는 모두 은나라 사람이 연제를 하고 부제를 지낸 것이니, 연제하기 이전에 아직도 정침에 제사하는 것은 차마 갑자기 바꾸지 못하는 마음이 있어서이니, 이것이 공자께서 은나라를 좋게 여기신 이유인 것이다.

043001 君이 臨臣喪에 以巫祝桃茢하며 執戈는 惡(오)之也니 所以異於生也니라 喪有死之道焉하니 先王之所難言也니라

임금이 신하의 초상에 조문하러 갈 때 무당과 축관에게 복숭아나무 가지와 갈대 이삭으로 만든 비를 잡고, 小臣에게 창을 잡고 앞에서 호위하게 하는 것은 흉한 기운을 싫어하기 때문이니, 그렇게 함으로써 산 자와 다르게 대하는 것이다. 喪事에는 죽음을 싫어하는 도리가 있으니, 先王이 말하기 어렵게 여긴 것이다.

≪集說≫

桃性이 辟惡(악)하니 鬼神이 畏之라 王莽이 惡(오)高廟神靈하야 以桃湯灑其壁하니라 茢은 苕帚也니 所以除穢라 巫執桃하고 祝執茢하고 小臣執戈는 蓋爲其有凶邪之氣可惡(오)라 故以此三物로 辟祓之也라 臨生者則惟執戈而已어늘 今加以桃茢이라 故曰異於生也라 君使臣以禮어늘 死而惡之가 豈禮也哉아 然人死斯惡之矣라 故喪禮實有惡死之道焉하니 先王之所不忍言也니라

복숭아나무의 성질은 사악한 것을 물리치니, 귀신이 복숭아나무를 두려워한다. 王莽이 漢 高祖의 신령을 싫어해서 복숭아나무를 끓인 물을 그 사당 벽에 뿌렸다. 茢은 갈대 이삭으로 만든 비이니, 더러운 것을 제거하는 것이다. 무당은 복숭아나무 가지를 잡고 祝官은 갈대 이삭으로 만든 비를 잡고 小臣이 창을 잡는 것은, 대개 흉하고 간사한 기운이 있어 싫어할 만하기 때문이다. 그러므로 이 세 가지 물건을 가지고 그 흉하고 간사한 기운을 물리치고 제거하는 것이다. 산사람에게 임할 때에는 오직 小臣

에게 창만 잡도록 할 뿐인데, 지금 복숭아나무 가지와 갈대 이삭으로 만든 비를 추가하였기 때문에 "산사람과 다르게 대한다."고 말한 것이다. 임금은 신하 부리기를 禮로써 해야 하는데 죽었다고 해서 그를 싫어하는 것이 어찌 예이겠는가? 그러나 사람이 죽으면 이에 그를 싫어하게 된다. 그러므로 喪禮에는 실로 죽음을 싫어하는 도리가 있으니, 先王이 차마 말하지 못한 것이다.

043101 喪之朝也는 順死者之孝心也니 其哀離其室也일새니라 故至於祖考之廟而后行하나니 殷은 朝而殯於祖하고 周는 朝而遂葬하니라

喪禮에 영구를 받들고 조상의 사당에 알현시키는 것은 죽은 사람의 孝心을 따른 것이니, 그가 자기가 거처하던 곳을 떠나면서 슬퍼할 것이기 때문에, 祖考의 사당에 이른 뒤에 葬地로 떠나가는 것이다. 殷나라 때에는 사당에서 뵙고 조상 사당에 빈소를 차렸고, 周나라 때에는 사당에서 뵙고 그대로 葬事를 지냈다.

≪集說≫

子之事親에 出必告反必面이라 今將葬而奉柩以朝祖는 固爲順死者之孝心이나 然求之死者之心에 亦必自哀其違離寢處之居하야 而永棄泉壤之下하야 亦欲至祖考之廟而訣別也라 殷尙質하야 敬鬼神而遠之라 故大斂之後에 卽奉柩朝祖而遂殯於廟하고 周人則殯於寢이라가 及葬則朝廟也라

자식이 어버이를 섬길 때 나갈 때에는 반드시 말씀드리고 집에 돌아오면 반드시 얼굴을 뵙는다. 지금 장사에 앞서 영구를 받들고 조묘에 알현시키는 것은 진실로 죽은 자의 효심을 따르기 위해서이다. 그러나 죽은 사람의 마음을 찾아본다면 그 역시 반드시 스스로 잠자고 거처하던 곳을 떠나서 영원히 땅구덩이 아래로 버려짐을 슬퍼해서 또한 祖考의 사당에 이르러서 결별을 하고 싶어할 것이다. 殷나라는 질박함을 숭상하여 귀신을 공경하면서 그를 멀리하였다. 그렇기 때문에 大斂한 뒤에 바로 영구를 받들어 조상을 알현시키고 그대로 사당에 빈소를 차렸고, 周나라 사람은 정침에 빈소

를 차렸다가 葬事지낼 때가 되면 조상의 사당에 알현시켰던 것이다.

043201 孔子謂爲明器者는 知喪道矣니 備物而不可用也니라

孔子께서 말씀하시기를 "明器를 만든 사람은 喪禮의 도리를 알았으니, 물건을 갖추기는 했으나 쓸 수가 없게 했다."고 하셨다.

≪集說≫

此는 孔子善夏之用明器從葬이라

이는 孔子께서 夏나라가 明器를 사용해서 附葬하는 것을 좋게 여긴 것이다.

043202 哀哉라 死者而用生者之器也여 不殆於用殉乎哉아

슬프구나, 죽은 자에게 산 사람의 그릇을 사용하게 함이여. 사람을 殉葬하는 방법을 사용하는 것에 가깝지 아니한가.

≪集說≫

此는 孔子非殷人用祭器從葬이라 以人從死曰殉이라 殆는 幾也니 用其器則近於用人이라

이는 孔子께서 殷나라 사람들이 祭器를 사용해서 부장하는 것을 그르게 여긴 것이다. 사람을 따라 죽게 하는 것을 殉葬이라고 한다. 殆는 거의 무엇에 가깝다는 뜻이니, 祭器를 사용하면 사람을 써서 殉葬시킴에 가깝다는 말이다.

043203 其曰明器는 神明之也라 塗車芻靈이 自古有之하니 明器之道也라 孔子謂爲芻靈者善이라하시고 謂爲俑者不仁이니 不殆於用人乎哉[28]아하시다

그 그릇을 明器라고 부르는 것은 神明으로 대하는 것이다. 送葬할 때 쓰

---

28) 爲俑者不仁 不殆於用人乎哉 : ≪孟子≫ 〈梁惠王 上〉에 "孔子께서 말씀하시기를 '처음으로 허수아비〔俑〕를 만든 자는 그 후손이 없을 것이다.'라고 하셨으니, 이는 사람을 본떠서 장례에 사용하였기 때문이다.〔仲尼曰 始作俑者 其無後乎 爲其象人而用之也〕"라고 보인다.

는 진흙으로 만든 수레〔塗車〕와 짚으로 만든 인형〔芻靈〕은 옛날부터 있었으니, 明器의 도이다. 孔子께서 말씀하시기를 "芻靈을 만든 자는 선하다."고 하시고, "허수아비〔俑〕를 만든 자는 不仁하니, 사람을 사용해서 殉葬시킴에 가깝지 않은가?"라고 하셨다.

≪集說≫

謂之明器者는 是以神明之道待之也라 塗車는 以泥爲車也라 束草爲人形하야 以爲死者之從衛를 謂之芻靈이라 略似人形而已니 亦明器之類也라 中古에 爲木偶人하야 謂之俑이라하니 則有面目機發而太似人矣라 故孔子惡(오)其不仁은 知末流에 必有以人殉葬者라

그 그릇을 明器라고 부르는 것은 神明의 道로써 그를 대하기 때문이다. 塗車는 진흙으로 만든 수레이다. 풀을 묶어서 인형을 만들어 죽은 사람을 따라가서 호위하게 하는 것을 芻靈이라고 한다. 그 모양은 대략 인형과 비슷할 뿐이니, 역시 明器의 종류이다. 中古 時代에는 나무로 인형을 만들어 그것을 허수아비〔俑〕라고 불렀는데, 얼굴과 눈, 손발의 움직임이 있어서 너무나도 사람과 흡사하였다. 그러므로 孔子께서 그 不仁함을 미워하신 것은, 末流에 가서는 반드시 사람을 殉葬시킬 자가 있게 될 것임을 알았기 때문이다.

○ 趙氏曰 以木人送葬에 設機而能踊跳라 故名之曰俑이라

○ 趙氏 : 나무 인형을 만들어 葬地에 보낼 때 機關을 설치해서 뛸 수가 있었기 때문에 그것을 俑이라고 命名한 것이다.

≪大全≫

嚴陵方氏曰 喪之爲道는 所以致之於死生之間이라 明器者는 若前經所謂竹不成用瓦不成味[29]之類是矣라 孟子引孔子之言曰 始作俑者는 其無後乎인저하시니 其言蓋本於此라

---

29) 竹不成用瓦不成味 : ≪禮記≫〈檀弓 上〉03407 참조.

嚴陵方氏 : 상례의 도리는 죽고 사는 사이에 정성을 다하기 위한 것이다. 明器란 앞(〈檀弓 上〉)의 經文의 이른바 "竹器는 산 사람에게는 쓸 수 없게 만들었고, 瓦器는 매끄럽게 광택을 내지 않는다."고 한 따위가 이것이다. 孟子는 孔子의 말을 인용해서 "처음으로 허수아비를 만든 자는 그 후손이 없을 것이다."라고 했는데, 이 말은 아마도 여기에서 근거한 것인 듯싶다.

043301 穆公이 問於子思曰 爲舊君反服이 古與잇가 子思曰 古之君子는 進人以禮하고 退人以禮라 故有舊君反服之禮也니이다 今之君子는 進人호대 若將加諸膝하고 退人호대 若將隊(추)諸淵하나니 毋爲戎首不亦善乎잇가 又何反服之禮之有리잇고

　穆公이 子思에게 묻기를 "옛 군주를 위하여 돌아가 服을 입는 것이 옛날의 禮입니까?"라고 하자, 子思께서 말씀하셨다. "옛날의 君子는 예로써 사람을 등용하였고, 예로써 사람을 물러나게 하였습니다. 그러므로 옛 임금에게 돌아가 服을 입는 禮가 있었습니다. 지금의 군자는 사람을 등용할 때에는 장차 그를 무릎 위에 올려놓을 듯이 하고, 사람을 물러나게 할 때에는 장차 그를 깊은 연못에 떨어뜨릴 듯이 하니, 그 해직당한 신하가 침략의 괴수가 되지 않는 것만도 또한 잘된 일이지 않습니까? 또 어찌 돌아가 복을 입어주는 예가 있겠습니까?"

　《集說》

穆公은 魯君이니 哀公之曾孫이라 爲舊君服은 見儀禮齊衰章[30]하니라 孟子言 三有禮則爲之服이니 寇讐에 何服之有[31]리오하시니 與此章意似라 隊諸淵은 言置之死地也요 戎

────────────

30) 爲舊君服 見儀禮齊衰章 : 傳文에 말하길 "大夫는 옛 군주를 위해 어째서 齊衰 三月服을 입는가? 대부가 떠나가면 군주가 그의 종묘를 깨끗이 하기 때문에 자최 삼월복을 입는 것이다."라고 했으니, 일반 백성과 같은 처지임을 말한 것이다.〔傳曰 大夫爲舊君何以服齊衰三月也 大夫去 君掃其宗廟 故服齊衰三月也 言與民同也〕(《儀禮》〈喪服〉)

首는 爲寇亂之首也라

穆公은 魯나라 임금이니, 哀公의 曾孫이다. 옛 군주를 위해 服을 입는 것은 ≪儀禮≫
〈喪服〉齊衰章에 보인다. 孟子께서 말씀하시기를 "세 가지 禮가 있으면 그 군주를 위해
服을 입어주지만, 원수를 위해 무슨 服을 입어주겠는가?"라고 하셨으니, 이 章의 뜻
과 같다. 隊諸淵은 死地로 내몬다는 말이고, 戎首는 반란군의 수괴가 된다는 것이다.

≪大全≫

長樂陳氏曰 義起於情之所及而不起於情之所不及이요 禮生於義之所加而不生於義
之所不加라 故因情以爲義而義所以行情이며 因義以爲禮而禮所以行義라 人臣之去
國에 有爲舊君之服者하고 有不爲舊君之服者하니 凡視情與義如何耳라 古者에 進人以
禮호대 進之以誠之所樂與也요 退人以禮호대 退之以勢之所不得已也러니 今也엔 引之호대
唯恐其不高하야 則若加諸膝이라가 擠之엔 唯恐其不深하야 則若隊諸淵하니 服與不服이 所
以異也라 穆公居今之世하야 反古之道하고 而欲責今之臣行古之禮하니 不亦誤乎아

長樂陳氏 : 義는 情이 미치는 곳에서 일어나지 정이 미치지 않는 곳에서 일어나지
않으며, 禮는 義가 더해지는 곳에서 생겨나고 의가 더해지지 않는 곳에서 생겨나지
않는다. 그러므로 정을 따라서 의를 행하니 의는 정을 행하는 방법이며, 의를 따라서

---

31) 孟子言……何服之有 : ≪孟子≫〈離婁 下〉에 "諫하면 행해지고 말하면 받아들여져 은택
이 백성에게 내려지고, 신하가 사정이 있어 떠나면 임금이 사람을 시켜 그를 인도하여
국경을 넘게 하고, 또 그가 가려는 곳에 먼저 기별하여 그의 현명함을 칭찬하며, 떠난
지 3년이 되어도 돌아오지 않은 뒤에야 그에게 주었던 토지와 주택을 환수하니, 이것
을 일러 세 번 예를 갖추었다고 합니다. 임금이 이와 같이 신하를 대하면 신하가 예전
에 섬기던 임금을 위해 상복을 입습니다. 지금에는 신하가 되어 간하면 행해지지 않고,
말하면 들어주지 않아서 은택이 백성들에게 내려지지 않고, 신하가 사정이 있어 떠나
면 임금이 그를 속박하고, 또 그가 가려는 곳에 험담을 하여 곤궁하게 만들며, 떠나는
날로 바로 그의 토지와 주택을 환수하니, 이를 일러 원수라 합니다. 원수를 위해 무슨
상복을 입어준단 말입니까?〔諫行言聽 膏澤下於民 有故而去 則君使人導之出疆 又先於其所往
去三年不反 然後收其田里 此之謂三有禮焉 如此則爲之服矣 今也 爲臣 諫則不行 言則不聽 膏澤 不
下於民 有故而去 則君搏執之 又極之於其所往 去之日 遂收其田里 此之謂寇讐 寇讐 何服之有〕"라
고 하였다.

예를 실천하게 되니 예는 의를 실천하는 방법이다. 신하가 나라를 떠났을 때 옛 군주를 위해 복을 입는 자도 있고, 옛 군주를 위해 복을 입지 않는 자도 있는데, 이는 모두 정과 의가 어떠한가를 보고 한 것일 뿐이다. 옛날에는 예로써 사람을 등용하되 기꺼이 수여하는 진실한 마음으로써 등용하고, 예로써 사람을 물러나게 하되 형세상 부득이하여 물러나게 하였는데, 지금엔 사람을 등용하되 오직 높은 지위에 앉히지 못할까 걱정해서 마치 무릎 위에 앉힐 듯이 총애하다가 내칠 때에는 오직 빠뜨릴 연못이 깊지 않을까 걱정해서 마치 깊은 연못에 떨어뜨리듯 하니, 복을 입어주거나 복을 입어주지 않음이 이 때문에 달라지는 것이다. 穆公은 지금의 세상에 살면서 옛 도를 회복하려 하고 지금의 신하들에게 옛날의 예를 실천할 것을 요구하려 했으니, 또한 잘못이 아니겠는가.

043401 悼公之喪에 季昭子問於孟敬子曰 爲君何食고한대 敬子曰 食粥이 天下之達禮也어니와

悼公의 喪에 季昭子가 孟敬子에게 질문하기를 "임금을 위하여 무엇을 먹어야 합니까?"라고 하자, 敬子가 말하기를 "죽을 먹는 것이 天下의 공통된 禮이거니와

≪集說≫

悼公은 魯哀公之子요 昭子는 康子之曾孫이니 名强이라 敬子는 武伯之子니 名捷이라

悼公은 魯나라 哀公의 아들이고, 昭子는 康子의 曾孫이니 이름은 强이다. 敬子는 武伯의 아들이니 이름은 捷이다.

043402 吾三臣者之不能居公室也를 四方莫不聞矣니 勉而爲瘠則吾能이어니와 毋乃使人疑夫不以情居瘠者乎哉아 我則食食(사)호리라

우리 三家가 公室에 있으면서 임금을 제대로 섬기지 못하는 것을 四方에서 모르는 사람이 없습니다. 억지로 힘써서 수척해지는 것은 내가 할 수 있

지만, 사람들로 하여금 진정으로 수척해지는 것이 아님을 의심하게 하지 않 겠습니까? 나는 차라리 밥을 먹겠습니다."라고 하였다.

≪集說≫

三臣은 仲孫叔孫季孫之三家也라 敬子言我三家 不能居公室而以臣禮事君者를 四方 皆知之矣라 勉強食粥而爲毀瘠之貌를 我雖能之나 然豈不使人疑我非以哀戚之眞情 而處此瘠乎아 不若違禮而食食也라

三臣은 仲孫・叔孫・季孫氏의 三家이다. 敬子가 "우리 三家들이 공실에 있으면서 신하의 禮로써 임금을 섬기지 못하는 것을 사방이 모두 알고 있다. 억지로 애써서 죽 을 먹으면서 수척한 모양을 하는 것쯤이야 내가 비록 할 수는 있지만, 어찌 사람들로 하여금 우리가 진정 슬퍼하는 마음으로 이렇게 수척해진 것이 아님을 의심하도록 하 지 않을 수 있겠는가? 禮를 어기고서 밥을 먹는 것만 못하다."고 말한 것이다.

○應氏曰 季子之問은 有君子補過之心이요 而孟氏之對는 可謂小人之無忌憚者矣로다

應氏 : 季子의 질문은 君子로서 과오를 고치려는 마음이 있는 것이고, 孟氏의 대답 은 小人으로서 忌憚함이 없는 것이라고 이를 수 있다.

≪大全≫

盧陵胡氏曰 食食不食粥은 非也라 禮에 小祥則飯素食라하니라

盧陵胡氏 : 밥을 먹고 죽을 먹지 않는 것은 잘못이다. 禮에 小祥을 지내고 나면 거 친 밥을 먹는다고 하였다.

043501 衛司徒敬子死커늘 子夏弔焉호대 主人未小斂이어늘 絰而往하고 子游弔焉호대 主人旣小斂이어늘 子游出絰反哭한대 子夏曰 聞之也與아 曰 聞諸夫子호니 主人이 未改服則不絰이라하더시다

衛나라 司徒 敬子가 죽자 子夏가 조문을 하되 喪主가 아직 小斂도 못하였

는데 자하가 環経을 두르고 갔고, 子游가 조문을 하되 상주가 소렴을 마치자 자유가 나와서 환질을 두르고 돌아가 哭을 하자 자하가 말하였다. "선생님께 달리 들은 말씀이라도 있습니까?" 자유가 말하였다. "선생님께 듣자하니, 상주가 아직 상복으로 갈아입지 않았으면 환질을 두르지 않는다고 했습니다."

≪集說≫

司徒는 以官爲氏也라 主人이 未小斂則未改服이라 故弔者不経이니 子夏経而往弔는 非也라 其時子游亦弔호대 俟其小斂後改服하야 乃出而加経反哭之하니 則中於禮矣라

司徒는 官職名을 姓氏로 삼은 것이다. 상주가 아직 小斂을 하지 않았다면 상복을 갈아입지 않은 것이다. 그러므로 조문하는 사람도 環経을 두르지 않는 것이니, 子夏가 환질을 두르고 가서 조문한 것은 잘못이다. 그 당시 子游도 역시 조문을 갔지만 그 상주가 소렴한 뒤에 옷을 바꾸어 입기를 기다렸다가 비로소 밖으로 나와서 환질을 두르고 돌아가서 哭을 하였으니 禮에 맞는 것이다.

043601 曾子曰 晏子는 可謂知禮也已니 恭敬之有焉이로다 有若曰 晏子一狐裘三十年하며 遣車一乘이며 及墓而反하니라

曾子께서 말씀하시기를 "晏子는 가히 禮를 알았다고 이를 수 있으니 恭敬함이 있기 때문이다."라고 하였다. 有若이 말하였다. "안자는 여우 갖옷 한 벌을 30年 동안 입었으며, 장례엔 遣車가 1대였고, 무덤을 다 쓰고 나자 즉시 돌아왔다.

≪集說≫

晏子는 齊大夫니 曾子稱其知禮하니 謂禮以恭敬爲本也라 有若之言은 則曰狐裘貴在輕新이어늘 乃三十年而不易하니 是儉於已也요 遣車一乘은 儉其親也요 禮에 窆後有拜賓送賓等禮어늘 晏子는 窆訖卽還하니 儉於賓也라 此三者는 皆以其儉而失禮者也니라

晏子는 齊나라의 大夫인데, 曾子가 그가 禮를 안다고 칭찬한 것은 예는 공경을 근

본으로 삼는다고 여겨서이다. 有若의 말은 "여우 갖옷은 가볍고 새로운 것이 귀한데 그런데도 30년 동안 바꾸지 않았으니, 이는 자기에게 검소한 것이요, 장례에 遣車가 1대였다는 것은 그 어버이에게 검소한 것이다. 예에 하관한 뒤에는 손님에게 절을 하고 손님을 전송해드리는 등의 예가 있는데, 안자는 하관이 끝나자마자 곧바로 돌아왔으니 손님에게 검소한 것이다. 이 세 가지는 모두 검소하게 함으로써 예를 잃은 것이다."라는 말이다.

043602 國君七个라 遣車七乘이요 大夫五个라 遣車五乘이니 晏子焉知禮리오

나라의 임금은 遣奠에 사용할 희생을 싼 포대가 7개이므로 遣車 7대를 쓰고, 大夫는 5개이므로 견거 5대를 쓰니, 晏子가 어찌 예를 안다고 하겠는가."

《集說》

遣車之數는 天子九乘이요 諸侯七乘이요 大夫五乘이요 天子之士三乘이요 諸侯之士는 無遣車也라 大夫以上은 皆太牢[32]요 士少牢[33]라 个는 包也니 凡包牲은 皆取下體하니 每一牲에 取三體호대 前脛折取臂臑(노)하고 後脛折取骼(격)이라 少牢二牲이니 則六體를 分爲三个하고 太牢三牲이니 則九體라 大夫는 九體分爲十五段하야 三段爲一包니 凡五包요 諸侯는 分爲二十一段이니 凡七包요 天子는 分爲二十七段이니 凡九包라 每遣車一乘에 則載一包也라

遣車의 수는 天子는 9대이고 諸侯는 7대이고 大夫는 5대이고, 天子의 士는 3대이고 諸侯의 士는 遣車가 없다. 大夫 이상은 모두 太牢이고, 士는 少牢이다. 个는 포장한다〔包〕는 뜻이니, 무릇 희생을 포장할 때는 모두 下體를 취하니, 한 마리의 희생을 잡을 때마다 세 토막의 하체를 취하되 앞 정강이에서는 팔뚝과 팔꿈치를 잘라서 취하고, 뒷 정강이에서는 넓적다리의 뼈를 잘라서 취한다. 少牢 2마리의 희생이니 6體를 나누어 3개를 만들고, 太牢는 3마리의 희생이니 9體이다. 대부는 9體를 나누어 15토

---

32) 太牢 : 제사에 소·양·돼지 세 가지의 희생을 갖추는 것을 말한다.
33) 小牢 : 제사에 양과 돼지만을 희생으로 쓰는 것을 말한다.

막으로 만들어서 3토막씩으로 1包를 만드니 다해서 5包이고, 제후는 나누어 21토막을 만드니 다해서 7包이며, 천자는 나누어 27토막을 만드니 다해서 9包이다. 遣車 1대마다 1包씩을 싣는다.

043603 曾子曰 國無道어든 君子恥盈禮焉하나니 國奢則示之以儉하고 國儉則示之以禮니라

曾子께서 말씀하시기를 "나라에 道가 없으면 군자는 禮를 갖추어 행하는 것을 부끄럽게 여기니, 나라가 사치하면 검소함을 보이고, 나라가 검소하면 예를 갖추어 행함을 보인다."고 하셨다.

≪集說≫

曾子는 主權하고 有子는 主經하니 是以二端之論이 不合이라

曾子는 權道를 주장하였고 有子는 經道를 주장하였으니, 이 때문에 두 가지의 의론이 합치하지 않는 것이다.

≪大全≫

嚴陵方氏曰 以齊國之無道일새 而以盈爲恥요 以齊國之奢일새 而欲示之儉이니 則儉於其身은 庶幾其可也나 儉於其親은 不亦甚乎아 昔管仲이 有反坫塞門이어늘 孔子亦以爲不知禮[34]라하시니 則二子所爲雖不同이나 其爲不知禮는 一也라 然以禮與其奢也寧儉[35]言之면 則晏子之失이 猶爲愈矣라

---

34) 昔管仲……孔子亦以爲不知禮 : ≪論語≫ 〈八佾〉에 "공자께서 말씀하셨다. '나라의 임금이어야 병풍으로 문을 가릴 수 있는데 관중도 병풍으로 문을 가렸으며, 나라의 임금이어야 두 임금이 우호로 만날 때에 술잔을 되돌려 놓는 자리를 둘 수 있는데 관중도 술잔을 되돌려 놓는 자리를 두었으니, 그가 예를 안다면 누가 예를 알지 못하겠는가?'〔曰 邦君 樹塞門 管氏亦樹塞門 邦君 爲兩君之好 有反坫 管氏亦有反坫 管氏而知禮 孰不知禮〕"라고 하였다.
35) 禮與其奢也寧儉 : 이 내용은 ≪論語≫ 〈八佾〉에 보인다.

嚴陵方氏 : 齊나라가 無道했기 때문에 예를 갖추어 행하는 것을 부끄럽게 여긴 것이고, 제나라가 사치스러웠기 때문에 검소함을 보이고자 한 것이니, 자신에게 검소한 것은 거의 괜찮지만 어버이에게 검소한 것은 또한 너무 심하지 않겠는가. 옛날에 管仲이 反坫(술잔을 되돌려 놓는 자리)을 두고 병풍으로 문을 가리자 孔子께서도 예를 알지 못한다고 하셨으니, 두 사람의 행위가 비록 같지는 않지만 예를 알지 못하는 것은 마찬가지다. 그러나 "禮는 사치하기보다는 차라리 검소한 것이 낫다."는 입장에서 말하면, 晏子의 잘못이 그래도 관중보다 나은 편이다.

043701 國昭子之母死커늘 問於子張曰 葬及墓하야 男子婦人安位오 子張曰 司徒敬子之喪에 夫子相이러시니 男子西鄕하고 婦人東鄕하니라

國昭子의 어머니가 죽자 子張에게 질문하기를 "葬事지낼 때 묘소에 이르러서 男子와 婦人은 어떻게 위치를 정해야 합니까?"라고 하자, 자장이 말하였다. "司徒 敬子의 喪에 공자께서 喪禮를 도와주셨는데, 남자는 서쪽을 향하고 부인은 동쪽을 향하였습니다."

≪集說≫

國昭子는 齊大夫니 葬其母에 以子張相禮라 故問之라 夫子는 孔子也라 主人家의 男子皆西向하고 婦人皆東向이니 而男賓在衆主人之南하고 女賓在衆婦之南이 禮也라

'國昭子'는 齊나라 大夫이니, 그 어머니의 葬禮에 子張이 喪禮를 도왔기 때문에 그에게 질문한 것이다. 夫子는 孔子이다. 상주 집안의 남자는 모두 서쪽을 향하고 부인은 모두 동쪽을 향하니, 남자의 손님은 衆主人(상주의 형제들)의 남쪽에 있고, 여자의 손님은 衆婦(맏며느리 이외의 작은 며느리)의 남쪽에 있는 것이 禮이다.

043702 曰 噫라 毋하라 曰 我喪也에 斯沾(첨)이니 爾專之하야 賓爲賓焉하고 主爲主焉이라하야늘 婦人이 從男子하야 皆西鄕하니라

國昭子가 말하기를 "아! 그렇게 하지 마시오."라고 하고는, 또 말하기를

"내가 초상을 치름에 모두 와서 볼 것이니, 당신이 이 喪事의 禮를 전담하여 손님은 손님이 되도록 위치하고 주인은 주인이 되도록 위치하게 해주시오."라고 하자, 婦人이 男子를 따라서 모두 서쪽을 향하였다.

≪集說≫

昭子聞子張之言하고 歎息而止之 言我爲大夫하니 齊之顯家라 今行喪禮에 人必盡來覘視니 當有所更(경)改以示人이니 豈宜一循舊禮리오 爾當專主其事하야 使賓自爲賓하고 主自爲主可也라 於是昭子家婦人이 旣與男子로 同居主位而西鄕하고 而女賓亦與男賓으로 同居賓位而東鄕矣라 斯는 盡也요 沾은 讀爲覘이라 此는 記禮之變이라

昭子가 子張의 말을 듣고 탄식하면서 그를 만류하기를 "나는 大夫이니 齊나라의 顯達한 집안이다. 지금 喪禮를 거행함에 사람들이 반드시 모두 와서 볼 것이니, 마땅히 바꾸고 고쳐서 사람들에게 보여주는 것이 있어야 하니, 어찌 한결같이 케케묵은 禮만을 따르겠는가? 당신은 마땅히 그 일을 전적으로 주관해서 손님들로 하여금 스스로 손님이 되도록 하고 주인은 스스로 주인이 되도록 하는 것이 좋겠소."라고 하니, 이에 昭子 집안의 부인들이 이미 남자와 더불어 함께 주인의 위치에 있으면서 서쪽을 향하고, 여자 손님은 또한 남자 손님과 더불어 함께 손님의 위치에 있으면서 동쪽을 향하였다. 斯는 모두〔盡〕라는 뜻이고, 沾은 覘의 뜻으로 읽는다. 이는 예가 변하였음을 기록한 것이다.

≪大全≫

嚴陵方氏曰 禮之辨異는 尤重於男女之際하니 雖在喪紀憂遽之中이라도 亦莫不各正其位焉이라 故로 自始死以至於葬히 男子則西鄕而位乎東하고 婦人則東鄕而位乎西니 凡以辨陰陽之義而已라 司徒敬子之喪에 夫子爲相하야 固嘗行之矣어늘 而國昭子徒爲賓主之辨하고 曾無男女之別하니 則其失禮也가 不亦宜乎아

嚴陵方氏 : 禮의 분별은 남녀 사이에서 더욱 중하니, 비록 喪中에 있거나 갑작스런 변고에 처하더라도 각각 그 자리를 바르게 하지 않을 수 없다. 그러므로 처음에 막 죽었을 때부터 장사를 지냄에 이르기까지 남자는 서쪽을 향하면서 동쪽에 위치하고 부

인은 동쪽을 향하면서 서쪽에 위해야 하니, 모두 음양을 분변하는 도리를 따른 것일 뿐이다. 司徒敬子의 喪에 공자가 상례를 도와 진실로 그렇게 시행했는데, 國昭子가 한갓 손님과 주인의 위치만 구별하고 일찍이 남녀의 구별이 없었으니, 禮를 잃음이 또한 마땅하지 않겠는가.

043801 穆伯之喪에 敬姜이 晝哭하고 文伯之喪에 晝夜哭한대 孔子曰知禮矣라하시다

穆伯의 喪에는 敬姜이 낮에만 哭을 하고 文伯의 喪에는 밤낮으로 곡하니, 孔子께서 말씀하시기를 "禮를 안다."고 하셨다.

≪集說≫

哭夫以禮하고 哭子以情하니 中節矣라 故孔子美之하시니라

남편에게는 禮로써 哭을 하였고 자식에게는 인정으로써 곡을 하였으니, 節度에 맞았기 때문에 孔子께서 그를 아름답게 여기셨다.

≪大全≫

嚴陵方氏曰 經曰 寡婦不夜哭[36]이라하니 蓋其遠嫌之道 不得不然爾라 穆伯之於敬姜에 夫也라 故居其喪에 止於晝哭而不嫌於薄하고 文伯之於敬姜에 子也라 故居其喪에 晝夜哭而不嫌於厚하니 此孔子所以謂之知禮也니라

嚴陵方氏 : 經文에 "과부는 밤중에 곡하지 않는다."라고 하였으니, 혐의를 멀리하는 도리상 그렇게 하지 않을 수 없었던 것이다. 목백은 敬姜의 남편이었기 때문에 그의 初喪을 치를 때 낮에만 곡을 하고 그쳤지만 야박하다는 혐의를 받지 않았고, 文伯은 경강의 아들이었기 때문에 그의 초상을 치를 때 밤낮으로 곡을 하였지만 후하다는 혐의를 받지 않았으니, 이것이 공자께서 그가 예를 안다고 말씀하신 까닭이다.

---

36) 寡婦不夜哭 : 이 내용은 ≪禮記≫ 〈坊記〉에 보인다.

043802 文伯之喪에 敬姜이 據其牀而不哭曰 昔者에 吾有斯子也에 吾以將爲賢人也라하야 吾未嘗以就公室이러니 今及其死也하야 朋友諸臣이 未有出涕者요 而內人은 皆行哭失聲하니 斯子也가 必多曠於禮矣夫인저

文伯의 喪에 敬姜이 그 평상에 기대어 哭하지 않으면서 말하기를 "예전에 나는 이 자식을 두고서 장차 그가 현명한 사람이 될 것이라고 여겨 내 일찍이 그와 함께 公室에 나아가지 않았다. 그런데 지금 그가 죽음에 이르러 친구와 여러 신하들은 눈물을 흘린 사람이 없고, 오직 妻妾(內人)들만 모두 곡하는 예를 행하여 목이 쉬었으니, 이 자식이 반드시 예를 소홀함이 많았기 때문일 것이다."라고 하였다.

≪集說≫

以爲賢人은 必知禮矣라 故凡我平日出入公室에 未嘗與俱而觀其所行은 蓋信其賢而知禮也라가 至死而覺其曠禮라 故歎恨之하니라

현명한 사람은 반드시 禮를 알 것이라고 생각했던 것이다. 그러므로 무릇 내가 평소에 公室을 출입함에 있어서 일찍이 그와 더불어 함께 하면서 그의 소행을 관찰하지 않은 것은 대개 그가 현명해서 예를 알 것이라고 믿었기 때문이었는데, 죽음에 이르러서야 그가 예에 소홀했다는 것을 깨달았다. 그러므로 한탄한 것이다.

○ 鄭氏曰 季氏는 魯之宗卿이니 敬姜이 有會見之禮라

○ 鄭氏 : 季氏는 魯나라 宗室 중의 卿이니, 敬姜이 만나보는 禮가 있다.

≪大全≫

嚴陵方氏曰 曠與無曠은 庶官之曠[37]同이니 言虛其道而不行이라 行哭은 有行哭泣之

---

37) 庶官之曠 : ≪書經≫〈虞書 皐陶謨〉에 "하루 이틀 사이에도 기미가 만 가지나 됩니다. 모든 관직을 폐하지 마소서. 하늘의 일을 사람이 대신한 것입니다.〔一日二日 萬幾 無曠庶

禮也라

嚴陵方氏 : 曠과 無曠의 曠은 "모든 관원들의 직책을 폐한다."고 할 때의 曠과 같은
뜻이니, 그 도리를 폐하고 행하지 않았다는 말이다. 行哭은 哭하고 눈물 흘리는 예를
행함이 있었다는 뜻이다.

043901 季康子之母死커늘 陳襲衣한대 敬姜曰婦人不飾이면 不敢見舅
姑니라 將有四方之賓來어늘 襲衣何爲陳於斯오하고 命徹之하다

季康子의 어머니가 죽었는데 속옷〔襲衣〕을 진열해놓자, 敬姜이 말하기를
"婦人은 몸을 치장하지 않으면 감히 시부모님도 뵙지 못한다. 장차 사방의
손님이 올 것인데, 속옷을 어찌 여기에 진열해놓는단 말인가?" 하고 명령하
여 그 속옷을 거두게 하였다.

≪集說≫

敬姜은 康子之從祖母也라

敬姜은 康子의 從祖母이다.

○ 應氏曰 敬姜森然法度之語라

○ 應氏 : 敬姜이 삼엄하여 法度에 딱 들어맞는 말을 한 것이다.

044001 有子與子游立하야 見孺子慕者하고 有子謂子游曰 予壹不知夫
喪之踊也하야 予欲去之久矣러니 情在於斯 其是也夫인저

有子가 子游와 함께 서 있다가 어린아이가 부모를 그리워하여 울부짖는
것을 보고, 유자가 자유에게 말하였다. "나는 초상에서 발을 구르는〔踊〕 까
닭을 전혀 몰라서 내 이것을 없애기를 바란 지 오래였는데, 〈죽은 사람에

官 天工 人其代之〕"라고 보인다.

대한〉슬퍼하는 정이 실로 이 발을 구름에 있다는 것이 바로 이런 것이었나 보네."

≪集說≫

有子言喪禮之有踊을 我常不知其何爲而然이라 壹者는 專一之義니 猶常也라 我久欲除去之矣러니 今見孺子之號慕가 若此하니 則哀情之在於此踊이 亦如此孺子之慕也夫인저

有子의 말은 "喪禮에 발을 구름이 있는 것을 나는 어찌하여 그러는지 전혀〔常〕 알지 못했다."라는 뜻이다. 壹은 專一하다는 뜻이니, 常과 같다. 내 오랫동안 발을 구르는 것을 없애고자 하였는데, 지금 어린아이가 울부짖고 사모함이 이와 같음을 보니, 그렇다면 슬퍼하는 정이 이 발을 구름에 있는 것이 또한 이 어린아이가 부모를 사모함과 같을 것이라고 한 것이다.

044002 予游曰 禮有微情者하며 有以故興物者하니 有直情而徑行者는 戎狄之道也니 禮道則不然하니라

予游가 말하였다. "禮에는 슬퍼하는 감정을 절제하는 경우도 있으며, 일부러 물건을 만들어 슬퍼하는 감정을 일으키는 경우도 있으니, 감정을 솔직하게 해서 곧바로 행하는 것은 오랑캐의 道라네. 禮의 도리는 그렇지 않다네.

≪集說≫

子游言先王制禮에 使賢者俯而就之하고 不肖者企而及之니 慮賢者之過於情也라 故로 立爲哭踊之節하니 所以殺其情이라 故曰 禮有微情者라하니 微는 猶殺(쇄)也요 慮不肖者之不及情也라 故爲之興起衰絰之物하야 使之睹服思哀라 故曰有以故興物者라하니 此二者가 皆制禮者酌人情而爲之也라 若直肆己情하고 徑率行之하야 或哀或不哀하야 漫無制節이면 則是戎狄之道矣라 中國禮義之道則不如是也니라

子游가 말하기를 "先王께서 禮를 제정하심에 賢者로 하여금 굽혀서 예에 나아가도록 하고 不肖한 사람은 발돋움해서 예에 다다르게 하였으니, 현자가 감정에 지나칠까

염려해서이다. 그러므로 哭하고 발을 구르는 절차를 定立한 것이니, 이는 정을 절제시키기 위한 것이었다."라고 하였다. 그러므로 '禮에는 슬퍼하는 감정을 절제하는 경우가 있다.'고 하였으니, 微는 감쇄시킴〔殺〕과 같다. 不肖한 사람은 情에 미치지 못할까 염려스럽기 때문에 그 슬퍼하는 감정을 일으키는 상복과 띠〔衰絰〕 등의 물건을 만들어 그로 하여금 喪服을 보고 사모하고 애통해 하도록 한 것이다. 그러므로 '일부러 물건을 만들어 감정을 일으키는 경우도 있다.'고 하였으니, 이 두 가지는 모두 禮를 만든 사람이 인정을 짐작해서 만든 것이다. 만약 곧바로 자기의 감정을 멋대로 하고 경솔하게 행하여, 혹은 슬퍼하기도 하고 혹은 슬퍼하지 않기도 하여 아무렇게나 해서 절제가 없다면 이는 오랑캐의 도리이다. 中國 禮義의 도리는 그렇지 않다.

044003 人喜則斯陶하고 陶斯咏하고 咏斯猶(요)하고 猶斯舞하고 舞斯慍하고 慍斯戚하고 戚斯歎하고 歎斯辟하고 辟斯踊矣니 品節斯를 斯之謂禮니라

사람이 기쁘면 울적해지고, 울적하면 노래를 읊조리게 되고, 노래를 읊조리면 몸을 흔들게 되고, 몸을 흔들면 춤을 추게 되고, 춤추고 나면 노여움이 생기고, 노여움이 생기면 서글퍼지게 되고, 서글프면 탄식하고, 탄식하면 가슴을 치고, 가슴을 치면 발을 구르게 되니, 이것들을 등급에 따라 바로잡고 절제하는 것, 이것을 禮라고 한다네.

《集說》

此는 言樂極生哀之情이라 但舞斯慍一句는 終是可疑니 今且據疏하노라 劉氏欲於猶斯舞之下에 增一矣字而刪舞斯慍三字나 今亦未敢從이라

이는 즐거움이 극에 달하면 슬픈 감정이 발생하는 것을 말한 것이다. 다만 '춤추고 나면 화가 난다.'는 한 句는 끝내 의심할 만하니, 지금 또한 疏에 근거하여 해석한다. 劉氏는 '猶斯舞' 아래에 '矣'字 하나를 보태고 '舞斯慍' 세 글자를 刪削하였으나, 지금 또한 감히 따를 수 없다.

○ 疏曰 喜者는 外境會心之謂라 斯는 語助也라 陶는 謂鬱陶니 心初悅而未暢之意라 鬱

陶之情이 暢則口歌咏之也라 咏歌不足하야 漸至動搖身體면 乃至起舞하야 足蹈手揚하니 樂之極也라 外境違心之謂慍이라 凡喜怒相對하며 哀樂相生하나니 若舞無節하야 形疲厭倦하야 事與心違하면 所以怒生이니 慍怒之生은 由於舞極이라 故曲禮云 樂不可極也라하니라 此凡九句니 首末各四句는 是哀樂相對요 中間舞斯慍一句는 是哀樂相生이라 慍斯戚者는 怒來觸心하야 憤恚之餘에 轉爲憂戚하고 憂戚轉深에 因發歎息하고 歎恨不泄에 遂至撫心하고 撫心不泄에 乃至跳踊奮擊하니 亦哀之極也라 故夷狄無禮하야 朝殯夕歌하고 童兒任情하야 倏啼欻咲하나니 今若品節此二塗하야 使踊舞有數면 則能久長이라 故云斯之謂禮라 品은 階格也요 節은 制斷也라

○疏 : 喜는 외부의 환경이 마음에 맞는 것을 이른다. 斯는 어조사이다. 陶는 울적함을 이르니, 마음이 처음에는 기쁘지만 아직은 완전히 펼쳐지지는 않았다는 뜻이다. 울적한 감정이 완전히 펼쳐지면 입으로 노래를 부른다. 노래를 부르는 것으로 부족하여 점점 신체를 움직이고 흔듦에 이르면 일어나 춤을 추어 발을 덩실거리고 손을 저음에까지 이르니 즐거움의 극치이다. 외부의 환경이 마음에 맞지 않는 것을 慍이라고 이른다. 무릇 기쁨과 노여움은 서로 상대가 되고, 슬픔과 즐거움은 서로를 발생시키니, 만약 춤이 절제가 없어서 몸이 피곤하여 싫증나고 권태로워져서 일이 마음과 위배되면 그 때문에 노여움이 발생하게 되니, 노여움이 발생함은 춤을 춤이 극에 달함에서 연유한 것이다. 그러므로 〈曲禮〉에서 "즐거움을 끝까지 추구하면 안 된다."고 한 것이다. 이것은 모두 아홉 句이니, 첫머리와 끝의 각각 네 구는 이 슬픔과 즐거움이 상대된 것이고, 중간의 '舞斯慍' 한 구는 이 슬픔과 즐거움이 서로 생겨난 것이다. "노여움이 생기면 서글퍼진다."는 것은 노여움이 와서 마음에 접촉하여 분노한 끝에 전위되어 근심과 슬픔이 되고, 근심과 슬픔이 더욱 깊어짐에 따라서 탄식이 일어나고, 탄식이 풀리지 않음에 마침내 가슴을 침에 이르고, 가슴을 쳐도 풀리지 아니함에 이에 뛰면서 분하여 가슴을 치니 또한 슬픔의 지극한 것이다. 그렇기 때문에 오랑캐는 예의가 없어서 아침에는 빈소를 차려놓았다가 저녁이면 노래를 부르고, 어린아이는 감정대로 하여 갑자기 울다가 갑자기 웃으니, 지금 만약 이 두 가지를 등급에 따라 절제해서 발을 구르고 춤추는 것이 度數가 있게 하면 오래갈 수가 있다. 그러므로 '이것을 禮라고 한다.'고 말한 것이다. 品은 등급에 따라 바로잡는다는 뜻이고, 節은 절제

해서 끊는다는 뜻이다.

○ 孫氏曰 當作人喜則斯陶하고 陶斯咏하고 咏斯猶하고 猶斯舞하고 舞斯蹈矣요 人悲則斯慍하고 慍斯戚하고 戚斯歎하고 歎斯辟하고 辟斯踊矣라 蓋自喜至蹈히 凡六變이요 自悲至踊이 亦六變이니 此所謂孺子慕者之直情也라 舞蹈辟踊이 皆本此情하니 聖人이 於是爲之節이라

○ 孫氏 : 마땅히 "사람이 기쁘면 울적해지고, 울적하면 노래를 읊조리고, 노래를 읊조리면 몸을 흔들게 되고, 몸을 흔들면 춤을 추게 되고, 춤을 추면 발을 구르게 되며, 사람이 슬프면 화가 나고, 화가 나면 슬프고, 슬프면 한탄하고, 한탄하면 가슴을 치고, 가슴을 치면 발을 구르게 된다."라고 해야 한다. 대개 '喜'에서부터 '蹈'까지 모두 여섯 번 변하였고, '悲'에서부터 '踊'까지는 또한 여섯 번 변하였으니, 이것이 이른바 어린아이가 울부짖으며 사모하는 솔직한 감정이라는 것이다. 춤을 추면서 뛰고 가슴을 치면서 발을 구르는 것은 모두 이 인정에 근본한 것이니, 聖人이 여기에 대해서 절제를 한 것이다.

≪大全≫

李氏曰 禮者는 節文之也니 有節이라 故有微情者하고 有文이라 故有興物者요 直情則無節하고 徑行則無文이라 故曰戎狄之道也라하니라 唯有節이라 故陶不至于咏하고 咏不至于舞하며 舞不至于慍하고 慍不至于踊하니 此所以微情이라 唯有文이라 故制絞衾設蔞翣하야 以使弗惡(오)하고 脯醢之奠하며 遣而行之하고 葬而食之하야 使人弗倍하니 此所以興物也라

李氏 : 禮란 절차와 형식을 가미한다[節文]는 뜻이니, 절차가 있기 때문에 감정을 절제시키는 경우도 있으며, 형식이 있기 때문에 물건을 만들어 감정을 일으키는 경우도 있다. 감정을 솔직하게 표현하면 절차가 없게 되고, 곧바로 행하면 형식이 없게 된다. 그러므로 '오랑캐의 도'라고 한 것이다. 오직 절차가 있기 때문에 울적해지더라도 노래를 읊조리는 데까지 이르지 않고, 노래를 읊조리더라도 춤을 추는 데까지 이르지 않으며, 춤을 추더라도 화가 나는 데 이르지 않고, 화가 나더라도 발을 구르는 데까지 이르지 않으니, 이것이 바로 감정을 절제하는 까닭이다. 오직 형식이 있기 때문에 시

신을 장식하는 束帶와 홑이불을 제작하고 棺 덮개와 운삽〔蔞翣〕을 설치해서 사람들로 하여금 죽은 이를 싫어하지 않게 하고, 말린 포와 젓갈을 올리며, 희생을 싸서 遣車에 실어 보내고, 이미 장례하고 나서는 虞祭를 지내어 사람들로 하여금 배반하지 않게 하니, 이것이 바로 물건을 만들어 감정을 일으키는 까닭이다.

○ 嚴陵方氏曰 陰陽之理와 憂樂之情이 固常如此니 則禮雖經而爲三百하고 曲而爲三千이로대 不過品於斯節於斯而已라 品於斯라 故所施之上下有常하고 節於斯라 故로 所處之多少無失이라 故曰品節斯를 斯之謂禮라하니라

嚴陵方氏 : 陰陽의 이치와 근심스럽고 즐거운 감정이 진실로 이와 같으니, 그렇다면 禮는 비록 經禮가 3백 가지이고 曲禮가 3천 가지이지만 이것을 하나하나 바로잡고 이것을 절제하여 단정하는 것에 불과하다. 이것을 하나하나 바로잡기 때문에 위아래로 베풂에 항상됨이 있고, 이것을 절제하기 때문에 많고 적음에 따라 처리함에 잘못이 없는 것이다. 그러므로 '이것들을 등급에 따라 바로잡고 절제하는 것, 이것을 禮라 한다.'고 한 것이다.

044004 人死어든 斯惡(오)之矣며 無能也라 斯倍之矣니라 是故制絞(효) 衾하며 設蔞(류)翣은 爲使人勿惡也니라

사람이 죽으면 그를 싫어하게 마련이며, 죽은 사람은 능력이 없어졌기 때문에 그를 저버리게 마련이라네. 이 때문에 시신을 장식하는 束帶와 홑이불〔絞衾〕을 만들고 棺 덮개와 운삽〔蔞翣〕을 설치하는 것은 남들로 하여금 죽은 자를 싫어하지 않게 하기 위해서라네.

束帶

≪集說≫

以其死而惡之요 以其無能而倍之니 恐太古無禮之時에 人多如此라 於是推原所以制禮之初意호대 止爲使人勿惡勿倍而已라 絞衾以飾其體하고 蔞翣以飾其棺이면 則不見

死者之可惡矣라

그가 죽었기 때문에 싫어하는 것이고, 그가 능력이 없어졌기 때문에 저버리는 것이니, 아마도 太古에 예가 없었을 때에는 사람들이 대부분 이와 같았을 것이다. 이에 聖人이 禮를 제정한 원래의 뜻을 근원부터 추구해보면 다만 사람들로 하여금 싫어하지 말고 저버리지 말도록 하기 위한 것일 뿐이다. 束帶와 홑이불로써 그 시신을 장식하고 棺 덮개와 운삽으로써 그 棺을 장식한다면 죽은 사람의 혐오스러워할 만한 것을 보지 않을 수 있다.

≪大全≫

盧陵胡氏曰 倍與背同하니 古字多假借하니라

盧陵胡氏 : '倍'는 '背'와 같으니, 옛 글자는 가차한 것이 많다.

044005 始死에 脯醢之奠하고 將行에 遣而行之하며 旣葬而食(사)之하나니 未有見其饗之者也라 自上世以來로 未之有舍也니 爲使人勿倍也라 故子之所刺(자)於禮者는 亦非禮之訾(자)也니라

처음 막 죽었을 때는 말린 포와 젓갈을 올리고, 장차 상여가 나가려 할 때에는 희생을 싸서 遣車에 실어 보내고, 이미 장례하고 나서는 虞祭를 지내는데, 아직 죽은 사람이 우제를 歆饗하는 것을 본 사람이 없다. 上世 이래로 이를 폐지한 자가 없었으니, 이것은 사람들로 하여금 부모를 저버리지 않도록 하기 위해서이다. 그러므로 그대가 발을 구르는 예를 비난해서 없애고자 한 것은 또한 예의 하자가 아니라네."

≪集說≫

始死에 卽爲脯醢之奠하고 將葬則有包裹牲體之遣하고 旣葬則有虞祭之食하니 何嘗見死者享之乎리오 然自上世制禮以來로 未聞有舍而不爲者하니 爲此則報本反始之思를 自不能已矣니 豈復有倍之之意乎아 先王制禮에 其深意蓋如此하니 今子刺喪之踊而

欲去之者가 亦不足以爲禮之疵病也라

사람이 막 사망하였을 때에는 바로 말린 포와 젓갈을 차려 奠을 올리고, 장차 葬事를 지내려 할 때에는 희생의 下體를 싸서 遣車에 실어 보내며, 이미 장사를 지내면 虞祭의 제향이 있는데, 어찌 일찍이 죽은 사람이 그 우제를 歆饗함을 보았겠는가? 그러나 上世에 禮를 제정한 이래로 이것을 버리고서 하지 않은 사람이 있다는 것은 아직 듣지 못했으니, 이렇게 하는 것은 뿌리에 보답하고 시초를 推原하는 생각을 저절로 멈출 수 없기 때문이니, 어찌 다시 그를 저버릴 생각이 있을 수 있겠는가? 先王이 禮를 제정함에 있어서 그 깊은 뜻이 대개 이와 같으니, 지금 그대가 初喪에서 발을 구르는 것을 풍자하여 그걸 없애버리고자 한 것은 또한 禮의 하자가 될 수 없다.

044101 吳侵陳하야 斬祀殺厲하고 師還(선)出竟이어늘 陳大(태)宰嚭使於師하니 夫差謂行人儀曰 是夫也多言하니 盍嘗問焉이리오 師必有名이니 人之稱斯師也者는 則謂之何오

吳나라가 陳나라를 침략하여 사당의 나무를 베어버리고 역병에 걸린 사람들을 죽이고 군대를 되돌려 국경을 나갔다. 진나라 太宰 嚭가 오나라의 군대 안으로 사신을 가니, 夫差가 行人인 儀에게 일러 말하였다. "이 사람이 말을 잘하니 어찌 시험삼아 물어보지 않겠는가? 군대를 출동함에 반드시 명분이 있어야 하는데 사람들이 이번 出兵에 대하여 무어라 평하고들 있는가?"

《集說》

魯哀公元年에 吳師侵陳이라 斬祀는 伐祠祀之木也요 殺厲는 殺疫病之人也라 大宰行人은 皆官名이라 夫差는 吳子名이라 是夫는 猶言此人이니 指嚭也라 多言은 猶能言也라 盍은 何不也라 嘗은 試也라 師必有名者는 言出師伐人에 必得彼國之罪하야 以顯我出師之名也라 今衆人이 稱我此師를 謂之何名乎오

魯나라 哀公 元年에 吳나라 군대가 陳나라를 침략하였다. 斬祀는 사당의 나무를 베

어버린 것이요, 殺厲는 역병에 걸린 사람을 죽인 것이다. 太宰와 行人은 모두 벼슬 이름이다. 夫差는 吳子의 이름이다. 是夫는 이사람이라는 말과 같으니 태재인 嚭를 가리킨다. 多言은 말을 잘한다는 뜻과 같다. 盍은 어찌 아니함이다. 嘗은 시험함이다. '군대를 출동함에 반드시 명분이 있어야 한다.'는 것은 군대를 출동시켜 남을 정벌함에 있어서 반드시 저 나라의 죄를 얻어서 우리가 군대를 출동하는 명분을 드러내야 한다는 말이다. 지금 많은 사람들은 우리의 이번 出兵을 어떤 명분이라고들 말하는가?

044102 大宰嚭曰 古之侵伐者는 不斬祀하고 不殺厲하며 不獲二毛러니 今斯師也가 殺厲與면 其不謂之殺厲之師與아하니 曰 反爾地하고 歸爾子하면 則謂之何오 曰君王이 討敝邑之罪하시고 又矜而赦之하시면 師與有無名乎아

太宰 嚭가 대답하기를 "옛날에 남의 나라를 침략하여 정벌하는 사람은 사당 나무를 베지 않고 역병에 걸린 사람을 죽이지 않으며 머리가 斑白이 된 사람을 포로로 잡지 않았는데, 지금 이 군대가 역병에 걸린 사람을 죽인다면 역병에 걸린 사람을 죽인 군대라고 이르지 않겠습니까?"라고 하자, 行人 儀가 말하였다. "귀국의 땅을 되돌려주고 당신의 사로잡힌 신하와 백성들을 송환해준다면 무어라 하겠소?" 태재 비가 대답하기를 "君王께서 敝邑(陳나라)의 죄를 토벌하시고 또 가엾게 여겨 그를 사면해주신다면 군대를 출동시킴이 명분이 없겠습니까."라고 하였다.

≪集說≫

二毛는 斑白之人也라 子는 謂所獲臣民也라 還其侵略之地하고 縱其俘獲之民은 是矜而赦之矣니 豈可又以無名之師議之乎아 此는 言嚭善於辭令이라 故能救敗亡之禍하니라

二毛는 斑白의 사람이다. 子는 사로잡힌 신하와 백성을 이른다. 침략한 땅을 되돌려주고 사로잡힌 백성들을 석방해주는 것은 가엾게 여겨 그들을 사면해주는 것이니, 어찌 또 명분이 없는 出師라고 비난할 수 있겠는가. 이것은 태재 嚭가 辭令을 잘했기 때문에 敗亡의 재앙을 구제할 수 있었음을 말한 것이다.

○ 石梁王氏曰 是時에 吳亦有大宰嚭하니 如何오

　○ 石梁王氏 : 이때에 吳나라에도 또한 大宰 嚭가 있었는데, 어찌된 일인가?

　　《大全》

鄱陽胡氏曰 按嚭乃吳夫差之宰라 陳遣使者에 正用行人이니 則儀乃陳臣也라 記禮者
簡冊差互라 故更錯其名이니 當云 陳行人儀使於師에 夫差使大宰嚭問之라야 乃善이라
忠宣公作春秋詩에 引斯事하니 亦嘗辨正云이라

　鄱陽胡氏[38] : 살펴보건대 嚭는 바로 吳王 夫差의 재상이다. 陳나라에서 使者를 보
낼 때 行人을 이용했으니, 儀는 바로 陳나라의 신하이다. 禮를 기록하는 자가 簡冊이
들쭉날쭉 서로 어긋났기 때문에 그 이름을 다시 뒤섞어놓은 것이니, 마땅히 "陳나라
의 行人인 儀가 吳나라의 군대에 사신으로 오자, 夫差가 大宰인 嚭에게 물어보게 하
였다."라고 해야 옳다. 忠宣公이 〈春秋詩〉를 지을 때 이 일을 인용하였으니, 또한 일
찍이 구별해서 바로잡은 것이라고 하겠다.

044201 顔丁이 善居喪하야 始死에 皇皇焉如有求而弗得하고 及殯에 望望
焉如有從而弗及하고 旣葬에 慨焉如不及其反而息하니라

　顔丁은 부모의 居喪을 잘하였다. 부모가 죽은 처음에는 허둥지둥하며 아
무리 부모를 찾아도 찾지 못하는 것처럼 하였고, 殯所를 차린 뒤에는 부모
가 돌아보지도 않고 휑하니 떠나가 좇아가도 따라잡지 못할 것처럼 하였으
며, 장사를 마치고 나서는 슬퍼하기를 마치 부모가 돌아옴에 미치지 못해서

---

38) 鄱陽胡氏 : 南宋 饒州 鄱陽 사람인 洪邁(1123~1202)이다. 자는 景廬이고, 호는 容齋
다. 洪皓의 아들이다. 高宗 紹興 15년 博學宏詞科에 합격하고, 거듭 승진해서 中書舍
人과 直學士院, 同修國史를 지냈다. 孝宗 淳熙 13년 翰林學士가 되어 《四朝國史》를
지어 올렸다. 만년에는 향리에 머물면서 저술에만 전념했다. 시호는 文敏이다. 학식도
풍부했고 저술도 방대했는데, 특히 송나라의 典章制度에 밝았다. 저서에 《容齋隨筆》,
《夷堅志》, 《野處類稿》, 《史記法語》, 《萬首唐人絶句》 등이 있다.

기다리고 있는 것처럼 하였다.

≪集說≫

顔丁은 魯人이라 皇皇은 猶棲棲也요 望望은 往而不顧之貌라 慨는 感悵之意라 始死에 形可見也요 旣殯에 柩可見也로되 葬則無所見矣라 如有從而弗及은 似有可及之處也요 葬後則不復如有所從矣라 故但言如不及其反하고 又云而息者하니 息은 猶待也니 不忍決忘其親하야 猶且行且止하야 以待其親之反也라 蓋葬者는 往而不反이나 然孝子於迎精而反之時에 猶如有所疑也라

顔丁은 魯나라 사람이다. 皇皇은 허둥지둥함과 같고, 望望은 휑하니 떠나가고 돌아보지 않는 모양이다. 慨는 슬픔을 느낀다는 뜻이다. 처음 돌아가셨을 때는 형체를 볼 수 있고, 이미 빈소를 차린 뒤에는 널을 볼 수 있지만, 葬事를 지내고 나면 볼 수가 없다. '좇아가도 따라잡지 못할 것처럼 한다.'는 것은 따라잡을 만한 곳이 있는 듯하다는 뜻이고, 葬事지낸 뒤에는 다시 따를 곳이 없기 때문에 다만 '돌아옴에 미치지 못한 것처럼 여긴다.' 하였다. 또 而息이라고 했는데, 息은 기다림〔待〕과 같으니, 그 부모를 결연히 잊지 못해서 마치 가다서다 하면서, 그 어버이가 돌아오시기를 기다리는 것처럼 하는 것이다. 대개 葬事라는 것은 가서 돌아오지 않는다. 그러나 효자는 영혼을 맞이하여 돌아올 때에 그래도 의심하는 것이 있는 것처럼 하는 것이다.

044301 子張問曰 書云高宗이 三年不言이나 言乃讙이라하니 有諸잇가 仲尼曰 胡爲其不然也리오 古者에 天子崩커시든 王世子聽於冢宰三年하나니라

子張이 질문하기를 "≪書經≫에서 이르기를 '高宗이 3年 동안 말을 하지 않았으나 마침내 말하면 백성들이 기뻐했다.'고 하였으니, 그러한 일이 있었습니까?"라고 하니, 仲尼께서 말씀하셨다. "어찌하여 그렇지 않겠는가? 옛날에 天子가 崩御하시면 王世子가 冢宰에게 명을 듣기를 3년 동안 하였다."

≪集說≫

言乃讙者는 命令所布에 人心喜悅也라

言乃讙은 명령을 반포함에 백성들이 마음으로 기뻐한 것이다.

≪大全≫

嚴陵方氏曰 天子之適子曰太子요 諸侯之適子曰世子니 得世國故也라 於天子亦稱世子者는 則以世天下言之爾라 故稱王以別之니 亦猶王制於諸侯에 亦稱太子必稱群后以別之也[39]라

嚴陵方氏 : 天子의 適子를 太子라 하고 諸侯의 適子를 世子라 하니, 나라를 세습하기 때문이다. 천자에 대해서도 세자라 칭하는 것은 천하를 세습하는 것으로 말한 것일 뿐이다. 그러므로 王자를 붙여서 제후의 세자와 구별한 것이니, 또한 〈王制〉에는 제후에 대해서도 세자를 태자라 일컬을 때는 반드시 群后(뭇 제후들)라고 칭하여 구별한 것과 같은 것이다.

044301 知悼子卒하야 未葬이어늘 平公飮酒할새 師曠李調侍하야 鼓鍾이러니 杜蕢自外來하야 聞鍾聲하고 曰 安在오 曰 在寢이니이다 杜蕢入寢하야 歷階而升하야 酌曰 曠아 飮斯하라 又酌曰 調아 飮斯하라하고 又酌하야 堂上北面坐하야 飮之하고 降하야 趨而出한대

知悼子가 죽어서 아직 葬事도 지내지 않았는데, 平公이 술을 마실 적에 악사인 曠과 李調가 임금을 모시고서 종을 쳐 음악을 연주하고 있었다. 杜蕢가 밖에서 들어와 종소리를 듣고 "어디서 나는 소리인가?"라고 하니, 문지기가 말하기를 "正寢에서 납니다."라고 하였다. 두괴가 정침으로 들어가 계단을 지나 올라가서 술을 따르며 말하기를 "악사인 광아, 이 술을 마시거라."라고 하고, 또 술을 따르며 말하기를 "이조야, 이 술을 마시거라."라고

---

39) 王制於諸侯 亦稱太子必稱群后以別之也 : ≪禮記≫ 〈王制〉에 "王太子와 王子 그리고 群后의 太子 및 卿大夫와 元士의 適子와 국내의 우수한 선비는 모두 太學에 들어간다.〔王太子 王子 群后之太子 卿大夫 元士之適子 國之俊選 皆造焉〕라고 하였다.

하고는, 또다시 술을 따라 당 위에서 북향하고 앉아서 술을 마시고 계단을
내려와 종종걸음으로 나가버렸다.

《集說》

知悼子는 晉大夫니 名罃이요 平公은 晉侯彪也라 凡三酌者는 旣罰二子하고 又自罰也라

知悼子는 晉나라 大夫인데, 이름은 罃이고, 平公은 晉나라 諸侯 彪이다. 다 해서 세
번 술잔에 술을 따른 것은 이미 두 사람에게 벌을 주고 또 스스로에게 벌을 준 것이다.

044302 平公이 呼而進之曰 蕢아 曩者에 爾心이 或開予라 是以不與爾
言호니 爾飲曠은 何也오 曰 子卯不樂(악)이니 知悼子在堂하야 斯其爲子
卯也大矣어늘 曠也太師也로대 不以詔라 是以飲之也호이다

平公이 杜蕢를 불러 나오게 하여 말하기를 "杜蕢야, 조금 전에 나는 속으
로 네가 혹 나를 깨우쳐줄 것이라 여겼기 때문에 내 너와 함께 말하지 않았
다. 네가 악사인 曠에게 벌주를 마시게 한 것은 어째서이냐?"라고 하니, 두
괴가 대답하기를 "子日과 卯日에는 음악을 연주하지 않습니다. 知悼子의 殯
所가 堂에 있으니, 이것은 자일이나 묘일보다 더 중대한 것인데, 악사인 광
이 太師이면서 그것을 군주에게 아뢰지 않았기 때문에 벌주를 마시게 한 것
입니다."라고 하였다.

《集說》

言爾之初入에 我意爾必有所諫敎하야 開發於我라 我是以不先與爾言이러니 乃三酌之
後에 竟不言而出하니 爾之飲曠은 何說也오 蕢言桀以乙卯日死하고 紂以甲子日死하니
謂之疾日이라 故君不擧樂(악)이라 在堂은 在殯也라 況君於卿大夫에 比葬不食肉하고 比
卒哭不擧樂하나니 悼子在殯而可作樂燕飲乎아 桀紂는 異代之君이요 悼子는 同體之臣이라
故以爲大於子卯也라 詔는 告也니 罰其不告之罪也라

平公이 "네가 처음 들어올 때 내가 생각하기에, 네가 반드시 간하고 가르치는 바가 있어서 나를 깨우쳐줄 것이라고 여겼다. 내가 이 때문에 먼저 너와 함께 말을 하지 않은 것인데, 결국은 세 번 술잔에 술을 따른 뒤에 마침내 말도 하지 않고 나가버렸으니, 네가 師曠에게 罰酒를 마시게 한 것은 무엇을 말한 것이냐?"라고 말한 것이고, 杜蕢가 말하기를 "桀은 乙卯日에 죽었고 紂는 甲子日에 죽었으니, 그날을 불길한 날〔疾日〕이라고 이릅니다. 그렇기 때문에 임금이 그날은 음악을 연주하지 않는 것입니다."라고 말한 것이다. '堂에 있다'는 것은 지도자의 시신이 殯所에 있다는 말이다. 더구나 임금은 卿과 大夫를 위해 葬事지낼 때까지는 고기를 먹지 아니하고, 卒哭에 이르기까지는 음악을 연주하지 않는 것인데, 悼子의 시신이 殯所에 있는데 음악을 연주하면서 연회를 벌여 술을 마실 수 있겠는가. 桀과 紂는 시대를 달리하는 군주이고, 도자는 體가 같은 신하이다. 그렇기 때문에 "子日이나 卯日보다 더 중대하다."고 한 것이다. 詔는 아룀〔告〕이니, 그 아뢰지 않은 죄를 벌준 것이다.

044303 爾飮調는 何也오 曰調也는 君之褻臣也니 爲一飮一食하야 忘君之疾이라 是以飮之也호이다

平公이 말하기를 "네가 李調에게 罰酒를 마시도록 한 것은 어째서이냐?"라고 하자, 杜蕢가 말하기를 "李調는 임금의 가까운 신하인데도 한 번 마시고 한 번 먹는 것만을 위하여 군주의 잘못을 잊었으니, 이 때문에 벌주를 마시게 한 것입니다."라고 하였다.

≪集說≫

言調爲近習之臣이어늘 貪於一飮一食하야 而忘君違禮之疾이라 故罰之也라

李調가 임금을 가까이 모시는 친숙한 신하가 되었으면서 한 번 마시고 한 번 먹는 것을 탐하여 임금이 禮를 어기는 잘못을 잊어버렸기 때문에 그에게 罰酒를 마시게 한 것이라는 말이다.

044304 爾飮은 何也오 曰 蕢也宰夫也로대 非刀匕是共하고 又敢與知防이라

是以飲之也호이다

평공이 말하기를 "네가 罰酒를 마신 것은 어째서이냐?"라고 하자, 杜蕢가 말하기를 "저는 궁중의 요리를 담당하는 宰夫임에도, 칼과 숟가락을 받들지 않고, 또 감히 군주의 잘못을 막는 일에 참여하여 아는 체 했습니다. 이 때문에 그 벌주를 마신 것입니다."라고 했다.

≪集說≫

非는 猶不也라 宰夫는 職在刀匕로대 今乃不專供刀匕之職이요 而敢與知諫爭防閑之事하니 是侵官矣라 故自罰也라

非는 不과 같다. 宰夫는 직책이 칼과 숟가락에 있는데, 지금 칼과 숟가락을 받드는 직책에 전념하지 않고, 감히 간쟁하여 군주의 잘못을 막는 일에 참여하여 아는 체 했으니, 이는 남의 관직을 침범한 것이다. 그렇기 때문에 스스로 罰酒를 마셨다.

044305 平公曰 寡人亦有過焉하니 酌而飲寡人하라 杜蕢洗而揚觶(치)어늘 公謂侍者曰 如我死라도 則必毋廢斯爵也라하니 至于今히 既畢獻하고 斯揚觶를 謂之杜擧라하니라

平公이 말하였다. "寡人도 잘못이 있으니 잔에 술을 따라 과인에게도 罰酒를 마시게 하라." 두괴가 잔을 씻어 술을 따라서 술잔을 올리자, 平公이 侍者들에게 일러 말하기를 "만약 내가 죽더라도 반드시 이 술잔을 버리지 말라."고 하였다. 그 뒤 오늘날에 이르기까지 燕禮에 이미 술잔을 다 올리고 나서 술잔을 높이 들어 올리는 것을 杜擧라고 이른다.

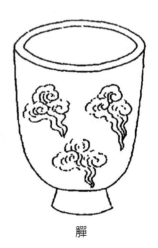

觶

≪集說≫

揚觶는 擧觶也니 盥洗而後擧는 致潔敬也라 平公自知其過하야 旣命蕢以酌하고 又欲以
此爵爲後世戒라 故記者云 至今晉國이 行燕禮之終에 必擧此觶하야 謂之杜擧者라하니
言此觶는 乃昔者杜蕢所擧也라 春秋傳에 作屠蒯하고 文亦不同하다

揚觶는 술잔을 드는 것인데, 손을 씻고 술잔을 씻은 뒤에 드는 것은 깨끗하고 공경
함을 극진히 한 것이다. 平公이 스스로 그 과오를 알고서 이미 두괴에게 술잔에 술을
따르도록 命하고 또 이 술잔으로 후세에 경계를 삼고자 하였다. 그러므로 기록한 사
람이 "오늘날까지 晉나라가 燕禮를 거행함이 끝남에 반드시 이 술잔을 들어올리면서
그것을 杜擧라고 한다."고 했으니, 이 술잔이 바로 옛날에 두괴가 들어올린 것이라는
말이다. ≪春秋左氏傳≫에는 '杜蕢'가 '屠蒯'로 되어 있고, 문장도 같지 않다.

≪大全≫

長樂陳氏曰 先王制爲喪臣之禮하야 於服則衰絰하고 於膳則不擧하며 於樂則弛縣으로
以至與斂往弔히 莫不盡禮라 是以柳莊之卒에 衛獻公不釋祭服而往襚하고 叔弓之卒에
隱公不與斂하며 仲遂之卒에 宣公猶繹而萬入을 君子非之라 然則悼子之未葬에 平公
飮酒하고 至於鼓鐘이 其可乎아 此杜蕢所以升酌而譏之也니 非杜蕢면 不能改平公之
過於群臣不言之際요 非平公이면 不能彰杜蕢之善於後世矣라 蓋杜蕢之所存者忠
也요 所敢爲者勇也며 平公之知悔者智也요 不掩人者義也니 皆禮之所與也라 然이나
平公賢孟子而終於不可見[40]하고 尊亥唐而終於不共治[41]하니 則所謂智而且義者는

---

40) 平公賢孟子而終於不可見 : ≪孟子≫〈梁惠王 下〉에 "魯나라 平公이 외출하려고 하는데,
    임금이 총애하는 臧倉이라는 자가 여쭈었다. '전에는 임금께서 외출하시게 되면 반드시
    담당관리에게 갈 곳을 하명하셨는데, 지금은 수레가 이미 출발 채비를 마쳤는데도 담
    당관리가 갈 곳을 알지 못하니, 어디를 가시려는 것인지 감히 여쭙습니다.' 그러자 평
    공이 말하였다. '맹자를 만나보려고 하오.' 장창이 말하였다. '어째서입니까? 한 나라의
    군주인 임금께서 몸을 낮추시어 匹夫에게 먼저 禮를 베푸시는 까닭은 그가 현명하다고
    여겨서입니까? 禮義는 현명한 사람에게서 나오는 법인데 맹자의 어머니 喪이 아버지
    상보다 더 성대하였으니, 맹자는 예의를 모르는 사람입니다. 임금께서는 그를 만나보

蓋亦勉强之而已라 左傳謂屠蕢責樂工以不聰하고 責嬖叔以不明하며 責己以不善
味[42]하니 其言雖不同이나 其實一也라 噫라 三代之季에 賢者陸沈(침)多矣라가 及不得
已然後에 出而見(현)於世라 故讓爵見於屠羊[43]하고 非書見於斲輪[44]하며 守官見於虞

지 마십시오.' 평공이 말하였다. '알겠다.'〔魯平公將出 嬖人臧倉者請曰 他日 君出 則必命有司
所之 今乘輿已駕矣 有司未知所之 敢請 公曰 將見孟子 曰 何哉 君所爲輕身 以先於匹夫者 以爲賢
乎 禮義由賢者出 而孟子之後喪 踰前喪 君無見焉 公曰 諾〕라고 하였다.

41) 尊亥唐而終於不共治：≪孟子≫〈萬章 下〉에 "晉나라 平公은 현인인 亥唐을 대할 때
에……하늘이 준 지위를 그와 함께 소유하지도 않았으며, 하늘이 준 직책을 그와 함께
다스리지도 않았으며, 하늘이 준 녹봉을 그와 함께 먹지도 않았으니, 이는 士의 입장에
서 賢者를 높인 것이지, 王公의 입장에서 현자를 높인 것이 아니다.〔晉平公之於亥唐
也……弗與共天位也 弗與治天職也 弗與食天祿也 士之尊賢者也 非王公之尊賢也〕라고 하였다.

42) 左傳謂屠蕢責樂工以不聰……責己以不善味：〈屠蒯가 樂工에게 말하기를〉"그대는 〈卿
佐의 죽음을〉못 들은 체하고서 음악을 연주하였으니 이는 밝게 듣지 않은 것이다."고
하고, 또 술을 따라 外嬖 嬖叔에게 마시게 하며 말하기를 "그대는 임금의 눈이 되었으
니 밝게 보는 일을 맡았다. 服裝으로 吉凶의 禮를 표현하고 예로써 길흉의 일을 행하
니, 일에는 〈吉事 凶事 등의〉 類〔物〕가 있고 類에는 그 일에 합당한 容貌가 있다. 그런
데 지금 임금님의 용모가 그 類에 맞지 않은데도 그대는 못 본체하였으니 이는 밝게 보
지 않은 것이다."고 하고, 또 술을 따라 스스로 마시며 말하기를 "口味로써 血氣를 流通
시키고 혈기로써 意志를 充實하게 하며, 의지로써 言語를 決定하고 언어로써 命令을
내는 것입니다. 臣은 바로 구미 돋우는 일을 맡은 官吏이니, 두 侍御가 맡은 일을 잃었
는데도 임금님께서 命을 내려 處罰하지 않으시는 것은 신의 罪입니다."라고 했다.〔女弗
聞而樂 是不聰也 又飮外嬖嬖叔 曰女爲君目 將司明也 服以旌禮 禮以行事 事有其物 物有其容 今君
之容 非其物也 而女不見 是不明也 亦自飮也 曰味以行氣 氣以實志 志以定言 言以出令 臣實司味
二御失官 而君弗命 臣之罪也〕(≪春秋左氏傳≫ 昭公 9년)

43) 讓爵見於屠羊：≪莊子≫〈讓王〉에 "왕이 司馬 子綦에게 말했다. '屠羊說은 비천한 지위
에 머물러 있는데도 道義를 진술함이 매우 높으니, 그대는 나를 위하여 그를 三公의 지
위로 끌어올리도록 하시오.' 屠羊說이 말했다. '무릇 삼공의 지위가 염소를 도살하는 가
게보다 귀하다는 사실을 제가 잘 알고 있으며, 萬鍾의 祿이 염소 도살로 버는 이익보다
훨씬 많다는 사실을 제가 잘 알고 있습니다. 그러나 제가 어찌 작록을 탐내어서 우리
임금으로 하여금 함부로 상을 베풀었다는 오명을 입게 할 수 있겠습니까. 저는 그런 높
은 지위를 감히 감당할 수 없으니, 원컨대 다시 제가 일하던 염소 도살하는 가게로 돌
아가게 해주십시오.' 그러고는 끝내 상을 받지 않았다.〔王謂司馬子綦曰 屠羊說 居處 卑賤
而陳義甚高 子其爲我 延之以三旌之位 屠羊說曰 夫三旌之位 吾知其貴於屠羊之肆 萬鍾之祿 吾知
其富於屠羊之利也 然豈可以貪爵祿 而使吾君有妄施之名乎 說不敢當 願復反吾 屠羊之肆 遂不受

人⁴⁵⁾하고 商歌見於飯牛⁴⁶⁾하니 則善諫見於宰夫가 不爲過矣라

長樂陳氏 : 先王이 喪을 당한 신하를 위한 禮를 제정해서 상복에 있어서는 衰絰을 입고 음식에 있어서는 성찬을 들지 않으며, 음악에 있어서는 연주를 위해 매달아놓은 악기를 풀어놓는 것에서부터 斂에 참여하고 가서 조문함에 이르기까지 예를 다하지 않음이 없었다. 이 때문에 柳莊이 죽었을 때 衛나라 獻公이 祭服을 벗지 않고 가서 제복을 벗어서 襚衣로 사용하게 하고, 叔弓이 죽었을 때 隱公이 염습에 참여하지 않았으며, 仲遂가 죽었을 때 宣公이 오히려 繹祭를 지내고 萬舞를 가지고 들어간 것을 군자가 그르다 한 것이다.

그렇다면 知悼子를 장사지내기 전에 평공이 술을 마시고 심지어 종을 친 것이 옳겠

───────────

也〕"라고 하였다.

44) 非書見於斲輪 : ≪莊子≫ 〈天道〉에 "桓公이 당상에서 글을 읽고 있었는데, 輪扁이 당 아래에서 수레바퀴를 깎고 있다가 몽치와 끌을 내려놓고 위로 환공을 올려다보며 물었다. '감히 묻습니다. 임금께서 읽고 계시는 것은 어떤 말입니까?' 환공이 대답했다. '성인의 말씀이다.' 윤편이 말하였다. '성인이 지금 살아 있습니까?' 환공이 말하였다. '이미 죽었다.' 윤편이 말하였다. '그렇다면 임금께서 읽고 계시는 것은 옛사람의 찌꺼기로군요.'〔桓公讀書於堂 輪扁斲輪於堂下 釋椎鑿而上 問桓公曰 敢問 公之所讀者何言邪 曰聖人之言也 曰聖人在乎 公曰已死矣 曰然則君之所讀者 古人之糟魄已夫〕"라고 하였다.

45) 守官見於虞人 : ≪孟子≫ 〈滕文公 下〉와 〈萬章 下〉에 "齊나라 景公이 사냥할 때 사냥터를 관리하는 虞人을, 대부를 부를 때 쓰는 旌이라는 깃발로 불렀는데 오지 않자 장차 그를 죽이려 하였다.……공자께서는 그의 어떤 점을 높이 사신 것인가? 자신을 올바르게 부르는 방법이 아니면 가지 않은 점을 높이 사신 것이다.〔齊景公 田 招虞人以旌 不至, 將殺之……孔子奚取焉 取非其招不往也〕"라고 하였다.

46) 商歌見於飯牛 : ≪呂氏春秋≫ 〈擧難〉에 "甯戚이 齊 桓公을 만나 보려고 하였으나, 곤궁하여 스스로 찾아갈 길이 없었다. 이때 그가 行商이 되어 짐수레를 몰고 제나라로 가서 저녁에 성곽의 문 밖에서 잠을 잤다. 제 환공이 빈객을 맞이하기 위하여 밤에 성문을 열어놓고 짐수레를 한쪽으로 치웠는데, 횃불이 매우 치성하고 수행하는 사람이 매우 많았다. 영척이 짐수레 밑에서 소에게 여물을 먹이면서 제 환공을 바라보고 슬퍼하여, 소의 뿔을 두드리며 노래를 불렀다. 제 환공이 노래를 듣고서, 그 노복의 손을 어루만지며 말하기를 '매우 특이하다. 노래하는 사람은 보통 사람이 아니다.'라고 하고, 영척을 수레에 태워서 데리고 갔다.〔甯戚欲干齊桓公 窮困無以自進 於是爲商旅 將任車以至齊 暮宿於郭門之外 桓公郊迎客 夜開門 辟任車 爝火甚盛 從者甚衆 甯戚飯牛居車下 望桓公而悲 擊牛角疾歌 桓公聞之 撫其僕之手曰 異哉 之歌者 非常人也 命後車載之〕"라고 하였다.

는가. 이것이 두괴가 당상에 올라가서 잔에 술을 따라주면서 비판한 까닭이니, 두괴가 아니었으면 평공의 잘못을 여러 신하들이 말하지 않을 때에 고치게 하지 못했을 것이요, 평공이 아니었으면 두괴의 훌륭함을 후세에 드러내지 못하였을 것이다. 두괴가 가슴속에 간직했던 것은 충성이고, 과감히 할 수 있었던 것은 용맹이며, 평공이 뉘우칠 줄 안 것은 지혜이고, 남의 훌륭함을 가리지 않았음은 의이니, 모두 예에서 인정하는 바이다. 그러나 평공이 맹자를 현명하게 여겼으나 끝내 만나보지 못했고, 亥唐을 높였으나 끝내 함께 나라를 다스리지 않았으니, 그렇다면 이른바 '지혜롭고 의롭다'는 것은 또한 억지로 힘쓴 것이었을 뿐이다. ≪춘추좌씨전≫에서는 屠蒉가 군주가 밝게 듣도록 하지 못했다고 樂工을 책망했고, 嬖叔이 군주가 밝게 보지 못하도록 한 것을 책망했으며, 자신은 맛을 잘 보지 못하게 한 것을 책망했으니, 말은 비록 다르지만 실제로는 같은 뜻이다.

아! 三代시대의 말엽에 賢者들이 많이들 숨어있다가 부득이함에 미친 뒤에야 세상에 모습을 드러내었다. 그러므로 작위를 사양함이 屠羊에게서 보이고, 독서를 비난함이 輪扁의 수레바퀴에서 보이며, 관직의 직분을 지킨 일이 虞人에게서 보이고, 슬프고 처량한 노래가 소에게 여물을 먹이던 甯戚에게서 보이니, 궁중의 수라를 담당하는 宰夫에게서 훌륭한 간언이 나온 것이 과장은 아닌 것이다.

044401 公叔文子卒커늘 其子戌(수)가 請諡於君曰 日月有時라 將葬矣니 請所以易其名者하나이다

公叔文子가 죽자, 그 아들인 戌가 임금에게 시호를 내려줄 것을 청하면서 "정해진 날짜가 되어 葬禮를 지내려 하니, 청컨대 시호를 내려주어 이름을 대신하게 해주소서."라고 하였다.

≪集說≫

文子는 衛大夫니 名拔이요 君은 靈公也라 大夫士三月而葬하니 有時는 猶言有數也라 死則諱其名이라 故爲之諡는 所以代其名也라

文子는 衛나라 大夫인데 이름은 拔이고, 임금은 靈公이다. 大夫와 士는 3개월 만에

葬事를 지내니 "정해진 날짜가 되었다.〔有時〕"는 것은 정해진 개월 수가 있다는 말과 같다. 죽으면 그 이름을 避諱하기 때문에 시호를 내려주는 것은 그 이름을 대신하기 위한 것이다.

044402 君曰 昔者에 衛國凶饑어늘 夫子爲粥하야 與國之餓者하니 是不亦惠乎아 昔者에 衛國有難이어늘 夫子以其死衛寡人하니 不亦貞乎아 夫子聽衛國之政에 脩其班制하야 以與四隣交하야 衛國之社稷不辱하니 不亦文乎아 故謂夫子貞惠文子라하노라

임금(靈公)이 말하기를 "옛날에 衛나라에 흉년이 들었을 때 夫子(公叔文子)께서 죽을 쑤어서 국가의 굶주린 사람들에게 나누어주었으니, 이 또한 은혜가 아니겠는가. 옛날에 위나라에 國難이 있었을 때 부자께서 죽음을 무릅쓰고 寡人을 호위하였으니, 또한 忠貞이 아니겠는가. 부자께서 위나라의 정치를 맡아 하시면서 그 반열과 제도를 정비하고 사방의 이웃 나라들과 잘 교제하여 위나라의 社稷이 욕되지 않도록 하였으니, 또한 文이 아니겠는가. 그렇기 때문에 부자를 貞惠文子라고 하겠노라."라고 하였다.

《集說》

魯昭公二十年에 盜殺衛侯之兄縶하니 時齊豹作亂하야 公如死鳥하니 此衛國之難也라 班者는 尊卑之次요 制者는 多寡之節이니 因舊典而修擧之也라 據先後則惠在前하고 論小大則貞爲重이라 故不曰惠貞而曰貞惠也라 此三字爲諡而惟稱文子者는 鄭云文足以兼之라

魯나라 昭公 20年에 도적이 衛侯의 형인 縶을 살해하자, 이때 齊豹가 난을 일으켜 靈公이 死鳥로 도망갔으니 이것이 衛나라의 難이다. 班이라는 것은 尊卑의 차등이고, 制라는 것은 많고 적음의 節度이니, 옛 법전을 따라서 그것을 정비해서 거행한 것이다. 先後의 순서에 의거하면 惠가 앞에 있고, 공적의 크고 작음을 논하면 忠貞이 중하기 때문에 '惠貞'이라고 하지 않고 '貞惠'라고 한 것이다. 이 세 글자로 시호를 삼았

데 오직 文子라고만 호칭한 것에 대해 鄭玄은 "'文'이 충분히 나머지 두 가지를 겸할 수 있기 때문이다."라고 하였다.

044501石駘仲卒하니 無適子하고 有庶子六人이어늘 卜所以爲後者에 曰沐浴佩玉則兆라한대 五人者皆沐浴佩玉이어늘 石祁子曰 孰有執親之喪而沐浴佩玉者乎아하고 不沐浴佩玉하니 石祁子兆어늘 衛人以龜爲有知也라하니라

石駘仲이 죽었을 때 適子는 없고 庶子 여섯 사람만이 있었다. 후계자로 삼을 사람을 거북점치려고 하면서 "沐浴하고서 玉을 차면 吉兆를 얻는다."고 하니, 다섯 사람이 모두 목욕을 하고서 옥을 찼는데, 石祁子는 말하기를 "누가 어버이의 喪禮를 집행하면서 목욕하고서 옥을 차는 사람이 있는가?"라고 하고는, 목욕을 하지 않고 옥도 차지 않았다. 그런데도 석기자가 길조를 얻자 衛나라 사람들은 거북이 아는 것이 있다고 하였다.

≪集說≫

駘仲은 衛大夫라 曰沐浴佩玉則兆는 卜人之言也라

駘仲은 衛나라 大夫이다. "沐浴하고서 玉을 차면 吉兆를 얻게 된다."고 한 것은 거북점치는 사람의 말이다.

○ 方氏曰 兆亦有凶이나 卜者以求吉爲主라 故經以兆言吉也라

○ 方氏 : 조짐에는 凶兆도 있지만 점치는 사람은 吉兆를 구하는 것을 위주로 하기 때문에 經文에서 '兆'로써 길조를 말한 것이다.

≪大全≫

長樂陳氏曰 五人者有意於得而不兆하고 祁子無意於得而兆라 故衛人以龜爲有知라 蓋溺於利而忘義하고 蔽於情而忘禮者는 人謀之所不與而鬼謀之所違요 篤於義而不

謀利하고 專於禮而不徇情者는 人謀之所與而鬼謀之所從이니 豈非所謂天地自然之道며 人事必然之理哉리오

長樂陳氏 : 나머지 다섯 사람의 서자들은 후계자의 지위를 얻는 데 뜻을 두었지만 길한 조짐을 얻지 못하였고, 祁子는 후계자의 지위를 얻는 데 뜻이 없었지만 길한 조짐을 얻었기 때문에 衛나라 사람들이 거북이 아는 것이 있다고 한 것이다. 대체로 이익에 빠져 義를 잃고, 情에 가려 禮를 잊는 자는, 사람들이 일을 도모할 때 함께하지 않고, 귀신도 일을 도모할 때 피하는 바이다. 義에 돈독하고 이익을 도모하지 않으며, 禮에 전일하고 情에 얽매이지 않는 자는 사람도 일을 도모함에 함께하고 귀신도 일을 도모함에 따르는 바이니, 어찌 이른바 천지자연의 법도가 아니겠으며, 人事에 있어서 필연의 이치가 아니겠는가.

○ 嚴陵方氏曰 曲禮曰 居喪之禮는 頭有創則沐하고 身有瘍則浴이라하니 非有創瘍이면 固不可以沐浴矣라 玉藻云凡帶必有佩玉이로대 唯喪否라하니 非去喪이면 固不可以佩玉矣라 執親之喪而沐浴佩玉은 是忘孝忘禮也니 唯石祁子不爲之어늘 龜之獨兆於祁子하니 其有知也哉인저

○ 嚴陵方氏 : 〈曲禮〉에 "초상을 치를 때의 禮는 머리에 부스럼이 나면 머리를 감고, 몸에 종기가 생기면 몸을 씻는다."고 했으니, 부스럼이나 종기가 생긴 것이 아니라면 진실로 목욕을 해서는 안 된다. 〈玉藻〉에 "무릇 띠를 찰 때에는 반드시 佩玉이 있으나 오직 喪에서만 옥을 차지 않는다."고 했으니, 喪을 마치지 않았으면 진실로 옥을 차서는 안 된다. 어버이의 상을 집행하면서 목욕하고 옥을 차는 것은 孝를 잊고 禮를 잊은 것이다. 오직 石祁子만이 그러지 않았는데, 거북점이 유독 석기자에게 길조가 나왔으니, 거북이 아는 것이 있는 듯싶다.

044601 陳子車死於衛커늘 其妻與其家大夫謀以殉葬하야 定而后陳子亢이 至어늘 以告曰 夫子疾에 莫養於下하니 請以殉葬하노라

陳子車가 衛나라에서 죽자 그 아내가 家大夫(家臣)와 함께 殉葬할 것을 상의하여 순장할 사람을 결정한 뒤에 陳子亢이 오자, 이 사실을 알리기를

"夫子(陳子車)께서 병환이 났을 때 아랫사람에게서 제대로 봉양을 받지 못하였으니, 그 사람들로 순장할 것을 청합니다."라고 하였다.

≪集說≫

子車는 齊大夫라 子亢은 其兄弟니 卽孔子弟子子禽也라 疾時不在家하야 家人이 不得以致其養이라 故云莫養於下也라 於是欲殺人以殉葬이라 定은 謂已議定所殺之人也라

子車는 齊나라 大夫이다. 子亢은 그의 형제이니, 바로 孔子의 제자 子禽이다. 병환이 났을 때에 자거가 집에 있지 않아 집안 사람들이 그 봉양을 다할 수 없었기 때문에 그 아랫사람들에게 제대로 봉양을 받지 못했다고 말한 것이다. 이에 산 사람을 죽여서 殉葬시키려고 한 것이다. 定은 이미 죽일 사람을 의논해서 결정했다는 말이다.

044602 子亢曰 以殉葬이 非禮也니라 雖然이나 則彼疾에 當養者孰若妻與宰리오 得已則吾欲已어니와 不得已則吾欲以二子者之爲之也하노라하니 於是弗果用하니라

子亢이 말하기를 "산 사람을 殉葬시키는 것은 禮가 아닙니다. 비록 그렇지만 그 분이 병환이 났을 때 마땅히 봉양했어야 할 사람으로는 누가 그 아내와 家臣만 하겠습니까. 〈순장하는 것을〉 그만둘 수 있다면 나는 그만두고 싶지만, 그만둘 수가 없다면 나는 두 사람으로 순장을 하고자 합니다."라고 하니, 이에 과연 순장하지 않았다.

≪集說≫

宰는 卽家大夫也요 二子는 謂妻與宰也라 子亢이 若但言非禮면 未必能止之라 今以當養者爲當殉이면 則不期其止而自止矣니라

宰는 바로 家大夫이고, 두 사람은 아내와 家臣이다. 子亢이 만약 殉葬이 禮가 아니라고만 말했다면 반드시 그 일을 저지할 수 없었을 것이다. 그래서 지금 마땅히 봉양해야 할 사람으로 순장함이 마땅하다고 하니, 저지할 필요도 없이 저절로 중지되어

버렸다.

《大全》

嚴陵方氏曰 以生者而從之於死면 則傷乎不仁하고 於死者而養之以生이면 則傷乎不知니 非君子之所當爲也라 子亢以養拒之니 不亦宜乎아

嚴陵方氏 : 산 사람에게 죽은 자를 따르게 하면 不仁함에 상하게 되고, 죽은 자를 산 사람으로 봉양하게 하면 지혜롭지 못함에 상하게 되니, 군자가 마땅히 할 바가 아니다. 子亢이 마땅히 봉양해야 할 사람을 구실로 순장을 막은 것이니 또한 마땅하지 않겠는가.

044701 子路曰 傷哉라 貧也여 生無以爲養하며 死無以爲禮也로다 孔子曰 啜菽飮水나 盡其歡을 斯之謂孝요 斂首足形하야 還(선)葬而無槨이나 稱其財를 斯之謂禮니라

子路가 말하기를 "서글프구나, 가난함이여! 살아계실 때에는 봉양할 것이 없고, 돌아가셨을 때에는 禮를 행할 수가 없구나."라고 하자, 孔子께서 말씀하셨다. "콩을 먹고 물을 마시더라도 기쁨을 극진하게 해드리는 것을 일러 효도라 하고, 머리와 발의 형체만 염하고 곧바로 葬事지내어 덧널이 없더라도 자기 형편에 맞게만 하면 그것을 禮라고 이르느니라."

《集說》

世固有三牲之養而不能歡者하고 亦有厚葬以爲觀美而不知陷於僭禮之罪者라 知此則孝與禮를 可得而盡矣니 又何必傷其貧乎리오 還葬[47]은 說見(현)上篇하니라

세상에는 진실로 소·양·돼지의 세 가지 희생으로 봉양하더라도 부모를 기쁘게 해

[47) 還葬 : 《禮記》〈檀弓 上〉038801의 集說에 "還葬은 斂이 끝나면 곧바로 장사를 지내고 빈소를 차려 달과 날짜의 시기를 기다리지 않는다는 말이다.〔還葬 謂斂畢卽葬 不殯而待月日之期也〕"라고 하였다.

드리지 못하는 사람이 있고, 또한 후하게 葬事를 지내어 보기에 아름답게 하지만 그
것이 禮를 참람한 죄에 빠지게 하는 줄을 모르는 사람도 있다. 이런 것을 안다면 효도
와 禮를 다할 수가 있으니, 또 어찌 반드시 가난함을 서글퍼할 것이 있겠는가. 還葬은
설명이 윗 篇(檀弓 上)에 보인다.

《大全》

長樂陳氏曰 君子之於親에 以其所以養이면 則養在志不在體요 以其所以葬이면 則葬
在誠不在物이라 苟養在體不在志면 則雖三牲이라도 不足以爲孝요 葬在物不在誠이면
則雖醢醢百甕이라도 不足以爲禮라 若然則富者不足矜이요 貧者不足傷이니 要在自盡
而已니라

長樂陳氏 : 군자는 어버이에 대해 봉양하는 것으로써 본다면 봉양함이 뜻을 봉양함
에 있지 몸을 봉양함에 있지 않고, 장사지내는 것으로써 본다면 장사지내는 예는 정
성에 달려 있지 예물에 달려 있지 않다. 만약 봉양함이 몸을 봉양함에 있고 뜻을 봉양
함에 있지 않다면 세 가지 희생을 가지고 봉양을 하더라도 효가 되기에 부족하고, 장
사지내는 예가 예물에 있고 정성에 있지 않다면 비록 식초와 젓갈을 백 개의 옹기에
담아 장사지내더라도 예가 되기에 부족하다. 만약 그렇다면 富者라도 족히 자랑할 만
한 것이 못되고, 가난한 자라도 족히 서글플 만한 것이 못되니, 요점은 스스로 정성을
다하는 데 달려 있을 뿐이다.

○ 嚴陵方氏曰 子路於生曰養하고 於死曰禮라하니 則知所謂禮者는 喪葬之禮라 言喪
葬則知所謂養者도 亦無非禮矣라 語云 生事之以禮하고 死葬之以禮라하니 是矣라 孔子
又變養言孝者는 主盡其歡言之也니 盡其歡者는 存乎情이라 故以孝言이요 稱其財者는
存乎物이라 故以禮言이라 啜飲止以菽水言之者 菽不若稻粱之甘하고 水不若酒醴之
美니 則以見盡其歡者는 在乎養志요 不在養口體而已니라

○ 嚴陵方氏 : 子路는 부모가 살아계실 때에 대해서는 養이라 하고, 돌아가셨을 때
에 대해서는 禮라고 하였으니, 그렇다면 이른바 禮란 喪葬의 예라는 것을 알 수 있다.
喪葬을 말한 것이라면 이른바 봉양이라고 하는 것도 예가 아닌 것이 없다는 것을 알
수 있다. 《論語》〈爲政〉에 이르길 "살아계실 때에는 예로써 섬기고 돌아가시면 예

로써 장사지낸다."라고 한 것이 바로 이것이다. 공자가 또 養을 바꿔서 孝라고 말한 것은 부모를 즐겁게 해드리기를 극진히 하는 것을 위주로 말한 것이니, 부모를 즐겁게 해드리기를 극진히 함은 情에 달려 있기 때문에 孝를 가지고 말한 것이고, 재물에 맞춰서 하는 것은 사물에 달려 있기 때문에 예를 가지고 말한 것이다. 먹고 마시는 것을 단지 콩과 물만 가지고 말한 것은 콩은 쌀밥처럼 맛있지 않고, 물은 술이나 감주처럼 맛있지 않으니, 그렇다면 부모를 즐겁게 해드리기를 극진히 한다는 것은 뜻을 봉양함에 있는 것이지, 몸을 봉양함에 있지 않음을 보여준 것일 뿐이다.

044801 衛獻公이 出奔이라가 反於衛할새 及郊하야 將班邑於從者而后入이어늘 柳莊曰 如皆守社稷이면 則孰執羈靮而從이며 如皆從이면 則孰守社稷이리오 君反其國而有私也니 毋乃不可乎아한대 弗果班하니라

衛나라 獻公이 망명했다가 위나라로 돌아올 때 교외에 이르러 장차 자기를 수행했던 사람들에게 고을을 나누어준 뒤에 都城으로 들어가려고 하자, 柳莊이 말하기를 "만약 모두가 〈국내에 남아서〉 社稷을 지키고 있었더라면 누가 〈망명지에서〉 굴레와 고삐를 잡고서 따랐겠으며, 만약 모두가 따라다녔더라면 누가 사직을 지켰겠습니까? 임금께서 나라로 돌아오면서 사사로운 은정을 두시니 불가하지 않겠습니까?"라고 하자, 고을을 나눠주지 않았다.

≪集說≫

獻公이 以魯襄十四年奔齊라가 二十六年에 歸衛하니라 羈는 所以絡馬요 靮은 所以靷馬라 莊之意謂居者行者 均之爲國이니 不當獨賞從者하야 以示私恩이라

獻公이 魯나라 襄公 14年에 齊나라로 망명하였다가 26년에 衛나라로 돌아갔다. 羈는 말을 매는 굴레이고, 靮은 말에 물리는 재갈이다. 柳莊의 뜻은 나라에 머물러 있었던 사람이나 수행했던 사람들이나 똑같이 나라를 위했으니, 유독 수행한 사람에게만 상을 주어서 사사로운 은정을 보이는 것은 타당하지 않다고 생각한 것이다.

≪大全≫

長樂陳氏曰 楚昭王之賞從亡에 而及於屠羊說(열)⁴⁸⁾하고 晉文公之賞從亡에 而辭見守藏者⁴⁹⁾하고 衛獻公之厚從亡에 而及郊하야 將班邑하니 是皆徇於私而不知公하고 蔽於邇而不知遠也라 蓋居者守君之社稷하고 行者執君之羈靮하니 其勞逸雖殊나 而功之所施則一이니 豈可厚此而薄彼哉리오 此柳莊所以諫獻公也라 臧武仲曰 衛公之奔에 有太叔儀以守하고 有母弟鱄以出이라 或撫其內하고 或營其外하니 其無歸乎리오하니 是內外之功一也라

長樂陳氏 : 楚나라 昭王은 망명했을 때 수행했던 자들에게 상을 하사함에 屠羊 說에게까지 상이 미쳤고, 晉나라 文公은 망명했을 때 수행했던 자들에게 상을 하사했으나

---

48) 楚昭王之賞從亡 而及於屠羊說(열) : ≪莊子≫ 〈讓王〉에 "楚 昭王이 전쟁에 패하여 나라를 잃고 도망갈 적에 양을 도살하는 백성 說이 달려가서 소왕을 수행했는데, 소왕이 나라로 돌아와서는 그동안 자기를 수행했던 사람들에게 상을 주려 하면서 양을 도살하는 백성 열에게도 상을 주려 하자, 양을 도살하는 백성 열이 말하기를 '대왕께서 나라를 잃었을 때에 저는 양을 도살하는 직업을 잃었고, 대왕께서 나라로 돌아오시자 저는 또한 양을 도살하는 직업을 되찾게 되었으니, 신의 작록은 이미 복구되었는데 또 무슨 상을 주신다고 하십니까?' 하므로, 소왕이 그에게 억지로라도 상을 주도록 하고……왕이 또 사마자기를 시켜서……그를 삼경의 지위로 맞아들이도록 하자, 그가 말하기를 '대저 삼경의 지위가 양을 도살하는 가게보다 귀한 줄을 나도 잘 알고, 만종의 녹봉이 양을 도살하여 얻는 이익보다 부함을 나도 잘 알고 있습니다. 그러나 내가 어찌 작록을 탐하여 우리 임금으로 하여금 작록을 함부로 베푼다는 말을 듣게 할 수 있겠습니까. 나는 감히 받을 수 없으니, 다시 내 양을 도살하는 가게로 돌아가게 해주소서.' 하고 끝내 받지 않았다.〔楚昭王失國 屠羊說走而從於昭王 昭王反國 將賞從者 及屠羊說 屠羊說曰 大王失國 說失屠羊 大王反國 說亦反屠羊 臣之爵祿已復矣 又何賞之言 王曰强之……王謂司馬子綦……延之以三旌之位 屠羊說曰 夫三旌之位 吾知其貴於屠羊之肆也 萬鍾之祿 吾知其富於屠羊之利也 然豈可以貪爵祿 而使吾君有妄施之名乎 說不敢當 願復反吾屠羊之肆 遂不受也〕"라고 하였다.

49) 晉文公之賞從亡 而辭見守藏者 : ≪春秋左氏傳≫ 僖公 24년에 "당초에 晉侯의 小吏 頭須는 창고를 지키는 자였다. 文公이 망명했을 때 창고의 財物을 훔쳐 가지고 도망하여, 그 재물을 다 써가며 諸侯들에게 문공을 도와 歸國시켜 주기를 구하였다. 문공이 귀국함에 미쳐 두수가 뵙기를 청하자 문공은 머리를 감는다는 핑계로 接見을 辭絶하였다.〔初 晉侯之豎頭須 守藏者也 其出也 竊藏以逃 盡用以求納之 及入 求見 公辭焉以沐〕"라고 하였다.

〈처음에 자신을 도와주었던〉 창고지기의 接見을 辭絶했으며, 衛나라 獻公은 망명했을 때 수행했던 자들에게 후하게 대하여 교외에 이르러 장차 고을을 나누어주려 했으니, 이는 모두 사심만 따라 공적인 처사를 모르고, 가까운 자에게 가려 멀리 있는 자들을 알아주지 않은 것이다.

대개 나라에 머물러 있던 자들은 임금의 社稷을 지켰고, 수행한 자들은 임금이 타는 수레의 굴레와 고삐를 잡고서 따라다녔으니, 그 수고로움과 편안함은 비록 다르지만 공력을 들인 것은 똑같으니, 어찌 여기에는 후하게 대우하고 저기에는 박하게 대우할 수 있겠는가. 이것이 柳莊이 獻公에게 간언을 한 까닭이다. 臧武仲이 말하기를 "위나라 헌공이 망명했을 때 太叔儀가 나라를 지키고 同母弟인 鱄이 함께 出奔하여, 혹은 국내에서 백성을 安撫하고, 혹은 국외에서 歸國을 經營하니, 어찌 돌아가지 않을 수 있겠는가."라고 했으니, 이것이 바로 안과 밖의 공적이 똑같다는 것이다.

○ 嚴陵方氏曰 獻公之反國에 將班邑於從者而後入은 則是私於從己之昵而忘保國之大矣니 豈所以合天下之公義哉아

○ 嚴陵方氏 : 獻公이 위나라로 돌아올 때 장차 자기를 수행했던 사람들에게 고을을 나누어준 뒤에 都城으로 들어가려고 한 것은 자기를 수행하던 친한 이들에게만 사적인 은정을 내리려 한 것이고 나라를 지키던 대다수를 잊은 것이니, 어찌 천하의 공적인 도리에 합당하다고 할 수 있는 것이겠는가.

044901 衛有大史하니 曰柳莊이라 寢疾이어늘 公曰 君疾革(극)이어든 雖當祭라도 必告하라하더니 公이 再拜稽首하야 請於尸曰 有臣柳莊也者는 非寡人之臣이요 社稷之臣也어늘 聞之死라 請往이라하시고 不釋服而往하야 遂以襚之하시고 與之邑裘氏與縣潘氏하야 書而納諸棺하시고 曰世世萬子孫毋變也라하니라

衛나라에 太史가 있었는데 이름을 柳莊이라 하였다. 그가 병으로 몸져 누워 있자, 衛나라 임금이 말하기를 "그대의 병이 위급해지면 내가 비록 제사

를 지내고 있더라도 반드시 고하라."라고 하더니, 유장이 죽자 公이 再拜하고 머리를 조아리고서 尸童에게 청하기를 "신하 유장이라는 사람은 寡人의 신하가 아니요 社稷의 신하인데, 그가 죽었다는 말을 들었으니 제가 갈 것을 청합니다."라고 하시고, 祭服을 벗지도 않고 가서 마침내 제복을 벗어주어 그 제복으로 襚衣를 삼게 하고, 그에게 裘氏의 邑과 縣潘氏의 邑을 주고서 그것을 文券으로 써서 棺에 넣고 말하기를 '대대로 萬代의 子孫에 이르기까지 변함이 없을 것이다.'라고 하셨다.

《集說》

以衣服贈死者曰襚라 裘縣潘은 二邑名이라 萬子孫은 謂莊之後世也라 莊之疾에 公嘗命其家하야 若當疾亟之時면 我雖在祭事나 亦必入告러니 及其死也에 果當公行事之際라 遂不釋祭服而往하야 因釋以襚之하고 又賜之二邑하니 此雖見國君尊賢之意나 然棄祭事而不終하고 以諸侯之命服而襚大夫하고 書封邑之券而納諸棺하니 皆非禮矣라

의복을 죽은 사람에게 주는 것을 襚라고 한다. 裘와 縣潘은 두 고을의 이름이다. 萬子孫은 柳莊의 후세를 이른다. 유장이 병이 났을 때 公이 일찍이 그 집안사람들에게 명령하기를 "만약 병환이 위급한 때를 당하게 되면 내가 비록 제사를 지내는 중에 있더라도 반드시 입궐하여 보고하도록 하라."고 했었는데, 그가 막상 죽었을 때 과연 공이 제사를 거행하는 때였다. 그러자 공이 마침내 祭服을 벗지도 않고 가서 그대로 제복을 벗어 그에게 襚衣로 주었고, 또 그에게 두 邑을 주었다. 이는 비록 나라의 임금이 賢者를 존경하는 뜻을 보인 것이기는 하지만, 제사를 팽개치고 끝마치지 않았고, 諸侯의 命服을 大夫에게 수의로 주었으며, 封邑의 文券을 써서 棺 속에 넣었으니, 모두 禮가 아니다.

045001 陳乾(간)昔이 寢疾하야 屬(촉)其兄弟而命其子尊己曰 如我死어든 則必大爲我棺하야 使吾二婢子夾我하라하더니 陳乾昔이 死커늘 其子曰 以殉葬이 非禮也어든 況又同棺乎아하고 弗果殺하니라

陳乾昔이 병으로 몸져 눕자 그 형제간을 모아놓고서 아들인 尊己에게 遺

命하기를 "만약 내가 죽게 되면 반드시 나의 棺을 크게 만들어서 나의 두 첩으로 하여금 내 좌우에 있게 하라."라고 하였다. 진간석이 죽자 그 아들이 말하기를 "산 사람을 써서 殉葬하는 것도 禮가 아닌데, 더구나 또 첩으로 하여금 관을 함께 할 수 있겠는가?"라고 하고는, 과연 결국 첩을 죽이지 않았다.

≪集說≫

屬은 如周禮屬民讀法之屬이니 猶合也요 聚也라 記者善尊己의 守正而不從其父之亂命이라

屬은 ≪周禮≫〈地官 黨正〉의 "백성들을 모아놓고 법령을 읽는다."고 할 때의 屬과 같으니, 회합함[合]과 같고 모임[聚]과 같다. 기록한 사람이 尊己가 正道를 지켜 그 아버지가 정신이 혼미할 때 한 遺命을 따르지 않은 것을 좋게 여긴 것이다.

≪大全≫

長樂陳氏曰 君子將死에 不忘乎利人하고 小人將死에 不忘乎利己라 故成子高之寢疾에 則擇不食之地하야 以自葬[50]하고 孟僖子之將死에 則明仲尼之道하야 以敎子[51]하고

---

[50] 成子高之寢疾……以自葬 : ≪禮記≫〈檀弓 上〉039302에 "子高가 말하였다. '내 들으니, 살아서는 남에게 유익함이 있어야 하고 죽어서는 남에게 폐해를 끼치지 않아야 한다고 하였으니, 내 비록 살아서 남에게 유익함이 없었으나, 내 죽어서 남에게 폐해를 끼칠 수야 있겠는가? 내가 죽거든 경작하지 않을 땅을 가려서 나를 葬事지내오.'〔子高曰 吾聞之也 生有益於人 死不害於人 吾縱生無益於人 吾可以死害於人乎哉 我死則擇不食之地而葬我焉〕"라고 하였다.

[51] 孟僖子之將死……以敎子 : ≪春秋左氏傳≫ 昭公 7년에 "孟僖子는 禮를 잘 보좌하지 못한 것을 수치로 여겨 禮를 學習하였는데, 예에 능한 사람이 있다고 하면 그를 찾아가서 배웠다. 그러다가 죽을 때에 미쳐 手下의 大夫를 불러놓고 말하기를 '예는 사람이 되는 근본이니, 예가 없으면 立身할 수가 없다. 내 듣건대 장차 顯達할 자로 孔丘라는 사람이 있는데,……내가 만약 壽命을 다하고 죽는다면 반드시 說(南宮敬叔)과 何忌(孟懿子)를 孔子에게 맡겨, 공자를 師事하여 예를 배워 그 地位를 안정시켜 공고하게 하라.'고 하였다.〔孟僖子病不能相禮 乃講學之 苟能禮者 從之 及其將死也 召其大夫曰 禮人之幹也 無禮 無

曾子之將死에 則稱君子之道하야 以敎人⁵²⁾하니 此不忘乎利人者也라 魏顆之病에 欲以
妾爲殉⁵³⁾하고 陳乾昔之病에 欲以婢夾己하니 此不忘乎利己者也라 乾昔之子終不從其
亂命하니 其過秦康公遠矣라

長樂陳氏 : 군자가 장차 죽으려 할 때에는 남을 이롭게 하는 것을 잊지 않고, 소인
이 장차 죽으려 할 때에는 자기를 이롭게 하는 것을 잊지 않는다. 그러므로 成子高가
병으로 몸져 누워 있을 때에는 농사지어 먹지 않는 땅을 가려 자기를 장례하게 하였
고, 孟僖子가 장차 죽으려 할 적에는 仲尼의 도를 밝혀서 자식을 가르치게 하였으며,
曾子가 장차 죽으려 할 때에는 군자의 도를 칭하여 남을 가르쳤으니, 이는 남을 이롭
게 함을 잊지 않은 것이다. 魏顆가 병이 위독할 적에는 妾을 순장하게 하고자 하였고,
陳乾昔이 위독할 적에는 첩을 순장하여 자기 좌우에 있게 하고자 하였으니, 이것은

以立 吾聞將有達者曰孔丘 聖人之後也 而滅於宋……我若獲沒 必屬說與何忌於夫子 使事之 而學禮
焉 以定其位〕라고 하였다.
52) 曾子之將死……以敎人 : ≪禮記≫〈檀弓 上〉 031802에 "童子가 말하기를 '화려하고 고
우니 대부가 사용하는 대자리일 것입니다.'라고 하자, 樂正子春이 말하기를 '그만 말하
라.'라고 하였다. 증자가 듣고 눈이 휘둥그레지며 '아!' 하고 탄식하였다. 동자가 말하기
를 '화려하고 고우니 대부가 사용하는 대자리일 것입니다.'라고 하자, 증자가 말하기를
'그러하다. 이는 季孫氏가 준 것인데 내가 바꾸지 못하였으니, 曾元은 일어나 대자리를
바꾸라.'라고 하였다. 증원이 대답하기를 '아버님의 병이 심하여 바꿀 수가 없으니, 바
라건대 내일 아침이 되면 공경히 바꾸겠습니다.'라고 하였다. 증자가 말하기를 '네가 나
를 사랑하는 것이 저 동자만도 못하구나. 군자가 사람을 사랑함은 덕으로써 하고 소인
이 사람을 사랑함은 姑息으로써 하니, 내 무엇을 바라겠는가? 내 바름을 얻고 죽으면
그만이다.'라고 하였다. 이에 몸을 들어 부축하여 자리를 바꾸었는데, 자리로 돌아와
편안해지기도 전에 별세하였다.〔童子曰 華而睆 大夫之簀與 子春曰 止 曾子聞之 瞿然曰 呼 曰
華而睆 大夫之簀與 曾子曰 然 斯季孫之賜也 我未之能易也 元起易簀 曾元曰 夫子之病革矣 不可以
變 幸而至於旦 請敬易之 曾子曰 爾之愛我也 不如彼 君子之愛人也 以德 細人之愛人也 以姑息 吾
何求哉 吾得正而斃焉 斯已矣 擧扶而易之 反席未安而沒〕라고 하였다.
53) 魏顆之病 欲以妾爲殉 : ≪春秋左氏傳≫ 宣公 15년에 "과거에 魏武子에게 자식이 없는
嬖妾이 하나 있었는데, 위무자가 처음 病이 들었을 때는 魏顆에게 命하기를 '내가 죽거
든 이 사람을 반드시 改嫁시켜라.'라고 하더니, 병이 위독해지자 '반드시 이 사람을 殉
葬시켜라.'라고 하였다.〔初魏武子有嬖妾 無子 武子疾 命顆曰 必嫁是 疾病則曰 必以爲殉〕라고
하였다.

자기를 이롭게 함을 잊지 못한 것이다. 진간석의 아들이 끝내 그가 정신이 혼미할 때 한 遺命을 따르지 않았으니, 秦나라 康公보다 나은 점이 많다.

045101 **仲遂卒于垂**어늘 **壬午猶繹**호대 **萬入去籥**한대 **仲尼曰 非禮也**라 **卿 卒不繹**이라하시니라

仲遂가 垂땅에서 죽었는데, 壬午日에 〈魯나라 宣公이〉 오히려 繹祭를 지내되 萬舞만을 추게 하고 籥舞는 버리고 쓰지 않자, 仲尼께서 말씀하시기를 "禮가 아니다. 卿이 죽으면 繹祭를 지내지 않는다."라고 하였다.

《集說》

仲遂는 魯莊公子東門襄仲也니 爲魯卿이라 垂는 齊地名이라 祭宗廟之明日에 又設祭 禮하야 以尋繹昨日之祭를 謂之繹이니 殷謂之肜이라 言壬午則正祭辛巳日也라 萬舞는 執干以舞也요 籥舞는 吹籥以舞也니 萬入去籥者는 言此繹祭時에 以仲遂之卒로 但用 無聲之干舞以入하고 去有聲之籥舞而不用也라

仲遂는 魯나라 莊公의 아들 東門襄仲인데, 魯나라 卿이 되었다. 垂는 齊나라의 地名이다. 종묘에 제사지낸 이튿날 또 祭禮를 베풀어서 전날 지낸 제사를 연이어서 지내는 제사를 繹祭라고 하는데, 殷나라에서는 그것을 肜祭라고 하였다. 壬午日이라고 말하였으니, 정시의 제사는 辛巳日이다. 萬舞는 방패를 가지고 추는 춤이고, 籥舞는 피리를 불면서 추는 춤이니, '萬舞만을 추게 하고 籥舞는 버리고 쓰지 않았다.'는 것은 이번 繹祭를 지낼 때에 仲遂가 죽은 까닭에 다만 소리가 없는 干舞(武舞)만을 사용해서 들이고 소리가 있는 籥舞는 제거하여 쓰지 않았다는 말이다.

○ 陳氏曰 春秋之法에 當祭而卿卒이면 則不用樂하고 明日則不繹이라 故叔弓之卒에 昭公이 去樂卒事하니 君子以爲禮라하고 仲遂之卒에 宣公猶繹而萬入去籥하니 聖人以 爲非禮라하시니라

○ 陳氏：《春秋》의 법에 따르면 제사지낼 때를 당해서 卿이 죽게 되면 음악을 사용하지 않고, 이튿날에는 繹祭를 지내지 않는다. 그렇기 때문에 叔弓이 죽었을 때 昭

公이 음악을 중지하고 제사를 마치니 君子가 禮라고 하였고, 仲遂가 죽었을 때에는 宣公이 오히려 繹祭를 지내면서 萬舞만을 추게 하고 籥舞는 버리고 쓰지 않으니 聖人이 예가 아니라고 하였다.

○ 詩記曰 萬舞는 二舞之總名也니 干舞者는 武舞之別名이요 籥舞者는 文舞之別名이니 文舞는 又謂之羽舞라하니라 鄭氏據公羊하야 以萬舞爲干舞하니 誤也라 春秋書萬入去籥[54]이라하니 言文武二舞皆入호대 去其有聲者라 故去籥焉이라 公羊乃以萬舞爲武舞하야 與籥舞對言之하니 失經意矣라 若萬舞止爲武舞면 則此詩何爲獨言萬舞而不及文舞리오 左傳考仲子之宮에 將萬焉[55]이라하니 婦人之廟에 亦不應獨用武舞也라 然則萬舞爲二舞之總名이 明矣니 出詩緝簡兮註하니라

○ 《呂氏家塾讀詩記》: 萬舞는 文舞와 武舞 두 가지 춤의 총칭이니 干舞라는 것은 武舞의 별칭이고, 籥舞는 文舞의 별칭인데 文舞는 또 羽舞라고도 한다. 鄭氏(鄭玄)가 《春秋公羊傳》을 근거로 만무를 간무라고 했는데, 잘못이다. 《春秋》에 "만무만을 추고 약무는 버리고 쓰지 않았다."고 기록했으니, 문무와 무무 두 가지 춤을 모두 쓰되, 그 소리가 나는 것을 없앴기 때문에 약무를 버리고 쓰지 않았다는 말이다. 《춘추공양전》에서는 이에 만무를 무무라고 해서 약무와 상대적으로 말하였으니, 經의 뜻을 상실한 것이다. 만약 만무가 단지 무무일 뿐이라면 이 詩(《詩經》〈邶風 簡兮〉)에서 무엇 때문에 유독 만무만을 말하고 문무에 대해서는 언급하지 않았겠는가. 《春秋左氏傳》에 "仲子의 사당이 낙성됨에 장차 만무를 추게 하려 했다."고 하였으니, 부인의 사당에서도 응당 무무만을 추게 할 수 없다. 그렇다면 만무가 문무와 무무 두 가지 춤의 총칭이라는 것이 분명하니, 이 내용은 《詩緝》〈簡兮〉의 註에 나온다.

○ 愚按 左傳에 楚令尹子元이 欲蠱文夫人하야 爲館於其宮側而振萬焉한대 夫人聞之하고 泣曰 先君이 以是舞也로 習戎備也러니 今令尹이 不尋諸仇讐하고 而於未亡人之

---

54) 萬入去籥: 《春秋》 宣公 8년에 "壬午日에 오히려 繹祭를 지내면서 萬舞만을 추고 籥舞는 버리고 쓰지 않았다.〔壬午 猶繹 萬入去籥〕"라고 하였다.

55) 左傳考仲子之宮 將萬焉: 《春秋左氏傳》 隱公 5년에 "9월에 仲子의 宮을 落成하고 萬舞를 추고자 하여 은공이 衆仲에게 羽數를 물었다.〔九月 考仲子之宮 將萬焉 公問羽數於衆仲〕"라고 하였다.

側이 不亦異乎[56)]아하니 據此則萬舞信爲武舞矣어늘 呂氏豈偶忘之耶아

○ 내(陳澔)가 살펴보건대 ≪春秋左氏傳≫에 "楚나라 令尹인 子元이 文夫人을 유혹하고자 하여 문부인의 궁전 옆에 집을 지어놓고서 萬舞를 추게 하니, 부인이 그 소리를 듣고 소리 없이 울면서 말하기를 '先君은 이 춤을 가지고 전쟁 준비〔戎備〕를 익혔는데, 지금 영윤은 이것을 원수에게서 찾으려 하지 않고 미망인의 곁에서 찾고 있으니, 괴이하지 않은가.'라고 했다."고 하였으니, 이것을 근거해보면 만무는 참으로 武舞인데, 呂氏가 아마도 우연히 그걸 잊었는가 보다.

≪大全≫

嚴陵方氏曰 正祭之明日又祭를 謂之繹이니 繹者는 如繹絲然하야 以其續之而不絶故也라 祭禮爲吉이로대 卿卒爲凶이라 然正祭不可廢也라 故卿卒不繹而已라 猶者는 可以已之辭라

嚴陵方氏 : 正祭를 지낸 다음날 또 지내는 제사를 繹祭라 하는데, 繹이라고 한 것은 실을 자아내는 것과 같이 연속되어 끊어지지 않기 때문이다. 祭禮는 吉事이지만 卿의 죽음은 凶事가 된다. 그러나 正祭는 폐지할 수 없기 때문에 卿이 죽었을 때 역제를 지내지 않는 것일 뿐이다. 猶는 그만둘 수도 있었다는 말이다.

045201 季康子之母死어늘 公輸若方小러니 斂에 般請以機封(폄)한대 將從之러니 公肩假曰 不可하니 夫魯有初니라

季康子의 어머니가 죽었는데, 아들 公輸若이 아직 나이가 어렸다. 斂襲을 할 때 공수반이 기계를 이용해서 하관할 것을 청하자 계강자가 장차 그 말을 따르려고 하였는데, 公肩假가 말하기를 "옳지 않다. 우리 魯나라에는 예로부터 전해오는 故事가 있다.

---

56) 左傳……不亦異乎: 이 내용은 ≪春秋左氏傳≫ 莊公 28년에 보인다.

《集說》

公輸는 氏요 若은 名이니 爲匠師라 方小는 年尙幼也라 斂은 下棺於槨也라 般은 若之族이니
素多技巧라 見若의 掌斂事而年幼하고 欲代之而試用其巧技也라 機窆은 謂以機關轉動
之器下棺하고 不用碑與綍也라 魯有初는 言魯國에 自有故事也라

　公輸는 氏이고, 若은 이름인데, 도편수[匠師]가 되었다. 方小는 나이가 아직 어리다
는 뜻이다. 斂은 內棺을 外槨 속에 내려놓는 것이다. 般은 公輸若의 종족인데 평소 기
예에 능통하였다. 공수약이 斂하는 일을 맡았는데 나이가 아직 어린 것을 보고 그를
대신해서 시험삼아 자기의 기예를 쓰려고 한 것이다. 機窆은 기관이 움직이는 기계를
이용해서 下棺하고 돌기둥[碑]과 동아줄[綍]을 사용하지 않음을 이른다. '魯有初'는 魯
나라에 본래 예로부터 전해오는 일[故事]이 있다는 말이다.

045202 公室은 視豊碑하고 三家는 視桓楹이니라

〈노나라의 故事에 의하면〉公室은 천자의 豊碑에 비견하여 사용하고, 三
家는 제후의 桓楹에 비견하여 사용하였다.

《集說》

豊碑는 天子之制요 桓楹은 諸侯之制라

　豊碑는 天子의 제도이고, 桓楹은 諸侯의 제도이다

○ 疏曰 凡言視者는 比擬之辭라 豊은 大也니 謂用大木爲碑하고 穿鑿去碑中之木하야
使之空하고 於空間著(착)鹿盧하야 兩頭各入碑木하고 以綍之一頭係棺緘하고 以一頭繞
鹿盧하야 旣訖에 而人各背碑하야 負綍末頭하고 聽鼓聲以漸却行而下之也라 桓楹은 不
似碑하고 形如大楹耳니 通而言之면 亦曰碑라 說文에 桓은 郵亭表也라하니 如今之橋旁
表柱也라 諸侯二碑니 兩柱爲一碑而施鹿盧라 故鄭云四植(치)也라하니라

　○ 疏 : 무릇 視라고 말한 것은 견준다는 말이다. 豊은 크다는 뜻이니, 큰 나무로 碑
(기둥)을 만들고, 그 가운데를 뚫어서 碑 속의 나무를 제거하여 공간을 만든 다음, 그

공간에 도르래〔鹿盧〕를 장착해서 양쪽 끝이 각각 碑의 구멍으로 들어가게 하고, 동아
줄의 한쪽 끝으로는 棺을 묶은 끈에 묶고, 다른 한쪽 끝으로는 도르래를 휘감는다. 이
미 그 일이 끝나면 사람들이 각각 碑를 등지고서 동아줄 끝을 어깨에 메고 북소리를
들으면서 〈장단에 맞추어서〉 조금씩 뒤로 물러나면서 棺을 내려놓는다. 桓楹은 碑와
같지 않고, 모양만 큰 기둥과 같을 뿐인데, 통틀어서 그것을 말할 땐 역시 碑라고 한
다. ≪說文解字≫에 "桓은 역의 표말〔郵亭表〕이다."라고 했는데, 오늘날 다리 옆의 이
정표〔表柱〕와 같다. 諸侯는 두 개의 碑를 사용하는데, 두 기둥이 한 碑가 되어서 도르
래를 여기에 설치한다. 그러므로 鄭玄이 말하길 "네 군데에 기둥을 세운다."고 하였다.

045203 般아 爾以人之母嘗巧니 則豈不得以리오 其母以嘗巧者乎인댄 則
病者乎아 噫라한대 弗果從하니라

般아! 너는 남의 어머니에게 너의 기교를 시험해보려 하니, 이것이 어찌
그만둘 수가 없는 것이겠느냐. 남의 어머니에게 너의 기교를 시험해보지 않
으면 병이라도 날 것 같으냐? 아이고!"라고 하니, 사람들이 과연 공수반의
말을 따르지 아니하였다.

≪集說≫

疏曰 嘗은 試也라 言爾欲以人母嘗試己之巧事하니 誰有强逼於爾而爲此乎아 豈不得
休已者哉아 又語之云其無以人母嘗試己巧면 則於爾病者乎아라하니 言不得嘗巧가 豈
於爾에 有所病가 假言畢에 乃更噫而傷嘆하니 於是에 衆人이 遂止하니라

疏 : 嘗은 시험한다는 뜻이다. "네가 남의 어머니에게 자기의 기교를 시험해보려고
하니, 누가 네게 강제로 다그치는 사람이 있어서 이런 짓을 하려고 하느냐? 어찌 그
만둘 수 없는 것이겠느냐?"라고 말한 것이다. 또 그에게 말하기를 "남의 어머니에게
자기의 기교를 시험하지 않으면 네가 병이라도 날 것 같으냐?"라고 한 것이니, "기교
를 시험하지 못한다고 해서 어찌 너에게 병날 것이 있겠느냐?"라고 말한 것이다. 公
肩假가 말을 끝내면서 이에 다시 "아이고" 하고 상심하여 탄식을 하니, 이에 여러 사
람들이 마침내 중지하였다.

○ 一說에 則豈不得以其母以嘗巧者乎作一句하니 言爾以他人母試巧而廢其當用之 禮면 則亦豈不得自以己母試巧而不用禮乎아 則於爾心에 亦有所病而不安乎인저하니 蓋使之反求諸心하야 以己度人而知其不可也라

○ 一說에는 "豈不得以其母以嘗巧者乎"를 한 구절로 삼았으니, 이렇게 하면 "네가 남의 어머니에게 기교를 시험해서 당연히 準用해야 할 禮를 폐지하게 하니, 그렇다면 또한 어찌 스스로 자기의 어머니에게는 기교를 시험하여 禮를 준용하지 않도록 하지 않느냐? 그렇다면 이것은 네 마음에 또한 병통으로 여기는 바가 있어서 불안하기 때문일 것이다."라는 말이니, 이는 그로 하여금 자기 마음에 돌이켜 찾아보아 자기의 입장에서 남을 헤아려 그것이 不可함을 알도록 한 것이다.

○ 應氏曰 周衰禮廢而諸侯僭天子라 故公室之窆棺을 視豊碑하고 大夫僭諸侯라 故三家之窆棺을 視桓楹하니 其陵替承襲之弊가 有自來矣로다

○ 應氏: 周나라가 쇠퇴하여 禮가 폐기됨에 諸侯들이 天子의 예를 참람하게 행하였다. 그러므로 公室에서 下棺을 하면서 천자의 豊碑에 비견하여 사용하였고, 大夫들은 제후의 예를 참람하게 행하였기 때문에 三家가 하관을 하면서 제후의 桓楹에 비견하여 사용하였으니, 그 침체하여 답습한 폐단이 유래가 있는 것이다.

045301 戰于郎할새 公叔禺人이 遇負杖入保者息曰 使之雖病也며 任之雖重也나 君子不能爲謀也며 士弗能死也면 不可하니라 我則既言矣라하고 與其隣重(동)汪踦往하야 皆死焉하니 魯人欲勿殤重汪踦하야 問於仲尼한대 仲尼曰 能執干戈하야 以衛社稷하니 雖欲勿殤也나 不亦可乎아

魯나라와 齊나라가 郎邑에서 전쟁할 때 公叔禺人이, 피곤한 백성들이 지팡이에 의지한 채 난리를 피하기 위해 城 안으로 들어가 쉬고 있는 것을 보고 말하기를 "국가에서 賦役시킴이 비록 백성들을 병들게 하며, 세금을 부담시킴이 비록 무겁더라도 君子가 국가를 위하여 도모하지 못하고, 士가 國

難에 죽지 못한다면 옳지 못한 것이오. 내가 이미 말을 하였소."라고 하고
는, 그 이웃 마을의 동자인 汪踦와 함께 전쟁터로 달려가서 싸우다가 모두
죽었다. 노나라 사람들이 동자인 왕기가 成人의 행실이 있다 하여 殤禮로
장사지내지 않고자 해서 仲尼에게 질문하니, 중니께서 말씀하시기를 "동자
가 거뜬히 방패와 창을 잡고서 社稷을 보호하였으니, 비록 殤禮로 장사지내
지 않으려 하나 또한 옳지 않겠는가."라고 하였다.

≪集說≫

戰于郎은 魯哀公十一年에 齊伐魯也라 禹人은 昭公子公爲也라 遇魯人之避齊師而入
保城邑者疲倦之餘에 負其杖而息于塗하고 禹人乃歎之曰 徭役之煩을 雖不能堪也며
稅斂之數雖過於厚也나 若上之人이 協心以禦寇難이면 猶可塞責也어늘 今卿大夫不能
畫謀策하고 士不能捐身以死難하니 豈人臣事君之道哉아 甚不可也라 我旣出此言矣니
可不思踐吾言乎아하고 於是與其隣之童子汪踦者皆往하야 鬪而死於敵하니 魯人이 以
踦有成人之行이라하야 欲以成人之喪禮葬之한대 而孔子善其權禮之當也라

郎邑에서 전쟁을 벌인 것은 魯나라 哀公 11년에 齊나라가 魯나라를 정벌한 것이다.
禹人은 昭公의 아들 公爲이다. 노나라 사람이 제나라 군대를 피해 城邑으로 들어가서
피곤한 나머지 지팡이에 몸을 의지한 채 길가에서 쉬고 있는 것을 보고, 禹人이 이에
탄식하면서 말하기를 "부역의 번거로움을 비록 감당할 수가 없으며, 조세를 거두어들
이는 수량이 비록 지나치게 무겁더라도 만약 위에 있는 사람들이 協心하여 盜賊의 난
을 막는다면 그런대로 책임을 다할 수 있건만, 지금 卿大夫들은 계책을 내지 못하고
士는 몸을 바쳐 國難에 죽지 못하고 있으니, 이것이 어찌 남의 신하로서 임금을 섬기
는 도리이겠는가. 매우 옳지 않다. 나는 이미 이런 말을 꺼냈으니 내가 한 말을 실천
할 것을 생각하지 않을 수 있겠는가."라고 하고, 이에 그 이웃의 동자인 汪踦와 함께
가서 싸우다가 적에게 죽으니, 노나라 사람들이 왕기가 成人의 행적이 있다고 여겨
성인의 喪禮로 그를 葬事지내 주려고 하였는데, 孔子께서 그 權道의 禮를 적용함이
타당함을 좋게 여기신 것이다.

《大全》

長樂陳氏曰 君子之於人에 視其行하고 不視其年이라 年雖壯而無成이면 處之以童이 可也니 鄭忽之狡童[57)]과 昭公之童心[58)]이 是也요 年雖穉而有成이면 處之以成人이 可也니 汪錡之勿殤이 是也라

　長樂陳氏 : 君子는 사람에 대해 그의 행실을 살펴보고 그 나이를 따지지 않는다. 나이가 비록 장성하였으나 成人의 행실을 이룬 것이 없으면 어린아이로 대우하는 것이 옳으니, 鄭忽을 교활한 어린이라고 한 것과 昭公이 어린아이의 마음을 가지고 있었다고 한 것이 이것이고, 나이가 비록 어리더라도 성인의 행실을 이룬 것이 있으면 성인으로 대우하는 것이 옳으니, 汪錡를 殤禮로 장사지내지 않은 것이 이것이다.

045401 子路去魯할새 謂顔淵曰 何以贈我오 曰 吾聞之也호니 去國則哭于墓而后行하고 反其國不哭하고 展墓而入이라하더라 謂子路하야 曰 何以處我오 子路曰 吾聞之也호니 過墓則式하며 過祀則下라하더라

　子路가 魯나라를 떠나면서 顔淵에게 일러 말하기를 "무슨 말로 나를 전송하겠는가?"라고 하니, 안연이 말하기를 "제가 듣자하니 故國을 떠날 때는 묘소에서 哭을 한 뒤에 떠나가고, 본국으로 돌아와서는 곡은 하지 않고 省墓만 하고 들어온다고 합니다."라고 했다.

---

57) 鄭忽之狡童 : 鄭忽은 鄭나라의 公子이고, 狡童은 미친 짓을 하는 교활한 아이라는 뜻이다. 《詩經》〈鄭風 狡童〉의 교동은 교활한 동자를 풍자한 시인데, 毛萇의 《詩傳》에 "교동은 정홀을 풍자한 것이니, 현인과 국가의 중대한 일을 도모하지 못하여 권신이 명령을 제멋대로 내린 것이다.〔狡童刺忽也 不能與賢人圖事 權臣擅命也〕"라고 하였다.

58) 昭公之童心 : 《春秋左氏傳》 襄公 31년에 "襄公의 장사 때까지 公子 裯는 세 차례 喪服을 바꾸어 입었으나, 바꾸어 입은 상복의 옷자락이 전에 입던 상복의 옷자락과 같아졌으니, 이때 昭公의 나이가 19세였는데도 오히려 童心이 있었던 것이다. 君子는 이로 인해 그가 제 壽命대로 죽지 못할 것을 알았다.〔比及葬 三易衰 衰衽如故衰 於是昭公十九年矣 猶有童心 君子是以知其不能終也〕"고 하였다.

안연이 자로에게 일러 말하기를 "무엇으로써 본국에 남아 있는 나에게 말해주시겠습니까?"라고 하자, 자로가 말하기를 "나는 듣자하니 남의 묘소를 지날 때에는 경례하며, 제사지내는 단을 지나게 되면 수레에서 내린다고 했다네."라고 했다.

≪集說≫

哭墓는 哀墓之無主也라 不忍丘壟之無主면 則必有返國之期라 故爲行者言之라 墓與祀는 人所易忽也어늘 而能加之敬하면 則無往而不用吾敬矣요 敬則無適而不安이라 故爲居者言之也라

묘소에 哭을 하는 것은 묘소의 주인이 없게 됨을 슬퍼한 것이다. 차마 무덤에 주인이 없게 할 수 없다면 반드시 본국으로 돌아올 기약이 있을 것이기 때문에 떠나가는 사람을 위해 그것을 말해준 것이다. 묘소와 제사지내는 단은 사람이 소홀히 여기기 쉬운 바인데, 능히 공경을 더한다면 가는 곳마다 나의 공경을 쓰지 않음이 없을 것이고, 공경하면 가는 곳마다 편안하지 않음이 없을 것이다. 그러므로 본국에 남아 있는 사람을 위해 말해준 것이다.

○ 方氏曰 凡物展之則可省而視라 故省謂之展이니라

○ 方氏 : 무릇 물건을 펼쳐놓으면 살펴볼 수가 있기 때문에 살피는 것을 展이라고 한다.

045501 工尹商陽이 與陳棄疾追吳師할새 及之러니 陳棄疾謂工尹商陽曰 王事也니 子手弓而可니라 手弓이어늘 子射(석)諸인저 射之하야 斃一人하고 韔(창)弓이어늘 又及謂之한대 又斃二人하니 每斃一人에 揜其目하고 止其御曰 朝不坐하며 燕不與어늘 殺三人하니 亦足以反命矣라하야늘 孔子曰 殺人之中에도 又有禮焉이라하시니라

工尹 商陽이 陳弃疾과 함께 吳나라 군대를 추격할 때 오나라 병사를 따라

잡았는데, 陳棄疾이 工尹 商陽에게 일러 말하기를 "王의 일이니, 그대의 손으로 활을 잡는 것이 좋겠소."라고 하였다. 공윤 상양이 그의 말을 따라 손에 활을 잡자, 진기질이 말하기를 "그대는 쏘아 맞추시오!" 하니, 공윤 상양이 쏘아 맞추어 한 사람을 죽이고 활을 활집에 넣었다. 또 오나라 군대를 따라잡아 쏘아 맞추라고 하니, 또 두 사람을 죽였는데, 매번 한 사람을 죽일 때마다 자신의 눈을 가리고 말 모는 자를 멈추게 하고는 말하기를 "내가 조정에 참여하여 앉지 못하고 연향에 참석하지도 못하는데 지금 세 사람을 죽였으니, 또한 충분히 復命할 만하다." 하자, 孔子께서 말씀하셨다. "사람을 죽이는 중에도 또한 예의가 있구나."

≪集說≫

工尹은 楚官名이라 追吳師는 事在魯昭公十二年이라 子手弓而可爲句하니 使之執弓也라 手弓은 商陽之弓在手也라 韔은 弓衣也라 謂之는 再告之也라 掩目而不忍視하고 止御而不忍驅는 有惻隱之心焉이라 商陽自言位卑禮薄하니 如此亦可以稱塞矣라 孔子謂其有禮는 以敗北之師本易窮而商陽乃能節制其縱殺之心하니 是仁意與禮節竝行이요 非事君之禮止於是也라 特取其善於追敗者요 亦非謂臨敵未決而不忍殺人也라

工尹은 楚나라의 관직 이름이다. '吳나라 군대를 추격한 것'은 사실이 魯나라 昭公 12年에 있다. '子手弓而可'가 한 구절이 되니, 그로 하여금 활을 잡도록 했다는 뜻이다. 手弓은 商陽의 활이 손에 있는 것이다. 韔은 활집이다. 謂之는 재차 그에게 말한 것이다. 눈을 가리고서 차마 보지 못하고 말 모는 자를 멈추게 해서 차마 수레를 몰지 못하게 하는 것은 측은한 마음이 있어서이다. 商陽이 스스로 "지위가 낮고 禮가 薄하니, 이 정도로도 책임을 다했다고 할 수 있다."고 말한 것이다. 孔子께서 그가 예의가 있다고 말씀하신 것은 패배한 군대는 본래 궁지에 몰리기 쉬운데 상양은 함부로 죽이는 마음을 절제했기 때문이니, 이는 仁한 생각과 禮의 절도를 나란히 행한 것이지, 임금을 섬기는 禮가 여기에서 그쳐야 함을 말한 것은 아니다. 다만 패배한 군대를 추격함에 있어서 잘한 것만 취한 것일 뿐이지, 또한 적과 대적함에 아직 결판도 나지 않았

는데 차마 사람을 죽이지 못함을 말한 것은 아니다.

○ 疏曰 朝與燕이 皆在寢하니 若路門[59]外正朝[60]면 則大夫以下皆立하고 若燕朝[61]在於路寢이면 則大夫坐於上이니 如孔子攝齊(자)升堂[62]이 是也라 升堂則坐矣니라 燕亦在寢하니 燕禮獻卿大夫之後에 西階上獻士하고 無升堂之文하니 是士立於下也라 鄭註에 射者在左하고 戈盾在右하고 御在中央이라하니 謂兵車參乘之法이니 此謂凡常戰士요 若是元帥면 則在中央鼓下하고 御者在左하고 戈盾亦在右요 若天子諸侯親將이면 亦居鼓下니 若非元帥면 則皆在左하고 御者在中이요 若非兵車면 則尊者在左라

○ 疏 : 조회와 연향은 모두 路寢[63]에서 하니 만약 路門 밖의 正朝라면 大夫 이하가 모두 서 있고, 만약 노침에 있는 燕朝에서 하면 대부가 堂 위에 앉게 되니, 예컨대 "孔子께서 옷자락을 가다듬고서 당에 오르셨다."고 한 것이 그것이다. 당으로 올라가게 되면 앉는 것이다. 연향 역시 노침에서 하는데, ≪儀禮≫〈燕禮〉에 술잔을 卿大夫에게 올린 뒤에 서쪽 계단 위에서 士에게 술잔을 올린다고만 하고, 당에 올라간다는 글은 없으니 이는 士는 당 아래에 서 있는 것이다. 鄭玄의 註에 "활을 쏘는 사람은 수레의 왼쪽에 있고, 창과 방패를 잡은 사람은 오른쪽에 있으며, 수레를 모는 사람은 중앙에 있다."고 했는데, 이는 兵車에 임금을 모시고 타는 법을 말한 것이다. 여기에 있

---

59) 路門 : 天子의 궁궐 문 가운데 하나이다. ≪周禮≫〈天官 閽人〉 鄭玄의 注에 "천자의 궁궐 문은 다섯으로, 바깥에서부터 皐門, 庫門, 雉門, 應門, 路門의 순으로 되어 있다. 〔王有五門 外曰皐門 二曰雉門 三曰庫門 四曰應門 五曰路門〕"고 했다. 제후의 문은 셋으로, 바깥에서부터 庫門, 雉門, 路門의 순이다. 그러나 이에 대해서 여러 가지 異說이 있다.

60) 正朝 : 임금이 신하들의 朝會를 받는 곳으로, 應門의 안, 路門의 밖에 正朝가 있었다.

61) 燕朝 : 天子는 內朝·治朝·燕朝의 3朝가 있는데, 內朝는 路門 안에 있으면서 천자와 제후가 정사를 처리하는 곳이고, 治朝는 노문 밖에 있어 群臣이 정사를 보는 곳으로, 中朝라고도 하며, 燕朝는 노문 안에 있으면서 천자나 제후가 정무를 처리한 뒤에 휴식을 취하는 장소를 말한다.

62) 孔子攝齊(자)升堂 : ≪論語≫〈鄕黨〉에 "옷자락을 가다듬고서 당에 오를 때는 몸을 수굿이 하였으며, 숨을 죽여 마치 숨 쉬지 않는 사람 같았다.〔攝齊升堂 鞠躬如也 屏氣似不息者〕"라고 하였다.

63) 路寢 : 임금의 居所를 寢이라 하는데 중앙에 있는 正殿을 路寢이라 하고, 그 동서 양쪽에 있는 便殿을 小寢이라 한다.

는 내용은 일반 전투 병사를 말한 것이다. 만약 元帥라면 중앙의 북 아래에 있고, 수
레를 모는 사람은 왼쪽에 있으며, 창과 방패를 잡은 사람은 또한 오른쪽에 있고, 만약
天子나 諸侯가 친히 군대를 거느리면 역시 북 아래에 있으니, 만약 元帥가 아니라면
모두 왼쪽에 있고, 수레를 모는 사람이 중앙에 있으며, 만약 병거가 아니라면 높은 사
람이 왼쪽에 있다.

≪大全≫

長樂陳氏曰 從君之大義而忘己之不忍은 君子之所不爲요 行己之不忍而廢君之命은
君子之所不敢이라 楚工尹商陽이 追吳師而射之하야 每斃一人則掩其目은 其所不忍이니
仁也요 不廢君之命은 義也라 禮者는 仁義而已니 此孔子所以謂之有禮也라 大夫於朝則
坐하고 於燕則與라 故其責重하고 士於朝則立하고 於燕則不與라 故其責輕이라 商陽所
殺이 止於三者는 姑以成禮而已라 然則朝坐燕與爲商陽者면 如之何리오 曰彼必陳善以
閉邪하야 引君以當道하야 有所不戰이요 戰之라도 所以止戰이며 有所不殺이요 殺之라도
所以止殺이니 庸有不義之擧哉아 商陽以楚爲不義而不去는 何也오 君子去處有道하고
廢興有命이라 天下皆齊也에 陳文子去齊로대 孔子不以爲仁[64]하시고 天下皆魯也에 柳
下惠不去魯로대 孟子不以爲非聖[65]하시니 然則天下皆楚也로대 商陽不去楚런들 君子

---

64) 陳文子去齊 孔子不以爲仁 : ≪論語≫〈公冶長〉에 "〈子張이 묻기를〉 '崔子가 齊나라 임금
을 시해하자, 陳文子는 말 10乘을 소유하고 있었지만 이를 버리고 떠나 다른 나라에
이르러서 말하기를 우리나라 대부 최자와 같은 자가 있다. 하고 그곳을 떠났으며, 다
른 나라로 가서 또 말하기를 우리나라 대부 최자와 같은 자가 있다. 하고 떠나갔는
데, 어떻습니까?'라고 하자, 공자께서 말씀하셨다. '청렴하구나.' 자장이 '仁한 것입니
까?'라고 묻자, 공자께서 말씀하셨다. '모르겠다. 어찌 仁이 될 수 있겠느냐?'〔崔子弑齊
君 陳文子有馬十乘 棄而違之 至於他邦 則曰猶吾大夫崔子也 違之 之一邦 則又曰猶吾大夫崔子也
違之 何如 子曰 淸矣 曰仁矣乎 曰未知 焉得仁〕"라고 하였다.
65) 柳下惠不去魯 孟子不以爲非聖 : ≪孟子≫〈公孫丑 上〉에 "魯나라 대부 柳下惠는 더러운
군주 섬기기를 부끄러워하지 않았으며, 작은 벼슬을 하찮게 여기지 않았다. 벼슬에 나
아가면 자기의 현명함을 숨기지 않고 반드시 자기 도리를 다하였으며, 벼슬길에서 버
림받아도 원망하지 않았고 곤액을 당하여도 근심하지 않았다. 그러므로 유하혜가 말하
기를 '너는 너이고 나는 나이니, 네가 내 곁에서 옷을 걷고 맨 몸을 드러낸들 네가 어찌
나를 더럽힐 수 있겠는가?' 하였다. 그러므로 그는 느긋하게 남들과 함께 있으면서도

豈以爲非禮哉아

長樂陳氏 : 임금의 대의를 따르고 자신의 차마하지 못하는 마음을 잊는 것은 군자가 하지 않는 바이며, 자신의 차마하지 못하는 마음을 행하고 임금의 명을 폐기하는 것은 군자가 감히 하지 못하는 바이다. 楚나라의 工尹 商陽이 吳나라 군대를 추격해서 활을 쏘아 맞추어 매번 한 사람씩 죽일 때마다 자신의 눈을 가린 것은 그의 차마하지 못하는 마음 때문이었으니 이는 仁이고, 임금의 명을 폐기하지 않은 것은 義이다. 禮란 仁과 義일 따름이니, 이것이 孔子께서 상양을 예가 있다고 평하신 까닭이다. 大夫는 조정에 참여해서는 앉고 연향에는 참석하기 때문에 그 책무가 중하고, 士는 조정에 참여해서는 서 있고 연향에는 참석하지 않기 때문에 그 책무가 가볍다. 상양이 죽인 것이 세 사람에 그친 것은, 일단 이 정도로 예를 이룬 것일 뿐이다.

그렇다면 조정에 참여해서는 앉고 연향에 참석하는 자가 상양과 같은 입장이 된다면 어찌해야 하겠는가? 그런 사람은 반드시 善을 개진하여 사특함을 막아 마땅한 도리로써 임금을 인도해서 전쟁을 하지 않도록 해야 하고, 전쟁을 하더라도 전쟁을 멈추기 위한 것이어야 하며, 사람을 죽이지 않도록 해야 하고, 죽이더라도 살인을 멈추기 위한 것이어야 하니, 어찌 不義한 일이 있겠는가? 상양이 楚나라를 의롭지 못하다고 여기면서도 떠나지 않은 것은 어째서인가? 군자는 떠나거나 머물 때 道가 있고, 廢하거나 興할 때 命이 있다. 천하 사람들이 모두 齊나라에 뜻을 두고 있을 때 陳文子가 제나라를 떠났지만 공자께서는 仁하다고 여기지 않으셨고, 천하 사람들이 모두 魯나라에 뜻을 두고 있을 때 柳下惠가 노나라를 떠나지 않았지만 孟子께서는 聖人이 아니라고 여기지 않으셨으니, 그렇다면 천하 사람들이 모두 초나라에 뜻이 있었지만, 상양이 초나라를 떠나지 않았다고 해서 군자가 어찌 禮가 아니라고 할 수 있겠는가?

045601 諸侯伐秦할새 曹宣公卒于會어늘 諸侯請含한대 使之襲하니라

스스로 올바름을 잃지 않아서 떠나려고 하다가도 만류하여 멈추게 하면 멈추었다. 만류하여 멈추게 하면 멈춘 것은 또한 떠나감을 좋게 여기지 않았기 때문이다.〔柳下惠 不羞汚君 不卑小官 進不隱賢 必以其道 遺佚而不怨 阨窮而不憫 故曰爾爲爾 我爲我 雖袒裼裸裎於我側 爾焉能浼我哉 故由由然與之偕而不自失焉 援而止之而止 援而止之而止者 是亦不屑去已〕라고 하였다.

諸侯들이 秦나라를 정벌할 때 曹나라 宣公이 회합한 곳에서 죽자, 제후들이 飯含할 것을 청하니, 조나라 사람들이 그들로 하여금 염습까지 하도록 하였다.

《集說》

曹伯之卒은 魯成公十三年也라 襲은 賤者之事어늘 諸侯從之하니 不知禮也라

曹伯이 죽은 것은 魯나라 成公 13년이다. 염습하는 것은 천한 사람의 일인데 諸侯들이 그걸 따랐으니 禮를 몰랐던 것이다.

045602襄公이 朝于荊할새 康王卒이어늘 荊人曰 必請襲하노라 魯人曰 非禮也니라 荊人强之어늘 巫先拂柩한대 荊人이 悔之하니라

魯나라 襄公이 荊(楚)나라에 조회 갔을 때 康王이 죽자, 형나라 사람들이 말하기를 "반드시〈양공께서 강왕을〉염습해주시기를 요청합니다."라고 하자, 노나라 사람이 말하기를 "禮가 아닙니다."라고 하였다. 그러자 형나라 사람이 염습할 것을 강요하므로〈노나라의〉巫祝이〈복숭아 나무와 갈대 빗자루로〉먼저 널의 부정한 기운을 털어내니, 형나라 사람들이 염습을 강요한 것을 후회하였다.

《集說》

荊은 禹貢州名이니 楚立國之本號라 魯僖公元年에 始稱楚하니라 魯襄公이 以二十八年朝楚에 適遭楚子昭之喪하니 魯人이 知襲之非禮而不能違하야 於是以君臨臣喪之禮先之하니 及其覺之而悔로대 已無及矣라 此其適權變之宜니 足以雪耻라

荊은 《書經》〈禹貢〉에 나오는 州의 이름인데, 楚나라가 나라를 세웠을 때의 본래 칭호이다. 魯나라 僖公 元年에 비로소 초라고 호칭하였다. 노나라 襄公이 28년에 초나라에 조회가서 마침 초나라 임금인 昭의 初喪을 만났는데, 노나라 사람이 염습하는 것이 禮가 아닌 줄을 알았지만 초나라의 요구를 어길 수 없어서 이에 임금이 신하의

초상에 임하는 예로 先手를 쓰니, 초나라 사람들이 그것을 깨닫고 후회하였지만 이미 소용이 없었다. 이는 노나라 양공이 임기응변으로 일을 적절히 처리한 것이니 충분히 수치를 씻을 만하다.

≪大全≫

長樂陳氏曰 荊人以人臣之事待襄公하고 襄公則以人臣之事臨荊人하니 豈非自尊而卑人者는 人必卑之하고 自貴而賤人者는 人必賤之耶아 秦王屈趙王以缶는 而有鼓瑟之辱[66]이요 夫差屈句踐於會稽는 而有姑蘇之恥[67]니 亦其類也라

長樂陳氏 : 荊나라 사람은 신하의 일로 襄公을 대하였고 양공은 신하의 일로 형나라

---

66) 秦王屈趙王以缶 而有鼓瑟之辱 : 秦王과 趙王이 우호를 다지기 위해 澠池에서 회동했을 때, 술이 거나하자 진왕이 일부러 조왕의 입장을 곤혹스럽게 만들기 위하여 조왕으로 하여금 거문고를 직접 퉁기게 했다. 이때 조왕을 배종했던 藺相如가 역시 진왕으로 하여금 진의 고유 악기인 장군[缶]을 치게 하여 보복하였다.(≪史記≫〈廉頗藺相如列傳〉)

67) 夫差屈句踐於會稽 而有姑蘇之恥 : 吳王 夫差는 처음에 伍子胥의 도움을 받아 越王 句踐에게 항복을 받았는데, 오자서가 구천을 죽일 것을 극력 주장하였지만, 구천에게 뇌물을 받은 吳나라의 太宰 伯嚭의 말에 따라 구천을 살려주었다. 이로 인해 오자서와 백비 사이에 틈이 벌어져, 백비가 오자서를 모함해 부차로 하여금 오자서를 죽이게 하였다. 부차가 백비의 말에 따라 태자의 간언도 무시한 채 齊나라를 치자, 틈을 노리고 있던 구천이 오나라로 쳐들어왔다. 싸움에서 패한 부차는 姑蘇山에서 구천에게 포로로 잡혀 살려 달라고 요청하였다가 거절당하자 자살하였다.
越王 句踐은 처음에 오왕 부차에게 패해 范蠡와 함께 오나라로 가서 노복이 되었는데, 백비에게 뇌물을 써서 석방되었다. 월나라로 돌아온 구천은 백성들을 돌보고, 오나라를 섬기는 데 정성을 다하는 중에도 오나라에서 받은 수치를 잊지 않기 위하여 臥薪嘗膽하였다. 또한 대부 文種의 계책에 따라 신에게 제사를 지냈으며, 좋은 목재를 찾아 오나라에 보내 그들이 궁전을 짓는 데 사용토록 하고, 미녀 西施를 보내어 오왕의 첩으로 삼게 하고, 곡식을 팔라고 청하여 그들이 饑荒에 처하도록 만들면서, 복수의 기회를 엿보았다. 그러던 중 부차가 오자서를 죽이고 제나라를 정벌하는 틈을 타 오나라의 도성으로 쳐들어가 궁궐을 불태웠다. 부차가 고소산 위로 몸을 피해 있으면서 예전에 자신이 會稽山에서 구천을 살려준 것과 같이 자신을 살려 달라고 간청을 하였다. 구천은 처음에는 살려주려 했으나 범려의 말에 따라 부차를 죽이려고 하니, 부차가 자살하였다. 이후 월나라는 춘추시대 최고의 패권국이 되었다.(≪國語≫〈吳語〉)

사람에게 임하였으니, 어찌 스스로를 높이고 남을 낮추는 자는 남이 반드시 그를 낮추고, 스스로를 귀하게 여기고 남을 천하게 대하는 자는 남이 반드시 그를 천하게 대한다는 것이 아니겠는가. 秦王이 趙王에게 굴욕을 당하여 缶를 쳤던 것은 조왕에게 비파를 연주하게 했던 치욕이 있었기 때문이며, 夫差가 會稽에서 句踐에게 굴욕을 당한 것은 姑蘇山에서의 수치가 있었기 때문이니, 역시 위와 같은 부류이다.

045701 滕成公之喪에 使子叔敬叔弔하고 進書할새 子服惠伯爲介러니 及郊하야 爲懿伯之忌하야 不入이어늘 惠伯曰 政也라 不可以叔父之私로 不將公事라하고 遂入하니라

滕나라 成公의 喪에 〈魯나라에서〉 子叔敬叔으로 하여금 조문하도록 하고 조문하는 글을 올릴 때 子服惠伯이 副使가 되었는데, 등나라의 郊外에 이르러 懿伯의 忌日이라 하여 〈자숙경숙이 등나라에〉 들어가지 않으려 하자, 惠伯이 말하기를 "이것은 국가의 政事이므로 叔父의 사사로운 이유 때문에 公事를 봉행하지 않아서는 안 된다."라고 하고 마침내 등나라로 들어갔다.

《集說》

滕成公之喪이 在魯昭公之三年이라 敬叔은 魯桓公七世孫이요 惠伯則桓公六世孫也니 於世次에 敬叔稱惠伯爲叔父하고 懿伯則惠伯之叔父而敬叔之五從祖라 進書는 奉進魯君之弔書也라 介는 副也라

滕나라 成公의 喪이 魯나라 昭公 3년에 있었다. 敬叔은 魯나라 桓公의 7세손이고, 惠伯은 환공의 6세손이니, 세대의 순차로 보면 경숙이 혜백을 숙부라 칭하고, 懿伯은 혜백의 숙부이면서, 경숙의 5從祖이다. 進書는 노나라 임금이 조문하는 글을 받들어 올리는 것이다. 介는 富士이다.

○ 劉氏[68] 曰 左傳註云 忌는 怨也라 敬叔이 先有怨於懿伯이라 故不欲入滕이라가 以惠

---

68) 劉氏 : 北宋의 臨江軍 新喩 사람인 劉敞(1019~1068)이다. 字는 原父이고, 號는 公是이다.

伯之言而入하니 傳言叔弓之有禮也라하고 此疏云敬叔이 嘗殺懿伯하야 爲其家所怨이러니 恐惠伯殺己라 故不敢先入이어늘 惠伯이 知其意而開釋之하니 記惠伯之知禮也라하니 二說不同而皆可疑라 如彼註言하야 禮椒爲之避仇怨이면 則當自受命之日에 辭行以禮之요 不當及郊而後辭入也요 如此疏言하야 恐惠伯殺己而難之면 則魯之遣使而使其仇爲之副하야 不恤其相仇하야 以棄命害事는 亦非善處也요 且叔弓爲正使하야 得仇怨爲介而不請易之는 非計之得也요 又同使共事而常以仇敵備之하야 而往反於魯滕之路는 亦難言也니 使椒果欲報仇면 則其言雖善이나 安知非誘我耶而逐入이리오 又非通論也라 按左傳云 及郊遇懿伯之忌[69]라하고 此作爲二字雖異而皆先言及郊而後言忌하니 可見是及郊方遇忌也라 或者忌字只是忌日이니 懿伯是敬叔從祖라 適及滕郊而遇此日이라 故欲緩至次日乃入이라 故惠伯以禮曉之曰 公事有公利無私忌라하고 乃先入이어늘 而叔弓亦逐入焉이라하니 此說固可通이나 然亦未知然否니 闕之可也라

○ 劉氏:《春秋左氏傳》 註에 "'忌'는 원망한다〔怨〕는 뜻이다."하였다. 敬叔이 예전에 懿伯에게 원한이 있었기 때문에 滕나라에 들어가지 않으려 하다가 혜백의 말을 따라 들어갔으니, 《춘추좌씨전》은 叔弓이 예가 있음을 말한 것이다. 그리고 《禮記 注疏》에 "경숙이 일찍이 의백을 죽여서 그 집안의 원한을 샀다. 그러므로 혜백이 자기를 죽일까 두려워하였기 때문에 감히 먼저 들어가지 못하자, 혜백이 그러한 뜻을 알고 풀어주었으니, 이는 혜백이 예를 알고 있음을 기록한 것이다."라고 하였는데, 두 가지 설이 똑같지 않으니 모두 의심스럽다.

저 《춘추좌씨전》 주의 말처럼 숙궁이 子服椒(혜백)를 예우하여 그를 위해 원수를 피하게 하려고 했다면 마땅히 명을 받던 날에 사신으로 가는 것을 사양하여 자복초를 예우했어야 하고, 교외에 이른 뒤에 들어가는 것을 사양함은 옳지 않다. 《예기주소》의 말대로 혜백이 자기를 죽일까 두려워하여 들어가기를 어렵게 여겼다면 노나라에서 사신을 보내면서 원수로 하여금 부사가 되게 해서, 서로 원수가 되어 王命을 버리고 일을 해치게 할 것을 돌아보지 않은 것도 잘 처리한 일은 아니다. 또 숙궁이 正使가 되어서 원수를 얻어 부사로 삼았으나 바꾸어줄 것을 청하지 않은 것은 좋은 계책이

---

69) 左傳云 及郊遇懿伯之忌 : 이 내용은 《春秋左氏傳》 昭公 3년에 보인다.

아니오, 또 같이 사신이 되어 함께 일하면서 항상 원수와 적으로 생각하여 복수를 대비하면서 노나라와 등나라의 길을 갔다가 돌아온다는 것도 이렇게 말하기가 어렵다. 만일 초가 과연 원수를 갚고자 했다면 그 말이 비록 선하나, 어찌 자신을 유인하는 것이 아님을 알아서 마침내 들어가겠는가? 이것도 통할 수 있는 의논이 아니다.

《춘추좌씨전》을 살펴보건대 "교외에 이르러 의백의 기일을 만났다.〔及郊遇懿伯之忌〕"라고 하였는데, 여기에서는 遇자가 爲자로 되어 있다. 두 글자가 비록 다르나, 모두 먼저 교외에 이른 것을 말한 뒤에 忌를 말하였으니, 교외에 이르러서야 기일을 만났음을 알 수 있다. 아마도 忌자는 다만 기일일 것이니, 의백은 바로 경숙의 종조였다. 마침 등나라 교외에 이르렀을 때에 이 기일을 만났으므로 늦추어 다음날이 되어서야 들어가고자 한 것이다. 그러므로 혜백이 예로써 깨우쳐 말하기를 "公事는 국가의 이익만 있고 私家의 忌日은 없다."라고 하고, 마침내 먼저 들어가자 숙궁도 마침내 들어갔다고 한 것이니, 이 말이 진실로 통하기는 하지만 또한 이 말이 옳은지 아닌지는 알 수 없으니, 제쳐놓는 것이 옳다.

045801 哀公이 使人弔蕢尚한대 遇諸道하야 辟(벽)於路하야 畫(획)宮而受弔焉한대

哀公이 사람을 시켜서 蕢尙을 조문하도록 하였는데 괴상의 집에 도착하기 전에 길에서 괴상을 만나자, 길을 辟除하고 그곳에 궁궐의 위치를 긋고서 조문을 받았다.

≪集說≫

哀公은 魯君이라 辟於路는 辟을 讀爲闢이니 謂除闢道路하야 以畫宮室之位而受弔也라

哀公은 魯나라 임금이다. 辟於路의 辟은 闢의 뜻으로 읽어야 하니, 도로를 闢除하고서 궁실의 위치를 그어놓고서 조문을 받았다는 말이다.

045802 曾子曰 蕢尙이 不如杞梁之妻之知禮也로다 齊莊公이 襲莒于奪(태)할새 杞梁死焉이어늘 其妻迎其柩於路而哭之哀러니

曾子께서 말하기를 "賁尙은 杞梁의 아내가 禮를 안 것만도 못하도다. 齊나라 莊公이 좁은 길에서 莒나라를 습격했을 때 기량이 전사하였는데 그의 아내가 남편의 널을 길에서 맞이하여 슬피 哭하였다.

≪集說≫

魯襄公二十三年에 齊侯襲莒하니 襲者는 以輕兵掩其不備而攻之也라 左傳言 杞殖華還이 載甲夜入且于之隧라하니 且于는 莒邑名이라 隧는 狹路也라 鄭云 或爲兌하니 故讀奪爲兌라 梁은 卽殖이니 以戰死라 故妻迎其柩하니라

魯나라 襄公 23년에 齊나라 임금이 莒나라를 습격하였는데, 襲이라는 것은 경무장한 병력으로 적이 대비하지 않고 있을 때 엄습하여 공격하는 것이다. ≪春秋左氏傳≫ 양공 23년에 "杞植과 華還이 갑옷을 수레에 싣고 밤에 且于邑의 좁은 길로 들어갔다."고 하였는데, 且于는 莒나라의 邑 이름이다. 隧는 좁은 길이다. 鄭玄이 이르기를 "더러 '兌'字로도 쓴다."고 하였으니, 따라서 奪은 兌의 뜻으로 읽어야 한다. 梁은 바로 杞殖인데, 전사했기 때문에 아내가 그 널을 맞이한 것이다.

045803莊公이 使人弔之한대 對曰 君之臣이 不免於罪인댄 則將肆諸市朝而妻妾執이어니와 君之臣이 免於罪인댄 則有先人之敝廬在하니 君無所辱命하소서

莊公이 사람을 시켜 그를 조문하도록 하니, 기량의 아내가 대답하였다. '임금님의 신하가 罪를 면치 못하고 전사했다면 장차 그 시신을 저자와 조정에 진열해 놓고 妻妾인 제가 구속되어야 하겠지만, 임금님의 신하가 罪를 면하고 전사했다면 先人의 보잘것없는 집이 남아 있으니 〈집에서 조문을 받아야 합니다.〉 군주께서는 〈길에서 조문하여〉 명을 욕되게 하지 마소서.' 라고 하였다."고 하셨다.

≪集說≫

肆는 陳尸也라 妻妾執은 拘執其妻妾也라 左傳言 齊侯弔諸其室[70]이라하니라

肆는 시신을 진열해놓는다는 뜻이다. 妻妾執은 그 아내와 첩을 구속하는 것이다. ≪春秋左氏傳≫에 "齊나라 임금이 그의 집에서 조문하였다."고 하였다.

≪大全≫

嚴陵方氏曰 與人交호대 於喪尤欲其至니 若夫弔人於道路之間者는 禮苟從簡이요 事苟從便而已니 豈所以用其至哉리오 蓋非禮之禮를 君子固不以加於人이나 然亦未嘗受之於人焉이니 此曾子所以言賣尙不如杞梁之妻之知禮也니라

嚴陵方氏 : 다른 사람과 교제하되 喪에 있어서는 더욱 더 극진하고자 하니, 길에서 사람을 조문하는 것으로 말할 것 같으면 그러한 禮는 구차하게 간략함을 추구한 것이고 그러한 일은 구차하게 편리함을 따른 것일 뿐이니, 어찌 그 극진함을 쓴 것이겠는가. 대개 예가 아닌 예를 군자는 진실로 남에게 가하지 않지만 또한 일찍이 남에게서 그러한 예가 아닌 예를 받지도 않으니, 이것이 曾子께서 賣尙은 杞梁의 아내가 예를 아는 것만 못하다고 말씀하신 까닭이다.

045901孺子䵍(돈)之喪에 哀公이 欲設撥하사 問於有若한대 有若曰 其可也니 君之三臣이 猶設之하니이다 顏柳曰 天子는 龍輴(춘)而槨幬(도)하고 諸侯는 輴而設幬호대 爲楡沈(심)이라 故設撥하나니 三臣者廢輴而設撥은 竊禮之不中者也어늘 而君何學焉이니잇고

孺子䵍의 喪에 哀公이 상여줄을 설치하고자 하여 有若에게 下問하니, 有若이 대답하기를 "괜찮습니다. 군주의 三家도 오히려 상여줄을 설치하였습니다."라고 하였다. 顏柳가 말하기를 "天子는 상여 수레의 끌채에 용을 그리

---

70) 左傳言 齊侯弔諸其室 : 이 내용은 ≪春秋左氏傳≫ 襄公 23년에 보인다.

며 떨기나무로 外椁 모양을 만들어 덮개를 덮고, 諸侯는 상여 수레에 덮개만
설치하되 느릅나무즙을 만들어 땅에 뿌리기 때문에 상여줄을 설치하는 것입
니다. 三家가 상여 수레는 폐기하고 상여줄을 설치한 것은 맞지도 않는 禮를
훔친 것인데, 군주께서는 어찌하여 그것을 배우려 하십니까?"라고 하였다.

《集說》

蕷은 哀公之少子라 舊說에 以撥爲紼하니 未知是否라 三臣은 魯之三家也라 顔柳言 天
子之殯은 用輴車載柩而畫轅爲龍하고 椁幬者는 叢木爲椁形而覆幬其上이니 前言加斧
于椁上[71]이 是也라 諸侯는 輴而設幬則有輴而無龍하고 有幬而無椁也라 楡沈은 以水
浸楡白皮之汁以播地니 取其引車不澁滯也라 今三家廢輴不用而猶設撥하니 是徒有
竊禮之罪而非有中用之實者也라

　蕷은 哀公의 작은 아들이다. 舊說에 撥을 상여줄이라고 하였는데, 옳은지 모르겠다.
三臣은 魯나라의 三家이다. 顔柳가 말하기를 "天子의 빈소에는 輴車를 사용해서 널을
싣되 끌채에 그림을 그려서 용을 만든다."고 하였고, 椁幬라는 것은 떨기나무로 外椁
모양을 만들어서 그 위에 덮는 것이니, 앞(檀弓 上)에서 '도끼 모양의 棺衣를 외곽 위에
덮는다.'고 한 것이 이것이다. '諸侯는 상여 수레에 덮개만 설치한다.'고 하였으니, 그
렇다면 상여 수레는 있지만 끌채에 용은 그리지 않고, 덮개는 있지만 떨기나무로 외곽
모양을 만든 것은 없는 것이다. 楡沈은 느릅나무의 흰 껍질을 물에 담가서 만든 즙을
땅에 뿌리는 것이니, 수레를 끌 때 땅바닥이 꺼끌꺼끌해서 움직이지 않는 것을 방지하
기 위한 것이다. 지금 삼가가 상여 수레는 폐기하고 오히려 상여줄을 설치하였으니,
이는 다만 예를 훔친 죄만 있을 뿐 예를 사용하는 실정에 들어맞는 것은 아니다.

○ 方氏曰 爲輴之重也라 故爲楡沈以滑之하고 欲楡沈之散也라 故設撥以發之니 無輴
則無所用沈이요 無所用沈則無所用撥이어늘 三臣이 旣知輴之可廢而不知撥之不必
設하니 是竊禮之不中者也라 撥雖無所經見이나 然以文考之컨대 爲楡沈이라 故設撥이니
則是以手撥楡沈而灑於道也라 先儒以爲紼은 失之矣로다

71) 加斧于椁上:《禮記》〈檀弓 上〉0311401 참조.

○ 方氏 : 상여 수레가 무겁기 때문에 느릅나무즙을 만들어 매끄럽게 하는 것이고, 느릅나무즙을 널리 흩어지게 하려고 하기 때문에 상여줄을 설치하여 펴는 것이다. 상여 수레가 없으면 느릅나무즙을 쓸 곳이 없고, 느릅나무즙을 쓸 곳이 없으면 상여줄을 쓸 필요가 없는데, 三家가 이미 상여 수레를 없애야 함을 알면서도 상여줄을 군이 설치할 필요가 없음을 알지 못하였으니, 이것은 맞지도 않는 예를 훔친 것이다. 撥은 비록 경문에 보이는 바가 없으나 글로써 살펴보건대, 느릅나무즙을 사용하기 때문에 발을 설치한다면 이것은 손으로 느릅나무즙을 흩어 길에 뿌리는 것이다. 先儒가 '撥'을 '紼'이라고 한 것은 잘못이다.

○ 今按方說如此나 亦未知其是否니 闕之可也라

○ 지금 내(陳澔)가 살펴보건대 方氏의 說이 이와 같지만 역시 그것이 옳은지는 알지 못하겠으니, 제쳐놓는 것이 옳다.

046001 悼公之母死어늘 哀公이 爲之齊衰한대 有若曰 爲妾齊衰禮與잇가 公曰 吾得已乎哉아 魯人이 以妻我니라

悼公의 어머니가 죽자 哀公이 그녀를 위하여 齊衰服을 입으니, 有若이 말하기를 "妾을 위해서 齊衰服을 입는 것이 禮입니까?"라고 하자, 哀公이 말하기를 "내가 服을 안 입을 수 있겠는가? 魯나라 사람들이 그녀를 나의 아내로 알고 있다."라고 하였다.

≪集說≫

以妻我는 以爲我妻也라 此는 哀公溺情之擧요 文過之辭라

以妻我는 나의 아내로 여기고 있다는 뜻이다. 이는 哀公이 정에 빠진 일이고 과오를 꾸며대는 말이다.

○ 疏曰 天子諸侯는 絶旁期하니 於妾無服이요 惟大夫爲貴妾緦라

○ 疏 : 天子와 諸侯는 旁系 親族을 위한 期年服을 입지 않으니, 妾에 있어서는 服이

없고 오직 大夫만이 貴妾을 위해서 緦麻服을 입어준다.

046101 季子皐葬其妻에 犯人之禾어늘 申祥以告曰 請庚之하라 子皐曰 孟氏不以是罪予하며 朋友不以是棄予하리니 以吾爲邑長於斯也라 買道而葬이면 後難繼也니라

季子皐가 그의 아내를 葬事지낼 때 남의 벼를 상하게 하였다. 申祥이 그 사실을 고하기를 "그것을 배상해주시오."라고 하니, 子皐가 말하기를 "孟氏가 이 때문에 나를 죄주지 않을 것이고, 친구들도 이 때문에 나를 버리지 않을 것이니, 내가 이곳에서 邑長이 되었으면서 길을 사가지고 장사지낸다면 뒷날에는 계속되기가 어려울 것이오."라고 하였다.

《集說》

劉氏曰 季子皐는 孔子弟子高柴也라 夫子嘗曰 柴也愚[72]라하시니라 觀家語所稱及此經所記泣血三年及成人爲衰之事觀之면 賢可知矣라 此葬妻犯禾는 亦爲成宰時事이니 有無를 固不可知나 然曰孟氏不以是罪予朋友不以是棄予者는 以犯禾之失小而買道之害大也라 何也오 以我爲邑宰하야 尙買道而葬이면 則後必爲例而難乎爲繼者矣니 此亦愚而過慮之一端이나 然出於誠心이요 非文飾之辭也라 鄭註謂其恃寵虐民하고 而方氏又加以不仁不恕之說則甚矣라 豈有賢如子皐而有是哉리오

劉氏: 季子皐는 孔子의 제자 高柴이다. 공자께서 일찍이 "高柴는 우직하다."고 하셨다. 《孔子家語》에서 말한 것을 보고, 이 경문에 기록되어 있는 "피눈물을 3년 동안 흘렸다."는 것과 "成邑 사람이 齊衰服을 입어주었다."는 일을 가지고 관찰해보면, 高柴가 어질다는 것을 알 수 있다. 아내를 장사지내면서 남의 벼를 해친 일 또한 成邑의 邑宰가 되었을 때의 일이니, 그 일이 있었는지 없었는지는 진실로 알 수 없다. 그러나 "孟氏가 이 때문에 나를 죄주지 않을 것이고 친구들도 이 때문에 나를 버리지 않을 것

이다."라고 말한 것은, 남의 벼를 해친 실수는 작고 길을 매입해서 장사지내는 폐해는
크기 때문이다. 어째서인가? 내가 읍재가 되었으면서 오히려 길을 매입해서 장사지낸
다면 뒤에는 반드시 선례가 되어 계속하기가 어렵기 때문이라고 하니, 이 또한 우직
하면서 지나치게 우려한 일면이다. 그러나 이는 誠心에서 나온 것이요, 형식적으로
꾸며댄 말은 아니다. 鄭玄의 註에 "그가 맹씨의 총애를 믿고 백성들에게 포악하게 했
다."라고 하였고, 方氏는 또 "仁하지 못하고 恕하지 못하다."는 말까지 더하였으니, 너
무 심하다. 어찌 자고와 같이 어질면서 이런 일이 있을 수 있는가.

046201 仕而未有祿者는 君有饋焉曰獻이요 使焉曰寡君이니 違而君
薨이어든 弗爲服也니라

벼슬을 하면서도 아직 俸祿을 받지 않은 자에게는 임금이 물건을 보내줄
때 '드린다〔獻〕'라 하고, 다른 나라로 사신갔을 때는 자기 임금을 '寡君'이라
고 하는데, 나라를 떠난 뒤에 임금이 죽으면 그 葬禮에는 服을 입지 않는다.

≪集說≫

王制云位定然後祿之라하니 此蓋初試爲士하야 未賦廩祿者라 有饋於君則稱獻하고 出
使他國則稱寡君이니 此二事皆與群臣同이로대 獨違離之後에 而君薨則不爲舊君服이
此則與群臣異하니 所以然者는 以其未嘗食君之祿也라

≪禮記≫〈王制〉에 "자리가 정해진 뒤에 俸祿을 준다."고 하였으니, 이는 아마도 처
음으로 벼슬하여 士가 되어서 아직 창고의 봉록을 받지 않은 자인 듯하다. 임금으로
부터 물건을 받게 되면 '드린다〔獻〕'라 칭하고, 다른 나라로 사신을 나가면 '寡君'이라
칭하니, 이 두 가지 일은 모두 여러 신하들과 같다. 다만 본국을 떠난 뒤에 임금이 薨
하면 옛 임금을 위해서 服을 입어주지 않으니, 이것이 여러 신하들과 다른 것이다. 이
렇게 하는 까닭은 그가 일찍이 군주의 봉록을 먹지 않았기 때문이다.

○方氏曰 湯之於伊尹에 學焉而後臣之하니 方其學也에 賓之而弗臣이니 此所謂仕而
未有祿者는 若孟子之在齊[73]是也라 惟其賓之而弗臣이라 故有饋焉에 不曰賜而曰

獻이요 將命之使 不曰君而曰寡君이니 蓋獻爲貢上之辭요 而寡則自謙之辭故也라 以其有賓主之道而無君臣之禮라 故違而君薨에 弗爲服也니 其曰違則居其國之時에 固服之矣니라

○ 方氏 : 湯임금은 伊尹에 대하여 그에게 배운 뒤에 그를 신하로 삼았는데, 배울 때에는 손님으로 대하고 신하로 대하지 않았으니, 여기에서 이른바 "벼슬을 하면서도 아직 녹봉을 받지 않았다."는 것은 孟子께서 齊나라에 있을 때와 같은 경우가 이것이다. 오직 그를 손님으로 대우하고 신하로 대하지 않기 때문에 그에게 물건을 줄 때에 '하사한다〔賜〕'고 하지 않고 '드린다〔獻〕'고 하고, 왕명을 전달하는 사신이 자기 임금을 '君'이라고 말하지 않고 '寡君'이라고 하니, 대개 獻은 아랫사람이 윗사람에게 바쳐 올리는 말이고, 寡는 스스로 겸손하게 하는 말이기 때문이다. 그 손님과 주인의 도리는 있고 임금과 신하의 禮는 없기 때문에 떠나간 뒤에 임금이 薨하면 그를 위해 服을 입어주지 않는 것이니, 떠났을 경우가 그렇다고 말하였으면 그 나라에 거주하고 있을 때에는 진실로 그를 위해 복을 입어주는 것이다.

046301 虞而立尸하고 有几筵이니라

虞祭를 지낼 때에는 尸童을 세우고 안석과 대자리를 마련한다.

≪集說≫

未葬之前에 事以生者之禮요 葬則親形已藏이라 故虞祭則立尸以象神也라 筵은 席也라 大斂之奠에 雖有席而無几니 此時則設几하야 與筵相配也라

---

73) 孟子之在齊 : ≪孟子≫ 〈公孫丑 下〉에 "맹자가 제나라를 떠나 休 땅에 머무셨는데, 공손추가 묻기를 '벼슬하면서도 녹봉을 받지 않는 것이 옛 도입니까?'라고 하자, 맹자가 '아니다. 崇 땅에서 내 군주를 만나 뵙고 물러나와 떠날 마음을 두었으니, 이 마음을 변하고자 하지 않았으므로 녹봉을 받지 않은 것이다. 뒤이어 군대의 출동 명령이 있었다. 그리하여 떠나감을 청할 수 없었을지언정 제나라에 오랫동안 머무름은 나의 본뜻이 아니었다.'고 하였다.〔孟子去齊居休 公孫丑問曰仕而不受祿 古之道乎 曰非也 於崇吾得見王 退而有去志 不欲變 故不受也 繼而有師命 不可以請 久於齊 非我志也〕"라고 하였다.

아직 葬事를 지내기 전에는 산 사람의 禮로써 섬기고, 장사를 지내면 어버이의 형체가 이미 매장되었기 때문에 虞祭에는 시동을 세워서 신을 상징하는 것이다. 筵은 자리이다. 大斂의 奠에 비록 자리는 있지만 안석은 없는데, 이 때에는 안석을 설치하여 자리와 더불어 서로 짝이 되게 한다.

046302 卒哭而諱는 生事畢而鬼事始已니라

卒哭祭를 지내고 죽은 자의 이름을 諱하는 것은 산 사람으로 섬기는 禮가 끝나고 귀신으로 섬기는 일이 시작된 것이다.

≪集說≫

卒哭而諱其名은 蓋事生之禮已畢하고 事鬼之事始矣라 已는 語辭라

卒哭祭를 지내고서 죽은 자의 이름을 諱하는 것은 대개 산 사람으로 섬기는 禮가 이미 끝나고 귀신으로 섬기는 일이 시작된 것이다. 已는 어조사이다.

046303 旣卒哭에 宰夫執木鐸하야 以命于宮曰 舍故而諱新이라하야 自寢門⁷⁴⁾至于庫門이니라

이미 卒哭祭를 지낸 뒤에 요리사〔宰夫〕가 木鐸을 잡고서 궁중에 명령하기를 "옛 고조의 이름은 더 이상 諱하지 않고 새로 사망한 아버지의 이름을 휘한다."고 하면서 寢門으로부터 庫門에까지 이른다.

≪集說≫

周禮大喪小喪⁷⁵⁾에 宰夫掌其戒令⁷⁶⁾이라 故卒哭後에 使宰夫執金口木舌之鐸振之하야

---

74) 寢門 : 천자는 문이 아홉 개가 있는데, 제일 안에 있는 문을 寢門이라 하고, 路門이라고도 한다. 아홉 개의 문은, 1은 路門, 2는 應門, 3은 雉門, 4는 庫門, 5는 皐門, 6은 城門, 7은 近郊門, 8은 遠郊門, 9는 關門이다.(≪禮記≫〈月令〉참조)

75) 周禮大喪小喪 : 大喪은 王과 王后 및 世子의 상이고, 小喪은 夫人 이하의 상이다.〔大喪 王后世子也 小喪 夫人以下〕(≪周禮≫〈天官 宰夫〉鄭玄 注)

以命令于宮也라 其令之之辭曰 舍故而諱新이라하니 故는 謂高祖之父當遷者니 諱多則難避라 故使之舍舊諱하고 而諱新死者之名也라 以其親盡이라 故可不諱라 庫門은 自外入之第一門이니 亦曰皐門이라

≪周禮≫에 따르면 大喪과 小喪에 宰夫가 그 戒令을 관장한다. 그러므로 卒哭을 지낸 뒤에 재부로 하여금 쇠로 만든 입에 나무 혀가 달린 木鐸을 잡고 흔들어서 궁중에 명령하게 하는 것이다. 그 명령하는 말에 이르기를 "옛 고조의 이름을 더 이상 諱하지 않고 새로 사망한 아버지의 이름을 휘한다."고 하니, 故는 遞遷해야 할 高祖의 아버지를 이른다. 휘할 분이 많으면 피하기가 어렵기 때문에 재부로 하여금 옛 휘는 버리고 새로 사망한 분의 이름을 휘하도록 하는 것이다. 친족의 代數가 다한〔親盡〕 까닭에 휘하지 않아도 괜찮다. 庫門은 밖으로부터 들어가는 첫 번째 문이니, 또한 皐門이라고도 한다.

≪大全≫

嚴陵方氏曰 生事畢而鬼事始已者는 上言生則知鬼之爲死요 下言鬼則知生之爲人也라

嚴陵方氏 : "산 사람으로 섬기는 禮가 끝나고 귀신으로 섬기는 일이 시작되었다."고 했는데, 앞에서 '生'이라고 말했으니 '鬼'는 죽은 자가 된다는 것을 알 수 있고, 뒤에 '死'라고 말했으니 '生'은 살아있는 자가 된다는 것을 알 수 있다.

046401 二名은 不偏諱니 夫子之母名徵在러시니 言在不稱徵하시고 言徵不稱在러시다

두 글자로 된 이름은 한 글자만을 諱하지 않는다. 孔子 어머니의 이름이 徵在였는데, '在'를 말하실 때에는 '徵'을 일컫지 않으셨고, '징'을 말하실 때에는 '재'를 일컫지 않으셨다.

---

76) 宰夫掌其戒令 : 大喪과 小喪에는 小官의 戒令을 관장해서 執事를 인솔하여 감독하게 한다.〔大喪小喪 掌小官之戒令 帥執事而治之〕(≪周禮≫〈天官 宰夫〉)

≪集說≫

二名은 二字爲名也니 此記避諱之禮라

'二名'은 두 글자로 이름을 만든 것이니, 이는 避諱하는 禮를 기록한 것이다.

≪大全≫

嚴陵方氏曰 夫子曰 不在顓臾而在蕭牆之內[77]라하시니 若此則言在不稱徵也요 又曰 夏禮吾能言之나 杞不足徵也[78]라하시니 此則言徵不稱在也

嚴陵方氏 : 공자께서 말씀하시길 "〈季孫氏의 근심은〉 顓臾에 있지 않고 담장 안에 있다.〔不在顓臾而在蕭牆之內〕"고 하셨는데, 이러한 경우에는 '在'를 말씀하셨기 때문에 '徵'을 일컫지 않으신 것이고, 또 "夏나라의 禮를 내가 말할 수 있지만 杞나라가 충분히 증거대지 못한다.〔夏禮吾能言之杞不足徵也〕"고 하셨는데, 이러한 경우에는 '징'을 말씀하셨기 때문에 '재'를 일컫지 않으신 것이다.

046501 軍有憂어든 則素服哭于庫門之外하고 赴車不載櫜韇이니라

군대가 우환이 있으면 임금이 素服 차림으로 庫門 밖에서 哭을 하고, 패전을 보고하는 수레〔赴車〕에는 갑옷을 넣는 전대와 활집을 싣지 않는다.

≪集說≫

櫜는 甲衣요 韇은 弓衣라 甲不入櫜하고 弓不入韇은 示再用也라

櫜는 갑옷을 넣는 전대이고 韇은 활집이다. 갑옷을 전대에 넣지 않고 활을 활집에 넣지 않는 것은 재차 사용할 것임을 보이는 것이다.

○ 方氏曰 戰勝而還을 謂之愷니 則敗를 謂之憂宜矣라 素服哭은 以喪禮處之也요 必於庫門之外者는 以近廟也라 師出에 受命于祖니 無功則於祖命辱矣라 赴車는 告赴於

國之車니 凡告喪曰赴라 車以告敗爲名이 與素服同義하다

○ 方氏 : 전쟁에 승리하고서 돌아오는 것을 '凱旋'이라 이르니, 패전을 우환이라고 하는 것은 당연하다. 素服 차림으로 哭하는 것은 喪禮로써 대처한 것이고, 반드시 庫門 밖에서 하는 것은 사당이 가깝기 때문이다. 군대가 출동할 때에는 선조에게 명령을 받으니, 戰功이 없으면 조상의 명령에 욕이 된다. 赴車란 부음을 나라에 알리는 수레이니, 무릇 初喪을 알리는 것을 '赴'라고 이른다. 수레를 패전을 보고하는 것으로 이름을 삼은 것은 소복 차림을 한 것과 같은 뜻이다.

046601 有焚其先人之室이어든 則三日哭이니 故曰 新宮火어늘 亦三日哭이라하니라

선조를 모신 사당에 불이 나면 사흘 동안 哭을 한다. 그러므로 ≪春秋≫에 "새로 지은 사당에 불이 나자 또한 사흘 동안 곡을 하였다."고 한 것이다.

≪集說≫

先人之室은 宗廟也라 魯成公三年에 焚宣公之廟하니 神主初入이라 故曰新宮이라 春秋에 書二月甲子에 新宮災하야 三日哭이라하고 註云書其得禮라하니 此言故曰者는 謂春秋文也라

'先人之室'은 宗廟이다. 魯나라 成公 3년에 宣公의 사당에 불이 났는데 神主가 처음 사당으로 들어갔기 때문에 '새로 지은 사당[新宮]'이라고 한 것이다. ≪春秋≫에 "2月 甲子日에 새로 지은 사당이 불에 타서 사흘 동안 哭을 하였다."고 하였는데, 그 註에 이르기를 "그것이 禮에 맞음을 기록한 것이다."라고 하였다. 여기에서 '故曰'이라고 한 것은 ≪춘추≫의 글이라는 말이다.

046701 孔子過泰山側하실새 有婦人이 哭於墓者而哀어늘 夫子式而聽之하시고 使子路問之曰 子之哭也 壹似重有憂者라하신대 而曰 然하이다 昔者에 吾舅死於虎하고 吾夫又死焉이어늘 今吾子又死焉하이다 夫子曰 何爲不去也오 曰 無苛政일새니이다 夫子曰 小子아 識(지)之하라 苛政이

猛於虎也로다

孔子께서 泰山 옆을 지나실 적에 어떤 婦人이 무덤에서 哭을 하며 슬퍼하고 있자, 공자께서 수레 앞턱 가로나무에 몸을 기대어 경례를 하시고서 그 곡소리를 들으시고는 子路로 하여금 슬피 우는 까닭을 물어보게 하였다. 자로가 묻기를 "당신의 곡소리가 대단히 심한 걱정이 있는 것 같습니다." 하니, 부인이 대답하기를 "그렇소이다. 옛날에 내 시아버님께서 범에게 물려 돌아가셨으며 내 남편도 범에게 물려 죽었는데, 이번에는 내 자식이 범에게 물려 죽었습니다."라고 하였다. 공자께서 말씀하시기를 "어째서 이곳을 떠나지 않습니까?"라고 하시자, 부인이 대답하기를 "가혹한 정치가 없기 때문입니다."라고 하였다. 공자께서 말씀하시기를 "小子들아. 이것을 기억해두어라. 가혹한 정치가 범보다 더 사나운 것이다."라고 하셨다.

≪集說≫

聞其哭하시고 式而聽之는 與見齊衰(자최)者하시고 雖狎必變[79]之意同하니 聖人敬心之所發이 蓋有不期然而然者라 壹似重有憂者는 言甚似重疊有憂苦者也라 而曰은 乃曰也라 虎之殺人은 出於倉卒之不免이요 苛政之害는 雖未至死나 而朝夕有愁思之苦하야 不如速死之爲愈니 此所以猛於虎也니 爲人上者可不知此哉아

그 哭소리를 듣고 수레 앞턱 가로나무에 몸을 기대어 경례를 하시고서 그 곡소리를 들으신 것은 "齊衰服을 입은 사람을 보시면 비록 절친한 사이라도 반드시 낯빛을 바꾸었다."는 뜻과 똑같은 것이니, 聖人의 공경하는 마음이 發露되는 것은 대체로 그렇게 되기를 기약하지 않아도 자연스럽게 그렇게 됨이 있는 것이다. '대단히 심한 걱정이 있는 것 같다.'라는 말은 대단히 중첩된 근심과 괴로움이 있는 것 같다는 말이다. 而曰은 '이에 말하다〔乃曰〕'라는 뜻이다. 범이 사람을 죽이는 것은 倉卒間에 일어나서 면할 수가 없는 것이고, 가혹한 정치의 해악은 비록 죽음에는 이르지 않지만 아침저

---

79) 見齊衰(자최)者 雖狎必變 : 이 내용은 ≪論語≫ 〈鄕黨〉에 보인다.

녁으로 근심하는 괴로움이 있어서 일찍 죽는 것이 더 나은 것만 못하니, 이것이 가혹한 정치가 범보다 더 사나운 까닭이니, 남의 윗사람이 된 자가 이것을 몰라서야 되겠는가.

《大全》

嚴陵方氏曰 虎之害人也는 機罟檻穽이 所能制之나 政之害人也는 無可制之械焉이며 虎之害人也는 深宮固門이면 所能逃之나 政之害人也는 無可逃之地焉하니 此泰山婦人이 所以寧遭虎之累傷이언정 而不忍舍其政之無苛也라 揚雄之論酷吏曰 虎哉虎哉여 角而翼者也라하니 與此同意라

嚴陵方氏 : 범이 사람을 해침은 덫과 그물과 함정으로 제재할 수 있으나 정사가 사람을 해침은 제재할 기구가 없으며, 범이 사람을 해침은 〈담을 높게 쌓아〉 집을 깊게 하고 문을 견고하게 하면 피할 수 있으나 정사가 사람을 해침은 피할 곳이 없다. 이것이 泰山의 부인이 차라리 범에게 여러 번 해를 입을지언정 가혹한 정치가 없는 곳을 차마 버리지 못한 까닭이다. 揚雄이 〈酷吏傳〉을 논하여 '범이여, 범이여, 뿔이 나고 날개가 달렸구나!'라고 하였는데, 여기의 내용과 같은 뜻이다.

046801魯人이 有周豐也者러니 哀公이 執摯하고 請見之한대 而曰 不可하니이다 公曰 我其已夫인저하시고 使人問焉曰 有虞氏는 未施信於民호대 而民信之하며 夏后氏는 未施敬於民호대 而民敬之하니 何施而得斯於民也오 對曰 墟墓之間에 未施哀於民而民哀하며 社稷宗廟之中에 未施敬於民而民敬이어늘 殷人이 作誓而民始畔하며 周人이 作會而民始疑하니 苟無禮義忠信誠慤之心以涖之면 雖固結之라도 民其不解乎잇가

魯나라 사람 중에 周豐이라는 사람이 있었는데, 哀公이 폐백을 가지고서 그를 만나보기를 청하였으나, 그가 말하기를 "그럴 수 없습니다." 하고 거절하였다. 애공이 말하기를 "내가 그만 두겠다."라고 하고, 사람을 시켜 묻기

를 "有虞氏는 백성들에게 신의를 베풀지 않았는데도 백성들이 그를 믿었고, 夏后氏는 백성들에게 공경을 베풀지 않았는데도 백성들이 그를 공경하였으니, 어떻게 베풀었기에 이런 것들을 백성들에게서 얻었는가?"라고 하니, 대답하기를 "폐허와 무덤 사이에서는 백성들에게 슬픔을 베풀지 않더라도 백성들이 저절로 슬퍼하고, 社稷과 宗廟 안에서는 백성들에게 공경을 베풀지 않아도 백성들이 저절로 공경합니다. 그런데 殷나라 사람들이 맹서하는 글을 지었으나 백성들이 비로소 배반하였고, 周나라 사람들이 會合을 하였으나 백성들이 비로소 의심하였으니, 만일 禮義와 忠信과 정성스런 마음으로써 대함이 없다면 비록 백성들의 마음을 굳게 매어둔다 하더라도 백성들이 와해되지 않겠습니까?"

≪集說≫

周豐은 必賢而隱者라 故哀公이 屈己見之어늘 乃曰不可者는 蓋古者에 不爲臣하야는 不見[80]일새 故不敢當君之臨見也라 我其已夫는 已는 止也니 不强其所不願也라 有心之固結이 不若無心之感孚니 其言甚正이나 但大禹征苗에 已嘗誓師[81]하니 誓非始於殷也요 禹會諸侯於塗山하니 會亦不始於周也니 此言誓之而畔 會之而疑則始於殷周耳라

---

80) 古者……不見 : ≪孟子≫ 〈滕文公 下〉에 "公孫丑가 물었다. '제후를 만나보지 않으시는 것은 무슨 이유 때문입니까?' 맹자께서 말씀하셨다. '옛날에는 신하가 되지 않으면 임금을 만나보지 않았느니라.'〔公孫丑問曰 不見諸侯 何義 孟子曰 古者 不爲臣 不見〕"라고 하였다.

81) 大禹征苗 已嘗誓師 : ≪書經≫ 〈虞書 大禹謨〉에 "순임금이 말씀하셨다. '아! 우야. 이 묘족이 따르지 않으니, 네가 가서 정벌하라.' 우가 마침내 여러 제후들을 모아놓고 군사들에게 다음과 같이 맹서했다. '씩씩한 군사들아. 모두 나의 명을 들어라. 어리석은 이 묘족이 어둡고 미혹해서 공손하지 않으며, 남을 업신여기고 스스로 어진 체하며, 도를 위배하고 덕을 어그러뜨려 군자가 들에 있고 소인이 관직에 있어 백성들이 버려져서 보호되지 않으니, 하늘이 재앙을 내리신다. 이리하여 내가 너희 군사들을 거느리고 임금님의 말씀을 받들어 죄 지은 자들을 벌하는 것이니, 너희들은 아무쪼록 마음과 힘을 한결같이 하여야 공을 세울 수 있을 것이다.'〔帝曰 咨禹 惟時有苗弗率 汝徂征 禹乃會群后 誓于師曰 濟濟有衆 咸聽朕命 蠢玆有苗 昏迷不恭 侮慢自賢 反道敗德 君子在野 小人在位 民棄不保 天降之咎 肆予以爾衆士 奉辭伐罪 爾尙一乃心力 其克有勳〕"라고 하였다.

周豐은 분명 현명한데 은거한 사람일 것이다. 그러므로 哀公이 자기를 낮추고서 그를 만나보려 한 것인데, 그가 이에 말하기를 "그럴 수 없습니다." 하고 거절한 것은 아마도 옛날에는 신하가 되지 않고서는 임금을 만나보지 않았기 때문에 감히 임금이 왕림하여 만나보는 것을 감당하지 못한 것이다. '我其已夫'는 '已'는 그만두겠다는 뜻이니 그가 원하지 않는 바를 강요하지 않은 것이다. 의도적으로 굳게 단결시키는 것은 무심하게 감동시키고 믿게 하는 것만 못하니, 그 말이 대단히 바르다. 다만 大禹가 有苗를 정벌할 때 이미 일찍이 군사에게 맹서를 하였으니 맹서가 殷나라에서 시작된 것이 아니고, 禹임금이 제후를 塗山에서 會合시켰으니 회합 또한 周나라에서 비롯된 것이 아니다. 여기에서 맹서를 하였으나 배반하고, 회합하였으나 의심했다고 말한 것은 은나라와 주나라에서 비롯된 것이다.

≪大全≫

長樂陳氏曰 黃帝之於廣成과 湯之於伊尹에 請必下風[82]하고 聘必三幣하니 豈以一辭而止哉아 此其樂善不倦者也라 魯哀公之於周豐에 執贄請見이어늘 一辭之以不可則止焉하고 使人問之而已니 其視樂善不倦者則有間矣라 墟墓之間과 社稷宗廟之中에 無情於感民이라도 而民哀敬이어늘 殷人作誓하고 周人作會에 有心於制民而民畔疑也라 蓋誓生於不信하고 會生於不敬하니 不信而誓之使信이면 則民始畔하고 不敬而會之使敬이면 則民始疑라 周豐之言은 凡欲哀公循敬信以感民而已니 論語孔子對哀公[83]에 以孝慈則忠하고 臨之以莊則敬[84]이 與此同義라

---

82) 下風 : 본래 바람이 불어가는 방향을 가리키는 말인데, 아랫자리 또는 手下의 뜻으로 쓰는 謙辭이다.

83) 論語孔子對哀公 : ≪論語≫〈爲政〉에 따르면 哀公이 아니라 季康子의 질문에 답한 것이다.

84) 論語孔子對哀公……臨之以莊則敬 : ≪論語≫〈爲政〉에 "季康子가 물었다. '백성들에게 윗사람을 恭敬하고 忠誠하게 하며 이것을 勸勉하게 하려면 어떻게 합니까?' 공자께서 말씀하셨다. '백성을 대하기를 莊嚴하게 하면 백성들이 공경하고, 효도와 사랑을 베풀면 백성들이 충성하고, 잘하는 자를 등용하여 잘못하는 자를 가르치면 권면될 것입니다.'〔季康子問 使民敬忠以勸 如之何 子曰 臨之以莊則敬 孝慈則忠 擧善而敎不能則勸〕"라고 하였다.

長樂陳氏 : 黃帝는 廣成子에게, 湯王은 伊尹에게 가르침을 청할 때 반드시 자신을 낮추었고 聘問할 때에는 반드시 세 가지 폐백을 갖추었으니, 어찌 한 마디 말만 하고서 그만둘 수 있는가. 황제와 이윤은 善을 행하기를 즐거워해서 게을리 하지 않은 자들이었다. 魯나라 哀公은 周豐에 대해 폐백을 가지고 가서 만나보기를 청하였는데, 한 번 "그럴 수 없다."고 사양을 하자 그만두었고, 사람을 시켜 자문을 구하게 하였을 뿐이니, 선을 행하기를 즐거워해서 게을리하지 않은 자들에게 견주어보면 차이가 있다. 폐허 및 무덤 사이와 社稷과 宗廟 안에서는 백성을 감동시키는데 의도가 없더라도 백성들이 저절로 슬퍼하고 공경하는데, 殷나라 사람들이 맹서하는 글을 짓고 周나라 사람들이 회합함에 백성들을 제어하려는 의도가 있자 백성들이 배반하고 의심하였다. 아마도 맹서는 不信에서 생겨나고 회합은 不敬에서 생겨나니, 신뢰하지 않는데도 맹서하여 믿게 하면 백성들이 비로소 배반하고, 공경하지 않는데도 회합하여 공경하게 하면 백성들이 비로소 의심하는 듯하다. 주풍의 말은 무릇 애공이 공경과 신뢰를 따라 백성을 감동시키기를 바란 것일 뿐이니, 《論語》〈爲政〉에서 孔子께서 哀公에게 "효도와 사랑을 베풀면 백성들이 충성하고, 백성을 대하기를 莊嚴하게 하면 백성들이 공경한다."고 대답한 것이 여기의 내용과 같은 뜻이다.

○ 嚴陵方氏曰 夫虞夏之得天下也는 以禪이요 周之得天下也는 以爭이니 禪則出於自然이라 故信未施而民信之하고 且無異夫墟墓之間에 民之自哀也하며 敬未施而民敬之하고 且無異乎社稷宗廟之中에 民之自敬也라 爭則出乎不得已라 故誓雖作이라도 而反以起民之畔하고 會雖作이라도 而反以致民之疑而已라 且畔固甚於疑也니 畔其言이 未足爲甚이요 疑者衆於是爲甚焉이라 禮義忠信誠慤之心은 則敬之道所自出也라 固結之는 則以誓會而已니 苟無是心以泣之면 則結之者雖固나 民亦解而散矣리라 凡物結之則聚하고 解之則散하니 唯其結之而聚라 故可解之而散이라 若夫有以泣之면 則無所結也라도 亦不可解矣리라

○ 嚴陵方氏 : 有虞氏와 夏后氏가 천하를 얻은 것은 禪讓을 통해서이고 周나라가 천하를 얻은 것은 전쟁을 통해서이다. 선양은 자연스러운 데서 나왔기 때문에 신뢰를 베풀지 않더라도 백성들이 믿고, 또 폐허와 무덤 사이에서는 백성들이 저절로 슬퍼하며 공경을 베풀지 않아도 백성들이 저절로 공경하는 것과 다름이 없고, 또 社稷과 宗

廟의 안에서는 백성들이 저절로 공경하는 것과도 다름이 없다. 전쟁은 부득이한 데서 나온 것이다. 그러므로 비록 맹서하는 글을 짓더라도 도리어 백성들의 배반을 일으키고, 비록 會合을 하더라도 도리어 백성들의 의심만 초래할 뿐이다. 또 배반하는 것은 진실로 의심하는 것보다 더 심하니, 맹서하는 말을 배반하는 것은 심한 것으로 여길 것조차 없고 의심하는 자가 배반하는 자보다 많으므로 심한 것이 된다. '禮義와 忠信과 정성스런 마음'은 공경하는 도리가 나오는 곳이다. '굳게 단결시킨다'는 것은 맹서하는 글을 짓고 회합하는 것일 뿐이니, 진실로 이러한 마음이 없이 백성을 대한다면 단결시킴이 비록 견고하더라도 백성들은 또한 와해되어 흩어질 것이다. 무릇 만물은 단결시키면 모이고 와해시키면 흩어지니, 오직 단결시켜서 모였기 때문에 와해시켜서 흩어지게 할 수 있다. 만약 〈禮義와 忠信과 정성스런 마음을 가지고〉 백성들을 대한다면 단결시키는 바가 없다 하더라도 또한 와해시킬 수 없을 것이다.

046901 喪不慮居하며 毀不危身이니 喪不慮居는 爲無廟也요 毀不危身은 爲無後也니라

初喪을 치르면서는 사는 집을 염려하지 않게 하며 야위어 몸을 위태롭지 않게 해야 하니, 초상을 치르면서 사는 집을 걱정하지 않게 하는 것은 집안이 망하면 사당이 없어지기 때문이고 야위어 몸을 위태롭지 않게 하는 것은 후손이 없게 되기 때문이다.

《集說》

劉氏曰 喪禮는 稱家之有無니 不可勉爲厚葬而致有敗家之慮니 家廢則宗廟不能以獨存矣라 毀不滅性은 不可過爲哀毀而致有亡身之危니 以死傷生이면 則君子謂之無子矣라 此二者는 皆所以防賢者之過禮라

劉氏 : 喪禮는 집안의 형편에 알맞게 해야 하니 厚하게 葬事지내는데 힘써 집안을 패망하게 하는 염려를 초래해서는 안 되니, 집안이 패망하면 종묘만 홀로 보존될 수 없다. 야위어 생명을 잃게 하지 않아야 함은 지나치게 슬퍼해서 야위어 몸을 죽이는 위태로움을 초래해서는 안 된다는 뜻이니, 죽음으로써 생명을 손상시킨다면 君子는

그것을 후손이 없어지게 하는 짓이라고 한다. 이 두 가지는 모두 어진 사람이 禮에 지나침을 방지하기 위한 것이다.

046902 延陵季子適齊러니 於其反也에 其長子死어늘 葬於嬴博之間이러니 孔子曰 延陵季子는 吳之習於禮者也라하시고 往而觀其葬焉하시니

延陵季子가 齊나라에 사신으로 갔었다. 그가 귀국할 때 그의 큰 아들이 〈제나라에서〉 죽자 嬴邑과 博邑의 사이에서 葬事를 지내게 되었는데, 孔子께서 말씀하시기를 "연릉계자는 吳나라에서 禮에 익숙한 사람이다."라고 하시고, 가서서 그 〈연릉계자가 아들을〉 장사지내는 것을 參觀하셨다.

《集說》

吳公子札이 讓國而居延陵이라 故曰延陵季子라 嬴博은 齊二邑名이라

吳나라 公子 季札이 나라를 양보하고서 延陵에 거주했기 때문에 延陵季子라고 한 것이다. 嬴과 博은 齊나라 두 邑의 이름이다.

046903 其坎深不至於泉하며 其斂以時服하며 旣葬而封하니 廣輪揜坎하며 其高可隱也러니 旣封에 左袒하고 右還(선)其封하야 且號者三曰骨肉歸復于土는 命也어니와 若魂氣則無不之也며 無不之也라하고 而遂行한대 孔子曰 延陵季子之於禮也에 其合矣乎인저하시니라

그 壙中의 깊이는 물이 나오는 곳까지 이르지 않았으며, 그 斂襲은 당시에 입었던 의복을 사용하였다. 이미 葬事지내고 나서 封墳을 만들되 너비와 지름은 광중을 덮고, 그 높이는 손으로 짚고 기댈 수 있을 정도였는데, 이미 봉분을 마치고 나서 왼쪽 어깨를 드러내고 오른쪽으로 봉분을 돌면서 또 세 번 부르짖고, 말하기를 "뼈와 살이 흙으로 되돌아간 것은 天命이지만, 넋으로 말할 것 같으면 가지 않는 곳이 없다, 가지 않는 곳이 없다."라고 하

고, 마침내 길을 떠나갔다. 孔子께서 말씀하시기를 "延陵季子가 행하는 것이 禮에 합당한 듯하구나!"라고 하셨다.

≪集說≫

不至於泉은 謂得淺深之宜也라 時服은 隨死時之寒暑所衣也라 封은 築土爲墳也라 橫曰廣이요 直曰輪이라 下則僅足以揜坎하고 上則纔至於可隱하니 皆儉制也라 左袒은 以示陽之變이요 右還은 以示陰之歸라 骨肉之歸土는 陰之降也요 魂氣之無不之는 陽之升也라 陰陽은 氣也요 命者는 氣之所鍾也라 季子以骨肉歸復于土로 爲命者는 此精氣爲物之有盡이요 謂魂氣則無不之者는 此遊魂爲變之無方也라 壽夭得於有生之初하니 可以言命이요 魂氣散於旣死之後하니 不可以言命也라 再言無不之也者는 慇傷離訣之至情而冀其魂之隨已以歸也라 不惟適旅葬之節이라 而又且通幽明之故하니 宜夫子之善之也라 然爲疑辭而不爲決辭者는 蓋季子乃隨時處中之道니 稱其有無而不盡拘乎禮者也라 故夫子不直曰季子之於禮也에 合矣라하시고 而必加其乎二字하야 使人由辭以得意也니 讀者詳之니라

'물이 나오는 곳까지 이르지 않았다.'는 것은 壙中의 얕고 깊음이 알맞았다는 말이다. 時服은 죽었을 때의 추위와 더위에 맞추어 입었던 옷을 따른 것이다. 封은 흙을 쌓아서 封墳을 만든 것이다. 가로를 廣이라고 하고, 세로를 輪이라고 한다. 아래로는 겨우 광중을 덮기에 충분하고 위로는 겨우 손으로 짚고 기댈 수 있을 정도에 이르렀으니, 모두 검소한 제도이다. '왼쪽 어깨를 드러냄'은 陽이 변함을 보여주는 것이고, '오른쪽으로 도는 것'은 陰이 돌아감을 보여주는 것이다. '뼈와 살이 흙으로 되돌아간 것'은 음이 내려간 것이요, '넋이 가지 않는 곳이 없다'는 것은 양이 올라간 것이다. 음과 양은 氣이고, 命이라는 것은 기가 모인 것이다. '季子가 뼈와 살이 흙으로 되돌아간 것을 명으로 여긴 것'은 精氣의 물건 됨이 다했다는 것이고, 넋은 가지 않는 곳이 없다고 한 것은 혼이 떠돌아다니니 변함에 일정한 방위가 없다는 것이다. 장수하고 요절함은 처음 태어날 때 얻으니 天命이라 할 수 있고, 넋은 이미 죽은 뒤에 흩어지니 천명이라 할 수 없다. '넋은 가지 않는 곳이 없다'고 재차 말한 것은 이별을 가엾이 여기고 傷心한 지극한 情으로 그 넋이 자기를 따라서 돌아가기를 바란 것이다.

객지에서 葬禮하는 예절에 적합하였을 뿐만 아니라 또 이승과 저승의 이치에 통달하였으니, 夫子께서 훌륭하게 여기신 것이 당연하다. 그러나 의문하는 말을 하시고 단정적인 말을 하지 않으신 것은, 아마도 계자가 결국 때에 따라서 中에 처하는 도리를 따른 것이니, 가산의 형편에 알맞게 하고 예에 다 구애받지는 않았기 때문인 듯싶다. 그러므로 부자께서 곧장 '계자가 예에 있어서 합당하였다'고 단정적으로 말씀하지 않으시고, 굳이 '其乎' 두 글자를 더 써서 사람들로 하여금 그 말을 통해서 그 뜻을 터득하도록 하셨으니, 읽는 사람이 그것을 상세히 살펴보아야 한다.

○ 石梁王氏曰 還(선)은 與環同이라

　○ 石梁王氏 : 還은 環과 같다.

047001 邾婁考公之喪에 徐君이 使容居來弔含한대 曰寡君使容居坐含하고 進侯玉하시니 其使容居以含하라하니

　邾婁 考公의 喪에 徐나라 임금이 容居로 하여금 주루로 와서 조문하고 飯含하도록 하니, 용거가 말하기를 "우리 寡君께서 저로 하여금 꿇어앉아서〔坐〕 반함하고 諸侯의 玉을 올리게 하였으니, 저로 하여금 반함하게 해 주십시오."라고 하였다.

　　《集說》

考公之喪에 徐國君이 使其臣容居者來弔하고 且致珠玉之含하니 言寡君이 使我親坐而行含하고 以進侯玉於邾君이라 侯玉者는 徐自擬天子하고 以邾君爲己之諸侯니 言進侯氏以玉也라 其使容居以含者는 容居求卽行含禮也라

　考公의 喪에 徐나라 임금이 그 신하 容居라는 자를 시켜 邾婁로 와서 조문하게 하고, 또 珠玉의 飯含을 전달하도록 하였는데, 용거가 말하기를 "寡君이 저로 하여금 직접 꿇어앉아서 반함을 행하여 諸侯의 옥〔侯玉〕을 邾나라 임금에게 올리게 하였습니다."라고 하였으니, '侯玉'이라고 한 것은 서나라 임금이 자신을 天子에게 견주고 주나라 임금을 자기의 제후로 여긴 것이니, 제후에게 옥을 올리라고 말한 것이다. "저로

하여금 반함하게 해 주십시오."라고 한 것은 용거가 즉시 반함의 예를 행할 것을 요청한 것이다.

○ 疏曰 凡行含禮는 未斂之前에 士則主人親含하고 大夫以上은 卽使人含이니 若斂後至殯葬하야 有來含者면 親自致璧於柩及殯上者를 謂之親含이요 若但致命하고 以璧授主人이면 主人受之를 謂之不親含이라

○ 疏 : 무릇 飯含의 禮를 거행함은 염을 하기 전에 士는 상주가 직접 반함을 하고, 大夫 이상은 바로 사람을 시켜서 반함을 하도록 한다. 만약 염한 뒤 빈소를 차리고 葬事를 지낸 뒤에 찾아와서 반함을 하려는 사람이 있으면, 직접 스스로 둥근 구슬을 널과 빈소의 위에 바치는 것을 '親含(친히 반함함)'이라고 하고, 만약 다만 명령만 전달하고 둥근 구슬을 상주에게 주면, 상주가 그것을 받는 것을 '不親含(친히 반함하지 않음)'이라고 한다.

○ 石梁王氏曰 坐는 當訓跪라

○ 石梁王氏 : 坐는 마땅히 꿇어앉는다〔跪〕는 뜻으로 해석해야 한다.

047002 有司曰 諸侯之來辱敝邑者가 易(이)則易하고 于則于하나니 易于雜者는 未之有也니라

邾婁의 有司가 말하기를 "諸侯國에서 욕보시며 우리나라〔敝邑〕에 오신 분들께서 신하가 와서 簡易하게 禮를 행할 경우에는 간이하게 예를 행하시고, 임금이 직접 오셔서 거창하게 예를 행할 경우에는 거창하게 예를 행하셨는데, 간이한 예와 거창한 예가 뒤섞인 경우는 아직 있지 않았습니다."라고 하였다.

《集說》

邾之有司拒之言諸侯之辱來邾國者 人臣來而其事簡易면 則行人臣簡易之禮하고 人君來而其事廣大면 則行人君廣大之禮라 于는 猶迂也니 有廣遠之意라 今人臣來而欲

行人君之禮하니 是易于相雜矣니 我國未有此也라

  邾나라 有司가 거절하면서 "諸侯國에서 욕보시며 邾나라에 오신 분들이 신하가 와서 그 일이 簡易하면 신하로서의 간이한 예를 거행하고, 임금이 와서 그 일이 광대하면 임금으로서의 광대한 예를 행합니다."라고 말한 것이다. 于는 迂와 같은데, 넓고 원대하다〔廣遠〕는 뜻이 있다. 지금 신하가 와서 임금의 예를 행하려고 하니, 이는 간이한 예와 거창〔廣遠〕한 예가 서로 뒤섞인 것이니, 우리나라에는 아직까지 이런 적이 있지 않다.

047003 容居對曰 容居聞之호니 事君호대 不敢忘其君하며 亦不敢遺其祖라하니라 昔我先君駒王이 西討하실새 濟於河하사 無所不用斯言也하시니 容居는 魯人也라 不敢忘其祖호라

  容居가 대답하기를 "저는 듣자하니, '임금을 섬기되 감히 그 임금을 잊지 않아야 하며, 또한 감히 그 선조를 잊지 않아야 한다.'고 하였습니다. 옛날에 우리 선대 임금이신 駒王이 서쪽으로 토벌하실 때 黃河를 건너가서 이 王이라는 호칭을 사용하지 않은 곳이 없으셨습니다. 저는 노둔한 사람이므로 감히 우리 조상을 잊지 못하겠습니다."라고 하였다.

    ≪集說≫

容居又答言事君者는 不敢忘其君하나니 我奉命如此하니 今不能行이면 是忘吾君也요 爲人子孫하야 當守先世之訓이라 故亦不敢遺吾祖也라하니 居는 蓋徐之公族耳라 且言昔者我之先君駒王이 濟河而西討할새 無一處不用此稱王之言이라하니 自言其疆土廣大하야 久已行王者之禮也요 又自言我非譎詐者라 乃魯鈍之人이니 是以不敢忘吾祖라하니 欲邾人之信其言也라 此는 著徐國君臣之僭하고 且明邾有司不能終正當時之僭也라

  容居가 또 대답하여 말하기를 "임금을 섬기는 사람은 감히 그 임금을 잊을 수 없으니, 내가 받든 명령이 이와 같은데 지금 능히 거행하지 못하면 이는 우리 임금을 잊어버리는 것이고, 사람의 자손이 되어서는 마땅히 선대의 교훈을 지켜야 하기 때문에

또한 감히 우리 선조를 잊을 수 없다."고 하였으니, 용거는 아마도 徐나라의 公族인 듯싶다. 또 말하기를 "옛날 우리 先君 駒王이 黃河를 건너가 서쪽으로 토벌하실 때 한 곳에서도 이 왕이라고 칭하는 말을 사용하지 않은 곳이 없었다."고 하였으니, 스스로 그 강토가 광대하여 오랫동안 이미 王者의 禮를 행하였음을 말한 것이고, 또 스스로 말하기를 "내가 기만한 것이 아니라 바로 내가 노둔한 사람이니, 이 때문에 감히 우리 선조를 잊을 수 없다."고 하였으니, 邾나라 사람이 자기의 말을 믿게 하려고 한 것이다. 이는 서나라 君臣들의 참람됨을 드러낸 것이고, 또 주나라 有司가 끝내 당시의 참람됨을 바로잡지 못함을 밝힌 것이다.

047101 子思之母死於衛어늘　赴於子思한대　子思哭於廟하더시니　門人이 至曰　庶氏之母死어늘　何爲哭於孔氏之廟乎잇가　子思曰　吾過矣로다　吾 過矣로다하시고　遂哭於他室하시다

子思의 어머니가 衛나라에서 죽자, 자사에게 訃告하자 자사께서 사당에서 哭을 하셨다. 門人이 와서 묻기를 "庶氏의 어머니가 죽었는데 어째서 孔氏의 사당에서 곡을 하십니까?"라고 하자, 자사께서 말씀하시기를 "내가 잘못했구나, 내가 잘못했구나!"라고 하시고 마침내 다른 방에 가서 곡을 하셨다.

《集說》

伯魚卒에 其妻嫁於衛之庶氏하니 嫁母與廟絶族이라 故不得哭之於廟라

伯魚가 죽었을 때 그의 아내가 衛나라의 庶氏에게로 시집을 갔으니, 改嫁한 어머니는 사당과 친족관계가 단절되기 때문에 그 사당에서 哭할 수가 없는 것이다.

《大全》

嚴陵方氏曰 他室은 異室也니 以有別於正이라 故謂之他니 以義起之而已니라

嚴陵方氏 : 他室은 다른 방이라는 뜻이니, 正室과는 구별이 있기 때문에 타실이라고 한 것이니, 義로써 禮를 일으킨 것일 뿐이다.

047102天子崩이어시든 三日에 祝先服하고 五日에 官長服하고 七日에 國中男女服하고 三月에 天下服하나니라

天子가 崩御하시면 3일 만에 祝官이 먼저 喪杖을 짚고, 5일 만에 官長들이 상장을 짚고, 7일 만에 서울 안의 男女들이 齊衰服을 입고, 3개월 만에 천하 諸侯의 대부들이 繐衰服(세최복)을 입는다.

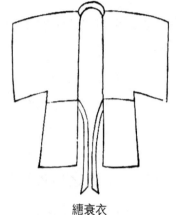

繐衰衣

≪集說≫

疏曰 祝은 大祝商祝也라 服은 服杖也니 是喪服之數라 故呼杖爲服이라 祝佐含斂先病이라 故先杖也니 故子亦三日而杖이요 官長은 大夫士也니 病在祝後라 故五日이라 國中男女는 謂畿內民及庶人在官者니 服齊衰三月而除하나니라 必待七日者는 天子七日而殯이니 殯後嗣王成服이라 故民得成服也라 三月天下服者는 謂諸侯之大夫爲王繐衰하야 旣葬而除니 近者亦不待三月이로대 今據遠者爲言耳라 何以知其或杖服或衰服고 按喪大記及喪服四制云云[85]이라 然四制云七日授士

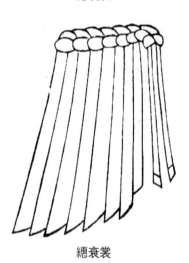

繐衰裳

---

85) 按喪大記及喪服四制云云：≪儀禮≫〈喪大記〉에 "군주의 喪에 3일이 되면 태자와 부인에게 喪杖을 주고, 5일이 되어 殯을 마치면 大夫와 世婦에게 상장을 주며, 세자와 대부는 寢門 밖에서는 상장을 짚고 침문 안에서는 상장을 거두며, 부인과 세부는 그의 喪次인 방안에 있으면 상장을 짚고 자기 자리에 나아가면 남을 시켜서 상장을 짚게 하며, 아들은 군주가 온다는 명이 있으면 상장을 제거하고 이웃나라의 군주가 온다는 명이 있으면 상장을 거두고, 점치는 것을 들을 때와 시동에게 제사가 있게 되면 상장을 제거하며, 대부는 군주의 처소에서는 상장을 거두고 대부의 처소에서는 상장을 짚는다.〔君之喪三日 子夫人杖 五日旣殯 授大夫世婦杖 子大夫寢門之外杖 寢門之內輯之 夫人世婦在其次則杖

杖이라하고 此云五日士杖者는 崔氏云此據朝延之士오 四制는 言邑宰之士也라

　　疏 : 祝은 大祝과 商祝이다. 服은 喪杖을 짚는 것이니, 이는 喪服의 禮數이기 때문에 상장을 복이라고 부른 것이다. 祝官이 飯含과 斂襲을 도와 먼저 피곤해지기 때문에 먼저 상장을 짚는 것이니, 그렇기 때문에 太子 또한 3일 만에 상장을 짚는 것이고, 官長은 大夫와 士인데 피곤함이 축관의 뒤에 오기 때문에 5일 만에 상장을 짚는 것이다. '서울 안의 男女들'은 京畿 안의 백성 및 庶人으로서 관직에 있는 사람을 이르니, 齊衰服을 3개월 입었다가 벗는다. 반드시 7일을 기다리는 것은 天子는 7일 만에 빈소를 차리니, 빈소를 차린 뒤에 嗣王이 복을 입기 때문에 백성들도 成服을 할 수 있는 것이다. '3개월 만에 천하 諸侯의 대부들이 복을 입는다.'는 것은 제후의 대부가, 왕을 위해서 緦衰服을 입었다가 葬事를 지내고 나서 벗는다는 말이니, 가까이 있는 사람은 또한 석달을 기다리지 않지만, 지금은 먼 곳에 있는 사람을 근거로 말한 것일 뿐이다. 어떻게 혹은 상장을 짚고 혹은 衰服을 입는 줄을 아는가? ≪儀禮≫의 〈喪大記〉 및 〈喪服四制〉를 살펴보면 그렇게 말하였다. 그러나 〈상복사제〉에는 "7일 만에 사에게 상장을 준다."고 하고, 여기서는 '5일 만에 사가 상장을 짚는다.'고 말한 것에 대해서는 崔氏가 말하기를 "여기서는 조정의 사를 근거로 말한 것이고, 〈상복사제〉에서는 邑宰의 사를 말한 것이다."라고 하였다.

　　≪大全≫

嚴陵方氏曰 喪人之冠帶衣裳杖履를 通謂之服이니 此所謂服은 特指杖耳니 夫杖所以扶病也니 祝先服者는 力勞而先病故也라 言祝先服이니 則子可知矣요 官長을 以對祝言之면 則力有勞逸이요 以對子言之면 則恩有重輕이라 故五日而後服杖也라 七日國中男女服하고 三月天下服은 言各服其所服之服이요 非謂杖矣라 蓋不特以恩有重輕이라 故服有先後요 亦以地有遠近而聞訃有早晚故也일새라

　　卽位則使人執之 子有王命則去杖 國君之命則輯杖 聽卜有事於尸則去杖 大夫於君所則輯杖 於大夫所則杖"라고 하였고, 〈喪服四制〉에 "상장은 어째서 있는가? 관작이 있는 사람을 위해서 있는 것이다. 군주가 죽으면 3일에는 태자에게 상장을 주고 5일에는 대부에게 상장을 주고 7일에는 사에게 상장을 준다.〔杖者 何也 爵也 三日授子杖 五日授大夫杖 七日授士杖〕"라고 하였다.

嚴陵方氏 : 喪을 치르는 사람의 관과 띠와 상의와 하의, 지팡이와 신발을 통틀어 服이라 하는데, 여기서의 이른바 복은 단지 喪杖만 가리킬 뿐이니, 상장은 피곤한 사람을 부축하기 위한 것으로, 祝官이 먼저 상장을 짚는 것은 힘을 써서 먼저 피로해졌기 때문이다. '축관이 먼저 상장을 짚는다.'고 했으니, 그렇다면 太子는 알 만하다. 官長을 축관과 상대해서 말하면 힘을 씀에 수고로움과 편안함의 차이가 있고, 태자와 상대해서 말하면 은혜에 輕重의 차이가 있다. 그러므로 5일이 지난 뒤에 상장을 짚는 것이다. '7일 만에 서울 안의 男女들이 齊衰服을 입고, 3개월 만에 天下 諸侯의 大夫들이 總衰服을 입는다'는 것은 각자가 그들이 입어야 하는 상복을 입는 것을 말한 것이지 상장을 짚는 것을 말한 것이 아니다. 대개는 단지 은혜에 경중의 차이가 있기 때문에 상복을 입는데 선후의 차이가 있는 것만은 아니고, 또한 지역이 멀고 가까운 차이가 있고 부고를 들음에 이르고 늦은 차이가 있기 때문이기도 하다.

047103 虞人이 致百祀之木可以爲棺槨者斬之호대 不至者는 廢其祀하며 刵其人하나니라

虞人이 모든 사당의 나무들 가운데 임금의 內棺과 外槨을 만들 만한 것을 베어서 바치되, 나무를 가져오지 않는 자는 그의 사당을 폐지하고 그 우인의 목을 벤다.

≪集說≫

虞人은 掌山澤之官也라 天子之棺은 四重而槨周焉하니 亦奚以多木爲哉아 畿內百縣之祀에 其木可用者를 悉斬而致之면 無乃太多乎아 畿內之美材固不乏矣어늘 奚獨於祠祀斬之乎아 廢其祀刵其人이라하니 又何法之峻乎아 禮制若此하니 未詳其說이로다 一云必命虞人致木호대 不用命者라야 然後國有常刑하니 虞人非一이니 未必盡命之也라하니라

虞人은 山林과 川澤을 관장하는 벼슬아치이다. 天子의 內棺은 네 겹인데다 外槨이 감싸니 또 어찌 많은 재목을 필요로 하겠는가. 畿內 수많은 고을의 사당에 쓸 만한 나무를 모두 베어서 바친다면 바치는 것이 너무 많지 않겠는가. 기내의 아름다운 재목이 진실로 모자라지 않은데, 어찌 유독 사당에서만 그것을 벤단 말인가. '그의 사당을

폐지하고 그 우인의 목을 벤다.'고 하니, 또 무슨 법이 그리도 **峻嚴**하단 말인가. 예의 제도가 이와 같으니, 그 내용을 자세히 알 수 없다. 일설에는 "반드시 우인에게 명하여 나무를 바치게 해서 명을 따르지 않는 자가 있어야만 그런 뒤에 나라에 떳떳한 형벌이 있는 것이다. 우인은 한 사람이 아니니, 반드시 그들 모두에게 명하는 것은 아닐 것이다."라고도 한다.

047201 齊大饑어늘 黔敖爲食於路하야 以待餓者而食(사)之하더니 有餓者蒙袂輯屨하고 貿貿然來어늘 黔敖左奉食하고 右執飮曰嗟라 來食하라하니 揚其目而視之曰予唯不食嗟來之食이라 以至於斯也호라하야늘 從而謝焉호대 終不食而死하니라 曾子聞之하시고 曰微與인저 其嗟也엔 可去어니와 其謝也엔 可食이니라하시니라

齊나라에 큰 흉년이 들자 黔敖가 길가에서 음식을 만들어 굶주린 사람들을 기다렸다가 그들에게 먹였는데, 어떤 굶주린 사람이 소매로 얼굴을 가리고 종종걸음으로 고개를 떨구고 비실비실 걸어오자, 검오가 왼손으로는 음식을 받들고 오른손으로는 음료를 잡고서 말하기를 "쯧쯧쯧, 와서 드시오!"라고 하니, 그 사람이 눈을 치켜뜨고 그 검오를 보면서 말하기를 "나는 오로지 쯧쯧거리면서 와서 먹으라는 음식을 먹지 않아서 이 지경에 이르게 되었소."라고 하였다. 검오가 좇아가 사과하였지만 그는 끝내 먹지 않고 죽었다. 曾子께서 이 이야기를 듣고 말씀하기를 "이는 너무 하찮은 일이구나! 쯧쯧거릴 때에는 〈주는 음식을 거절하고〉 떠나갈 만한 이유가 될 수 있겠으나, 그가 사과를 했으면 먹을 수도 있는 것이다."라고 하셨다.

《集說》

蒙袂는 以袂蒙面也요 輯屨는 輯斂其足이니 言困憊而行蹇也라 貿貿는 垂頭喪氣之貌라 嗟來食은 歎閔之而使來食也라 從은 就也라 微與는 猶言細故末節이니 謂嗟來之言이

雖不敬이나 然亦非大過라 故其嗟雖可去나 而謝焉則可食矣라

蒙袂는 소매로 얼굴을 가렸다는 뜻이고 輯屨는 그 발을 모둔다는 뜻이니, 피곤하고 고달파 비틀거리며 걷는다는 말이다. 貿貿는 고개를 떨구고 기운을 잃은 모양이다. 嗟來食은 탄식하고 가엾게 여겨서 와서 먹도록 했다는 뜻이다. 從은 나아간다는 뜻이다. 微與는 작은 일·사소한 일이라는 말과 같으니, 쯧쯧거리며 오라고 한 말이 비록 불경스럽지만 또한 큰 잘못이 아니기 때문에 쯧쯧거릴 때에는 비록 〈주는 음식을 거절하고〉 떠나갈 수 있지만 사과를 했다면 먹을 수가 있는 것이다.

≪大全≫

廬陵胡氏曰 今之君子之急於祿食也하야 嗟而不去하고 不謝而食者多矣니 視餓者에 有愧也라

廬陵胡氏 : 지금의 군자들이 녹봉을 먹기에 급급해서 쯧쯧거리는데도 떠나지 않고 사과하지 않는데도 밥을 먹는 자가 많으니, 굶어죽은 자와 비교해 보면 부끄러움이 더 크다.

○ 臨川吳氏曰 曾子之言은 君子之中과 餓者之操와 賢者之過也니라

○ 臨川吳氏 : 曾子께서 하신 말씀은 君子의 中庸과 굶어죽은 자의 지조와 어진 자의 실수에 대한 것이다.

047301 邾婁定公之時에 有弑其父者어늘 有司以告한대 公이 瞿然失席曰 是寡人之罪也로다 曰寡人嘗學斷斯獄矣로니 臣弑君이어든 凡在官者殺無赦하며 子弑父어든 凡在宮者殺無赦니라 殺其人하고 壞其室하며 洿其宮而豬焉이니 蓋君踰月而后擧爵이니라

邾婁 定公 시대에 그 아버지를 시해한 사람이 있었는데, 有司가 그 사실을 보고하니 정공이 깜짝 놀라 坐不安席하면서 "이는 寡人의 잘못이다."라고 하였다. 이어서 말하기를 "과인이 일찍이 이런 獄事를 판결하는 것을 배

웠는데, 신하가 임금을 시해하면 관청에 있는 모든 사람이 그를 죽이고 용서하지 않으며 자식이 아버지를 시해하면 집에 있는 모든 자가 그를 죽이고 용서하지 않는다. 그 사람을 죽이고 그 집을 파괴해버리며 그 집터를 파내어 웅덩이를 만드니, 대개 임금은 한 달을 넘긴 뒤에야 술잔을 든다."고 하였다.

≪集說≫

瞿然은 驚怪之貌라 在官者는 諸臣也요 在宮者는 家人也라 天下之惡이 無大於此者라 是以人皆得以誅之요 無赦之之理로대 惟父有此罪면 則子不可討之也라 君不擧爵은 以人倫大變이 亦敎化不明所致라 故傷悼而自貶耳라

瞿然은 놀라 괴이하게 여기는 모양이다. 在官者는 여러 신하들이고, 在宮者는 집안 사람들이다. 天下의 惡이 이보다 더 큰 것이 없다. 이 때문에 사람들이 모두 그를 죽일 수 있고 그를 용서해 주는 이치가 없는데, 오직 아버지가 이런 죄가 있다면 자식은 그 아버지를 성토할 수 없다. 임금이 술잔을 들지 않는 것은 人倫의 큰 변고가 또한 교화가 밝아지지 못해서 초래된 것이기 때문에 상심하고 슬퍼하여 스스로 폄하한 것이다.

○ 疏曰 豬는 是水聚之名이라

○ 疏 : 豬는 물이 모여 있는 것의 명칭이다.

○ 石梁王氏曰 註疏本에 作子弑父凡在宮者殺無赦爲是라

○ 石梁王氏 : ≪禮記註疏≫本에는 "子弑父 凡在宮者 殺無赦"로 쓰여 있는데, 옳다.

047401 晉獻文子成室이어늘 晉大夫發焉하더니 張老曰 美哉라 輪焉이여 美哉라 奐焉이여 歌於斯하고 哭於斯하며 聚國族於斯로다 文子曰 武也得歌於斯하고 哭於斯하며 聚國族於斯하면 是全要領하야 以從先大夫於九 (京)〔原〕[86]也라하고 北面再拜稽首한대 君子謂之善頌善禱라하니라

晉나라의 獻文子가 집을 낙성하자, 진나라 大夫들이 禮를 갖추어 축하를 하고 있었는데, 張老가 말하기를 "아름답구나, 웅장함이여! 아름답구나. 찬란함이여! 여기에서 제사지내며 노래부르고 여기에서 居喪하면서 哭하며 여기에서 國賓과 宗族들을 모아 연회를 하겠구나!"라고 하였다. 헌문자가 말하기를 "내가 여기에서 제사지내며 노래부를 수 있고 여기에서 거상하면서 哭할 수가 있으며 여기에서 국빈과 종족들을 모아 연회를 할 수 있다면, 이는 내 목숨을 잘 보전하였다가 九原에서 先大夫를 따를 것이다."라고 하면서 북쪽으로 향하여 再拜하고서 머리를 조아리니, 君子가 이를 두고 평하기를 "장로는 頌祝을 잘하고 헌문자는 祈禱를 잘하였다."라고 하였다.

≪集說≫

晉獻은 舊說謂晉君獻之라하니 謂賀也라 然君有賜於臣에 豈得言獻이리오 疑獻文二字 皆趙武諡니 如貞惠文子之類라 諸大夫發禮往賀에 記者因述張老之言이라 輪은 輪囷이니 高大也요 奐은 奐爛이니 衆多也라 歌는 祭祀作樂也요 哭은 死喪哭泣也라 聚國族은 燕集國賓聚會宗族也라 頌者는 美其事而祝其福이요 禱者는 祈以免禍也라 張老之言은 善於頌이요 武子所答은 善於禱也라

晉獻은 舊說에 "晉나라 임금이 文子에게 바치는 것이다."라고 하였으니, 축하했다는 의미다. 그러나 임금이 신하에게 하사하는데 어찌 "바친다"라고 말할 수 있겠는가. 의심컨대 獻文 두 글자는 모두 趙武의 諡號이니, 貞惠文子와 같은 따위이다. 여러 大夫들이 禮를 갖추어 가서 축하할 때 기록한 사람이 張老의 말을 따라서 기록한 것이다. 輪은 웅장함〔輪囷〕이니 높고 크다는 뜻이고, 奐은 찬란함〔奐爛〕이니 많다는 뜻이다. 歌는 제사에 음악을 연주하는 것이고, 哭은 葬禮와 喪禮를 치를 때 哭하며 우는 것이

---

86) (京)〔原〕: 九原은 춘추 시대 晉나라 大夫의 묘지가 있던 곳인데, 나중에 九泉, 저승을 의미하게 되었다. 九京으로도 쓰는데, ≪國語≫〈晉語〉에 "趙文子와 叔向이 九京에서 노닐었다"고 했는데, 韋昭의 注에 "京은 마땅히 原이 되어야 한다."고 했다. 이에 근거하여 '京'을 '原'으로 바로잡았다.

다. 聚國族은 연회에 國賓을 모으고 宗族을 회합하는 것이다. 頌은 그 일을 아름답게 여기면서 그 福을 축원하는 것이요, 禱는 기도하여 재앙을 모면하는 것이다. 장로의 말은 頌을 잘한 것이고, 武子의 대답은 기도를 잘한 것이다.

○ 鄭氏曰 晉卿大夫之墓地在九原이라

　○ 鄭氏 : 晉나라 卿大夫의 묘지가 九原에 있었다.

○ 疏曰 領은 頸也니 古者罪重腰斬하고 罪輕頸刑하니라 先大夫는 文子父祖也라

　○ 疏 : 領은 목이니, 옛적에 죄가 무거우면 허리를 베었고 죄가 가벼우면 머리를 베었다. 先大夫는 文子의 아버지와 할아버지이다.

○ 石梁王氏曰 歌於斯는 謂祭祀歌樂也니 大夫祭無樂호대 春秋時에 或有之하니라

　○ 石梁王氏 : 歌於斯는 제사에 노래부르고 풍악을 울린다는 말이니, 大夫의 제사에는 풍악이 없는데 춘추시대에는 아마도 그것이 있었나보다.

047501 仲尼之畜(휵)狗死어늘 使子貢埋之하시고 曰 吾聞之也호니 敝帷不棄는 爲埋馬也요 敝蓋不棄는 爲埋狗也라호라 丘也貧하야 無蓋호니 於其封也에 亦予之席하야 毋使其首陷焉하라하시다

　仲尼께서 기르던 개가 죽자 子貢으로 하여금 그 개를 묻게 하고 말씀하시기를 "내가 들으니, 낡은 휘장을 버리지 않는 것은 말을 묻기 위해서이고 낡은 수레의 日傘을 버리지 않는 것은 개를 묻어주기 위해서라고 한다. 그런데 나는 지금 가난해서 수레의 일산이 없으니, 그 개를 묻어줄 때에 또한 돗자리를 주어서 그 개의 머리가 흙 속에 빠지지 않도록 해주어라."라고 하셨다.

　　≪集說≫

狗馬皆有力於人이라 故特示恩也라

개나 말이 모두 사람에게 봉사함이 있기 때문에 특별히 은혜를 보여준 것이다.

047502 路馬死어든 埋之以帷하나니라

임금이 타던 말이 죽으면 그 말을 휘장으로 싸서 묻어준다.

≪集說≫

謂君之乘馬死어든 則特以帷埋之하고 不用敝帷也라

임금이 타던 말이 죽으면 특별히 새 휘장으로 싸서 그 말을 묻고 낡은 휘장을 사용하지 않는다는 말이다.

○ 方氏曰 魯昭公乘馬塹而死어늘 以帷裹之하니라

○ 方氏 : 魯나라 昭公의 타던 말이 해자에 빠져죽자 새 휘장으로 그 말을 싸서 묻어주었다.

≪大全≫

石林葉(섭)氏[87]曰 帷蓋之近於身以爲障蔽者也요 犬馬之畜於家以爲代禦者也라 障蔽者를 敝에 所不敢棄하고 而代禦者死에 用以埋之하니 所謂仁之至요 義之盡也니라

石林葉氏 : 신체에 가까운 휘장과 수레의 日傘으로 시체를 가리고 덮는 물건으로 삼는 것이며, 집에서 기르는 개와 말로 사람의 노고를 대신하고 집을 지키는 동물로 삼는다. 가리고 덮던 것을 낡아도 감히 버리지 않고 사람의 노고를 대신하고 집을 지키던 동물이 죽었을 때 그것을 사용하여 묻으니, 이른바 仁의 지극함이며 義의 극진함이다.

047503 季孫之母死어늘 哀公弔焉이러시니 曾子與子貢弔焉이어늘 闇人이 爲君在弗內(납)也한대 曾子與子貢으로 入於其廐而脩容焉하야 子貢先入이어늘 闇人曰 鄕者已告矣라하고 曾子後入이어시늘 闇人이 辟(피)之하다

---

87) 石林葉氏 : 北宋의 경학자인 葉夢得(1077~1148)으로 字는 少蘊, 號는 石林이다.

季孫의 어머니가 죽자 哀公이 조문을 하였다. 曾子가 子貢과 더불어 조문을 하자, 문지기가 임금이 계신다는 이유로 들여 보내주지 않았다. 증자가 자공과 함께 마굿간으로 들어가서 용모를 꾸미고서 자공이 먼저 들어가자, 문지기가 말하기를 "아까 이미 주인께 말씀드렸습니다."라고 하였고, 증자가 뒤따라 들어가자, 문지기가 자리를 피하였다.

≪集說≫

鄕者已告는 言先已告於主人矣라

'아까 이미 말했다'는 것은 앞서 이미 주인에게 알렸다는 말이다.

047504 涉內霤한대 卿大夫皆辟位하며 公降一等而揖之하니 君子言之曰 盡飾之道는 斯其行者遠矣라하니라

〈曾子와 子貢이〉 문간채 처마 밑〔內霤〕을 통과하니 卿과 大夫들이 모두 자리를 피하였으며, 哀公이 한 계단을 내려와서 그들에게 揖하였다. 君子가 이 일에 대하여 말하기를 "용모를 극진히 꾸미는 도리가 사람을 감동시킴이 크다."고 하였다.

≪集說≫

內霤는 門屋後簷也라 行者遠은 猶言感動之大也라

內霤는 문간채의 뒤 처마이다. 行者遠은 감동시킴이 크다는 말과 같다.

○ 劉氏曰 此章可疑라 二子弔卿母之喪에 必自盡禮以造門이니 不當待閽者拒而後修容盡飾也요 且旣至而閽人辭면 或當再請於閽이요 若終不得通이면 退可也니 何必以威儀悚動之하야 以求入耶아 其入而君卿大夫敬之者는 以平日知其賢也요 非素不相知라가 創見其容飾之美而加敬也어늘 而君子乃曰盡飾之道는 斯其行者遠이라하니 則是二子之德行이 不足以行遠이요 惟區區之外飾이 乃足以行遠耶아

○ 劉氏 : 이 章은 의심스럽다. 증자와 자공 두 분이 卿의 어머니 喪에 조문할 때 반드시 스스로 禮를 다하여 문에 나아갔을 것이니, 마땅히 문지기가 거절하기를 기다린 뒤에 용모를 가다듬고 꾸밈을 극진히 하지 않았을 것이고 또 이미 이르렀을 때 문지기가 사절하면 혹 재차 문지기에게 청함이 마땅하다. 만약 끝끝내 통과할 수가 없었다면 물러감이 옳으니 어찌 威儀로써 경과 大夫들을 송구스럽게 자리를 피하게 하면서 들어가기를 구하겠는가. 그들이 들어갔을 때 임금과 경・대부들이 그들을 공경한 것은 평소에 이들의 어짊을 알았기 때문이고 평소 서로 알지 못하다가 용모를 꾸밈이 아름다움을 처음으로 보고서야 공경을 더한 것이 아닌데, 君子가 마침내 "용모를 극진히 꾸미는 도리가 사람을 감동시킴이 크다."고 하였으니, 그렇다면 이 두 사람의 德行은 크게 감동시키기에 부족하고 오직 하찮은 외모의 꾸밈만이 결국엔 크게 감동시키기에 충분했다는 것인가.

047601 陽門之介夫死어늘 司城子罕이 入而哭之哀한대 晉人之覘宋者反報於晉侯하야 曰 陽門之介夫死에 而子罕哭之哀한대 而民說(열)하니 殆不可伐也로소이다

陽門의 갑옷 입은 수비병이 죽자, 司城인 子罕이 수비병의 집에 들어가서 哭을 슬프게 하니, 宋나라를 정탐하던 晉나라 사람이 晉侯에게 되돌아가 보고하기를 "양문의 갑옷 입은 수비병이 죽자 자한이 슬프게 곡을 하니, 백성들이 기뻐하고 있습니다. 아마도 정벌할 수 없을 듯합니다."라고 하였다.

≪集說≫

陽門은 宋之國門名이라 介夫는 甲士之守衛者라 宋武公諱司空일새 改其官名爲司城하니라 子罕은 樂喜也니 戴公之後라 覘은 闚視也라

陽門은 宋나라 수도의 성문 이름이다. 介夫는 甲士로서 성문을 지켜 호위하는 사람이다. 송나라 武公의 諱가 司空이므로 그 관직명을 고쳐서 司城이라고 한 것이다. 子罕은 樂喜이니, 戴公의 후손이다. 覘은 정탐한다는 뜻이다.

047602 **孔子聞之**하시고 **曰 善哉**라 **覘國乎**여 **詩云 凡民有喪**에 **扶服(匍匐)救之**[88)]라하니 **雖微晉而已**나 **天下其孰能當之**리오

孔子께서 이 말을 들으시고 말씀하기를 "잘하였구나, 적국을 정탐함이여. ≪詩經≫에 이르기를 '모든 백성들이 喪事가 있음에 있는 힘을 다해 손발로 기어가 그들을 도와주었다.'고 하였으니, 비록 晉나라가 아니라도 天下에 그 누가 능히 宋나라를 당해낼 수 있겠는가."라고 하셨다.

≪集說≫

孔子善之는 以其識治體也라 詩는 邶風谷風之篇이라 扶服은 致力之義라 微는 無也라 夫子引詩而言宋國雖以子罕得人心으로 可無晉憂而已나 然天下亦孰能當之리오하시니 甚言人心之足恃也라 一說에 微는 弱也니 雖但弱晉之强하야 使不敢伐而已나 然推此意則民旣悅服하야 必能親其上死其長而擧天下莫能當之矣라하니 前說爲是라

孔子께서 정탐한 자를 훌륭하게 여기신 까닭은 그가 나라를 다스리는 체통을 알았기 때문이다. 詩는 ≪詩經≫〈邶風 谷風〉이다. 扶服은 힘을 쏟는다는 뜻이다. 微는 없다(無)는 뜻이다. 공자께서 ≪시경≫을 인용하여 말씀하시기를 "宋나라는 비록 子罕이 人心을 얻음으로 인해 晉나라가 침공할 우환을 없앴을 뿐이지만, 천하에 또한 누가 宋나라를 당해낼 수 있겠느냐?"고 하셨으니, 인심이 충분히 믿을 만함을 깊이 말씀하신 것이다. 一說에는 "微는 미약함이니, 비록 다만 진나라의 강성함을 미약하게 만들어 감히 정벌하지 못하도록 하였을 뿐이다. 그러나 이 뜻을 미루어 나간다면 백성들이 이미 기쁘게 복종하여 반드시 그 윗사람을 친애하고 그 上官을 위하여 죽어서 온 천하에 그 누구도 능히 당해낼 수 없을 것이다."라고 하였는데, 前者의 말이 옳다.

≪大全≫

長樂陳氏曰 吳起吮一人之疽에 而隣敵莫抗하고 段熲裹一人之瘡에 而西羌頓平이라

---

88) 扶服(匍匐)救之 : 이 내용은 ≪詩經≫〈邶風 谷風〉에 보인다.

然則司城子罕이 哭一介夫而民說하니 其可以伺隙抵巇而伐之哉리오 諜者는 所以知微也라 兵法曰 用間有五하니 是謂神紀라하고 又曰 知彼知己면 百戰不殆라하니 古人之於兵에 未嘗不用間이나 其知微如晉之諜者는 蓋亦鮮矣라 孔子所以善之也시니라 所謂雖微晉而已나 天下其孰能當之는 仁不可爲衆故也라 昔仲尼在衛하실새 趙鞅折謀하고 干木處魏에 秦人罷兵하고 謝安在晉에 王猛知其不可伐하고 季梁在隨에 楚子之兵不敢加하니 則子罕在宋에 而天下不能當者信矣로다

長樂陳氏 : 吳起가 한 병사의 등창을 입으로 빨아줌에 가까이 있는 적국이 항거하지 못하였고, 段熲이 한 병사의 상처를 싸매줌에 西羌이 갑자기 평정되었다. 그렇다면 司城 子罕이 한 명의 갑옷 입은 수비병을 위하여 곡함에 백성들이 기뻐하였으니, 어찌 틈을 엿보아 정벌할 수 있겠는가. 정탐은 은미한 것을 알아내기 위한 것이다. ≪孫子兵法≫에 "간첩을 사용함이 다섯 가지가 있으니 이것을 神紀라 한다."고 하였고, 또 "적을 알고 자신을 알면 백번 싸워도 위태롭지 않다."고 하였으니, 옛사람이 전쟁에 있어 일찍이 간첩을 쓰지 않은 적이 없으나 진나라의 정탐꾼처럼 은미한 것을 알아내는 자는 또한 드물기 때문에 공자께서 그를 훌륭하게 여기신 것이다. 이른바 "비록 晉나라가 아니라도 天下에 그 누가 능히 宋나라를 당해낼 수 있겠는가."라고 한 것은 仁者에게는 많은 무리라도 당해낼 수 없기 때문이다. 옛날 仲尼께서 衛나라에 계실 때 趙鞅이 계책을 접었고, 段干木이 魏나라에 처할 때 秦나라 사람이 군대를 해산하였고, 謝安이 晉나라에 있을 때 王猛이 그를 정벌할 수 없음을 알았고, 季梁이 隨나라에 있을 때 楚王의 군대가 감히 공격하지 못하였으니, 그렇다면 "자한이 송나라에 있음에 천하에 그 누구도 당할 수 없다."는 것은 참으로 옳은 말이다.

○ 石林葉(섭)氏曰 介夫至賤이어늘 子罕一哭之哀에 而晉國諜之하고 不敢伐하고 聖如孔子도 以爲天下莫能當之라 故曰 治國不能侮鰥寡[89]라하니 而況於士民乎아

○ 石林葉氏 : 갑옷 입은 수비병은 지극히 미천한데도 子罕이 한 번 슬프게 곡하자 晉나라에서 그것을 정탐하고는 감히 정벌하지 못하였고, 孔子같은 성인께서도 천하에서 그 누구도 그를 당해낼 수 없다고 여기셨다. 그러므로 "나라를 다스림에는 홀아비

---

89) 治國不能侮鰥寡 : 이 내용은 ≪書經≫ 〈周書 康誥〉에 보인다.

와 과부도 업신여기지 않았다."고 하였는데, 하물며 士와 백성에 있어서이겠는가.

047701 魯莊公之喪에 旣葬하고 而絰不入庫門하며 士大夫旣卒哭하고 麻不入하니라

魯나라 莊公의 喪에 이미 葬事를 마치고 나서 葛絰 차림으로 庫門에 들어가지 않았으며, 士와 大夫들은 이미 卒哭祭를 끝내고 나서 麻絰 차림으로 庫門에 들어가지 않았다.

≪集說≫

莊公이 爲子般所弑하야 而慶父(보)作亂하니 閔公時年八歲라 絰은 葛絰也라 諸侯는 弁絰葛而葬하니 葬畢에 閔公이 卽除凶服於庫門之外하고 而以吉服嗣位라 故云絰不入庫門也라 士大夫則仍麻絰하고 直俟卒哭하야 乃不以麻絰入庫門하니 蓋閔公이 旣吉服하고 不與虞與卒哭之祭라 故群臣이 至卒哭而除하니 記禍亂恐迫하야 禮所由廢라

莊公이 子般에게 시해당하자 慶父가 난을 일으켰는데, 閔公은 당시 나이가 여덟 살이었다. 絰은 葛絰이다. 諸侯는 爵弁에 갈질을 두루고서 葬事를 지내는데, 장사가 끝나자 민공이 즉시 庫門 밖에서 凶服을 벗어버리고 吉服차림으로써 왕위를 계승하였다. 그렇기 때문에 '갈질 차림으로 고문에 들어가지 않았다.'고 한 것이다. 士와 大夫는 그대로 麻絰을 두루고 곧바로 卒哭을 기다리고 이에 마질 차림으로 고문에 들어가지 않았으니, 아마도 민공이 이미 吉服을 입고서 虞祭와 卒哭의 제사에 참여하지 않았을 것이다. 그러므로 신하들이 졸곡에 이르러서 喪服을 벗은 것이니, 禍亂에 두려워하고 핍박받아 禮가 이로 말미암아 폐해짐을 기록한 것이다.

≪大全≫

嚴陵方氏曰 君以葬爲節하고 臣以卒哭爲節者는 君先除而後에 臣敢除故也라 然此皆不能三年이니 則失禮之甚矣라

嚴陵方氏 : 임금은 葬事를 마치는 것을 상복을 벗는 절도로 삼고 신하는 卒哭을 끝

내는 것을 상복을 벗는 절도로 삼는 것은, 임금이 먼저 상복을 벗은 뒤에야 신하가 감히 상복을 벗을 수 있기 때문이다. 그러나 이것은 모두 3년상을 마치지 못한 것이니, 禮를 잃음이 심하다.

047801 **孔子之故人曰原壤**이니 **其母死**어늘 **夫子助之沐槨**한대 **原壤**이 **登木曰 久矣**라 **予之不託於音也**여하고 **歌曰 貍首之斑然**이로소니 **執女手之卷然**이로다하야늘 **夫子爲弗聞也者而過之**하신대 **從者曰 子未可以已乎**잇가 **夫子曰 丘聞之**호니 **親者**에 **毋失其爲親也**하며 **故者**에 **毋失其爲故也**라호라

孔子의 옛 친구 중에 原壤이라는 자가 있었는데, 그 어머니가 죽자 공자께서 그를 도와 外槨을 손질하였는데, 원양이 그 외곽 木材에 올라가서 말하기를 "오래되었구나, 내가 음악에 흥을 가탁하지 못함이여!"라고 하고 노래를 부르기를 "재목의 무늬는 너구리 머리처럼 아롱다롱하니, 나뭇결은 주먹 쥔 여인의 손을 잡은 것처럼 매끄럽도다."라고 하였다. 공자께서는 못들은 것처럼 하시고서 그 곳을 지나가시자, 수행하는 자가 말하기를 "선생님께서는 그와 絶交할 만하지 않습니까?"라고 하니, 공자께서 말씀하시기를 "내가 듣자하니, 친척에게는 그 친척이 된 情을 잃지 않아야 하며, 친구에게는 그 친구가 된 交分을 잃지 않아야 된다고 하더라."라고 하였다.

≪集說≫

或問朱子호대 原壤登木而歌에 夫子爲弗聞而過之하시니 待之自好어니와 及其夷俟則以杖叩脛90)하시니 莫太過否아 曰 這說却差하니 如壤之歌는 乃是大惡이니 若要理會면不可但已라 只得且休요 至其夷俟之時에는 不可不敎誨라 故直責之하시고 復叩其脛하시니

---

90) 及其夷俟則以杖叩脛: ≪論語≫〈鄕黨〉에 "原壤이 걸터앉아서 孔子를 기다리자, 공자께서 말씀하시기를 '어려서는 공손하지 않고 장성해서는 칭찬할 만한 일이 없고 늙어서 죽지 않는 것이 바로 賊이다.' 하시고, 지팡이로 그의 정강이를 치셨다.〔原壤夷俟 子曰 幼而不孫弟 長而無述焉 老而不死 是爲賊 以杖叩其脛〕"라고 하였다.

自當如此라 若如今說이면 則是不要管他니 却非朋友之道矣니라

　어떤 사람이 朱子에게 질문하되 "原壤
이 外槨 나무에 올라가서 노래를 부를
때에는 孔子께서 못들은 척 하시고서 그
곳을 지나가셨으니 공자께서 그를 대한
것이 스스로 좋거니와, 그가 걸터앉아서
공자를 기다림에 이르러서는 공자께서
지팡이로써 그의 정강이를 치셨으니 너
무나 지나친 것이 아닙니까?"라고 하자,
주자가 말하기를 "그 말이 오히려 틀렸
다. 예컨대 원양이 노래 부른 것과 같은
것은 바로 큰 잘못이니, 만약 시비를 따
지고자 한다면 절교하고 말 수 없는 사
안인지라 다만 우선 그만둔 것이고, 그
가 걸터앉아서 기다림에 이르러서는 가
르쳐주지 않을 수 없었기 때문에 곧바로
그를 나무라시고 다시 그 정강이를 지팡

杖叩原壤

이로 치셨으니, 본래는 이처럼 하는 것이 마땅하다. 만약 지금 그대의 말대로라면 원
양을 간섭하지 않아야 하니, 이는 도리어 벗에 대한 도리가 아닌 것이다."라고 하였다.

○ 胡氏曰 數其母死而歌면 則壤當絶이요 叩其夷踞之脛인댄 則壤猶故人耳라 盛德中
禮가 見(현)乎周旋을 此亦可見이니라

　○ 胡氏 : 그 어머니가 죽었을 때 노래 부른 것을 헤아려 본다면 原壤과 절교하는 것
이 마땅하고, 그의 걸터앉은 정강이를 쳤다면 원양은 그래도 친구인 것이다. 孔子의
훌륭한 德과 禮에 맞음이 주선할 때에 나타남을 여기에서 또한 볼 수 있다.

○ 馮氏曰 母死而歌하니 惡有大於此者乎아 宜絶而不絶은 蓋以平生之素로 而事有出
於一時之不意者如此하니 善乎라 朱子之言이여 曰若要理會인댄 不可但已일새 只得且

休라하시니 **其有以深得聖人之處其所難處者矣**로다

○ 馮氏 : 어머니가 돌아가셨는데도 노래를 불렀으니 악이 이보다 더 큰 것이 있겠는가. 마땅히 절교해야 되는데 절교하지 않은 것은 대개 평소에 안면이 있는 친구로써 사건이 한 때 뜻하지 않은 데서 나온 것이 이와 같으니, 훌륭하구나, 朱子의 말이여! '만약 시비를 따지고자 한다면 절교만 하고 말 수 없는 사안이므로 다만 우선 그만둔 것이다.'라고 하였으니, 주자는 聖人이 難處한 일을 어떻게 처리하는지에 대해 깊게 터득했던 것이다.

○ **劉氏曰 原壤母卒**에 **夫子助之治槨**하신대 **壤**이 **登已治之槨木而言久矣我之不託興於詠歌之音也**여 **如貍首之斑**은 **言木文之華也**요 **卷**은 **與拳同**하니 **如執女手之拳**은 **言沐槨之滑膩也**라 **壤之廢敗禮法**이 **甚矣**어늘 **夫子佯爲不聞而過去以避之**하시니 **從者見其無禮**하고 **疑夫子必當已絶其交**라 **故問曰 子未當已絶之乎**아 **夫子言爲親戚者**는 **雖有非禮**나 **未可遽失其親戚之情也**요 **爲故舊者**는 **雖有非禮**나 **未可遽失其故舊之好也**라하시니 **此**는 **聖人隱惡全交之意**라

○ 劉氏 : 原壤의 어머니가 죽었을 때 孔子께서 그를 도와 外槨을 손질하였는데, 원양이 그 외곽 木材에 올라가서 "오래되었구나, 내가 음악에 흥을 가탁하지 못함이여!"라고 하였다. '너구리 머리처럼 아롱다롱하다.'고 한 것은 목재의 무늬가 화려함을 말한 것이다. 卷은 拳과 같으니, 주먹 쥔 여인의 손을 잡는 것과 같다는 것은 다듬은 외곽이 매끄럽고 윤이 난다는 말이다. 원양이 禮法을 훼손시킨 것이 매우 심한데도 공자께서 거짓 못들은 척 하시고서 그냥 지나쳐 자리를 피하시기에 수행하던 자가 원양의 無禮함을 보고 공자께서 반드시 그와 절교하시는 것이 마땅하다고 의심했다. 그러므로 "선생님께서는 마땅히 그와 절교하셔야 되지 않겠습니까?"라고 질문하자, 공자께서 "親戚이 된 자는 비록 잘못된 禮가 있더라도 대번에 그 친척의 정을 잃어서는 안 되고, 오랜 친구가 된 자는 비록 잘못된 예가 있더라도 대번에 오랜 친구의 友好관계를 잃어서는 안 된다."고 하셨으니, 이는 聖人이 惡을 숨겨주고 交分을 온전히 하려는 뜻이었던 것이다.

≪大全≫

石林葉氏曰 孔子責原壤에 重於夷俟하고 而略於喪歌者는 夷俟는 禮之踞也니 人道不可以不責이라 是以雖痛絶之不爲過요 親喪而歌豈止違禮而已哉리오 孔子聞而不問은 見不可以敎니 問之則人道絶矣리라 故過之若不聞者하니 乃所以全故舊之恩이라 此夫子之道忠恕者也라 方周之末世하야 有妻死에 鼓盆而歌하야 自以爲達하니 如莊周者[91]요 友死에 臨尸而歌하야 自以爲禮하니 如子皮琴張者[92]라 蓋將以矯世나 未必出其誠心

---

91) 妻死……如莊周者 : ≪莊子≫ 〈至樂〉에 "莊子의 아내가 죽어서 惠子가 조문하러 갔더니 장자는 다리를 뻗고 철퍼덕 앉아 동이를 두드리며 노래를 부르고 있었다. 혜자가 말했다. '아내와 함께 살면서 자식까지 키우고 함께 늙도록 年輪을 쌓다가 바로 그 아내가 죽었는데도 곡을 하지 않는 것은 그래도 괜찮으나 게다가 한술 더 떠서 동이를 두드리며 노래까지 하다니 너무 심하지 않은가.' 장자가 말했다. '그렇지 않다. 이 사람이 처음 죽었을 때에 난들 어찌 슬프지 않았겠는가마는 그 삶의 처음을 살펴보았더니 본래 삶이 없었고, 삶이 없었을 뿐만 아니라 본래 形體도 없었고, 형체가 없었을 뿐만 아니라 본래 氣조차 없었다. 황홀한 가운데에 섞여서 變化하여 기가 나타나고 기가 변화하여 형체가 이루어지고 형체가 변하여 삶이 이루어졌다가 지금 또 변화해서 죽음으로 갔으니 이것은 서로 봄 여름 가을 겨울이 되어서 사계절이 運行되는 것과 같다. 저 사람이 천지의 큰 집에서 편안히 쉬고 있는데 내가 시끄럽게 떠들면서 사람들의 習俗을 따라 울어대는 것은 스스로 天命을 알지 못하기 때문이라고 여겼기에 그만두었다.'〔莊子妻死 惠子弔之 莊子則方箕踞 鼓盆而歌 惠子曰 與人居長子老身 死不哭 亦足矣 又鼓盆而歌 不亦甚乎 莊子曰 不然 是其始死也 我獨何能無槪然 察其始而本無生 非徒無生也 而本無形 非徒無形也 而本無氣 雜乎芒芴之間 變而有氣 氣變而有形 形變而有生 今又變而之死 是相與爲春秋冬夏 四時行也 人且偃然寢於巨室 而我噭噭然隨而哭之 自以爲不通乎命 故止也〕"라고 하였다.

92) 友死……如子皮琴張者 : ≪莊子≫ 〈大宗師〉에 "子桑戶가 죽어서 아직 장례를 치르지 않았는데, 孔子가 그 소식을 듣고, 子貢으로 하여금 가서 葬事를 도와주게 하였다. 〈자공이 가 보니〉 한 사람은 노래를 부르고, 나머지 한 사람은 거문고를 타면서 서로 화답하면서 노래했다. '아! 桑戶여. 아! 桑戶여. 그대는 이미 참된 세계로 돌아갔는데 우리는 아직 사람으로 남아 있구나. 아!' 자공이 종종걸음으로 그들 앞에 나아가 말했다. '감히 묻겠습니다. 屍身을 앞에 놓고 노래하는 것이 禮입니까?' 두 사람이 서로 마주 보고 웃으면서 말했다. '이 사람이 어찌 禮의 본 뜻을 알겠는가?'〔子桑戶死 未葬 孔子聞之 使子貢往侍事焉 或編曲 或鼓琴 相和而歌 曰 嗟來桑戶乎 嗟來桑戶乎 而已反其眞 而我猶爲人猗 子貢趨而進 曰 敢問 臨尸而歌禮乎 二人相視而笑曰 是惡知禮意〕"라고 하였다. 子皮는 춘추 시대

然하니 不可施之於孔子之門이니 此夫子所以有時而抑揚與인저

石林葉氏 : 孔子께서 原壤을 꾸짖을 때에 걸터앉은 것에 대해서는 중하게 하시고, 초상에서 노래 부른 것에 대해서는 꾸짖음을 생략하셨는데, 이는 걸터앉은 것은 禮에 있어서 거만하기 때문에 사람의 도의상 꾸짖지 않을 수 없었던 것이다. 그러므로 통렬하게 그와 절교하더라도 과함이 되지 않는 것이고, 어버이가 돌아가셨는데 노래 부르는 것이 어찌 예를 위배한 것에만 그칠 뿐이겠는가. 공자께서 들으시고도 문책하지 않으신 것은 가르칠 수 없다는 것을 보셨기 때문이니, 문책하셨다면 사람의 도의상 절교를 하셨을 것이다. 그러므로 마치 듣지 못한 사람처럼 그냥 지나치신 것은 바로 오랜 친구의 은정을 온전히 하기 위한 것이었다. 이것이 공자의 道가 忠恕라는 것이다. 周나라 말엽에 아내가 죽었는데도 동이를 두드리고 노래를 부르며 스스로 도에 통달했다고 여기는 자가 있었으니 莊周와 같은 자이고, 벗이 죽었는데 시신에 임하여 노래를 부르며 스스로 예라고 여기는 자가 있었으니 子皮와 琴張 같은 자들이 그들이었다. 아마도 장차 세상을 바로잡으려 한 것이겠으나, 반드시 진실한 마음에서 나온 것은 아닌 듯하다. 공자의 문하에 펼쳐질 수 없는 것이니, 이것이 공자께서 때에 따라 억제하기도 하고 추켜세우기도 한 까닭인 듯싶다.

047901 趙文子與叔譽觀乎九原이러니 文子曰 死者如可作也인맨 吾誰與歸오

趙文子가 叔譽와 더불어 九原을 구경하였는데, 문자가 말하기를 "죽은 사람이 만약 살아날 수 있다면 내가 누구와 더불어 從遊해야 되겠소?"라고 하였다.

때 사람인 子桑戶(?~?)로, 琴張과 서로 친했는데, 세 사람이 서로 보며 웃어도 마음에 거슬릴 게 없었다. 孔子가 方外에 노니는 사람이라 칭송하면서, 자신은 方內를 노니는 사람이라 말했다. 琴張은 춘추 시대 말기 衛나라 사람인 琴牢(?~?)이다. 張은 그의 자이고, 또다른 자는 子開이다. 孔子의 제자로, ≪孟子≫에서 曾晳, 牧皮 등과 함께 狂者로 일컬어졌다.

≪集說≫

文子는 晉大夫니 名武라 叔譽는 叔向也라 言卿大夫之死而葬於此者多矣라 假令可以再生而起인대 吾於衆大夫에 誰從乎아 文子蓋設此說하야 欲與叔向共論前人賢否也라

文子는 晉나라 大夫로 이름은 武이다. 叔譽는 叔向이다. "卿이나 대부가 죽어서 여기에 葬事지낸 사람이 많은데, 가령 그들이 다시 살아서 나올 수 있다면 내가 여러 대부들 중에서 누구와 從遊해야 되겠느냐?"라는 말이다. 문자는 아마도 이 말을 가설해서 叔向과 더불어 前人의 어진지 여부를 함께 논하고자 한 것인 듯싶다.

047902 叔譽曰 其陽處父乎인저 文子曰 行幷植(치)於晉國하야 不沒其身하니 其知不足稱也니라

叔譽이 말하기를 "陽處父일 것 같습니다."라고 하자, 文子가 말하기를 "권력을 전횡하고 지나치게 강직함을 晉나라에 행하여 자기 몸을 제 명대로 마치지 못하였으니, 그의 지혜는 족히 칭찬할 것이 못 된다."라고 하였다.

≪集說≫

處父는 晉襄公之傅라 幷者는 兼衆事於己니 是專權也라 植者는 剛强自立之意라 所行如此라 故爲狐射(역)姑所殺[93]하야 不得善終其身하니 是不智也라

處父는 晉나라 襄公의 사부이다. 幷이라는 것은 여러 가지 일을 자기에게 兼한 것이니, 이는 권력을 전횡한 것이다. 植는 剛强하여 스스로 선다는 뜻이다. 처보의 所行이 이와 같았기 때문에 狐射姑에게 피살을 당하여 그 몸을 제 명대로 마치지 못하였으니, 이는 지혜롭지 못한 것이다.

---

93) 爲狐射姑所殺 : ≪春秋≫ 文公 6년의 經文에 "晉나라가 그 大夫陽處父를 죽이니, 狐射姑가 狄으로 出奔하였다.[晉殺其大夫陽處父 晉狐射姑出奔狄]"고 했는데, ≪春秋左氏傳≫에 "賈季는 陽子가 자기의 班次를 바꾼 것에 원한을 품고, 또 晉나라 안에 그를 돕는 세력이 없다는 것을 알고서 9월에 續鞫居를 시켜 陽處父를 죽였다.[賈季怨陽子之易其班也 而知其無援於晉也 九月 賈季使續鞫居殺陽處父]"라고 하였다.

047903 其舅犯乎인저 文子曰 見利하고 不顧其君하니 其仁不足稱也니라

叔譽가 말하기를 "그렇다면 舅犯일 것 같습니다." 文子가 말하기를 "이익을 보고 그 임금을 돌아보지 않았으니, 그의 仁은 족히 칭찬할 것이 못 된다." 하였다.

≪集說≫

叔譽又稱子犯可歸한대 文子言 子犯이 從文公十九年于外라가 及反國危疑之時하야 當輔之入하야 以定其事어늘 乃及河而授璧以辭하니 此蓋爲他日高爵重祿之計라 故以此言要君求利也니 豈顧其君之安危哉아 是不仁也라

叔譽가 또 子犯이 從遊할 만하다고 일컫자, 文子가 말하기를 "子犯이 文公을 외국에서 19年 동안 따라다니다가 본국에 돌아와 위태롭고 불안할 때를 당하여 마땅히 군주를 보필하여 본국에 들어가 국사를 안정시켜야 하는데, 도리어 黃河에 이르러 구슬을 주고 떠나겠다고 하직하였으니, 이는 뒷날 높은 벼슬과 厚한 俸祿을 얻기 위한 계책이었다. 그러므로 이 말로써 임금을 협박하여 이익을 구하였으니, 어찌 그 임금의 安危를 돌아보았겠는가. 이는 仁하지 못한 것이다."라고 하였다.

047904 我則隨武子乎인저 利其君호대 不忘其身하며 謀其身호대 不遺其友라한대 晉人이 謂文子知人이라하니라

文子가 스스로 말하기를 "나는 隨武子를 따를 것이다. 그는 자기 임금을 이롭게 하면서도 자기 몸을 잊지 않았으며, 자기 몸을 도모하면서도 자기 친구를 버리지 않았다."라고 하니, 晉나라 사람들이 문자가 사람을 잘 알아보았다고 여겼다.

≪集說≫

文子自言我所願歸者는 惟隨武子乎인저 武子는 士會也니 食邑於隨하니라 左傳言 夫子

之家事治하며 言於晉國에 無隱情⁹⁴⁾이라하니 蓋不忘其身而謀之는 知也요 利其君不遺其友는 皆仁也라

文子가 스스로 말하기를 "내가 從遊하고 싶은 자는 오직 隨武子일 뿐이다."라고 한 것이다. 武子는 士會인데, 隨 땅을 食邑으로 하였다. ≪春秋左氏傳≫에 "隨武子의 집안 일이 잘 다스려졌으며, 晉나라에서 국정을 말할 때에는 實情을 숨김이 없었다."라고 하였으니, 대개 자기 몸을 잊지 않고 잘 도모한 것은 지혜로움이고 그 임금을 이롭게 하고 친구를 버리지 않은 것은 모두 仁이다.

047905 文子는 其中退然如不勝衣하며 其言吶吶(눌눌)然如不出諸其口언마는

文子는 그 몸가짐이 겸손하여 옷의 무게도 이기지 못하는 듯이 하였으며, 그 말이 어눌하여 그 입에서 말을 제대로 내지 못하는 듯이 하였지만

≪集說≫

中은 身也니 見儀禮鄕射記⁹⁵⁾하다 退然은 謙卑怯弱之貌라 吶吶은 聲低而語緩也라 如不出諸其口는 似不能言者라

中은 몸인데, ≪儀禮≫ 〈鄕射禮〉의 記文에 用例가 보인다. '退然'은 겸손하고 낮추며 겁먹고 약한 모양이다. '吶吶'은 음성이 낮고 말이 느린 것이다. '如不出諸其口'는 말을 하지 못하는 것과 같다는 뜻이다.

047906 所擧於晉國에 管庫之士七十有餘家로대 生不交利하며 死不屬(촉)其子焉하니라

---

94) 左傳言……無隱情 : 이 내용은 ≪春秋左氏傳≫ 襄公 27년에 보인다.
95) 儀禮鄕射記 : ≪儀禮≫ 〈鄕射禮〉에 "每弓에서 2寸씩으로 환산해서 과녁의 본체를 만든다.〔弓二寸以爲侯中〕"라고 하였다.

文子가 晉나라에서 천거한 사람 중에 창고의 자물쇠를 관리하는 자가 70여 명이었으되, 살아서는 그들과 이익을 주고받지 않았고 죽을 때에도 자기 자식을 부탁하지 않았다.

《集說》

管은 鍵也니 卽今之鎖니 庫之藏物에 以管爲開閉之限이라 管庫之士는 賤職也로대 知其賢而擧之하니 卽不遺友之實이요 雖有擧用之恩於其人이나 而生則不與之交利하고 將死에 亦不以其子屬託之하니 廉潔之至라

管은 빗장〔鍵〕이니 바로 지금의 자물쇠이니, 창고에 물건을 보관할 때에는 자물쇠로써 열고 닫는 한계로 삼는다. 창고를 관리하는 士는 賤한 職責인데 그가 어진 줄을 알고서 그들을 천거하였으니, 이것은 바로 벗을 버리지 않은 실제이다. 비록 그 사람들에게 등용해준 은혜가 있으나 살아서는 그들과 이익을 주고받지 않았고 장차 죽으려 할 적에도 자기의 아들을 부탁하지 않았으니, 청렴하고 결백함이 지극한 것이다.

《大全》

長樂陳氏曰 君子之尙友에 以一鄕爲未足이면 則友於一國하고 以一國爲未足이면 則友之天下하며 以天下爲未足이면 則尙論古之人[96]하나니 此文子叔譽所以論死者之可作也라 叔譽는 以陽處父(보)與舅犯을 爲可與歸라하고 文子는 則謂處父不足於智하고 舅犯不足於仁하니 不若隨武子之愈라 蓋太剛則易屈하고 太直則易折하며 植(치)者는 剛直而

---

96) 君子之尙友……尙論古之人 : 《孟子》〈萬章 下〉에 "맹자께서 만장에게 말씀하셨다. '한 고을의 훌륭한 선비라야 한 고을의 훌륭한 선비와 벗할 수 있고, 한 나라의 훌륭한 선비라야 한 나라의 훌륭한 선비와 벗할 수 있으며, 천하의 훌륭한 선비라야 천하의 훌륭한 선비와 벗할 수 있다. 천하의 훌륭한 선비와 벗하는 것으로도 만족하지 못해서 또다시 위로 올라가 옛사람을 논하여 옛사람에게서 취하니, 옛사람의 詩를 외우며 옛사람의 글을 읽으면서도, 그의 사람됨을 알지 못한다면 되겠는가? 이 때문에 그들이 살았던 시대에 행한 일의 자취를 논하는 것이니, 이는 위로 올라가서 옛사람을 벗하는〔尙友〕 것이다.'〔孟子謂萬章曰 一鄕之善士 斯友一鄕之善士 一國之善士 斯友一國之善士 天下之善士 斯友天下之善士 以友天下之善士 爲未足 又尙論古之人 頌其詩 讀其書 不知其人 可乎 是以 論其世也 是尙友也〕"라고 하였다.

自立者也어늘 處父幷爲之하니 其智不足稱矣라 懷利者有己하고 懷仁者有君한대 舅犯
見利而不顧君하니 其仁不足稱矣라 隨武子則利其君하니 仁也요 不忘其身하고 謀諸其
身하니 智也며 不遺其友하니 義也라 二人於仁智爲不足이나 武子於仁智義則兼而有
之하고 其身退然如不勝衣로대 而其所爲足以勝大事하며 其言吶吶하야 如不出諸口로대
而其所擧足以盡衆賢하니 蓋管庫之士는 賤而難知하고 七十有餘家는 衆而難辨이라 文
子之所擧는 雖賤不遺하고 雖衆不繆하니 豈非長於知人哉아 然則文子成室에 不免張老
之所戒[97]하고 樂奏肆夏도 自文子始[98]하니 其奢僭이어늘 於此而謂生不交利는 何也오 蓋
奢僭在己하고 交利在人이라

長樂陳氏 : 君子가 위로 올라가 옛사람을 벗하는 것〔尙友〕은, 한 고을의 훌륭한 선
비와 벗하는 것으로도 만족하지 못하면 한 나라의 훌륭한 선비를 구하여 벗하며 한
나라의 훌륭한 선비와 벗하는 것으로도 만족하지 못하면 천하의 훌륭한 선비를 구하
여 벗하며, 천하의 훌륭한 선비와 벗하는 것으로도 만족하지 못하면 위로 올라가 옛
사람을 논하여 옛사람에게서 취하는 것이다. 이것이 文子와 叔譽가 죽은 사람이 만약
살아날 수 있다면 누구와 從遊해야 하는지 논한 까닭이다. 숙예는 陽處父와 舅犯을
종유할 만한 사람이라고 여겼고, 문자는 양처보에 대해 지혜에 부족하다고 하고 구범
에 대해 仁에 부족하다고 해서 隨武子의 뛰어남만 못하다고 여겼다. 대개 지나치게
강하면 쉽게 구부러지고 지나치게 곧으면 쉽게 꺾이며, 植는 강직하게 스스로 서 있
는 것인데 양처보는 이것을 아울러 행하였으니, 그의 지혜는 족히 일컬을 것이 못 된
다. 이익을 생각하는 자는 마음속에 자기만 있고, 仁을 생각하는 자는 마음속에 군주
만 있는 법인데 구범은 이익만 보고 군주를 돌아보지 않았으니, 그의 인은 족히 일컬
을 것이 못 된다. 수무자는 그 군주를 이롭게 하였으니 인하고, 자기 몸을 잊지 않고
자기 자신에 대해서도 잘 도모했으니 지혜로우며, 친구를 버리지 않았으니 의롭다.
양처보와 구범 두 사람은 인과 지혜에 있어서 부족했지만 수무자는 인과 지혜와 의를
겸하여 가지고 있었으며, 趙文子는 몸가짐이 겸손하여 옷의 무게도 이기지 못하는 듯

---

97) 文子成室 不免張老之所戒 : 앞의 '047401' 참조.

98) 樂奏肆夏自文子始 : ≪禮記≫〈郊特牲〉에 "大夫가 〈肆夏〉를 演奏하는 것은 趙文子로
부터 비롯되었다.〔大夫之奏肆夏 自趙文子始也〕"라고 하였다.

이 하였지만 그의 소행은 충분히 큰일을 이루 감당할 수 있었으며, 그 말이 어눌하여 입에서 말을 제대로 내지 못하는 듯이 하였지만 그가 천거한 사람들은 족히 무수한 현명한 자들을 망라하였다. 대개 창고를 관리하는 士는 賤한 職責이므로 그가 지혜로운지 알아보기 어렵고, 70여 명은 많아서 변별하기 어렵다. 그런데도 조문자가 천거할 때에 비록 비천하더라도 빠뜨리지 않았고 비록 많더라도 어긋나지 않았으니, 어찌 사람을 알아봄에 있어 뛰어난 자가 아니겠는가? 그렇다면 조문자가 집을 낙성했을 때 張老의 경계를 면치 못하였고, 肆夏를 음악으로 연주한 것도 문자로부터 시작되었으니, 그가 사치스럽고 참람한데도 여기에서 '살아서 그들과 이익을 주고받지 않았다.'고 한 것은 어째서인가? 아마도 사치와 참람함은 자기에게 달려있는 것이고 이익을 주고받는 것은 남에게 달려있기 때문인 듯싶다.

048001 叔仲皮學(효)子柳러니 叔仲皮死어늘 其妻는 魯人也로대 衣衰(최) 而繆(규)絰이어늘 叔仲衍이 以告하고 請繐(세)衰而環絰이어늘 曰 昔者에 吾 喪姑姊妹에 亦如斯호대 末吾禁也라하야늘 退使其妻繐衰而環絰하니라

叔仲皮가 그 아들 子柳를 가르쳤는데, 叔仲皮가 죽자 자류의 아내는 노둔한 사람이었으나 시아버지를 위하여 그래도 齊衰服을 입고 繆絰을 하였다. 叔仲衍이 조카인 자류에게 이것을 고하고 그의 아내로 하여금 繐衰服을 입고 環絰을 띠도록 할 것을 요청하면서 말하길 "옛날에 내가 고모의 상을 당했을 때에도 또한 이와 같이 하였지만 나를 금지하는 사람이 없었다."라고 하니, 자류가 물러가서 그 아내로 하여금 세최복을 입고 환질을 띠도록 하였다.

≪集說≫

繆는 絞也니 謂兩股相交라 五服之絰이 皆然호대 惟弔服之環絰은 一股라

繆는 꼰다〔絞〕는 뜻이니, 두 가닥을 서로 꼰다는 말이다. 五服의 絰이 모두 그러하되 오직 弔服의 環絰은 한 가닥으로 만든다.

○ 疏曰 言叔仲皮敎訓其子子柳로대 而子柳猶不知禮하고 叔仲皮死에 子柳妻는 雖是

魯鈍婦人이나 猶知爲舅著(착)齊衰而首服繆絰이라 衍是皮之弟요 子柳之叔이니 見當時婦人이 好尙輕細하고 告子柳云 汝妻何以著非禮之服고하니 子柳見時皆如此하고 亦以爲然하야 乃請於衍하야 令其妻身著繐衰首服環絰한대 衍又答云 昔者吾喪姑姊妹에 亦如此繐衰環絰호대 無人相禁止也라하니 子柳得衍此言하고 退使其妻著繐衰而環絰이니라

○ 疏 : 叔仲皮가 그의 아들 子柳를 가르쳤으나 자류가 여전히 예를 알지 못하였고, 숙중피가 죽자 자류의 처가 비록 노둔한 부인이었으나 오히려 시아버지를 위해서 자최복을 입고 머리에 繆絰을 띨 줄 알았다. 叔仲衍은 바로 숙중피의 아우이고 자류의 숙부인데, 당시에 부인들이 가볍고 가는 옷을 좋아하고 숭상하는 것을 보고는 자류에게 고하기를 "네 처가 어찌하여 예가 아닌 복을 입었는가?"라고 하니, 자류 또한 당시 사람들이 모두 이와 같이 하는 것을 보고 그 역시 이것을 옳게 여겨서 마침내 숙중연에게 청하여 그 처로 하여금 몸에는 繐衰를 입고 머리에는 環絰을 하게 한 것이다. 숙중연이 또 대답하기를 "옛날에 내가 고모의 상을 당했을 적에도 이와 같이 세최를 입고 환질을 하였으나 서로 금지하는 사람이 없었다."라고 하니, 자류가 자기 숙부인 숙중연의 이 말을 듣고 물러가서 자기 처로 하여금 세최를 입고 환질을 하게 하였다.

≪大全≫

嚴陵方氏曰 子柳雖受敎於父나 不若愚婦人之所爲也라

嚴陵方氏 : 子柳는 비록 아버지에게 가르침을 받았지만 어리석은 부인의 소행만 못하였다.

048101成人이 有其兄死而不爲衰者러니 聞子皐將爲成宰하고 遂爲衰한대 成人曰 蠶則績而蟹有匡하며 范則冠而蟬有緌하며 兄則死而子皐爲之衰라하니라

成邑 사람이 그 兄이 죽었는데도 衰服을 입지 않은 자가 있었는데, 子皐가 장차 성읍의 邑宰가 될 것이라는 소식을 듣고 마침내 최복을 입으니, 성읍 사람이 말하기를 "누에는 고치실을 토하는데 게가 광주리를 가지고 있으

며, 벌은 머리 위에 冠을 쓰고 있는데 매미가 늘어진 갓끈을 가지고 있으며, 형이 죽었는데 자고를 위하여 최복을 입는다."고 하였다.

≪集說≫

成은 魯邑名이라 匡은 背殼似匡也라 范은 蜂也라

　成은 魯나라 邑 이름이다. 匡은 등껍질이 광주리와 같은 것이다. 范은 벌이다.

○ 朱氏曰 絲之績者는 必由乎匡之所盛이나 然蟹之有匡은 非爲蠶之績也라 爲背而已요 首之冠者는 必資乎緌之所飾이나 然蟬之有緌는 非爲范之冠也라 爲喙而已요 兄死者必爲之服衰나 然成人之服衰는 非爲兄之死也라 爲子皋而已니 蓋以上二句로 喩下句也라

　○ 朱氏 : 누에의 실로 길쌈하는 자는 반드시 광주리에 담는 것을 필요로 하는데, 게가 광주리를 갖고 있는 것은 누에실의 길쌈을 위한 것이 아니라 제 등껍질을 위해서일 뿐이며, 머리 위에 관을 쓰는 자는 반드시 갓끈의 수식을 필요로 하는데, 매미가 갓끈을 가지고 있는 것은 벌의 관을 위해서가 아니라 제 부리를 위해서일 뿐이며, 형이 죽은 자는 반드시 衰服을 입어야 하지만 成邑 사람이 최복을 입은 것은 형의 죽음을 위해서가 아니라 子皋 때문일 뿐이니, 위의 두 구를 가지고 아래 한 구를 비유한 것이다.

≪大全≫

金華應氏[99]曰 聞伯夷之風者는 頑夫廉하고 聞下惠之風者는 薄夫敦[100]하며 聞子皋之

---

99) 金華應氏(?~?) : 南宋시대 蘭溪(지금의 浙江省 蘭溪縣) 사람으로 字는 子和, 이름은 應鏞이다. 저서에 ≪尙書約義≫, ≪禮記纂義≫가 있다.

100) 聞伯夷之風者……薄夫敦 : ≪孟子≫ 〈盡心 下〉에 "맹자께서 말씀하셨다. '聖人은 백세의 스승이니, 伯夷와 柳下惠가 그런 분이다. 그러므로 백이의 風貌를 들은 자는 탐욕스러운 자가 청렴해지고, 나약한 자가 뜻을 세우게 된다. 유하혜의 풍모를 들은 자는 각박한 자가 厚해지고 편협한 자가 관대해진다. 백세 전에 분발함에 백세 후에 그 풍도를 들은 자가 興起하지 않은 이가 없으니, 성인이 아니고서야 이와 같을 수 있겠는가. 더구나 성인에게 직접 훈도를 받은 자에 있어서이겠는가.'〔孟子曰 聖人百世之師也 伯夷柳下惠是也 故聞伯夷之風者 頑夫廉 懦夫有立志 聞柳下惠之風者 薄夫敦 鄙夫寬 奮乎百世之上 百世之下 聞者莫不興起也 非聖人 而能若是乎 而況於親炙之者乎〕"라고 하였다.

風者는 悍夫悌라 故兄之死에 有昔不爲衰者而今爲之衰也라 一邑之宰如此하니 有國有天下者 所任皆得其人이 宜如何哉아 是以仲尼相而無飮羊縱妻之民[101]하고 楊綰相而有減驕省樂之效[102]하니 風化之機는 繫于人焉耳라 蠶績范冠之謠는 雖以戲夫民之爲服者 未必出於誠心이나 實以喜子皐之孝行이 足以感不友不悌之俗이라 故周公之告康叔에 不以弟之大不克恭者爲怒而以克敬典者爲急[103]하고 分正東郊之責에 亦以孝友之君陳以感悟之[104]니 其機固不在多也라

---

101) 仲尼相而無飮羊縱妻之民 : 《孔子家語》〈相魯〉에 "처음 魯나라에서는 양고기를 파는 沈猶氏라는 자가 양에게 아침마다 물을 먹여 크게 보이게 한 뒤 시장 사람들을 속였으며, 公愼氏라는 자는 자기 아내가 음탕한 짓을 하는데도 제지하지 못하였으며, 愼潰氏는 사치를 부리는 정도가 법을 넘었으며, 魯나라에서 六畜을 파는 자는 말을 꾸며서 값을 제멋대로 받기도 하였었다. 그러나 공자가 정치를 하자 심유씨는 감히 양에게 물을 먹이지 못하였고, 공신씨는 그 음탕한 아내를 축출해 버렸으며, 신궤씨는 국경을 넘어 이사를 가고 말았다.〔初魯之販羊 有沈猶氏者 常朝飮其羊 以詐市人 有公愼氏者 妻淫不制 有愼潰氏 奢侈踰法 魯之鬻六畜者 飾之以儲價 及孔子之爲政也 則沈猶氏不敢朝飮其羊 公愼氏出其妻 愼潰氏越境而徙〕"라고 하였다.

102) 楊綰相而有減驕省樂之效 : 《舊唐書》〈楊綰列傳〉에 "郭子儀는 邠州의 行營에 있다가 楊綰이 재상에 제수되었다는 소식을 듣고는 그 자리에서 聲樂의 5분의 4를 감하였고, 京兆尹 黎幹은 성은을 받들어 출입할 때마다 騶從이 100餘 騎가 되었는데, 역시 그날로 車騎의 수를 줄여 10騎만 남겼다.〔郭子儀在邠州行營 聞綰拜相 座內音樂減散五分之四 京兆尹黎幹 以承恩 每出入 騶馭百餘 亦卽日減損車騎 唯留十騎而已〕"라고 하였다.

103) 周公之告康叔……以克敬典者爲急 : 《書經》〈周書 康誥〉에 "아우가 하늘의 드러난 이치를 생각하지 아니하여 능히 그 형을 공경하지 않으면 형 또한 부모가 자식을 기른 수고로움을 생각하지 아니하여 크게 아우에게 우애하지 않을 것이다. 이런 지경에 이르고도 우리 정사하는 사람들에게 죄를 얻지 않으면 하늘이 우리 백성에게 주신 떳떳함이 크게 없어져 혼란할 것이니, 이러하거든 文王이 만든 형벌을 빨리 행하여 이들을 형벌하고 용서하지 말라.〔于弟弗念天顯 乃弗克恭厥兄 兄亦不念鞠子哀 大不友于弟 惟弔玆 不于我政人 得罪 天惟與我民彝 大泯亂 曰乃其速由文王作罰 刑玆無赦〕"하였다.

104) 分正東郊之責 亦以孝友之君陳以感悟之 : 《書經》〈君陳〉에 "王이 다음과 같이 말씀하였다. '君陳아! 너의 훌륭한 덕은 효도와 공손함이니, 효도하고 형제에게 우애하여 능히 정사에 시행하기에 너에게 명하여 이 東郊를 다스리게 하노니, 공경하라.'〔王若曰 君陳 惟爾令德 孝恭 惟孝 友于兄弟 克施有政 命汝 尹玆東郊 敬哉〕"라고 하였다.

金華應氏 : 伯夷의 風貌를 들은 자는 탐욕스러운 자가 청렴해지고, 柳下惠의 풍모를 들은 자는 각박한 자가 厚해지며, 子皐의 풍모를 들은 자는 사나운 자가 공손해진다. 그러므로 형이 죽었을 때 이전에는 상복을 입지 않았던 자가 지금은 상복을 입게 된 것이다. 한 고을의 읍재가 미치는 영향이 이와 같으니, 나라를 소유하고 천하를 소유한 자가 임무를 맡길 때에 적임자를 얻으면 미치는 영향이 마땅히 어떠하겠는가. 이런 까닭에 仲尼가 재상이 되자 양에게 물을 먹이고 음란한 아내를 내버려두는 백성이 없게 되었고, 楊縮이 재상이 되자 상전을 따라다니는 종〔騶從〕이 감소되고 聲樂이 줄어든 효과가 있게 되었으니, 풍속을 교화시키는 기틀은 사람에게 달려있을 뿐이다. 누에가 고치실을 토하고 벌이 관을 쓰고 있다는 노래는 백성들 중에 상복을 입은 자가 반드시 진실한 마음에서 나오지 않은 행실임을 희롱한 것이기는 하지만, 사실은 자고의 孝行이 우애하지 않고 공손하지 않은 풍속을 감화시키기에 충분함을 기뻐한 것이다. 그러므로 周公이 康叔에게 일러준 것도 아우가 크게 공손하지 못한 것을 노여워하지 않고, 능히 법을 공경히 하는 것을 급선무로 삼게 하였고, 東郊를 나누어 다스리게 한 책무도 효성스럽고 우애로운 君陳을 이용해서 감화시켜 깨닫게 한 것이니, 그 기틀은 진실로 많은 것에 달려 있는 것이 아니다.

048201 樂正子春之母死어늘 五日而不食曰 吾悔之하노라 自吾母而不得吾情이면 吾惡(오)乎用其情이리오

樂正子春의 어머니가 돌아가자, 〈악정자춘이〉 5日 동안 아무것도 먹지 않고서 말하기를 "내가 이것을 후회하노라. 내 어머니에게 내 眞情을 쓰지 못한다면 내가 어디에 그 진정을 쓰겠는가?"라고 하였다.

≪集說≫

子春은 曾子弟子라 矯爲過制之禮하야 而不用其實情於母면 則他無所用其實情矣니 此所以悔也라

子春은 曾子의 弟子이다. 거짓으로 제도에 지나친 禮를 행하여 그 진실한 情을 어머니에게 쓰지 않는다면 다른 데에 그 實情을 쓸데가 없을 것이니, 이것이 뉘우친 까닭이다.

048301 歲旱이어늘 穆公이 召縣子而問然曰 天久不雨하니 吾欲暴尪而奚若고

해가 가뭄이 들자, 魯나라 穆公이 縣子를 불러 下問하기를 "하늘이 오랫동안 비를 내리지 않으므로 내가 천상바라기 病者를 햇볕에 드러내놓고 싶은데 어떻겠소?"라고 하였다.

《集說》

左傳註云 尪者는 瘠病之人이니 其面上向이어늘 暴之者는 冀天哀之而雨也[105]라

《春秋左氏傳》 註 : 尪은 수척하여 병이 든 사람으로 그 얼굴이 위로 향하고 있는데, 그를 햇볕에 드러내놓으려 한 것은 하느님이 그를 불쌍히 여겨 비를 내려주기를 바란 것이다.

048302 曰 天則不雨어늘 而暴人之疾子가 虐하니 毋乃不可與잇가

縣子가 대답하였다. "하늘에서 비가 내리지 않는다고 남의 병든 자식을 햇볕에 드러내놓으려고 하는 것은 너무 모진 일이니, 불가하지 않겠습니까?"

《集說》

此는 言酷虐之事가 非所以感天이라

이는 가혹하게 학대하는 일이 하늘을 감동시키는 방법이 아님을 말한 것이다.

048303 然則吾欲暴巫하노니 而奚若고

---

105) 左傳註云……冀天哀之而雨也 : 《春秋左氏傳》〈僖公〉21년 "여름에 크게 가뭄이 드니 公이 巫尪을 태워 죽이려 하였다.〔夏 大旱 公欲焚巫尪〕"고 한 곳의 注에 "或者는 '尪은 무당이 아니고 천상바라기 병자이다. 그 얼굴이 위를 향하기 때문에 世俗에서는 하늘이 그 병을 가엾게 여겨 비를 내리면 비가 그 코로 들어갈 것을 염려하여 가물게 한다고 한다. 그러므로 僖公이 그들을 태워 죽이고자 한 것이다.'고 하였다.〔或以爲尪 非巫也 瘠病之人 其面上向 俗謂天哀其病 恐雨入其鼻 故爲之旱 是以公欲焚之〕"라고 하였다.

목공이 말하였다. "그렇다면 내가 무당을 햇볕에 드러내놓고 싶은데 어떻
겠소?"

≪集說≫

巫能接神하니 冀神閔之而雨라

　무당은 능히 신과 접할 수가 있으니 신이 그를 가엾게 여기어 비를 내려주기를 바
란 것이다.

048304 曰 天則不雨어늘 而望之愚婦人하야 於以求之면 毋乃已疏乎잇가

　縣子가 대답했다. "하늘이 비를 내리지 않자 어리석은 婦人에게 비를 바
래서 여기에서 비를 내려주기를 求하신다면 너무 迂闊하지 않겠습니까?"

≪集說≫

於以求之는 猶言於此求之也라 已疏는 言甚迂闊也라

　於以求之는 여기에서 그것을 구한다는 말과 같다. 已疏는 매우 迂闊하다는 말이다.

048305 徙市則奚若고 曰 天子崩이어든 巷市七日하고 諸侯薨이어든 巷市
三日하나니 爲之徙市는 不亦可乎아

　목공이 물었다. "시장을 옮기면 어떻겠소?" 縣子가 대답하였다. "天子가
崩御하면 시장을 마을 골목으로 7日 동안 옮기고 諸侯가 薨하면 시장을 마
을 골목으로 3日 동안 옮기니, 비가 오지 않는 것 때문에 시장을 옮기는 것
이 또한 옳지 않겠습니까?"

≪集說≫

徙는 移也라 言徙市하고 又言巷市者는 謂徙交易之物於巷也라 此는 庶人爲國之大
喪하야 憂戚罷市而日用所須를 又不可缺이라 故徙市於巷也니 今旱而欲徙市者는 行
喪君之禮하야 以自責也라 縣子以其求之己而不求諸人이라 故可其說이나 然豈不聞

僖公以大旱欲焚巫尫이라가 聞臧文仲之言而止[106]아 縣子不能擧其說以對穆公하고 而謂徙市爲可하니 則亦已疎矣라

徙는 옮긴다는 뜻이다. 시장을 옮긴다고 말하고 또 시장을 마을 골목으로 옮긴다고 말한 것은 교역하는 물건을 마을로 옮긴다는 말이다. 이는 庶人이 나라의 大喪 때문에 근심한 나머지 시장을 파하였지만 일상생활에 필요한 것은 또 없을 수 없기 때문에 시장을 마을로 옮긴 것이니, 지금 가뭄이 들어서 시장을 옮기려 하는 것은 임금을 여읜 禮를 행하여 自責한 것이다. 縣子는 목공의 이러한 대책이 자기에게서 구하고 남에게서 구하지 않은 것이기 때문에 그 말을 괜찮게 여겼으나, 어찌 僖公이 큰 가뭄 때문에 무당과 천상바라기를 불태워 죽이려다가 臧文仲의 말을 듣고 중지하였던 것을 듣지 못하였단 말인가. 현자가 그 말을 거론하여 穆公에게 대답하지 못하고 시장을 옮기는 것을 일러 좋다고 하였으니, 이 또한 너무 소홀한 대답이다.

≪大全≫

長樂陳氏曰 先王之於旱也에 內則責諸己하고 外則求諸神이니 責諸己則有成湯之事와 宣王之行하고 求諸神則巫以女巫[107]하고 舞以皇舞[108]하며 祭以雩하고 禮以牲璧이라 責諸己者는 本也요 求諸神則以爲文而已라 穆公不能責諸己하고 又不知求諸神而欲暴尫與巫하니 豈不惑哉아

長樂陳氏 : 先王은 가뭄에 대해 안으로는 자신을 꾸짖고 밖으로는 신에게 비를 내려

---

106) 然豈不聞僖公以大旱欲焚巫尫 聞臧文仲之言而止 : ≪春秋左氏傳≫ 僖公 21년에 "여름에 크게 가뭄이 드니 公이 巫尫을 태워 죽이려 하였다. 臧文仲이 말하기를 '이는 旱災에 대한 對備策이 아닙니다. 城郭을 修築하고 먹는 것을 줄이고 費用을 절약하며 農事에 힘쓰고 나누어 먹기를 권하는 것이 急先務입니다. 무왕이 무슨 능력으로 가뭄을 불렀겠습니까? 하늘이 그를 죽이고자 하였다면 응당 내지 않았을 것이고, 저가 가뭄을 불렀다면 태워 죽이면 가뭄이 더욱 심해질 것입니다.'라고 하니, 공이 그의 말을 따랐다.〔夏 大旱 公欲焚巫尫 臧文仲曰 非旱備也 脩城郭 貶食省用 務穡勸分 此其務也 巫尫何爲 天欲殺之 則如勿生 若能爲旱 焚之滋甚 公從之〕"라고 하였다.

107) 巫以女巫 : ≪周禮≫ 〈春官 女巫〉에 "여자 무당은 세시에 불제와 혼욕을 관장하고 가뭄이 심하면 기우제에서 춤을 춘다.〔女巫掌歲時祓除釁浴 旱暵則舞雩〕"고 하였다.

108) 舞以皇舞 : ≪周禮≫ 〈地官 舞師〉에 "皇舞를 가르쳐서 인솔하여 기우제를 지내는데 춤추게 한다.〔敎皇舞 帥而舞旱暵之事〕"고 하였다.

주기를 구하였으니, 자신을 꾸짖은 것으로는 成湯의 일과 宣王의 행실이 있고, 신에게 비를 내려주기를 구할 때는 무당은 여자 무당을 이용하고 춤은 皇舞를 추며 기우제를 지내고 犧牲과 寶玉으로 예물을 올린다. 자기를 꾸짖는 것은 근본이고 신에게 비를 내려주기를 구하는 것은 文飾이 될 뿐이다. 穆公은 자기를 꾸짖지도 못하고 또 신에게 비를 내려주기를 구할 줄도 몰라 천상바라기 병자와 무당을 햇볕에 드러내놓으려 했으니, 어찌 미혹된 것이 아니겠는가.

048401 孔子曰 衛人之祔也는 離之러니 魯人之祔也는 合之하니 善夫인저

孔子께서 말씀하시기를 "衛나라 사람들의 合葬하는 禮는 槨 안의 두 棺을 격리시켰는데, 魯나라 사람들의 합장하는 예는 곽 안의 두 관을 합하였으니, 좋구나." 하였다.

≪集說≫

生旣同室이니 死當同穴이라 故善魯라

살아서 이미 방을 함께 사용하였으니 죽어서도 마땅히 壙中을 함께 해야 된다. 그러므로 魯나라의 合葬하는 禮를 좋게 여기신 것이다.

○ 疏曰 祔는 合葬也라 離之는 謂以一物로 隔二棺之間於槨中也니 魯人則合하니 竝兩棺置槨中하고 無別物隔之라

○ 疏 : 祔는 合葬한다는 뜻이다. 離之는 어떤 한 물건으로 하나의 槨 안에서 두 관 사이를 격리시킨다는 말인데, 魯나라 사람들은 합하였으니, 두 관을 나란히 곽 안에 두고 그것을 격리시키는 별도의 물건이 없는 것이다.

○ 朱子曰 古者에 槨合衆材爲之라 故大小隨人所爲러니 今用全木하니 則無許大木可以爲槨이라 故合葬者只同穴而各用槨也라

○ 朱子 : 옛날에 槨은 여러 개의 나무를 붙여 만들었기 때문에 사람의 필요에 따라 크기를 마음대로 할 수 있었으나, 지금은 한 나무〔全木〕만을 사용해 만드니 곽을 만들 만한 큰 나무가 없기 때문에 합장할 때 墓穴만을 함께할 뿐, 곽은 각각 따로 쓴다.

附 錄

1. ≪禮記集說大全 2≫ 參考書目

◇ 底本 및 주요 참고도서

- ≪禮記集說大全≫, 陳澔(元) 集說, 胡廣(明) 等 編, 藏書閣 所藏本, 1777.
- ≪禮記正義≫, 阮元(淸) 校刻, 十三經注疏(淸 嘉慶刊本), 中華書局, 2009.
- ≪禮記正義≫, 十三經注疏整理委員會 整理, 北京大學出版社, 2000.
- ≪禮記≫, 陳澔(元) 集說, 胡廣(明) 等 編, 影印本, 保景文化社, 1984.
- ≪禮記補註≫, 陳澔(元) 集說, 金在魯(朝鮮) 補註, 국립중앙도서관 소장, 1758.
- ≪禮記大文諺讀≫, 成三問(朝鮮) 等 撰, 朝鮮 內閣本, 국립중앙도서관 소장, 1707.
- ≪禮記類編≫, 陳澔(元) 集說, 崔錫鼎(朝鮮) 附註, 嶺南監營, 국립중앙도서관 소장, 1707.
- ≪經學資料集成 : 禮記≫, 대동문화연구원, 성균관대학교출판부, 1995~1997.

◇ 經部

- ≪周易注疏≫, 阮元(淸) 校刻, 十三經注疏(淸 嘉慶刊本), 中華書局, 1980.
- ≪論語注疏≫, 阮元(淸) 校刻, 十三經注疏(淸 嘉慶刊本), 中華書局, 2009.
- ≪孟子注疏≫, 阮元(淸) 校刻, 十三經注疏(淸 嘉慶刊本), 中華書局, 2009.
- ≪孝經注疏≫, 阮元(淸) 校刻, 十三經注疏(淸 嘉慶刊本), 中華書局, 2009.
- ≪爾雅注疏≫, 阮元(淸) 校刻, 十三經注疏(淸 嘉慶刊本), 中華書局, 2009.
- ≪毛詩正義≫, 阮元(淸) 校刻, 十三經注疏(淸 嘉慶刊本), 中華書局, 2009.
- ≪尙書正義≫, 阮元(淸) 校刻, 十三經注疏(淸 嘉慶刊本), 中華書局, 2009.
- ≪儀禮注疏≫, 阮元(淸) 校刻, 十三經注疏(淸 嘉慶刊本), 中華書局, 2009.
- ≪周禮注疏≫, 阮元(淸) 校刻, 十三經注疏(淸 嘉慶刊本), 中華書局, 2009.
- ≪春秋左傳正義≫, 阮元(淸) 校刻, 十三經注疏(淸 嘉慶刊本), 中華書局, 2009.
- ≪春秋穀梁傳注疏≫, 阮元(淸) 校刻, 十三經注疏(淸 嘉慶刊本), 中華書局, 2009.

- ≪春秋公羊傳注疏≫, 阮元(淸) 校刻, 十三經注疏(淸 嘉慶刊本), 中華書局, 2009.
- ≪論語集註大全≫, 朱熹(宋) 集註, 胡廣(明) 等 編, 朝鮮 內閣本, 影印本, 學民文化社.
- ≪孟子集註大全≫, 朱熹(宋) 集註, 胡廣(明) 等 編, 朝鮮 內閣本, 影印本, 學民文化社.
- ≪大學章句大全≫, 朱熹(宋) 章句, 胡廣(明) 等 編, 朝鮮 內閣本, 影印本, 學民文化社.
- ≪中庸章句大全≫, 朱熹(宋) 章句, 胡廣(明) 等 編, 朝鮮 內閣本, 影印本, 學民文化社.
- ≪大戴禮記集註≫, 黃悔信, 三秦出版社, 2004.
- ≪毛詩正義≫, 十三經注疏整理委員會 整理, 北京大學出版社, 2000.
- ≪詩集傳≫, 朱熹(宋), 中華書局, 1973.
- ≪書傳大全≫, 朱熹(宋) 集傳, 胡廣(明) 等 編, 朝鮮 內閣本, 影印本, 學民文化社.
- ≪周禮正義≫, 孫貽讓(淸) 撰, 續修四庫全書 82~84, 上海古籍出版社, 1995.
- ≪春秋考徵≫, 丁若鏞(朝鮮) 撰, 韓國文集叢刊 283, 民族文化推進會, 2002.
- ≪春秋傳服氏注≫, 服虔(漢) 撰, 續修四庫全書 117, 上海古籍出版社, 1995.
- ≪五經大全≫, 胡廣(明) 等 撰, 明 內府刊本, 影印本, 日本國會圖書館 所藏本.
- ≪三經諺解≫, 朝鮮 校正廳 諺解, 影印本, 保景文化社.
- ≪韓詩外傳≫, 韓嬰(漢) 撰, 影印本, 學民文化社.
- ≪說文解字≫, 許愼(漢) 撰, 文淵閣四庫全書 223, 臺灣商務印書館, 1982.
- ≪說文解字注≫, 許愼(漢) 撰, 段玉裁(淸) 注編, 上海古籍出版社, 2011.

◇ 史部

- ≪舊唐書≫, 劉昫(後晉) 撰, 中華書局, 1975.
- ≪國語≫, 左丘明(周) 撰, 文淵閣四庫全書 406, 臺灣商務印書館, 1982.
- ≪史記≫, 司馬遷(漢) 撰, 中華書局, 1974.
- ≪水經注≫, 酈道元(北魏) 撰, 文淵閣四庫全書 573, 臺灣商務印書館, 1982.
- ≪隋書≫, 魏徵·長孫無忌(唐) 等 撰, 中華書局, 1997.
- ≪新唐書≫, 歐陽脩·宋祁(宋) 撰, 中華書局, 1995.
- ≪晏子春秋≫, 晏嬰(周) 撰, 文淵閣四庫全書 446, 臺灣商務印書館, 1982.
- ≪資治通鑑≫, 司馬光(宋) 撰, 胡三省(元) 音註, 中華書局, 1956.
- ≪戰國策≫, 劉向(漢) 撰, 高誘(漢) 註, 文淵閣四庫全書 406~407, 臺灣商務印書館, 1982.
- ≪漢書≫, 班固(漢) 撰, 中華書局, 2002.

• ≪後漢書≫, 范曄(宋) 撰, 中華書局, 1997.

◇ 子部

• ≪近思錄≫, 朱熹·呂祖謙(宋) 編, 影印本, 學民文化社.

• ≪老子道德經≫, 王弼(晉) 注, 影印本, 中華書局, 1985.

• ≪白虎通義≫, 班固(漢) 撰, 文淵閣四庫全書 850, 臺灣商務印書館, 1982.

• ≪本草綱目≫, 李時珍(明) 撰, 文淵閣四庫全書 772~774, 臺灣商務印書館, 1982.

• ≪說苑≫, 劉向(漢) 撰, 文淵閣四庫全書 696, 臺灣商務印書館, 1982.

• ≪世說新語≫, 劉義慶(宋) 撰, 文淵閣四庫全書 1035, 臺灣商務印書館, 1982.

• ≪新書≫, 賈誼(漢) 撰, 文淵閣四庫全書 695, 臺灣商務印書館, 1982.

• ≪新序≫, 劉向(漢) 撰, 文淵閣四庫全書 696, 臺灣商務印書館, 1982.

• ≪莊子注≫, 莊周(周) 撰, 郭象(晉) 編, 文淵閣四庫全書 1056, 臺灣商務印書館, 1982.

◇ 集部

• ≪朱子大全≫, 朱熹(宋) 著, 中華書局, 1970.

• ≪宋子大全≫, 宋時烈(朝鮮) 著, 韓國文集叢刊 108~116, 民族文化推進會, 1993.

• ≪朱子語類≫, 黎靖德(宋) 編, 標點校勘本, 中文出版社, 1970.

• ≪朱子全書≫, 朱熹(宋) 著, 上海古籍出版社·安徽教育出版社, 2002.

• ≪二程集≫, 程顥·程頤(宋) 著, 王進祥(臺) 編, 漢京文化事業有限公司, 1983.

• ≪晦菴集≫, 朱熹(宋), 朱子全書, 上海古籍出版社·安徽教育出版社, 2001.

◇ 字典 및 目錄類

• ≪經籍纂詁≫, 阮元(淸) 撰, 阮氏琅嬛仙館原刻本, 影印本, 中華書局, 1982.

• ≪經典釋文≫, 陸德明(唐) 撰, 文淵閣四庫全書 182, 臺灣商務印書館, 1982.

• ≪經傳釋詞≫, 王引之(淸) 撰, 江蘇古籍出版社, 2000.

• ≪經學歷史≫, 皮錫瑞 著, 河洛圖書出版社, 1974.

• ≪古代漢語≫, 王力 著, 中華書局, 2004.

• ≪國語全譯≫, 黃永堂 譯注, 貴州人民出版社. 1995.

• ≪郡經平議≫, 俞樾(淸) 撰, 春在堂全書, 世界書局, 1963.

• ≪論鄭玄詩譜的貢獻≫, 王洲明 著, 人民文學出版社, 1986.

• ≪大漢和辭典≫, 諸橋轍次, 大修觀書店.

• ≪文獻學大辭典≫, 趙國璋·潘樹廣 主編, 廣陵書社, 2005.

• ≪四庫全書總目提要≫, 紀昀(淸) 總纂, 孟蓬生(中) 外 點校, 河北人民出版社, 2000.

• ≪四庫提要辨證≫, 余嘉錫(淸) 撰, 雲南人民出版社, 2004.

• ≪中國歷史紀年表≫, 方時銘 著, 上海人民出版社, 2007.

• ≪中國歷史大事典≫, 張海鵬 主編, 山東大學出版部, 2000.

• ≪中國歷史地圖集≫, 程光裕·徐聖謨 編, 中華文化出版事業委員會, 1957.

• ≪漢詩原流字典≫, 谷衍奎 著, 華夏出版社, 2003.

• ≪漢語大詞典≫, 羅竹風 著, 漢語大詞典出版社, 1995.

• ≪欽定四庫全書簡明目錄≫, 永瑢(淸) 等 編, 淸 乾隆刊本.

◇ 單行本 및 飜譯書

〔韓國〕

• ≪譯註 禮記集說大全 1≫, 申承云 譯註, 傳統文化硏究會, 2004.

• ≪譯註 禮記集說大全≫, 鄭秉燮 譯, 學古房, 2009~2017.

• ≪譯註 禮記類編大全≫, 崔錫鼎 著, 鄭秉燮 譯, 學古房, 2020.

• ≪國譯 禮記補註≫, 金在魯 補註, 成百曉 等 譯, 海東經史硏究所, 2017~2018.

• ≪禮學槪論≫, 周何 著, 三民書局, 1998.

〔中國〕

• ≪禮記今註今譯≫, 王夢鷗 註譯, 臺灣商務印書館, 1974.

• ≪三禮硏究論集≫, 李日剛, 孔孟學說叢書, 1981.

• ≪中國經學史≫, 皮錫瑞 著, 李鴻鎭 譯, 同和出版社, 1984.

• ≪禮記譯解≫, 王文錦, 中華書局, 2001.

• ≪經學硏究論文選≫, 彭林, 上海書店出版社, 2002.

• ≪讖緯文獻與漢代文化構建≫, 徐興无, 中華書局, 2003.

- ≪中國古代儀禮文明≫, 彭林, 中華書局, 2004.
- ≪禮記譯註≫, 楊天宇, 上海古籍出版社, 2004.
- ≪新譯禮記讀本≫, 姜義華, 三民書局, 2007.

〔日本〕

- ≪禮記≫, 下見隆雄 譯, 明德出版社, 1987.
- ≪禮記≫, 市原亨吉 著, ≪全釋漢文大系≫, 集英社, 1983.
- ≪大戴禮記≫, 栗原圭介 著, ≪新釋漢文大系≫, 明治書院, 1987.

〔英美〕

- ≪The Li Ki≫, James Legge, Kessinger Publishing, 2004.

◇ 電子文獻 및 Web DB

- 동양고전종합DB(http://db.cyberseodang.or.kr)
- 한국고전종합DB(http://db.itkc.or.kr)
- 이체자정보검색(http://db.itkc.or.kr/DCH/)
- 상우천고(http://www.s-sangwoo.kr)
- 한국사데이터베이스(http://db.history.go.kr/)
- 電子版 文淵閣四庫全書, 上海古籍出版社.
- 中國基本古籍庫, 黃山書社.

2. ≪禮記集說大全 2≫ 參考圖版 目錄 및 出處

飜譯

吳圭根

江原 平昌 大化 出生
南山 鄭鑽 先生, 祖父 鳳西 先生, 家親 研靑 先生에게 受學
民族文化推進會 國譯硏修院 卒業
民族文化推進會 國譯硏修院 講師 歷任
傳統文化硏究會 古典硏修院 講師 歷任
傳統文化硏究會 理事(現)

論著 및 譯書

朝鮮王朝實錄 《宣祖實錄》, 《光海君日記》, 《中宗實錄》
《白湖全書》, 《順庵集》, 《承政院日記》(高宗祖) 등 多數 國譯
《韓國文集叢刊》 標點, 校勘

咸賢贊

成均館大學校 東洋哲學科 卒業
成均館大學校 大學院 儒學科 碩士課程 卒業
成均館大學校 大學院 儒學科 博士課程 卒業(哲學博士)
成均館大學校 동아시아학술원 연구교수
成均館大學校 유학동양학과 BK21+ 사업단 연구교수
成均館大學校 인문학연구원 연구원(現)

論著 및 譯書

〈張載 氣哲學의 天人合一的 人性論 研究〉(박사학위 논문)
〈韓元震 人性論에 나타난 性槪念의 特徵에 대한 小考〉
〈《論語徵》에 나타난 오규 소라이〔荻生徂徠〕의 道 인식〉 등
《教授用 指導書 四字小學》, 《教授用 指導書 擊蒙要訣》, 《孟子》, 《論語》
《朱子大全箚疑輯補》, 《論語徵》 등

鄭秉燮

成均館大學校 儒教哲學科 卒業
成均館大學校 大學院 儒學科 碩士課程 卒業
成均館大學校 大學院 儒學科 博士課程 卒業(哲學博士)
成均館大學校 유경편찬센터, 번역・표점위원
全北大學校 간재학연구소, 《艮齋全集》 번역위원
成均館大學校 유교문화콘텐츠연구소 전임연구원(現)

論著 및 譯書

〈《禮記》의 성립과 사상체계 연구〉(박사학위 논문) 등
《譯註 禮記集說大全》, 《譯註 禮記補註》, 《韓國周易大全》
《東賢學則》, 《孝經注疏》, 《譯註 禮記類編大全》 등

東洋古典譯註叢書 15

譯註 禮記集說大全 2　　　　　　　　　33,000원

2007년 12월 31일 초판 발행
2024년 01월 10일 초판 3쇄

飜　　譯　吳圭根 咸賢贊 鄭秉燮
企劃編輯　東洋古典飜譯編輯委員會
常任原文校閱　吳圭根
飜譯硏究管理　南賢熙
潤　　文　朴勝珠
校　　訂　郭成龍 趙顯碩
裝　　幀　白俊哲

發 行 人　郭成文

發 行 處　社團法人 傳統文化硏究會

　등록 : 1989. 7. 3. 제1-936호
　서울시 종로구 삼일대로 428 낙원빌딩 411호
　전화 : (02)762-8401　전송 : (02)747-0083
　전자우편 : juntong@juntong.or.kr
　홈페이지 : juntong.or.kr
　사이버書堂 : cyberseodang.or.kr
　온라인서점 : book.cyberseodang.or.kr

인쇄처 : 한국법령정보주식회사(02-462-3860)
총　판 : 한국출판협동조합(070-7119-1750)

ISBN 979-11-5794-486-6 (94140)
　　　978-89-85395-71-7 (세트)

전통문화연구회 도서목록

新編 基礎漢文教材·漢文讀解捷徑

新編 四字小學·推句	고전교육연구실 編譯	11,000원
新編 啓蒙篇·童蒙先習	고전교육연구실 編譯	11,000원
新編 明心寶鑑	李祉坤·元周用 譯註	15,000원
新編 擊蒙要訣	成賢 譯註	12,000원
新編 註解千字文	李忠九 譯註	13,000원
新編 原文으로 읽는 故事成語	元周用 編譯	15,000원
新編 唐音註解選	權卿相 譯註	22,000원
漢文독해 기본패턴	고전교육연구실 著	15,000원
四書독해첩경	고전교육연구실 著	20,000원
한문독해첩경 文學篇	朴相水 李和春 李祉坤 元周用 著	15,000원
한문독해첩경 史學篇	朴相水 李和春 李祉坤 元周用 著	15,000원
한문독해첩경 哲學篇	朴相水 李和春 李祉坤 元周用 著	15,000원

東洋古典國譯叢書

大學·中庸集註 - 개정증보판	成百曉 譯註	10,000원
論語集註 - 개정증보판	成百曉 譯註	27,000원
孟子集註 - 개정증보판	成百曉 譯註	30,000원
詩經集傳 上·下	成百曉 譯註	各 35,000원
書經集傳 上·下	成百曉 譯註	各 35,000원
周易傳義 上·下	成百曉 譯註	各 40,000원
小學集註	成百曉 譯註	30,000원
古文眞寶 後集	成百曉 譯註	32,000원

五書五經讀本

論語集註 上·下	鄭太鉉 譯註	各 25,000원
孟子集註 上·下	田炳秀·金東柱 譯註	各 30,000원
大學·中庸集註	李光虎·田炳秀 譯註	15,000원
小學集註 上·下	李忠九 外 譯註	各 25,000원
詩經集傳 上·中·下	朴小東 譯註	各 30,000원
書經集傳 上·下	金東柱 譯註	各 30,000원
周易傳義 元·亨·利·貞	崔英辰 外 譯註	各 30,000원
詳說古文眞寶大全後集 上·下	李相夏 外 譯註	各 32,000원
春秋左氏傳 上·中·下	許鎬九 外 譯註	各 36,000원~38,000원
禮記 上·中·下	成百曉 外 譯註	各 30,000원

東洋古典譯註叢書

〈經部〉

十三經注疏

周易正義 1~4	成百曉·申相厚 譯註	各 30,000원~40,000원
尙書正義 1~7	金東柱 譯註	各 25,000원~36,000원
毛詩正義 1~8	朴小東 外 譯註	各 32,000원~37,000원
禮記正義 1~3, 中庸·大學	李光虎 外 譯註	各 20,000원~30,000원
論語注疏 1~3	鄭太鉉·李聖敏 譯註	各 25,000원~40,000원
孟子注疏 1~4	崔彩基·梁基正 譯註	各 29,000원~30,000원
孝經注疏	鄭太鉉·姜珉廷 譯註	35,000원
周禮注疏 1~4	金容天·朴禮慶 譯註	各 27,000원~34,000원
春秋左傳正義 1~2	許鎬九 外 譯註	各 27,000원~38,000원
春秋公羊傳注疏 1	宋基采 外 譯註	37,000원
春秋左氏傳 1~8	鄭太鉉 譯註	各 18,000원~35,000원
禮記集說大全 1~6	辛承云 外 譯註	各 25,000원~40,000원
東萊博議 1~5	鄭太鉉·金炳愛 譯註	各 25,000원~35,000원
韓詩外傳 1~2	許敬震 外 譯註	各 29,000원~33,000원
說文解字注 1~5	李忠九 外 譯註	各 32,000원~38,000원

〈史部〉

思政殿訓義 資治通鑑綱目 1~23	辛承云 外 譯註	各 18,000원~35,000원
通鑑節要 1~9	成百曉 譯註	各 18,000원~40,000원
唐陸宣公奏議 1~2	沈慶昊·金愚政 譯註	各 35,000원~45,000원
貞觀政要集論 1~4	李忠九 外 譯註	各 25,000원~32,000원
列女傳補注 1~2	崔秉準·孔勤植 譯註	各 30,000원~38,000원
歷代君鑑 1~4	洪起殷·全百燦 譯註	各 32,000원~35,000원

〈子部〉

孔子家語 1~2	許敬震 外 譯註	各 35,000원/36,000원
管子 1~4	李錫明·金帝蘭 譯註	各 30,000원~32,000원
近思錄集解 1~3	成百曉 譯註	各 25,000원/35,000원
老子道德經注	金是天 譯註	30,000원
大學衍義 1~5	辛承云 外 譯註	各 26,000원~30,000원
墨子閒詁 1~6	李相夏 外 譯註	各 32,000원~38,000원
說苑	許鎬九 譯註	各 25,000원
世說新語補 1~5	金鎭玉 外 譯註	各 29,000원~40,000원
荀子集解 1~7	宋基采 譯註	各 25,000원~38,000원

心經附註	成百曉 譯註	35,000원
顔氏家訓 1~2	鄭在書·盧曔熙 譯註	各 22,000원/25,000원
揚子法言 1	朴勝珠 譯註	24,000원
列子鬳齋口義	崔秉準·孔勤植·權憲俊 共譯	34,000원
二程全書 1~6	崔錫起·姜導顯 譯註	各 30,000원~38,000원
莊子 1~4	安炳周·田好根 共譯	各 25,000원~30,000원
政經·牧民心鑑	洪起殷·全百燦 譯註	27,000원
韓非子集解 1~5	許鎬九 外 譯註	各 32,000원~38,000원

武經七書直解

孫武子直解·吳子直解	成百曉·李鍾洙 譯註	35,000원
六韜直解·三略直解	成百曉·李鍾德 譯註	26,000원
尉繚子直解·李衛公問對直解	成百曉·李蘭洙 譯註	26,000원
司馬法直解	成百曉·李蘭洙 譯註	26,000원

〈集部〉

古文眞寶 前集		成百曉 譯註	30,000원
唐詩三百首 1~3		宋載卲 外 譯註	各 25,000원~36,000원
唐宋八大家文抄 韓愈 1~3		鄭太鉉 譯註	各 22,000원/28,000원
〃 歐陽脩 1~7		李相夏 譯註	各 25,000원~35,000원
〃 王安石 1~2		申用浩·許鎬九 共譯	各 20,000원/25,000원
〃 蘇洵		李章佑 外 譯註	25,000원
〃 蘇軾 1~5		成百曉 譯註	各 22,000원
〃 蘇轍 1~3		金東柱 譯註	各 20,000원~22,000원
〃 曾鞏		宋基采 譯註	25,000원
〃 柳宗元 1~2		宋基采 譯註	各 22,000원
明淸八大家文鈔 1 歸有光·方苞		李相夏 外 譯註	35,000원
〃 2 劉大櫆·姚鼐		李相夏 外 譯註	35,000원
〃 3 梅曾亮·曾國藩		李相夏 外 譯註	38,000원
〃 4 張裕釗·吳汝綸		李相夏 外 譯註	근간

東洋古典新譯

당시선	송재소·최경렬·김영죽 편역	22,000원
손자병법	성백효 역주	14,000원
장자	안병주·전호근·김형석 역주	13,000원
고문진보 후집	신용호 번역	28,000원
노자도덕경	김시천 역주	15,000원
고문진보 전집 上·下	신용호 번역	각 22,000원
신식 비문척독	빅상수 번역	25,000원
안씨가훈	김창진 번역	근간

동양문화총서

동양사상 해설과 원전	정규훈 外 저	22,000원
화합의 길 《중용》 읽기	금장태 저	20,000원
호설과 시장	신용호 저	20,000원
어느 노학자의 젊은 시절 - 《고문진보》選譯	심재기 저	22,000원

문화문고

경전으로 본 세계종교 그리스도교	이정배 편저	10,000원
〃 도교	이강수 편역	10,000원
〃 천도교	윤석산·홍성엽 편저	10,000원
〃 힌두교	길희성 편저	10,000원
〃 유교	이기동 편저	10,000원
〃 불교	김용표 편저	10,000원
〃 이슬람	김영경 편역	10,000원
논어·대학·중용 / 맹자	조수익·박승주 공역	각 10,000원
소학	박승주·조수익 공역	10,000원
십구사략 1~2	정광호 저	각 12,000원
무경칠서 손자병법·오자병법	성백효 역	10,000원
〃 육도·삼략	성백효 역	10,000원
〃 사마법·울료자·이위공문대	성백효 역	10,000원
당시선	송재소·최경렬·김영죽 편역	10,000원
한문문법	이상진 저	10,000원
한자한문전통교재	조수익·이성민 공역	10,000원
士小節 선비 집안의 작은 예절	이동희 편역	12,000원
儒學이란 무엇인가	이동희 저	10,000원
동아시아의 유교와 전통문화	이동희 저	13,000원
현대인, 동양고전에서 길을 찾다	이동희 저	10,000원
100자에 담긴 한자문화 이야기	김경수 저	12,000원
우리 설화 1~2	김동주 편역	각 10,000원
대한민국 국무총리	이재원 저	10,000원
백운거사 이규보의 문학인생	신용호 저	14,000원